普鲁士国王

Preußens Könige

Heinz Ohff

[德] 海因茨·奥夫 著

王小卓 译

吉林出版集团股份有限公司

目　录

代前言

一个名叫“普鲁士”的国家已经不复存在，而且这个名字也极有可能永远不会再被恢复。历史上，它前后两次成了牺牲品。第一次：为了实现让全德国人团聚于一个统一国家，这个延续了数百年的梦想。第二次，也是决定性的：作为替罪羊，虽然这些罪行并非肇始于普鲁士，而是由德国梦想家的那些身着棕色制服的继承者所犯下的。

毫无疑问，牺牲精神本就是普鲁士精神之一，只是在这两次事件中，自我牺牲的行为却都是由误解而引发的。威廉一世在1871年清楚地知道,从“普鲁士”到“德意志”以及他本人从“普鲁士国王”到“德意志皇帝”的转变，将意味着普鲁士王国的自我毁灭。而1947年，当与盟诸国终于将德意志帝国解体后，他们对待帝国中“非普鲁士”的部分格外宽容。

误解究竟源自哪里？1871年时，是出于对德国统一的过高评价，并相信当时的国际政治环境会轻易地甚至过分轻易地演变为战争威胁。1947年时，则是夸大了普鲁士在其自身发展过程中所发挥的作用。作为一个成功的国家，一个信守“各得其所”格言的国家，一个居于其中的子民都时刻准备将“己之所有”奉献并对内心的准则遵行不悖的国家,普鲁士拥有的并不纯粹是在国内外媒体中的良好声誉。恰恰相反,从很早时起，无论是否公正，人们就已经先入为主地认为它身上具备德意志民族那些所有不令人喜欢的特点。

看起来，普鲁士似乎是“军国主义”确凿无疑的发祥地，可人们往往忽视了其他的德国邦国也在同样不遗余力地为战争做着准备。同样被忘记的还有这样的事实，即欧洲的其他国家，比如英国，如果不是正好在战争中与普鲁士结为盟友的话，都会对普鲁士抱有发自内心的敌意。由于腓特烈大帝在一系列的侵略战争中战绩彪炳，因此没有像不肯参与“克里米亚战争”的腓特烈·威廉四世那样受到世人的责难。普鲁士人将军国主义作为了立国之本来对待，这一点毋庸置疑，但在对其加以运用时大多保持着极为审慎的态度。普鲁士军队的实际创建人，那位“士兵国王”，几乎毕生没有参与过战争（只有一次令他犹豫不决的例外，也是因他必须履行已有条约中的责任）。“士兵国王”的曾孙腓特烈·威廉三世也有同样的顾虑。他曾发表过立场坚决的和平主义宣言，并希望成为一名太平国王，尽管他本人对军队很是热爱。他试图避免战争，但不久后就在欧洲诸强使者的轮番劝说下，身不由己地卷入到民族战争中去。至于偏偏是他被选中成为战胜拿破仑的队伍中的一员，则是世界史上最苦涩的事后回味之一。

普鲁士没有哺育出拿破仑（或希特勒）这样的人物，即便是横行无忌且无往不利的腓特烈大帝，也绝非暴君。在那些被他入侵的国家，所有从当地获取的生活用品、马匹乃至服务，都会被付款，分毫不少。他既没杀死过昂吉安公爵①，也没清除过恩斯特·罗姆②。而普鲁士则是世界军事史上最早规范步伐及统一军装的国家之一。此举不仅可以使战场情况清晰可辨，同时，无论对朋友还是敌人来说，

---

① 路易·安东尼·亨利·德·波本－孔代（1772—1804），法国孔代家族公爵。于1804年被拿破仑绑架，在程式化的审判后，被以“里通外国”的莫须有罪名处以极刑。这一事件令全欧洲贵族惊怒非常。

② 恩斯特·朱利叶斯·君特·罗姆（1887—1934），纳粹党早期领导人。曾作为希特勒的亲密战友，长期领导“冲锋队”。于1934年“长刀之夜”后被希特勒作为政敌清洗。他的同性恋性取向也被希特勒当作除去他的口实之一，纳粹党随后开始了对同性恋的迫害。

也更为公平。

造成普鲁士对自己所谓的荣光沾沾自喜（但也不是全无道理）这一局面的，绝非是统一的军装而已。历任的九位霍亨索伦国王，构成了一个丰富多彩的群体——每一位国王都个性鲜明，彼此间绝不相像。谁要是把他们所有人都想象成腓特烈大帝那样，就大错特错了。他们中有的人与腓特烈大帝截然相反，比如腓特烈大帝的继任者腓特烈·威廉二世，便对一切都漫不经心；又或者如腓特烈三世，系19世纪时全部德国自由主义者的希望于一身，却在执政九十九天后撒手人寰。无论是醉心于艺术的腓特烈一世还是对艺术弃如敝屣的腓特烈·威廉一世，无论是沉默寡言的腓特烈·威廉三世还是自吹自擂的威廉二世，无论是沉醉在浪漫之梦里的腓特烈·威廉四世还是作风近乎平民化的现实主义者威廉一世——他曾是令人切齿的“霰弹亲王”，后来却成了深受爱戴的国王，最后更是在皇帝的宝座上被以国父看待——只是因为他们的存在，普鲁士便无法仅由其拥护者或反对者的一面之词来判定，今后也不会。这个国家多面且多彩，就如它旗帜的颜色一样，不只局限于黑与白，至少军旗的颜色甚是丰富，还饰以金线或银线。即使是单就这一领域，人们也难以一言以蔽之。

换句话说：普鲁士看起来与其他国家并无不同，只是更自律、更坚毅，也更成功。被反复提及的它的当权者，在与其他国家领袖的比较中，曾被、也依然被认为是更强硬的，但实际上也做到了更公正。强硬的公正不见得是坏事，只是当然无法由此诞生出所谓人间乐园罢了。

又有谁能够创造出人间乐园呢？或许应该是那些满口许诺的国家吧！其实只要能像普鲁士一样，将“各得其所”的格言铭刻在士兵的腰带扣上，那么这个国家就已经算是成绩斐然了。

之所以普鲁士还可以在文学作品中长存，也许正是源于这句朴素的“各得其所”的吸引力。它喻示着某种伟大的、理想化的，同时又无法企及的目标。一个没有抹杀全部不确定性的目标，一个谜语。到最后人们会发现，自己所有对历史的探究都摆脱不了自己所处时代的影响，只能做到从当前的角度去理解过去。

西奥多·枫塔讷在他的最为普鲁士化的小说《武腾瑙棋局》中是怎样说的？“谜团该如何被解开？谜团是无解的，某些阴影中的、不曾有过确切答案的部分将永远存在下去。”

译者序

（一）

《普鲁士国王》一书讲述了普鲁士历史上九位国王的生平。

375年开始的匈人入侵带来了欧洲的民族大迁移。在这段被视为古典时代晚期向中世纪早期过渡的时期里，形成了几个大的日耳曼民族分支，如法兰克人、阿勒曼人、萨克森人、巴伐利亚人和图林根人。随着西罗马帝国的日薄西山，由日耳曼－罗马族系组成的继承者们逐渐登上历史舞台。遥远的无人居住的区域，也就是今天的东部德国地区，从7世纪开始逐渐被迁入的斯拉夫人占据。法兰克人从5世纪末开始主导西欧和中欧，现在的北部德国地区则是萨克森人和斯拉夫人的天下。

8世纪中期，墨洛温王朝被加洛林王朝取代，矮子丕平成为法兰克王国的新主人。其后在查理大帝手中，法兰克王国不仅开疆拓土，而且融合了多个民族。王国在宗教组织方面和对文化的投入方面，都或多或少地尊重了罗马时期的传统。800年的圣诞节，查理大帝由教皇在罗马加冕为皇帝，从而可以名正言顺地以罗马帝国的继承者自居，同时也成了拜占庭皇帝的竞争者。

如果暂将始于800年、由查理大帝开启的加洛林王朝忽略不计的话，德国在二战结束前的历史可以简略地概括为三个帝国时期：962—1806年的神圣罗马帝国，1871—1918年的第二帝国，1933—1945年的第三帝国。

神圣罗马帝国的皇帝，常常不能对治下的诸侯进行有效的统领，甚至连帝位也是由大诸侯们选举决定的（“选帝侯”制度），整个帝国由于诸侯林立（到 1789 年时，帝国内大小独立政权有 1789 个）而缺乏凝聚力，呈现出一盘散沙的局面。

这一局面在第二帝国时期得到了根本性的改观。成立不到一百七十年的普鲁士王国，对内，通过战争取代了曾主导神圣罗马帝国三百五十余年的奥地利哈布斯堡家族，成为最强大的德意志诸侯；对外，击溃了宿敌法国，从而被其他诸侯拥戴，领袖群伦，第二帝国就此诞生，而作为一个统一的德意志民族的集体意识，也随之迅速形成。第三帝国即法西斯德国时，被纳粹党煽动并利用的全民狂热，从某种角度上说也是这一民族意识发展到极致的另一种体现。

由此可见，以一己之力缔造出第二帝国的普鲁士王国，在整个德国历史上占据着承上启下的枢纽地位。普鲁士的精神和特征，如律己、服从、谨慎、保守、善于规划、敏于执行、不善交际、缺乏变通等，在今天德国社会生产与生活中仍时时可见，就如自 1701 年起作为普鲁士王国首都的柏林城一样，现在依然是德国的重要象征。

国家领袖的个人风格会深刻影响国家的整体走向，这一点由本书作者海因茨·奥夫（1922— 2006）再次确认。通过对普鲁士国王们的描述，一幅关于普鲁士国家嬗变过程的画卷在读者面前徐徐展开。奥夫生前是艺术评论家、柏林《每日镜报》的专栏作者，一生著作等身，其中大量作品与普鲁士历史相关。

（二）

最初阅读这本书时，译者并没有打算将其全文译出，只是会查阅在阅读过程中遇到的一些不了解的知识点，做下笔记。笔记越做越多，忽然想到左右也是要写字，干脆就整本翻译了吧，这样肯定不会有什么遗漏了。

人生中很多决定，往往都是一动念的结果。动念伊始，给自己的理由大约总是“应该可以吧”“也不会有多难”……入手一段时间后才会知道什么叫骑虎难下。继续下去是强自己所难，放弃了又不甘心，于是完成度除了专业能力因素之外，更多地取决于对自身心性的把握。而当咬紧牙关将全部工作做完后，又难免会感激一下当初那个思虑不周的自己，因为如果一开始就能预见到整个过程中的种种考验，也许就没有了挑战的勇气，也不会留下一份人生纪念。始于冲动，终于坚持，未必全不可取。

译者为书中涉及的人物、地名、典故等可能对阅读造成障碍的名词，均作了注释。另为每一位国王作七律一篇，援引中国历史故实作为比较。

王小卓

第一章　成王之路——腓特烈一世

即使是在当时,人们也认为那是一种奇怪且不当的行为。一个“小”贵族，勃兰登堡的选帝侯[①]，为了给自己加冕成国王，带着他的全体朝臣在寒冬中启程。他们必须在冰雪中行进，目标行省位于地图上显得漫无头绪、散乱不堪的国土的最远端，毗邻波兰与俄国。这一切，都只源于对于一个王国名号的渴望。300 辆差旅车和行李车分成了四组，3 万匹马为此被征用：自人类有思想以来，和平年代里还未曾有过如此大规模的冒险活动。

① 神圣罗马帝国皇帝查理四世于 1356 年颁布《黄金诏书》，确认由封建诸侯选举皇帝的合法性，有资格参与选举的大诸侯称“选帝侯”。最初确定的选帝侯有七名。三名教会代表：美因茨大主教、特里尔大主教、科隆大主教；四名世俗代表：波希米亚国王、莱茵普法尔茨伯爵、萨克森公爵、勃兰登堡总督。普鲁士的国王们所源自的霍亨索伦家族，自 1415 年入主勃兰登堡。

选帝侯腓特烈三世——整整十二年前，他从他那威望素著的父亲[①]那里继承了这个头衔，而此时他正寻求更高的地位——于 1700 年 11 月 17 日，在柏林登上了将他载往柯尼茨贝格[②]的豪华马车，那里也是他出生的地方。但远征只在上午进行，因为下午是侯爷接受臣仆参拜与赞美的时间。而所有的夜晚，都在所经之处的名士贵绅的簇拥中度过。

有意或无意之间，他建立了一项牢固的传统。几乎所有后继的霍亨索伦家族的国王，都要举行前往东普鲁士柯尼茨贝格大教堂的加冕之旅，并盛大其事。只是在时间选择上，会避开这一在东欧来讲最不令人愉快的季节。

未来的国王，如许多人所认为的那样，正为这纯属多余且成本昂贵的晋级欣喜若狂，并对到达柯尼茨贝格已经急不可耐。他的妻子，即未来的王后，没有与他同乘，而是与自己那风度翩翩的小叔，阿勒布海希特[③]，共处一车。后者贵为总督，自是不会亲力去操缰驾辕的。他们两个都毫无匆忙之意。苏菲·夏洛特[④]，这位受到子民们超乎寻常爱戴的选帝侯夫人，对于登上世俗权力的巅峰毫无兴趣。所有这些为了谋求王室地位而引起的纷扰，她都淡然相对——真是智者。

腓特烈则由于极度爱慕虚荣和过分以自我为中心，极少被贴上智慧的标签，但他的智商却无法被低估。对于艺术与科学这两个领域，

① 即选帝侯腓特烈·威廉一世（1620—1688），在位期间参与“第二次北方战争”“荷兰战争”“瑞典－勃兰登堡战争”。于“菲尔柏林战役”胜利后，被尊称为“大选帝侯”。一生以南征北战的赫赫武功和纵横捭阖的政治手腕著称。

② 即现今俄罗斯辖内的加里宁格勒，德文名称为“Königsberg”，“König”意为“国王”，“Berg”意为“山”，如此则应译为“国王山”或“柯尼茨山”，但在当前流行文本中通常被译为“柯尼茨堡”。事实上，德文中以“Berg”为名之地，常见被汉译为“堡”，如“海德堡”，德文原名实为“Heidelberg”，应译为“海德山”。不知是否因与德语中“城堡”一词“Burg”早期相混淆，而谬误因袭至今。在此请教于译界前辈及方家。本文采取折中译法，地名中结尾的“Berg”皆音译为“贝格”。

③ “大选帝侯”与第二任妻子所生，选帝侯腓特烈三世同父异母的弟弟。1696 年以勃兰登堡总督身份兼任“约翰尼塔骑士团”（源自史上三大骑士团之一的“善堂骑士团”，标志为八角十字）总团长。

④ 选帝侯布伦瑞克－吕内堡公爵（汉诺威公爵）恩斯特·奥古斯特之女，选帝侯腓特烈三世的第二任妻子。

他即使不算热衷，至少也称得上兴趣浓厚。身受良好教育的侯爷通晓多门语言，除了在17世纪的宫廷中无可替代的法语之外，还会讲德语、波兰语及流利的拉丁语。

腓特烈的挥霍癖，其实根源于在他父亲“大选帝侯”身边度过的过分俭吝的青年时代。而他夸张的虚荣心，则或许与他令人不敢恭维的外表有关。据猜测，他最多也就是中等身材。在他很小的时候，曾被一位保姆失手摔在石板地上，从此留下了些许驼背的痕迹。而奇怪的是，侯爷恰恰试图通过戴超大号的假发来掩饰自己的这一瑕疵。蓬松、隆起的假发，使他看起来更像是发育不良的样子。两条细腿支撑着瘦弱的身躯。自童年时便患上严重的哮喘，在他成年后也随之加重。一阵突如其来的剧烈咳嗽会将他袭倒，而这也正是侍奉他的人所畏惧的，因为这会严重影响侯爷的心情。

应当指出的是，做为国王，腓特烈一世看上去颇显儿戏，但人们也可以豁达宽容一点：与其他人相比，他的地位更加来之不易。他的身边总是有人想让他靠边站，视他如废人，最早的时候是他极尽强势的父亲，现在则是在各方面都比他更优秀的妻子——苏菲·夏洛特，就在不久前，这些人的名单中还包括他曾经的老师——丹克勒曼。此公耿直正派，备受信任，可身为宰相，一贯试图对腓特烈耳提面命，目前正因此而身陷囹圄。

众多关于腓特烈常见的不公正评价之一是，他没有知人之明，永远会受蔽于精心设计的阿谀奉承。可他的初衷总是好的，并在政治交易中证明了自己出类拔萃的外交能力。身为改革派的新教教徒，可以得到来自天主教的帝国皇帝，利奥波德[①]，对其——不是很有说服力的——王室资格的认可，即是他的杰作之一。更需要指出的是，他的成功并非通过战争或通常伴随此种转变的流血牺牲来完成。之所以能

① 神圣罗马帝国皇帝利奥波德一世（1640—1705）。出身奥地利哈布斯堡家族。一生致力于——作为长达二百四十年（1516—1756）的“哈法对抗”中的一部分——与法国及奥斯曼土耳其帝国的斗争。

够一击得手，纯粹是凭借他的政治手段、说服技巧、非军事性的战术与谋略，以及金钱的力量。

可他王国的后世史官们，对此无疑深感尴尬。不然还有什么理由，能让他们对于腓特烈一世及新王国普鲁士不同寻常的崛起，永远抱以淡淡的不以为然，并把所有的成就都毫不犹豫地归功于腓特烈辞世已久的父亲呢？

无可否认的是，若没有大选帝侯的政治远见及天才般的腾挪手段，这不被看好的新王国诞生于世间的机会将更加渺茫。大选帝侯为这个国家，也为日后的王国打下了基石。可在此基石上，以一种令人愉快的、完全非英雄主义的方式缔造王国的，正是大选帝侯的这个儿子。只是他和平的征服过程，在他同时代的人，甚至某些后世子孙看来，竟好似一场儿戏。

事实上也差不多如此。因为无论是这场严冬之旅，还是随后于柯尼茨贝格所展示的所有奢华与荣光，其后都并没有坚强的实力做为后盾。最重要的是，这片并不以财富著称的土地正面临着资金短缺。于总部柏林，腓特烈的“宫廷雕塑家”安德烈亚斯·施吕特，在负责建造一座对于勃兰登堡公国来说规模过于宏大的宫殿。神圣罗马帝国皇帝对新王室资格的承认，是以在那时堪称天文数字的600万塔勒[①]为代价交换得来的。而接下来的加冕仪式和庆祝活动所需，也不低于这个花费。在柯尼茨贝格，工程师们已经开始建造两座喷泉，一座可以喷出白葡萄酒，另一座则喷出红葡萄酒，任人享用。

至于腓特烈对支撑所有这些挥霍行为的经济来源是否做过认真的考量，已无从考证。为解决这种问题，他自有他的臣民可用。而他自己，只要涉及敛财一事，便可谓足智多谋。治内的小商贩捐献的钱款已不敷支出，但尚有货物税、交通税等可供征收，盘剥手段之巧，堪称艺术。

---

① 神圣罗马帝国时期流通的货币。始于16世纪，于1908年最终被德国马克取代。其规格因发行年代及地区不同而有异，以“玛丽亚·特蕾西－塔勒”为例，直径为39.5mm，厚度为2.5mm，重28.0668g。

在凡此种种名目下，无论是购买奢侈品，还是柴米油盐一类的日常用品，国民们的钱袋都要再被额外搜刮，真是古今无二！选帝侯腓特烈甚至——作为他创造才能的牛刀小试——在他的国土上征收一种“少女税”，即所有女人自发育成熟起，到其婚配或 40 岁时止，逐年缴纳的税款。

有关他想成为国王这一疯狂的愿望，流传着这样一则逸事，未知真假。某次腓特烈造访维也纳时，与来自汉诺威的选帝侯[①]同僚一同受到神圣罗马帝国皇帝的接待。这位汉诺威的贵族是腓特烈的远房兄弟，并与苏格兰的斯图亚特家族有亲属关系。因此不仅贵为诸侯，而且还身负王室血统。汉诺威家族并在日后问鼎了英格兰国王的宝座。

也许这二者之间的位阶差异真的并不明显，可事实是，为那位离王位更近的选帝侯准备的，是一张加了软垫的舒适座椅，而等待腓特烈的，却是个普通的木凳。此情此景，严重伤害了腓特烈的虚荣心，以致他从那以后，除了为自己谋求王位，再也没有别的什么追慕之事。挖苦地讲，所有的一切都不过是出于对一张椅子的渴望。

与以上负面观点针锋相对的是，一位公正的历史学家，塞巴斯蒂安·哈夫纳，跨越时间的阻隔这样为腓特烈辩护：“在 1700 年左右，‘国王’一词有如咒语般的魔力。腓特烈一世凭直觉把握住了此点，是他超越其父之处。虽然只是灵光一闪的念头，但也要能想到才行。”

通过这简单的描述，几乎就可以确认从柏林到柯尼茨贝格这场冬旅的价值了。“一句咒语”，腓特烈却为之进行了长年累月的艰苦交涉，而最后能够成功，却是由于纯粹的意外。恰恰是“耶稣会”[②]的推动作用，使身为新教首领的选帝侯的愿望得以实现。究竟发生了什么呢？

---

① 利奥波德一世于 1692 年授予布伦瑞克－卡伦贝格公爵恩斯特·奥古斯特选帝侯称号，作为其在“普法尔茨继承权争夺战”中对皇帝支持的嘉奖。1708 年帝国议会对汉诺威选帝侯地位予以承认。

② 天主教重要修会之一，成立于 1534 年 8 月 15 日。该会修士严格执行对教皇的“无条件服从”。他们不居住在修道院，也没有统一的修士服，只是在自己的姓氏后加以“SJ”（拉丁文“耶稣会”的缩写）的后缀。该会对推动欧洲乃至世界范围的教育工作作出了杰出贡献。

当时身在维也纳的勃兰登堡的谈判者接到了一封加密快讯。快讯中说，他应该防范来自耶稣会的所谓援手。他却理解为，他应该为争取这样的援助而努力。事实上他也就这样做了。结果耶稣会对得到新教一方的重视深表满意，利奥波德皇帝则对此甚为称许。这件事只是传说而已，但也许并非全是空穴来风，不然就无法解释，腓特烈从维也纳的耶稣会修道院得到的 1 万塔勒金援，是因何而来。

一行人等乘着无法加热的篷车穿越冰霜雨雪，坚持了十二天。最后在钟鸣炮响中，入抵柯尼茨贝格。加冕之日定在 1701 年 1 月 18 日。在此之前的晚上，这位选帝侯 - 国王又为普鲁士的另一项传统奠定了基础。他设立了“黑鹰勋章”，并以著名的、据说是古普鲁士的训词作为口号：各得其所。这句座右铭脱胎于老卡托[①]的一段名言，其原文看起来并不像是源自普鲁士的样子：*Suum cuique per me uti atque frui licet*（但使吾力能及，当使各用其有，各享其成）。“黑鹰勋章”一直作为腓特烈所能授予的最高荣誉存在着。至于他本人是否忠诚于这一座右铭，真正使人人“各得其所”，就是另外的话题了。而第一枚以嘉奖勇气为目的、不受出身阶层约束，从而也可以颁发给普通士兵的勋章，“铁十字勋章”，则是由另一位普鲁士国王于百年之后设立的。

加冕当天，亢奋的选帝侯大人身着华服盛装，在早晨八点之前，早于预定时间好几个小时，便出现在柯尼茨贝格宫的大礼堂内。他的晋级典礼完全是暴发户式的。昂贵的钻石取代了纽扣，装饰着他的猩红礼服，天鹅绒披风上满布着金丝绣成的王冠与鹰的图案，领子上同样镶着三颗异常巨大的钻石，据记录了这一事件的史学家讲，其总价值相当于一吨黄金。宫廷总管科勒波伯爵——其后不久被任命为首相，向宝座之上的腓特烈跪献王冠。这位统治者则将王冠一把抓过，坚决

① 历任古罗马财务官、执政官、元老院成员等职。曾供职于古罗马最伟大的统帅之一、“非洲的征服者”大西庇阿（在“扎马战役”中击败罗马人从未在正面战场上战胜过的迦太基统帅汉尼拔）帐下。作为元老院中位高权重的一员，坚持贯彻摧毁迦太基的战略。他的这一意见与“第三次布匿战争”爆发直接相关。

果敢地扣在了自己头上。

这一行为新颖而不寻常，以当时的标准来衡量，甚至是令人难以置信的。此举的原因无人知晓。腓特烈国王想借此传达什么信息？是表明自己对两大新教教派的忠贞不贰，抑或是在宗教力量面前展现世俗国王的威权？总算是有两名为此次活动特意被任命的主教（两人也同时被封为贵族）也获邀出席，一名来自路德派[①]，一名来自改革派[②]。可他们只是在其后于教堂举行的典礼仪式中才出现。

在贵族和社会各阶层代表——带有早期议会性质的群众组织——的游行队伍到来之前，这位自行加冕的国王等候在他夫人的房间里。“架势十足”，一位史学家这样描述他。从历史的角度来看，腓特烈的这一举动也为后世留下了影响。一百多年后，不可一世的拿破仑·波拿巴就又复制了他的做法，自己将王冠戴在了头上。

可他对妻子的影响就没那么大。他知道，或者说担心，他无法像完成对自己的加冕那样，在公众面前大张旗鼓地完成对王后的加冕。苏菲·夏洛特对于这类表面文章的反感，极有可能也曾在公众面前不加掩饰过。

让我们来看一下身为德莱斯顿的档案馆负责人兼宫廷史官的卡尔·爱德华·维泽的报告吧：“虽然也是跪着从国王那里接受了后冠，可她的举止始终还是那样无拘无束，甚至在仪式进行过程中试图用一小撮鼻烟丝为自己解闷，这让国王深感厌恶。”腓特烈应该是在此后的一年中都不曾再与他的妻子说过话。

---

① 源自16世纪德国神学家马丁·路德发起的宗教改革运动。强调“因信称义”，认为人之所以得到救赎，是由于上帝的恩典，而并非通过自身的善功，同时强调《圣经》在信仰方面无可比拟的权威性。

② 出现于16世纪宗教改革时期，领袖人物为法国神学家约翰·加尔文。亦称“归正宗”或“加尔文派”。其教义包含五个要点：人类在灵性上完全无能力为善；上帝对罪人的拣选无条件；基督的代赎有限；人类无法抗拒上帝恩典；上帝在信仰之路上保守获得救恩的圣徒。

威廉二世时代的史学家利奥波德·冯·兰克[1]——信奉治史不应当如法庭宣判一样辨别黑白，而应着重于展现历史的本来面目——以“不失身份”来评价腓特烈的布置。他阐明道，之所以在加冕活动之后举行宗教仪式，是为了体现国王的威权。首先是一个举世瞩目的世俗权力，以完全独立的姿态诞生，其次才需要宗教力量对其的认可。在大教堂举行的圣餐仪式上，两位主教为国王和王后涂抹圣油——形而上学的程式。

在返回王宫的路上，1万枚为纪念庆典而发行的金银塔勒被抛向围观的人群。对于稍后在王宫中用金质器皿享用晚餐的国王夫妇来说，这一举动也许会让他们的烤全牛品尝起来更加口感十足，就如同品尝那从喷泉中涌出的红白葡萄酒一样。最后，全体宫室成员坐在60辆车中，在新一轮钟声里穿行这座灯火辉煌的城市，作为一天庆祝活动的尾声。

但仅仅如此是远远不够的。接下来的整个1月和2月都被用来大肆庆祝，娱乐节目一个接着一个。这样兴高采烈地生活，似乎将永无休止。直到3月8日，众人才开始了返程之旅。因为途中很不容易为高贵的女士与先生们找到合适的寄宿之处，全部人马又被分成了数组。除此之外，他们也没什么好急着回去的。5月6日的时候，国王夫妇才随着第二车队到达已可以被称为“普鲁士王国”的这片土地的都城。

人们出于义务，建起了多达七座的凯旋之门以欢迎国王归来。而且，好像在寒冷的东普鲁士还没庆祝够似的，在柏林，在这个气候转暖的时节，无穷无尽的娱乐活动又继续进行。这场喧嚣一直持续到6月22日，作为对此的感谢——或是惩戒，这一天依加尔文教派的传统被教会定为祈祷日。

霍亨索伦家族的普鲁士王国，在建国伊始便受到了许多批评和指

---

① 德国史学家（1795—1886）。西方现代史学之父，主张以系统求知的方法治史，即逐本探源、考求信史。他的史学观不仅影响了他身后的西方世界，中国大学者如陈寅恪、傅斯年等也对他推崇备至。

责，这些不满甚至是来自家族内部。王位继承人腓特烈·威廉，当时刚满 12 岁，对他父亲主导下的宫室事务及一系列的铺张浪费大动肝火，称其为“世界上最为糟糕透顶的交易”。还有腓特烈一世的孙子，后来的腓特烈大帝，对此也持相同意见。他认为祖父的做法无法理喻，仅仅是出于虚荣心而追求一个徒有空壳的头衔，而一切都不过是“权力的假象”。

也许腓特烈真的只是追随了一个幻想——没有任何政治家可以回避类似的经历。其新派之处在于，他没有通过发动战争炫耀武力来达成目标，而是完全依靠长年累月坚持不懈的谈判。至少腓特烈的拥护者们顺应了这一时代变化。又如塞巴斯蒂安·哈夫纳所言：“在政治中，一个假象也是权力的一部分，腓特烈大帝本人对此也有深刻了解，并曾在某些场合亲口证实过。”

在腓特烈一世身上，人们第一眼看到的，可能只是他所谋求的个人威望。而实际上他的影响力远超他自身范畴，作用于后世几乎达到两百年之久。从这种威望中诞生出了更大的价值：荣誉。普鲁士突如其来、令人震惊的荣光。

这份荣光持续了不止两百年。相比之下更令人惊奇的是，在当时几乎无人对这以异族名称命名的新王国的诞生与发展表现出过一丁点儿的兴趣与关注。在腓特烈一世同时代的人看来，恰恰是在这片土地上，发展出一个强国的希望是如此渺茫，几近不可能。哈夫纳是如何描述“国王”这一头衔的？“有如咒语。”谁又能在大国政治残酷的现实中去考虑这一点呢？

普鲁士的霍亨索伦家族与位于施瓦本[①]山脉中秀丽如画的同名城堡毫无关联，与海兴根、齐格马林根这样的侯国也牵扯不多，而后两者才普遍被认为是霍亨索伦家族的属地。这一源自德国南部的伯爵世家，

① 地理名称，包括今德国巴登符腾贝格州南部和拜仁州西南部，及瑞士东部和阿尔萨斯。霍亨索伦家族即发祥于此。其中的法兰克一支后来入主勃兰登堡。

在早时分成了法兰克支脉和施瓦本支脉。两脉的主要区别在于对宗教认知的不同：施瓦本一脉信奉天主教，法兰克一脉追随新教，而城堡据信是很久以后才根据功绩以这一家族的名称命名的。

几乎所有法兰克支脉的城堡伯爵都名为“腓特烈”，这个名字同“威廉”一样，最为霍亨索伦家族男子所喜爱并常用。后来一位柏林的喜剧作家戏谑道：随着时间推移，德国的父母们渐渐无法在孩子应该叫“腓特烈”还是叫“威廉”的问题上达成一致，因此诞生了第三个最常见的名字，“腓特烈·威廉”。

城堡伯爵位阶不高，只能算是有身份的人，相当于有贵族身份的高级侍从官或财物总管一类。因此，当城堡伯爵腓特烈六世于 1417 年从西吉斯蒙德皇帝[①]处得到勃兰登堡选帝侯国时，想必是万分欣喜。从那时起，他称自己为选帝侯腓特烈一世，并由此成了一系列深具责任感的选帝侯们的祖先，这些人以其极富想象力的名号著称于世，如“阿勒布海希特－阿克琉斯”“腓特烈－铁牙”“约翰－西塞罗”。他们都是勇者，不仅要抵抗流浪骑士的骚扰，镇压柏林当地的暴乱，还不得不面对分给他们的这块土地要么风沙干燥、要么泥泞潮湿这样的事实。

尽管如此，勃兰登堡仍然是一份厚礼，特别是当它与选帝侯资格联系在一起的时候。这意味着：作为勃兰登堡的选帝侯，即跻身于有权决定神圣罗马帝国皇帝人选——尽管皇权在不断衰落——的七人行列。这样的身份可以带来敬仰、威望、光彩，而这一切，如我们所学到的，在政治活动中至关重要。

如同其他帝国辖内的大家族一样，勃兰登堡选帝侯一族也奉行一条经数世纪检验而愈显重要、较于其他方法而更有前途的政策：联姻。或者更确切地说，通过继承权来谋求额外的村落、土地、省份和教区。生女之家都急着找到婆家，而男人们，特别是那些有希望成为继承人的，

① 神圣罗马帝国皇帝（1368—1437）。出身卢森堡王朝，历任勃兰登堡选帝侯、匈牙利与克罗地亚国王、德国国王、波希米亚国王、神圣罗马帝国皇帝。“康斯坦茨宗教会议”及“胡斯战争”均在其统治期间发生。

则关心他们的伴侣能否将一份可在将来兑现的可观遗产也一并带到这几乎仅出于利益目的而缔结的婚姻里来。

对于双方来讲，爱情即使存在的话，也不在婚姻之内。出身大贵族世家的男子，甚至拥有可同时与出身低微的女子另谱第二段姻缘的权力。如果以从联姻中所获利益衡量的话，勃兰登堡的选帝侯们即使不算是所战皆捷，成绩也是相当不错的。通过继承及购买的方式，一块如碎花地毯一般的版图得以拼就，而地域彼此之间甚至全无联系。如果想要到达治内的另一处，还需要穿越别国的领土——仅是东西疆界间的距离就给统辖管理带来了明显的困扰。在勃兰登堡西部有克勒佛公国、马克伯爵领地和哈芬斯贝格伯爵领地，在东部则有条顿骑士团①国，国名是采用被他们击败的异族之名：普鲁士。

普鲁士当时包括了稍晚时候的东普鲁士、立陶宛和波兰三地的部分区域，在 1641 年的时候更近乎世袭封地的性质。它并不隶属于德皇，而是归波兰国王所有——在那时，单一民族国家的时代还没有到来。

这片胡乱拼凑到一起的国土还得到了可以继承诸如西里西亚、劳齐茨之类大小侯国的含混的许诺。从这个角度来看，这里更像是一块——在当时常用的、很形象的一词——遗产积聚地，多过像一个国家。

因此从某种程度来说，选帝侯腓特烈三世能够忆起这一位于遥远东方的、古老的——而且相当偶然的——家族遗产②，也可算是天才之举。通过这种方式，莱茵人、勃兰登堡人和波美拉尼亚③人得以统一在

---

① 史上三大骑士团中成立最晚（1198）但影响最大的一个，又名“德意志骑士团”。13 世纪时在今波罗的海地区成立骑士团国，14 世纪末时领土达 20 万平方公里。其参与的著名战役，如 1241 年与拔都统率、速不台指挥的蒙古军队进行的“列格尼卡战役”，1242 年与亚历山大·涅夫斯基统率的诺夫歌罗德军队进行的“冰湖战役”，1410 年与波兰－立陶宛联军进行的“坦能贝格战役”。一系列军事行动的失败导致了骑士团的没落。

② 1525 年，来自霍亨索伦家族的条顿骑士团的大团长宣布骑士团世俗化，建立普鲁士公国。1618 年，勃兰登堡选帝侯获得普鲁士公国继承权，建立了勃兰登堡－普鲁士联邦。

③ 濒临波罗的海。历史上为神圣罗马帝国一省。帝国解体后，并入普鲁士王国，后并入德意志第二帝国。1945 年后分属德国、波兰。在德国境内部分，即属现今德国“梅克伦堡－前波美拉尼亚州”。

一个长久以来被世人所遗忘的、东海边的异族名称之下。并且这一国家形态通过腓特烈一世“念动咒语”而赢得了威望与凝聚力：他成了国王。

只有一点使他的胜利美中不足：他只是“在普鲁士的王”。因为普鲁士这块土地当时还是归波兰的统治者所管辖。这种烦琐的关系以今天的观点来看很难理解。直到他那总是将自己祖父批斥得体无完肤的孙子腓特烈大帝时期，才去掉了这一古怪的头衔，而正式成了“普鲁士之王”。

政治家——在那个年代我们必须把国王也归于这一行当——的责任是，直面问题并尽可能地解决问题。但腓特烈一世显然不具备这一素质。他过于关注自身，而不是手下人的利益。如何处理与他的政治团队的关系问题，是他最大的难题。通过一系列并不考究的手法，他解散了他的团队。相较于其他性格特征，霍亨索伦家族成员所共有的一个特点就是，暴躁易怒。他们当中最出色的人物会有意识地去克服这一缺陷。可腓特烈一世并不在此列。

能体现腓特烈缺乏制怒能力的一个糟糕例子——还在他任选帝侯时期——与艾伯哈德·冯·丹克勒曼的命运相关。这个威斯特法伦[①]人青年时代的表现可以用“神童”来形容。在结束乌特勒支[②]的学业后，他很早就完成了在当时适合年轻贵族身份的、在英国人圈中流行的“大环游”。借从英格兰开始，穿过法国和瑞士，到达意大利的游历，他结束了成为一名教育工作者所需接受的培训。大选帝侯在一次旅行荷兰的时候结识了这位血气方刚的年轻教育家，并委派他来指导自己当时年仅 5 岁的次子的学业。

丹克勒曼并非出身大贵族——他的位阶的提升要到后来靠他的学

① 德国地名，其历史可追溯到 8 世纪。曾为普鲁士一省，现为德国“北莱茵－威斯特法伦州”一部分。

② 现荷兰面积最小的一省。其同名首府为荷兰第四大城市。中世纪时曾为天主教主教辖区。1579 年由北方七省成立“乌特勒支联盟”，反抗西班牙统治，此联盟即绵延至 18 世纪末的“荷兰共和国”的开端。

生来完成——以他20来岁的年纪，即便是毕业于著名大学并成功地通过游历得以进一步自我完善，仍显得经验不足。除此以外，在同时代的人中他还以严厉著称。在那时，腓特烈尚没有被看作选帝侯爵位的继承人：有一个哥哥排在他前面。而除了这位顶多算是出身于低等贵族的老师之外，还要再指派一名位高权重的人物作为王子太傅，这一职位通常也被称作“长官”。如此重任落在了当时侯国的二号人物肩上：时年77岁的首席长官，奥托·冯·什未林。首席长官在一个小国的地位，可比拟首相一职在一个大国的重要性。于是，在太傅的领地，阿勒腾兰斯贝格[①]，腓特烈自5岁起就开始在老什未林与年轻的丹克勒曼的共同监护下成长。也许丹克勒曼真的是非常严厉，可无论如何，年幼的腓特烈都对他非常依赖。最后，他爱丹克勒曼甚至超过爱自己那不常见面的父母。而他受到的教育肯定是相当不错，因为才年仅10岁，他就能在父亲生日时用拉丁文发表演说。

据一些同时代人的推测，丹克勒曼自一开始就把赌注押在了自己学生的身上。1674年，腓特烈的哥哥卡尔·艾米尔亡故，那时腓特烈年方十七，并只有一个信赖的人：丹克勒曼。当1688年腓特烈于父亲逝世后接管整个侯国的时候，他将权柄——必须加上一句评语：草率轻易地——几乎完全交到了他这个亲信的手中。丹克勒曼被无条件地任命为首席长官。不然还能是谁呢？在勃兰登堡这样一处宫廷里，腓特烈相信，只有他曾经的老师值得信任，就在不久前，老师还两次救过腓特烈的命。

那是一段难以辨清的历史，是典型的、在诸多的小宫廷中都会被大肆传播的谣言，富有杀伤力，但其中只有极少数能与事实真相吻合。

---

① 现为柏林东部卫星城，人口不足1万。历史上曾归“韦廷王朝”所辖，自1245年起隶属勃兰登堡。

据传说，腓特烈的继母[①]曾试图毒死腓特烈，但两次都因丹克勒曼在最后关头的阻挠而没有得逞。

这极有可能只是个谣传，又或是借题发挥的夸大其词，如同其他遍布于德国各小诸侯国的流言蜚语一样。那时的德国有数以千计的大小贵族列土封疆；在差不多一个世纪之后的1789年，在德国这片土地上正好林立着1789个独立的政权，以至于日后戈洛·曼[②]在书写德国历史时，把这一年作为新时代的开端。

被众多统治者暗地里奉为偶像的人物，是“太阳王”路易十四[③]。在德国差不多有1500个小君主都试图仿建凡尔赛宫，但这类妄为几乎都以徒劳无果而告终，因为他们中的绝大多数都面临资金短缺的问题。他们所不缺的普遍议题则是权谋、嫁妆、影响力、名誉、认可、头衔以及占有种种。这些小邦国互相猜忌，在其各自内部也是争斗不休。勃兰登堡的宫廷自然也不例外，甚至犹有过之。而不为治国这类琐事所困扰的选帝侯大人，则有着足够的时间为那些谄媚他的朝臣广开言路，且乐此不疲。

在丹克勒曼的领导下，至少就管理方面而言，勃兰登堡表现得犹如一个家庭作坊。这位首席长官还有六位兄弟，他自己排行老四。他们七人在日后建立起了一个类似政府部门的机构，借此完全掌控了国内的所有事务。

这些百姓口中所称的“七星”，工作成绩并不坏。此时的丹克勒曼已经成长为一名严厉但公正的管理者，严于律己，在贵族圈子和普通

① 多萝西·冯·布伦瑞克－吕内堡夫人，石勒苏益格－荷尔施泰因－宗德堡－格吕克斯堡公爵之女。在丈夫布伦瑞克－吕内堡公爵逝世后，于1668年改嫁大选帝侯。为替自己的亲生子们谋取继承权，曾与腓特烈有长达十多年的争斗。前文及注中提到的勃兰登堡总督，阿勒布海希特，即为其亲生子之一。

② 德国史学家、文学家、哲学家（1909—1994）。德国著名作家、诺贝尔文学奖得主托马斯·曼的第三个儿子。

③ 法国国王（1638—1715）。在位七十二年，是世界上执政时间最久的君主之一。在位期间加强君主集权，穷兵黩武，拓土开疆，使法国当时实力冠绝欧洲。一生经历的主要战争，如“荷兰战争”“普法尔茨继承权争夺战”“西班牙王位战争”等。

民众中还颇有几分好口碑。

尽管如此，七兄弟的大权独揽还是自然而然地引起了其他朝臣们的嫉妒。其中两个主要人物，虽然曾在丹克勒曼的帮助下提升了自身在朝中的地位，但还是长期于背地里策划他的倒台：一个是丹克勒曼日后的继任者，陆军元帅，约翰·阿勒布海希特·冯·巴符斯；另一个是马厩总管，约翰·卡基米尔·科勒波伯爵。巴符斯来自科隆的家族，于12世纪时就在“阿勒布海希特－熊王[①]”的带领下，同荷兰移民一起定居勃兰登堡，属于老牌贵族。来自普法尔茨的科勒波则属于新贵。在宫廷之内他们还有强大的靠山，选帝侯夫人，即未来的王后，苏菲·夏洛特就是同谋之一，而就连“七星”本身，也都有参与。

他们受够了丹克勒曼的目空一切。随着地位的不断提升与巩固，侯国的首席长官变得狂妄骄横，并日渐不加掩饰。在众人看来，此公也将会非常乐意亲自在选帝侯的位置上一展拳脚，并为此做好了准备。

选帝侯腓特烈起初不允许别人中伤他旧日的老师，也即他认定的救命恩人，直到他——在巴符斯和科勒波的怂恿下——自己产生了怀疑。丹克勒曼对于选帝侯国向王国转变这一计划的反对态度，起到了决定性作用。也许腓特烈的怀疑本就是基于众多无可辩驳的证据，但称王大计的受阻，才真正激起了他心中霍亨索伦式的狂怒。

丹克勒曼至少是对危机有所预感的，因为他先行以“健康受损”为由辞职下野。可他并没有离开柏林，甚至仍然在宫中逗留不去。在12月10日，他还同选帝侯进行了一番友好的交谈。次日，就被逮捕并在光天化日、众目睽睽之下，带往位于施潘道[②]的堡垒监禁起来。与此同时，腓特烈还将这位昔日宠臣的全部产业没收充公。丹克勒曼的妻子恳请与丈夫一同受刑的要求也被拒绝。带着一笔微薄的养老金，她

---

① 第一任勃兰登堡边境总督（约1100—1170）。勃兰登堡边区的创建者，德国东部疆界最重要的开拓者之一。

② 位于哈韦尔河与施普雷河交汇处，“阿勒布海希特－熊王”曾在东拓过程中于此地立足并建造城堡，于1920年并入柏林，1945—1990年期间为英国占领区，现为柏林西部一区。

被送去了科特布斯[1]。严格来讲，她是被流放到那里，不得再踏出当地一步。

丹克勒曼被囚禁的时间——听起来让人毛骨悚然——长达十年之久，直至1707年，尽管法院在此期间早已判决他侵吞公款、接受贿赂的罪名不能成立。丹克勒曼事件，这一发生在建国伊始的案例，对于普鲁士王国及其统治者来讲，可以说是对被他们作为普世价值的“正义感”的负面例证。该案如同噩兆一般，特别是如我们将要看到的，当首席长官的继任者们下场也并不美妙的时候。

直到腓特烈的儿子腓特烈·威廉一世接掌权力以后，年已70岁的丹克勒曼，这位为先王忠诚服务了三十五年的老臣，才被平反，但没收了的财产和物业没有被再度归还。丹克勒曼于1722年以80岁之龄在柏林辞世。当那位普鲁士历史上最为节俭的国王在恢复丹克勒曼名誉的同时，还对其许以每年1万塔勒的养老金的时候，他一定是为自己父亲当年所为感到了良心上的不安。

在对待臣子的问题上，普鲁士国王们的强硬态度始终如一，即便是曾试图对可怜的丹克勒曼做出补偿的腓特烈·威廉一世也不例外。在为自己挑选女人时，霍亨索伦家族成员们的洞察力则体现得淋漓尽致。如果不是由于王后的原因，一些国王将无法取得那么高的成就，或者甚至更不讨人喜欢。

身为选帝侯三世和国王一世的腓特烈，即属此列，但仅限于与他三任妻子中的第二任在一起的时候。那个女人的魅力几乎普照了腓特烈一世时代的普鲁士，并能与任何前代及后继的女人们——路易丝王

---

① 现德国勃兰登堡州内第二大城市，是德国少数民族西斯拉夫人的一支、索布人的政治与文化中心。其城市历史可追溯至13世纪初。

后[1]除外——相较而不落下风。

在她周围环绕着的那个时代的人，显然来自其他的世界，其他的国土，其他的、迥异于柏林的宫廷。人们从腓特烈处只能感受到死板僵化，在苏菲·夏洛特那里却可以融入一个轻松风趣的氛围。她热爱喧哗热闹的节日，同时也热爱与哲学相关的研讨。她本身就是一名女哲学家，尽管画册上的她是如此美丽。这种美丽是属于那时的宫廷的，可如此强烈的吸引人的魅力，如那些艺术家和铜版雕刻家在他们充满溢美之词的作品中展现给我们的那样，依然非常罕见。

苏菲·夏洛特于1668年出生在伊堡内的修道院里。伊堡所在地，奥斯纳布吕克[2]，是她父亲曾任主教的地方。同年，她父亲被封为公爵，并于稍后成为汉诺威选帝侯。她的母亲则拥有王室血统，是斯图亚特家族中的一员。腓特烈还是侯位继承人的时候与她相遇于巴特皮尔蒙特，并立刻被点燃了激情。

像腓特烈这种情况在欧洲并非仅此一例。时年15岁的苏菲·夏洛特成就名声的地方，是通往上层社会最高荣誉之所在：法国宫廷。她同时代的人深深迷恋于她蓝色的眼睛和浓密的黑发，而这两项特征通常被认为并不搭配。在这位年轻的公主身上，混合了许多矛盾与不协调，可却恰恰使她充满魅力。

“简单随意的生活”，据她自称，对她来讲重于一切，可与此同时，她也乐于用德语、法语、意大利语或者英语谈论天主教各宗派之间的

---

① 普鲁士国王腓特烈·威廉三世之妻（1776—1810）。其一生与在同拿破仑·波拿巴对抗中落败的普鲁士的命运紧密相连。风姿绰约的她，还在生前就被人膜拜，死后更备受推崇，甚至成了普鲁士复兴乃至发展成为德意志帝国的精神力量。这也使得她的历史意义远远超过她在作为普鲁士王后期间所具备的现实意义。据传，腓特烈·威廉二世在见到路易丝和她的妹妹弗雷德里克后，惊为天人，并为自己的两个儿子迎娶了这对姐妹。当时最负盛名的雕塑家戈特弗里德·沙多夫（柏林地标性建筑“勃兰登堡门”上的雕塑“双轮战车”的作者），受命为她们创造了石膏全身像“公主姐妹”。这件作品的大理石复制品现保存在柏林的国家美术馆内。译者见过一些以路易丝王后为主题的美术作品，即使时隔二百余年，仍能感受到她的倾国之美。

② 现德国下萨克森州城市，面积约120平方公里，人口15.5万有余，是州内第四大城。历史上曾为主教驻地。现在是欧洲重要的物流中心之一。

差异。她迷恋于羽管键琴[1]上使人沉醉的演奏，却也从不错过嘈杂庸俗的复活节庆祝活动——对我们今天来说不可思议——并且她的家乡汉诺威正以此著称于世。

当她于 1684 年 10 月 8 日在汉诺威与未来的勃兰登堡选帝侯腓特烈三世成婚的时候，她和她的家族无疑展示出了过人的直觉能力。当时的她看起来有可能找到更好的归宿，甚至也应该去寻找更好的归宿。

而这桩婚事最终被证明，或许也是她在短暂生命中所做出的众多明智决定之一。一方面，仅仅是由于柏林人以伶牙俐齿而著称的缘故，这座城市对于她来说便有如定做的一样合适。柏林的女人一直以来就比其他地区的女人更为——为了避免使用“解放”一词——独立。另一方面，当时正值无可争议的爱情在起主导作用。因为腓特烈虽然只是选帝侯，却像个国王一样允许她为所欲为，这不仅使她和腓特烈自己感到愉悦，甚至也为侯国的首府柏林带来了好处。当她偕同她的“伊索”一同步上婚礼圣坛之后，精神与文化的力量才开始真正涌向了施普雷河边的“雅典”。

对于她为她的夫君找到的这个绰号，众人都会报以颔首微笑。少许的放肆在柏林被视作交谈的佐料，而伊索，这位古代的寓言作者，如同在学校里学到的那样，身材矮小，容貌丑陋。从根本上讲，只要涉及丈夫，苏菲·夏洛特就完全不会给自己以任何错觉。一次她与最好的朋友之一，哲学家戈特弗里德·威廉·莱布尼茨[2]就此进行交谈，后者问她是否曾对那个小矮子产生过任何幻想，她回答道：“天哪，好像我还没有因为我丈夫的形象而举世闻名似的！”

在柏林很快产生了两个宫廷。一处如我们已见到的，固执死板，

---

① 于 15 至 16 世纪时诞生，18 世纪时盛行于欧洲的键盘乐器，琴身为三角形，嘹亮的高音区是其特点。曾深受巴洛克时期作曲家的喜爱。

② 德国哲学家、数学家、物理学家、历史学家、外交家、政治家、图书馆馆员、世俗及宗教法规方面的权威（1646—1716）。在他的时代，被认为是全知全能之人，是 17 至 18 世纪最重要的哲学家之一。他自己曾经说过：“每次醒来我都会有如此之多的念头、想法，以至于白天的时间根本不够我将它们全部记录下来。”

官僚僵化，并充满着陷阱与阴谋。选帝侯大人，即后来的国王，是其代表人物。他理所当然地居住在城中由安德烈亚斯·施吕特修建过的王宫里。这位建筑师在华沙与腓特烈相识，并由后者亲自聘至柏林。另一处宫廷则是为思想和文艺所准备的，位于柏林郊外的里岑，在旧有的呼额雷本庄园基础上，经由苏菲·夏洛特纤手调理而规模壮大的里岑堡。

这座在她委托下建立的宫殿，由荷兰人约翰·阿诺德·内瑞和法国人让·德·波德负责建造，瑞典人艾奥桑德·冯·古于特贡献了秀美的穹顶、厢房以及礼拜堂，最终成为一件与周围的田园风光融为一体的巴洛克风格的作品，似乎是专为舞蹈、戏剧、音乐、假面舞会和充满睿智的交谈而设置的。苏菲·夏洛特原本得到了位于波茨坦的卡普特宫作为聘礼，但因其太过偏远——不适于过一种“简单随意”的生活——所以换成了里岑。还值得一提的是，她在最短的时间内为当地的饭店和酒馆申请到了经营含酒精饮料的许可。在这位普鲁士的首任第一夫人逝世后，里岑及里岑堡被恰如其分地以她的名字重新命名：夏洛特堡。

为了可以真正地向彼此靠近，国王和王后分开居住。腓特烈一世经常在他妻子那里做客，参加她的宴会和直到数代人之后仍在普鲁士深受喜爱的以神话故事为蓝本的化装游戏，还有倾听科雷利[①]的小提琴音乐会。科雷利在里岑堡的宫室中短暂地活动过，并曾与莱布尼茨就成立科学协会的事宜有过交流，但后者却出人意料地将这桩事与种桑养蚕联系到了一起。

王后的纪念像——来自雕塑家格哈德·马克斯的礼物——于二战后被人置于出自沙多夫之手的底座上，摆在由克诺伯勒斯多夫为夏洛特堡王宫新添的翼楼前面。极具说服力的对比是，位于市中心的腓特

① 阿坎杰罗·科雷利（1653—1713）。意大利小提琴家和作曲家，巴洛克风格代表人物。在他的时代里，他在小提琴演奏领域的影响力首屈一指。其作品标志着“室内乐”历史上一个新纪元的开端。

烈的宫殿被后来东德的当权者拆毁，而与此同时，在战争中受到同样程度破坏的苏菲·夏洛特的宫殿却在西德政府手中得以重建。

苏菲·夏洛特的宫室，于1699年7月11日在选帝侯42岁生日那天在庆典中落成，并立刻成了全欧洲音乐爱好者们最为热爱的聚集地。时年13岁的韩德尔[①]曾在那里举办音乐会，由王后的私人管弦乐团伴奏。多余地说一句：王后本人也会作曲。她的孙子腓特烈大帝那令世人惊叹的音乐才能，就是遗传自她，而不是霍亨索伦家族。

年轻的爱尔兰自由思想者约翰·托兰德（《基督教无秘密》的作者）有这样关于她的描述："她是那个时代里最美丽的公主，有不输于任何人的理解力，在言谈交际中运用优美并充满善意的辞藻，令人如沐春风……人们同样惊奇于她明锐机敏的思想，和她从最艰深的哲学课题中获取的扎实完备的知识……所有鲜活的、体面的事物都涌向她的宫廷。一对本是彼此背离的矛盾在她这里却可以和谐共存：研究和娱乐。从形象上来说，她并不很高或显得单薄，与之相反，她看起来很是强健，总是表现出恰如其分的修养，肤色白皙并充满活力……非常美丽的女士们环绕在她周围，好像填满了她的整个宫廷似的。"

这段文字读起来像是一份爱情宣言，实际上也很可能相去不远。托兰德，这位《圣经》的批判者，是泛神论的追随者甚或创始人。他从柏林返回了英国，在那里却再也找不到如苏菲·夏洛特一般适合这篇《致塞莱亚》的人。

那个年代里的另一部巨著《神正论》，也是献给她的。莱布尼茨在此书中为基督教做了强力的辩护并全面总结了自己的哲学思想。同样是在这部书里，出现了日后被伏尔泰在其作品《赣第德》中尽情挖苦

① 格奥格·腓特烈·韩德尔（1685—1759），德国作曲家。主要作品包括46部歌剧和25部清唱剧。其名作如《弥赛亚》（包含著名唱段"哈里路亚"）、《水上音乐》等。在音乐史上的地位可与巴赫等量齐观。

的“所有世界中最美好的”的提法[①]。

1704年，苏菲·夏洛特打算同正在柏林筹建科学社团的莱布尼茨一道回汉诺威，参加每年一度的狂欢节庆祝活动。可哲学家因病未能成行，因此她独自动身，尽管她自己一段时间以来也被咽峡炎所困扰，但对此没有给予足够重视。在抵达汉诺威她母亲身边后，她便卧床不起，并且如维泽所描述的：“有三天的时间她行动如常，旋即病逝。”

她的死是一名女哲学家的终结。她向在她临终前试图给予她帮助的牧师表明，自己对宗教的思考已长达二十年之久：“我早已全然无惑，而您，也无法再向我揭示一个我所未知的世界。”她也告诉过一名亲信的贵妇，要对“事物的本质”保持浓厚的兴趣，而这是连莱布尼茨本人也无法向她解释清楚的。一定是她身体里柏林女人的天性使然，让她又做出了如下补充：“……并且我使国王得以展望一场他可以借机大摆排场的葬礼。”

在接到他年仅36岁的妻子突然过世的消息后，国王一度陷入昏厥。他的悲伤无可遏止。王室的追悼活动持续了半年之久，在柏林大教堂举行的葬礼规格之高，在很长时间里都无法被超越。仅是为社会名流和王室客人搭建送葬时的观礼台，费用便达8万塔勒。

但不应被隐瞒的是，此时柏林王宫中又有了一名“宠姬”：瓦腾贝格伯爵夫人。她已为人妻，且丈夫正是王国首相。

这座普鲁士的都城仍然保有“缪斯之城”的地位。文艺与科学，从来没有彻底远离过柏林。腓特烈对于这一局面的形成也居功非小。

同样得以保存的是与邻国汉诺威的亲友关系。作为腓特烈一世在这段婚姻中的独子，18岁的王储腓特烈·威廉在其母逝世后一年，与汉诺威的公主苏菲·多萝西成亲。女方的父亲，后来的汉诺威选帝侯格

---

① 《赣第德》一书全名为《赣第德，或乐观主义》(*Candide, ou l'optimisme*)，是伏尔泰作于1758年的讽刺小说。借书中主人公赣第德的遭遇抨击莱布尼茨式的乐观主义。1776年的德译本名为《赣第德，或所有世界中最美好的》(*Candide, oder die beste aller Welten*)。

奥格·路德维希，是已故的苏菲·夏洛特的兄弟，于1714年成为英格兰的国王乔治一世。也就是说，这对新婚夫妻是表亲关系。将来的事情还会证明，当初与汉诺威的联合无论如何都是一个幸运的决定，即便是不通过腓特烈。

日后成了腓特烈·威廉一世的新郎，可没有什么易相处的好性格。自童年起，他完全不加自控地大发雷霆就使宫室震骇，青春期时则带着好斗的巨犬到处游走，而那些凶猛的狗甚至常常没有被勒上皮带略做约束。顽固执拗，难以驾驭，就是他留给别人的印象。他很生自己母亲的气，因为后者反对他继承王位。对自己的父亲，他则责以奢侈浪费、挥霍无度，在他看来，这种行为背离了基督的精神，堪称无耻。同样让他焦心忧虑的还有国王的政策，特别是丹克勒曼下台之后的财政状况。

但恰恰是站在自己父亲对立面并痛加贬斥的他，陷入了一桩他向来深恶痛绝的宫廷阴谋之中。现在轮到父亲对儿子深深不满了，由于儿子的缘故，已过了婚配年龄的父亲，看起来不得不再开始下一段姻缘了。

事情的肇端是一场悲剧，却又一次地因为宫内的飞短流长沦为最后的闹剧：王储夫妇于婚后如期地产下了一个孩子。这个男孩却殒命在摇篮里，据说是被礼炮的轰鸣惊吓致死，但这礼炮是为了庆祝孩子被封为奥拉宁亲王才燃放的。在早期的普鲁士，奥拉宁亲王意味着“继任者的继任者”。大选帝侯之妻，也是腓特烈一世的生母，路易斯·亨里埃特，就是来自勃兰登堡和普鲁士深受喜爱的荷兰城市奥拉宁。

当王储腓特烈·威廉的第二个儿子也在一周岁前夭折之后，宫内的奸党抓住了机会，试图将这不怎么令人舒服的王位继承人逼入死角。维特根施泰因伯爵，一向将腓特烈·威廉视作他父王财政困境的主要责任人，此时则说服国王将一个谣言当作不可扭转的事实来接受。他说，由于某种原因，王储夫妇已全无再孕育下一代的希望。因此，现在该是他尊敬的陛下通过再一次大婚来亲自为王国储备继承人的时候了。

多么荒谬绝伦的建议。更为讽刺的是，腓特烈·威廉——如不久后将被证实的那样——在两个儿子早夭之后，仍然同苏菲·多萝西孕育了十个后代，而其父的第三段婚姻则一无所出。

那时已 51 岁的腓特烈一世，迎娶了 23 岁的苏菲·路易丝·冯·梅克伦堡 – 什未林作为新王后。这一次他没有再为自己挑选一个精神力量更为强大的女人。与此相反，苏菲·路易丝可能是普鲁士王国最不幸的王后之一：未谙世事，胆小怯懦，再加上出身于极端保守的梅克伦堡的背景，使她在面对柏林宫廷及繁衍其中的种种阴谋时完全手足无措。作为国王多年的情妇，瓦腾贝格伯爵夫人在王宫中早已独断专行，于之相较，新来的王后顿显嫩涩，并因此永远徘徊于无助与愤怒之间。由于国王将他的情妇置于所有其他非王室女子之上，使这女人越发气焰嚣张，即便在公开的聚会、舞会上也毫不掩饰。当某一天瓦腾贝格夫人缺乏礼数地逗留在新王后的房间中并拒绝离去时，苏菲·路易丝命令她的仆从将这名入侵者掷出窗外。伯爵夫人不得不仓皇逃窜。

更令梅克伦堡来的女人心情沉重的是，国王的冷淡态度和自己迟迟没有子嗣的现实。王储夫妇则于 1709 年又诞下一女，并为这没有再遭遇不幸的公主取名为弗雷德里克·威廉明妮。在公主之后，1710 年，又有一名王子出世，但他如前两个哥哥一样，也没有挺过人生的第一个年头，因为——据传说——小家伙在受洗时被头上过于沉重的金冠压到了。终于在 1712 年，经过漫长的期盼后，王国的男性继承人降生到了这个世界上，他就是日后的腓特烈大帝[①]。

腓特烈国王为孙女的受洗仪式极尽铺张。到场的有波兰王、丹麦王，再加上东道主，共是三个名为“腓特烈”的国王。两个做客的国王甚

---

① 在这里译者要加上几句：腓特烈大帝一生戎马倥偬，武功盖世，是那个时代里战神一样的人物。即便纵观整个西方军事史，排名恐怕也只在亚历山大、恺撒、汉尼拔和拿破仑这四大军神之后。他的“七年战争”，是以普鲁士一新兴的蕞尔小国之力，独抗奥地利、法国、俄国三强，并多次取得辉煌的胜利。而纵使是在面对兵临城下、山穷水尽的困境时，仍永不屈服。其坚忍卓绝的精神，堪为万世师表。他的不寻常，或许早就被他不平凡的出生（克死三位兄长）昭示了。

至承担起了作为小女孩教父的责任。腓特烈大帝与这未来的拜豪伊特[①]总督夫人，于兄弟姐妹中关系也最为亲近。一个名叫迈泽布赫的诗人以这次三王聚首为题材创作了一首诗，在诗中他将这一事件与宗教中“三圣王寻基督”的故事相提并论。比喻虽然拙劣，可普鲁士王腓特烈还是给了他 1000 杜卡特[②]作为奖赏。

所有的这一切，和她自身的不育、来自其他贵族的嘲讽以及那如丝若缕无处不在而她却经常深陷其中的阴谋，使苏菲·路易丝先是在持续不断的恐惧中挣扎，继而坠入癫狂。在幻觉中，她见到自己被从柏林流放，送入了土耳其苏丹的后宫中。

这位王后的身影很少于普鲁士的历史中出现，大多数情况下都不会被提及。

在专制主义时代，国王其实并不是一个值得羡慕的职位。从根本上讲，国家总是向前发展的，而国王们的命运，只是王朝气数的一部分。这一点，对于坐在新立的普鲁士王座上的无度挥霍者来说，也同样适用。身处宫内种种肮脏污浊之间的腓特烈一世，只不过是个值得同情的孤独的人。

他的三段婚姻即可作为佐证。真正曾给他带来快乐的可能只有他青年时期的恋人，也就是他的第一任妻子。那时他还是选帝侯继承人的身份，22 岁，娶了自己的堂妹伊丽莎白·亨里埃特为妻。这段两情相悦的婚姻只持续了四年，随即王妃便死于天花——在那时的德国每年死于此病的人有 10 万之众。

第二任妻子强化了他的威望，且影响深远，持续至今。但她将腓特烈留给了那些佞臣，而去自行统治属于她的文化疆域。第三任妻子则

---

① 位于现德国拜仁州，是上法兰克区首府。在普鲁士败于拿破仑之后，曾被并入法国。此城亦因德国音乐家瓦格纳而著名，自 1951 年起，每年会在这里举办“理查德·瓦格纳音乐节”。

② 旧欧洲金币，1284 年于威尼斯首次发行，纯度为 986/1000，重 3.5g。因其规格稳定，在 14 至 15 世纪时成为世界通用货币。于 1559 年成为德国法定货币。自 19 世纪逐渐退出历史舞台。

类似于当年腓特烈的继母，后者曾为自己亲生子的继承权而徒劳地努力，并因此毒死了腓特烈的兄长卡尔·艾米尔——至少腓特烈对此深信不疑。

在涉及女人的问题上，除了与苏菲·夏洛特之外，他总是不那么幸运。这些周旋于权贵之间的女人，对于不忠、外遇一类丑事早已司空见惯，不以为意。而精心修饰的外表，也无法掩盖腓特烈并非“花丛高手”的事实。

对于如何与人相处，腓特烈也全然无知。几乎所有霍亨索伦的统治者都从自身治国的经验出发，为后继者留下了有益的教导。在一份遗嘱的草稿中，腓特烈警告说，不要将权力都交于一人之手，并举丹克勒曼事件为例。可他自己却丝毫不曾从这些经验中吸取教训。丹克勒曼的两个继任者，巴符斯与科勒波，彼此知悉根底，此时则争斗不休。科勒波取得了最后的胜利，被腓特烈升任为瓦腾贝格伯爵。巴符斯及其追随者们，或是被驱回领地，或是被投入监狱。如我们此前所知，腓特烈对瓦腾贝格伯爵夫人的态度不仅是肯于倾听而已。伯爵则与他的两个朋友，瓦腾斯雷本和维特根施泰因，共同构建了新的政府部门，顺便一提，这三人都是来自威斯特法伦的同乡。但在王国之内，这“三头执政[①]”却因为三人名字共同的首字母，被称为“普鲁士的三大痛苦[②]”。

科勒波－瓦腾贝格有些类似当年的丹克勒曼。政治上老练，管理手段亦堪称专业，只是阿谀奉承起来便肆无忌惮、不假思索，全然秉承国王的意志，见风使舵。他借此成了腓特烈的传声筒和所有想法的实际执行者，无论其对错好坏。至于他在财政管理方面出现的偏差，责任则应归于他人，主要就是维特根施泰因。此人曾非常聪明地设立

① 指古罗马时期由三人组成的政治联盟共同执政的局面。共计“前三头政治”和“后三头政治”两次。“前三头”始于公元前 60 年，由恺撒、庞培和克拉苏组成；“后三头”始于公元前 43 年，成员为屋大维、安东尼和雷必达。其中屋大维成为罗马帝国的第一位皇帝。

② 三人德文名字的首字母都是“W”：Wartenberg，Wartensleben，Wittgenstein。德语“痛苦”一词拼写为“Weh”。

了国有的火灾保险，但接着就不那么聪明地将收入中饱私囊。

最终对这一局面发起攻击的是王储殿下。在他父亲两个长久以来的亲信“大小卡梅可”的帮助下，他向腓特烈详尽列举了瓦腾贝格政权的渎职、贪污及其他一系列罪行。

大卡梅可是国王的服饰总管，而小卡梅可之所以受宠，是因为他在与腓特烈对弈时，总可以让对手“顺理成章”地大获全胜。这是两个忠诚的灵魂，他们对柏林宫廷种种背景的了解，要超过一国之君。1710 年 12 月 27 日，奉国王之命，一名少尉和二十名士兵令人震惊地逮捕了维特根施泰因，将其押往位于施潘道的监所。他在半年后重获自由，代价是 8 万塔勒。但就此被剥夺了“黑鹰骑士”的身份并被驱逐出普鲁士。

与瓦腾贝格的决裂，对腓特烈来说则困难得多。并不仅是甚或完全不是由于那曾经的情妇的原因，而是因为他现在要出手对付的是他旧日的朋友和亲信。对老熟人保留有或多或少的偏爱之情，是霍亨索伦家族成员讨人喜欢之处。他们热爱别人的忠诚，并也以此作为自身的处世准则。而这一点在此事中显然又被拔升到了更高的高度。腓特烈觉得自己从人性的角度来讲，无法承受失去瓦腾贝格。

瓦腾贝格接到命令，与妻子一同搬回到位于沃勒特斯多夫的庄园。他对此完全服从，但仍试图使国王重归平静，这显然是不错的心理战术。他让国王知道，在再一次拥抱他的陛下的双膝之前，他无法让自己离开。国王闻此潸然泪下，随即在柏林的王宫内便上演了令人感伤的一幕。

在为告别而举行的仪式上，国王拥抱着抽泣的伯爵，失声痛哭。他从手上脱下一枚戒指，送给自己的老伙伴。这件礼物价值当在 5 万塔勒左右。但国家的利益到底还是重于分别所带来的痛苦。免职的决定没有改变。

尽管如此，国王之后的举动证明，他是多么怀念自己的首相。他与瓦腾贝格保持联系，甚至通过书信建议后者秘密地潜回柏林，但请将伯爵夫人留在法兰克福。那里是伯爵夫妇最后的定居之地。当年不名一文来到普鲁士的伯爵，现在仍可以保存他数百万身家的大部分。除此之外，国王还赐予他数目可观的养老金，款额高达每年 2.4 万塔勒。

作为回应，瓦腾贝格也对国王报以慷慨之举。他提出将位于施潘道郊区的梦比柔[①]地产送给国王，那里在更早的时候曾属于苏菲·夏洛特。腓特烈在妻子逝世后将其送给了自己的情妇瓦腾贝格伯爵夫人。而现在他则非常乐意收回那里的所有权，即便不是以获赠的方式。事实上，他选择了全额购买。

这是两个男人之间悲怆的互动。他们已经了然于胸，彼此今生没有再见的可能了。1712 年 5 月，69 岁的科勒波 – 瓦腾贝格在下台九个月后逝世于法兰克福（美茵河畔）。按照国王的意愿，他被安葬在柏林。看着送葬队伍在窗前缓缓经过，王宫内的国王再度泪如泉涌。瓦腾贝格出生于柏林的儿子后来也供职于普鲁士，一直做到将军的位置。

腓特烈人生最后的几年过得十分艰难，而且更加孤独。永无休止的咳嗽和愈演愈烈的哮喘折磨着他，以至于不得不由王储来分担相当一部分的政务。王储的助手有大卡梅可，现负责王国的邮政事务。还有平民出身的海因里希·吕迪格尔·伊勒根，日后被封为贵族，在清算瓦腾贝格集团的时候就曾发挥过重要作用，是朝中腐化程度不那么深的一个。至于重新任命首相一事，疾病缠身的国王在经历了两次如此彻底的失败之后，暂且将其搁置了。

当王后来探望他的时候，腓特烈正半昏半醒地躺在病房里。由于神志不清，那女人没有察觉到第二道玻璃门的存在，直接扑了上去并将其撞碎，最后跌倒在惊骇不已的国王的床上，浑身浴血。

国王没能再从疾病中恢复过来。在他身体状况突然急剧好转之前，他已同家人及朝臣们做过最后的告别。这次回光返照，在王储写给朋

① “梦比柔”（Monbijou）源自法语，即“我的珍宝”之意。在柏林曾有梦比柔宫，最早是大选帝侯之妻亨里埃特·冯·奥拉宁的产业，在腓特烈一世时代，由瓦腾贝格伯爵负责扩建。曾先后归于腓特烈·威廉一世之妻、腓特烈·威廉二世之妻的名下。在二战中遭到严重破坏，于 1959 年由原东德政府下令拆除。宫殿原址在今柏林博物馆岛对面。

友德绍亲王利奥波德[1]的信中，甚至被称为“彻底康复”。这或许说明，虚弱的但也可能正因此而显得人性化的国王，并非全不受人喜爱。在王宫前聚集了兴高采烈的人群，为他欢呼，教堂的钟声到处鸣响，颂他康健，在贵族圈子中也到处如逢节日、觥筹交错，一切都最大限度地符合他的一贯作风。

但好景不长。出行的王储也于半途被召回。1713年2月25日，56岁的国王腓特烈一世，在执政二十五年后，逝世于柏林宫中。

对于普鲁士国王们拥有这样一位非斯巴达[2]式的、毫不节俭的霍亨索伦家族成员作为开国先主，后人曾惊奇不已。而当这片土地上的历史学家对他的评价并不甚高的时候，他一生的业绩在这以陌生的“普鲁士”一词为名的年轻国度里，就更显醒目。普鲁士最伟大的历史学家之一，利奥波德·冯·兰克曾做过明确的论断：“尽管有许多身体上的缺陷，可他的精神充满力量。他的气质并不出众，但极富于天才的创见。”

他是一个空想家，在笃信不疑地竭力打造一个他眼中的欧洲强国吗？也许可以这样认为吧。但无论如何他都属于子承父业的那一类人，在父亲遗留下的基础上继续建设。终其一生，大选帝侯都是他的楷模。凡是曾由大选帝侯所开创的，在他手里都固化成为传统。

腓特烈于青年时代曾陪伴在大选帝侯左右，参加神圣罗马帝国对法国的战争。而他成为国王之后，他的陆军能成为最早在战斗中统一着装的军队之一，相信与这次军事行动也不无关系。在那个时代，只有精锐军团的服装才会被统一在代表己方的颜色下。由于所有军队基

---

① 利奥波德一世，安哈尔特－德绍亲王（1676—1747）。早期普鲁士军队最重要的建立者，最广为人知的普鲁士将军之一。一生军功无数，曾参加诸如“西班牙王位战争”“大北方战争”“波兰王位战争”，多次在欧根·冯·萨伏伊亲王领导下作战，并在后者死后成为那个时代里首屈一指的将领。曾在“恺撒斯多夫会战”中以寡击众，大败奥地利和萨克森联军，从而使普鲁士胜利结束“第二次西里西亚战争”。

② 古希腊城邦之一。全民尚武，曾在“希波战争”中有上佳表现，斯巴达国王列奥尼达一世率300名斯巴达勇士直接参与的“温泉关战役”（公元前480年），几近神话。斯巴达军队纪律之严明著名当时，并流传后世。

本上都是七拼八凑而成，甚至经常包括众多从国外不加选择就招募的雇佣兵，因此很多人在战斗时的着装都只是同其团队长官的服装颜色保持一致，或甚至根本没有表明其立场的任何标志。这必然导致整个战斗局面的混乱不堪。大选帝侯同他儿子一道，致力于使战场秩序趋于一目了然。人们可以——略含讽意地——将此视作典型的普鲁士作风，但这样确实有助于区分敌我，更为公平公正。

同他的父亲一样，腓特烈还坚持除募兵之外，民兵也应作为军队兵源的一部分。由于民兵当中的绝大多数都是农民，故被允许在一年中的大部分时间里居家务农，整饬屋舍。

腓特烈所保留的，还有其父的宽宏气量，当年正是因为这一点——也得益于在“菲尔柏林战役”中对瑞典人的胜利——勃兰登堡才得以在大选帝侯手中发展壮大。在别国因为宗教或其他世俗原因而无法立足的人，都可以在普鲁士安家落户，重新开始生活。在那时，这片土地只经过简单的开发，大部分国土还是不毛之地，人口自然成为稀缺资源。而人口众多就意味着国力强盛。腓特烈更将这份宽容置于一个在他心中占据重要位置的领域加以扩展。他与敬虔派发生接触，该教派自 17 世纪开始发起“唤醒运动”，用以消除在新教教堂内日益严重的内容枯燥、人员流失现象。敬虔派的灵魂人物，菲利普·雅各布·施潘纳，被当时还身为选帝侯的腓特烈在 1691 年延请至柏林，做尼古莱大教堂[①]的教长。这一举动使新教内部关于“什么是正确信仰”的争论归于平息，其作用不亚于 1694 年在敬虔派所控城市哈勒[②]兴建大学。

大学的兴建，要部分归功于腓特烈昔日的宠臣丹克勒曼，此公也曾参与成立艺术协会（1694/96）、柏林科学协会（1700）。另一部分功

① 兴建于 1230 年的哥特式教堂。以其为中心环绕在周围的种种建筑、民居，构成了柏林最古老的街区“尼古莱区”，与著名的“红色市政厅”一街之隔。柏林最古老的酒馆，“胡桃木酒馆”（始于 1571 年，于 1943 年曾被摧毁），就位于此区之内。

② 德国东部重镇，位于萨克森 - 安哈尔特州。城市可考历史可追溯至 8 世纪，在史上因出产食盐而地位重要。于宗教改革蔓延至此之前，曾作为枢机主教驻地。

劳则应归于苏菲·夏洛特，及第一任协会会长莱布尼茨。没有他，所有这些富于创新精神的提议也许将只如镜花水月，终成泡影。

艺术与科学需要两项生存条件：积极与庇护。由于腓特烈一世的原因，它们自一开始就得以植根于普鲁士这块贫瘠的土地。

七律 腓特烈一世

车骑雍容逐塞尘，未教兵火累斯民。
简文恭默非雄主，洪武形容正异人。
早失名花空拥国，老辞旧雨倍伤神。
我观二百余年事，先酵蚕丛伏枥身。

第二章 粗鲁的教育者——腓特烈·威廉一世

继任的腓特烈·威廉一世，为普鲁士王国带来了相当大的变动。他的首要之务就是，终结王室的奢华生活。至于他是以怎样的方式来完成此事的，则无定论。民间尚存的有两种说法，而两者现均无法考证。

以其富于戏剧性而广为流传的是来自卡尔·路德维希·冯·普于勒尼茨男爵的版本。内容如下："一俟腓特烈溘然而逝，新的国君便目不斜视地穿过拥作一团的朝臣们，迈向自己的房间，并将房门在身后摔上。稍后，他传唤御前大臣冯·普林岑携宫内预算晋见，然后将所有已议定的开支从头至尾一笔勾销。全体内侍被一举解职。普林岑虽也竭力争取，结果却只是徒劳无功地再回到于惴惴不安中等待着的朝臣中去。最后，泰陶中将[1]从他手中将那纸预算书夺过，目不转睛地注视着这帮倒霉蛋，喊道：‘先生们，我们的好主人已经死了。现在，新国王将把你们全部送给魔鬼！’”

王室档案负责人格奥格·舒斯特博士，则在他于1915年出版的《霍亨索伦家族史》一书中，为我们展示了另外一种完全不同的事件过程。与前一版本的扣人心弦相比——该版本作者，普于勒尼茨，毕竟是曾身为剧院负责人——出自档案馆的这段描写则显得波澜不惊。

“事实上，”格奥格·舒斯特这样写道，“腓特烈·威廉将他国王任上的第一天几乎毫无保留地用于悲悼父亲的逝去。他只是进行了一些必不可少的对先王遗产的处理工作，并将他登基一事诏告臣下，知会别国。第二天——是个星期天——早晨七时，新国王在王宫召见各部首脑。这些毕集于接待室中的大臣该怀着何等的心情啊！几乎无人不为自己的职位乃至自由与名誉而战栗不已。在焦虑恐惧中煎熬了一个小时后，他们才被允许来到那威严的新君面前。‘先生们，’腓特烈·威廉说道，‘你们都曾是我已故父王的优秀臣子。我希望，你们作为我的臣子时，也能够继续如是。诸位都可以保有现任的职位，并且我承诺，如果你们尽忠于我，我将不仅是仁慈的君主，还将成为你们的兄弟、伙伴。但有一点我必须指出：诸位都已经习惯于永无休止地彼此攻讦、构陷。我要求，在我的统治下，这类现象不复出现，同时在此声明，如果日后有谁仍然从事阴谋活动不肯罢休的话，我赐给他的惩罚，也将令诸位深感惊讶。’”

以上两个版本听起来都颇具说服力，但考虑到日后这位新国王所表现出的个性，剧院经理的说法就显得比档案馆管理员的说法更可信些。理所当然地，此两种版本都被格奥格·舒斯特收录在书中。

那新国王提到的、用以阻吓阴谋活动的惩罚，对于宫内亲身领教

① 17世纪时，中将作为皇帝的代理，是帝国军队中的最高军衔。1630年阿勒布海希特·冯·华伦施坦因功获封“大元帅”衔，听命于皇帝，但位在所有其他中将之上。18世纪时在普鲁士逐渐发展成为少将、中将、上将三级将官制，而中将通常任某一兵种的负责人。

了它的人来说，绝非虚言。从那以后，腓特烈·威廉总是带着他的榉木拐杖出现在人前，他会用拐杖痛殴那些惹怒了他的臣子、仆从。但另一方面，他确实也在一定程度上以令人感激的方式宽容地对待了手下的官员。这些官员的首领——虽无首相头衔——是此时已晋身为贵族的、品行端正的海因里希·吕迪格尔·伊勒根，由昔日还在王储位置上的腓特烈·威廉在瓦腾贝格倒台后亲自委任。

可是并非所有的宫内旧习都可以得到新君的包容。针对王室的大肆铺张这一点，腓特烈·威廉从没有掩饰过自己发自内心的反感。当年还是孩童的他，就曾把一件他认为过于昂贵的、以黄金为材料的睡袍扔进了燃烧的壁炉中。而令他的母亲感到苦恼的是，他排斥所有可被视为奢侈的事物，包括科学与艺术，究其一生，他与这两个题目都丝毫无涉。与之相反，少年王储在 12 岁时曾在脸上涂油，然后沐浴在阳光下。他希望自己有棕色的皮肤，在那个年代，这还不是有闲阶级的象征，而是士兵的特点。

也许不是立竿见影，但至少是在一段时间之后，科学与艺术便不再见容于柏林的王宫，与之相关的宫廷款项也受到明显的限制。只有少数的人文艺术家得以从这一转变中幸存，其中包括老国王腓特烈一世的宫廷画师，法国人安东尼·佩恩，一方面因为新国王自己也偶尔作画——其实只是涂抹颜色而已——另一方面则是因为他对这位画师颇有好感。尽管如此，画师的薪水还是被减少了一半。

老国王的葬礼和相关悼念活动在安德烈亚斯·施吕特的策划主持下，还称得上是风光。但紧随其后的是，腓特烈·威廉将他父亲当年加冕时所穿的礼服连同上面的钻石纽扣一起出售。王宫内的银器被熔化掉，同其他收益一起，用以偿还腓特烈一世遗留下的堆积如山的债务。而所有的盈余都被毫不迟疑地划归军队。从本应拨给科学和艺术的经费中克扣出的款项也被派上同样用场。军队，是腓特烈·威廉的拥有之一，但也可以说是他所拥有的全部，是他真正的家园。至于学术的地位在国境内外都趋于丧失殆尽，他是毫不在意的。

他唯一的信条就是节约，可以理解，这也许与他前任所造成的经济窘况不无关联。若想了解权力的彻底交接有多么迅速，则只需知道：新的国王不仅敏于决断，而且意志坚定不移。在腓特烈·威廉登基后最初所写的几封信件中，有一封被保存了下来。信应该是写给他的老朋友利奥波德·冯·德绍的，或是写给利奥波德的侍从官，"告诉安哈尔特[①]亲王，我本人即是国王的财政部长和陆军元帅。这样做将有助于维护普鲁士国王的统治。"

事实上，这位普鲁士国王从没有让重要的事情，或是他个人认为重要的事情，离开过自己的视线之外，无论相应的管理工作会消耗掉多少时间。也许这一年轻国度里原本繁荣兴旺的文化生活确实在走向灭亡，但在经济、军事领域，甚至在欧洲的政治舞台上，新国王的表现都可圈可点。节俭，是这位财政部长也即国王的最高准则，面对所爱之物，他能自我克制，不会大肆挥霍——他选择居于寒酸简陋的波茨坦进行统治，而不是逗留在造价高昂的柏林王宫——勃兰登堡境内宫室——之中，所有在他看来奢侈并因此显得多余的物品，都会被转让出卖。在这种方式下，他从前任所继承而来的累累负债，得以在一年之内被偿还干净。

在履行作为元帅的职责时，腓特烈·威廉一世首先为军队扩编了数个军团，并试图改善普鲁士不算十分正规的募兵制度，但这一意图并没有得以坚决贯彻。在此期间没有什么机会可以让他展现战略方面的才能，即使是在日后，他也只是偶试身手。尽管绝对算不上什么和平主义者，但是这名有着"士兵国王"雅号的君主，恰恰仅发动了为数不多的几场战争，而这些战争无一是以侵略为目的的——在笃信加尔文教派甚或算得上是敬虔派信徒的国王那里，"侵略"是被严格禁止的。除此之外，采取军事行动所需的花费，也要远大于将士兵们供养

① 安哈尔特初为伯爵领地，成型于11至12世纪。后由于继承权不明问题，分为若干小领地，如安哈尔特－阿舍斯雷本、安哈尔特－科于腾、安哈尔特－德绍、安哈尔特－班堡等。

在营房里或用于阅兵式的开销。由于腓特烈·威廉的吝啬程度在所有普鲁士国王中首屈一指，因此费用问题也一定是他所考量的重要因素。

经由他系统化扩建并苦心经营的军队，是当时欧洲诸国所无法忽视的存在。由安哈尔特－德绍亲王利奥波德首创的齐步行军，开世界军事之先河。不仅如此，军队还在逐渐摆脱仅靠少数几个固执己见的将帅来领导的局面，取而代之的是，在国王亲手建立的制度下培养起来的、有其自身风格的军官团。

在军队的组织方面，腓特烈·威廉，这位以其粗暴生硬风格而令人望而生畏的国王，表现出了异乎寻常的天资，其作用绵远悠长，即使在他身后相当长的时间里，依然使国家受益不尽。他是位天生的组织者，秉持讲求实际的原则，总能立刻发现在行政管理及计划执行中出现的纰漏，并找到相应的解决方法和改善途径。

凭借坚韧不拔的毅力，腓特烈·威廉对军队进行了彻头彻尾的改建。在诸如科勒贝格、马格德堡①和王国内远离首都的其他地方，曾有着为培养军官后备而设立的专科院校。以此为基础，他于柏林又组建了“军官学生团”，其中的学员，在国王的亲自过问下，会在日后被选拔成为军官团的新生力量。

同时，腓特烈·威廉禁止王国内的贵族被招募加入外国军队，并将“容克②”成员进入普鲁士军队服役定为必须履行的义务。这项措施

---

① 现德国萨克森－安哈尔特州首府，位于易北河上，面积200余平方公里，人口23万有余。968年，神圣罗马帝国第一任皇帝奥托一世在该城设立大主教教区。中世纪时该城成为“汉萨同盟”成员，中世纪晚期成为宗教改革的中心。1657年奥托·冯·格里克在这里进行了著名的“马德堡半球实验”。在“三十年战争”中曾被帝国统帅提利焚毁。二战期间再次被彻底摧毁。该城现在同时是天主教与新教的主教教区，也是德国东部重要的贸易和工业中心。

② 指德国东部地区的贵族地主阶层。中世纪时曾作为无势小贵族的代名词，经过几个世纪的发展，他们掌握了大量的土地资源，成为社会的实权阶层。工作勤恳，思想保守，是霍亨索伦家族治下的普鲁士王朝的中坚力量，及其军国主义政策的支持者。其影响力从1871—1918年的“第二帝国”阶段一直持续到1919—1933年的“魏玛共和国”时期。代表人物如普鲁士王国及第二帝国“铁血宰相”奥托·冯·俾斯麦，德国总统保罗·冯·兴登堡，陆军元帅盖德·冯·伦德施泰特。二战后，随着“土地归于农民”的新土地政策的推行，这一阶层逐渐消亡。

首先使东部的那些贵族家庭获益良多，他们大多空有头衔却并不富裕，现在则可以让家里的第二、第三甚至第四个儿子都得到体面合适的安顿。这样一个体系经受得住时间的检验，军队与国家之间的关系，国王与贵族之间的关系，都借此得以巩固。

作为一国首脑的国王——自1720年起——总是一身戎装，使所有人都意识到，他本身就是一名军人。这样的装扮所带来的是，与国共休戚的感觉，而这正是君主的期望，臣民的梦想。欧洲各国的君王不久即对此争相效仿，在日常生活中都身着能代表自己领地的制服。

一个王朝向一个单一民族国家的转变由此开始。这一转变，恰恰是在普鲁士这样一个缺乏民族共性的国家内得以顺利进行。现在王国的口号不再是“各得其所”，而是代之以“众志成城”——从这个意义上讲，普鲁士已经成为当时欧洲最先进的国家之一。

虽然有些不切实际，但人们已经开始探讨建立一支人民军的可能性。普鲁士的军队中尽管不乏子弟兵的成分，但其中超过半数以上的士兵还是来自国外，其被招募的方式颇可质疑，甚至被强征入伍的也不在少数。军中的普鲁士人大多来自农家，在冬天时就要结束军训，为来年春天的耕种做准备。腓特烈·威廉面临两难的境地。他倾向于建立一支纯粹由普鲁士人组成的人民军，但那些农民出身的士兵还是更适合在土地上劳作，为金钱而战的外籍雇佣兵们，才是更优秀、更老练的战士。

腓特烈·威廉尝试建立人民军的初次努力以失败告终。从此他毅然决然地（甚至会大发雷霆地）禁止使用“民兵”一词来描述他麾下的普鲁士军人，违者严惩不贷。募兵活动则一如既往地在所谓“自愿”的前提下进行。这一原则迄今大多应用于在国外的征募，主要是在梅克伦堡和汉诺威这两个邦国境内。在当地，为境外的军队征兵属于半违法的性质，这意味着，上下打点、买通关系之类的手段不可或缺。只有萨克森公国还能容忍普鲁士的这种举动。

与萨克森相反，两个梅克伦堡的公爵[①]和汉诺威的选帝侯对此都难以保持克制，尤其是当征兵队伍的募员方式还有粗暴之嫌时。征兵行动不仅使腓特烈·威廉与邻国统治者的关系变得紧张，而且在普鲁士境内也很快引起了不小的骚动：由于国王禁止欺诈行为——诸如在外邦趁醉行骗、伪造签名等种种伎俩——所以在境内的征兵力度被加以强化。尽管被警告以酷烈的惩罚——倘若被捕获，会被严刑拷打，并被割掉鼻子或一只耳朵，作为曾经违法的记号——可逃役事件还是层出不穷。

虽然有军官团集体智慧的领导，军队仍然如同被溺爱的孩子一样，总让国王为之操心不已。经过不懈的努力，到 1725 年时，从父亲那里继承而来的为数 3 万人的军队，已被腓特烈·威廉扩充至 6.4 万人。当这位 roi sergent ——那个年代里人们按照习惯用法语来称呼的“士兵国王”——过世的时候，人数甚至达到了 8.9 万之众。

若是完全没有“奢侈”的行为，腓特烈·威廉一世也就称不上是霍亨索伦家族的一员。由于奢侈通常意味着大肆挥霍，他本应与此二字丝毫无涉。可一旦涉及对象是够条件被征召到驻扎在波茨坦的精英部队的、身材高大的年轻男子时，这位国王就会变得与凡人无异。在他统治期间，始终为此花费不菲。本是遵循法律、处事公正的国王，甚至不惮于冒上与邻国发生冲突的风险，假如在对方境内发生了“夜里消失了身高两米的男子”之类事件的话。腓特烈·威廉的募兵队伍人数有 500 至 1000 之众，堪称声名狼藉。

国王在波茨坦的部队本来的名称是“蓝色掷弹团”，但在百姓口中，却被冠以“长人大队”的称号，包括国王本人最后也接受了这个叫法。这支部队由最初的“王储卫队”发展而来，当时的腓特烈·威廉尚未成年，他用自己的零花钱作为部队的经费，以便从事他最爱的事业：训练魁梧的成年士兵。

---

① 梅克伦堡自 1348 年正式成为神圣罗马帝国治下的公爵领地。史上由于继承权问题经历过数次领土分治。1701 年“汉堡调解”之后，分为梅克伦堡－什未林和梅克伦堡－施特瑞里茨两部分，两部分的主人均享有公爵头衔。

人们有时把这种少见的、对高大男子的偏爱，视作非自觉的或潜意识里的迷恋同性的表现。因为在当时那种与古代和中世纪时全无二致的短兵相接的作战方式下，身材高大反而是不利条件：会成为醒目的被攻击目标。

但另一方面的优势也同样显而易见：高大的士兵可以轻易地越过同伴的头顶向敌人射击。如同从腓特烈·威廉身上总是被验证的那样，他的这一标准虽然违背军事惯例，却是建立在观察和实践的基础上，但这样描述也还不尽然。毫无疑问的是，这种执着源自对美学或仅是对一种假想的美学的倾慕。对这位国王来说，士兵及与士兵相关的事宜就是令他最为意兴盎然的消遣内容。

分为三营、总计 800 人的长人大队，由国王亲自指挥。他们来自欧洲各地。维泽曾这样列举过："德国人、荷兰人、英格兰人、苏格兰人、爱尔兰人、瑞士人、丹麦人、俄国人、瓦拉赫人①、匈牙利人，还有很多波兰人和立陶宛人。只有法国人从原则上来讲被排除在外，但如果有谁身高达到 6 英尺的话，也会成为国王所无法抗拒的诱惑。"

这支队伍深受百姓喜爱。每逢重要场合，必然吸引大量观众。而关注的焦点总会落在标兵身上，也就是所有人中个子最高的、普鲁士的巨人。有一次"强力王"奥古斯都②来访，尽管这位萨克森之主本身也非矮小之辈，却仍然连巨人的头部都够不到，这使围观的民众颇觉有趣。

这些魁梧的士兵观赏性极强：海蓝色的制服饰以猩红色的翻领，草

---

① 9 世纪前后于喀尔巴阡山地区由东罗马人和斯拉夫人融合形成的民族共同体。12 至 13 世纪时发展成为具有民族特征的摩尔多瓦人。

② 萨克森选帝侯、波兰国王、立陶宛大亲王（1670—1733）。17 至 18 世纪欧洲专制主义背景下无上君权的代表人物。酷好宫室、收藏，其治下的萨克森首府德莱斯顿，是巴洛克式建筑的展示中心。任内推动了萨克森经济、文化、基础建设的全面发展，但由于参与"大北方战争"，导致国力衰减。虽然为自己赢得了"波兰国王"的称号，却因内部改革的失败引发了其他一系列的战争，并导致俄国在波兰的影响力与日俱增。他的绰号"强力王"则带有嘲讽意味，意指他一生追花逐柳，据传有子女 360 余名。

黄色的裤子配以雪白色的护腿——其长度可以直达普通人的臀部。腓特烈·威廉虽然吝啬，在他们身上却绝不精打细算，而且身为精英战士，他们甚至还会得到一笔可观的饷金，依据出生地和身高的不同，数目在二十至四十塔勒之间。

与此相反，在对待那些军官时，国王就显得有些小气。军官的制服虽然装饰着大量的金线银线，可是与能够在国王的军队中服役这一巨大的荣耀相比，他们所得的仅够填饱肚子的薪水便显得实在是微不足道。也正因如此，谁要是想在波茨坦给国王留个好印象的话，那么最好是——尽可能长期地——邀请一位蓝色掷弹团的军官共进晚餐。而那些不习此道的人，也就别想在朝中有所作为了。

除此之外，由摩尔人[①]组成的军乐队也颇得国王宠爱。它的成立要拜腓特烈·威廉的祖父所赐，当时大选帝侯试图在非洲的黄金海岸谋取一席之地，并为此进行了殖民探险活动。横笛和手鼓就是这支乐队的主要道具。在国王举办的节日庆典中，它们也会与其他乐器一同上场。

腓特烈·威廉喜欢把长人大队中的成员称作自己的孩子。事实上，如同我们将在他同自己继承人的争执中见到的那样，他似乎也确实爱这些士兵胜过爱自己所出。他甚至允许这些穿制服的宠儿开店经商，乃至从事其他的手艺活儿作为副业。还为他们构建房舍，或赠送地皮，让他们自己置屋其上。但也有些做法使他不得人心，比如包办婚姻，虽然日后他会亲自充任新生儿慷慨宽宏的教父。

尽管这样，人们也不应据此便将这里视作士兵的天堂。假期之类是不被允许的，因为它会给士兵们制造机会，使其或早或晚地都返回自己的家乡，当初他们就是从那里，被以虚假的条件招募而来。逃跑事件和暴力活动因此时有发生，其后果是血腥的惩罚，而这又会使主仆关系更加趋于紧张。1730 年，匈牙利、波兰和瓦拉赫籍的士兵策划了一场谋反，试图将整个波茨坦烧为灰烬。这场阴谋的正面后果是，

① 中世纪时使用的名词，泛指深肤色人种，后代指一切非洲黑人。在当代社会已极少使用，或因其殖民主义及种族主义背景带有贬义成分。

连国王本人终于也感受到了“孩子们”所带来的威胁；另外一次是英国人和俄国人蠢蠢欲动，还有一次则又是匈牙利人成为暴乱的主要力量。在其统治时期的最后阶段，腓特烈·威廉为自己设置了六名全副武装的轻骑兵作为夜间护卫。身处“宠儿”之间的国王，却再无安全感可言。

至于他为收集长人们花费了多少的问题，世人则不得而知。腓特烈·威廉大概是由于自觉惭愧，在临死前将相关的财务文件全部付之一炬。

让我们在此预先交代一下长人大队最后的命运。在腓特烈·威廉的葬礼上为逝去的主人展现了最后的荣耀之后，这支队伍作为继任国王执政后的首要目标之一，被撤番解散。这畸形军事组织中的成员，被分散到五支由正常身高士兵组成的部队中去。在安置不想返回家乡或出身普鲁士本土的长人们时，新国王也颇感棘手。不是所有的这些所谓“匈牙利雇佣兵”——工作性质近似保镖，随时代变迁，这一名词中的人物与名词中所特指的地域已无甚关联——都能继续在社会上找到用武之地。腓特烈大帝还去除了全部以长人们为主题的画像，那是他的父亲命人操办并在波茨坦宫中四处悬挂的。

长人大队的这段历史算不上是士兵国王的丰功伟绩，但作为饶有兴味的谈资，一直得以流传。

几乎让人无法相信的是，仅仅是王位的转移，就会在社会生活的各个领域带来如此迅速且彻底的改变。一名精力充沛的国王，腓特烈·威廉一世，不只在宫内，还在他所统治的整个疆域内，为所有人的生活方式都打上了他个人的印记。还在这名士兵国王身为王储的时候，他就因对待其周围的人极为无礼而声名卓著，无论对方地位高低，甚至是在对待女人时。现在，他又为这个国家指定了新的声音。在普鲁士，言谈举止的规范不再是莱布尼茨式的，而是来自国王最好的朋友、以“德绍老头”的外号名垂青史，并因卡尔·迈[①]之故被记入文学史的安哈尔

① 卡尔·腓特烈·迈（1842—1912），德国作家，以探险文学和游记著称于世。

特－德绍亲王。最广为传颂的是他所使用的民言俚语，在当时被视作贴近普通百姓的生活。根据一位同代之人的描述，他的讲话“强硬并简短，夹杂以粗鲁不文明的咒骂，但时有启人之语闪现其中”。

国家的政策渐渐不再由各部首脑制定，取而代之的是富有传奇色彩的“烟草议会”。聚会总是在傍晚五六点开始，夏天时会议地点选在伍斯特豪森[①]，在那里腓特烈·威廉度过了王储时代的大部分时光，冬天时则在波茨坦宫中。这两处的厨房都按照荷兰风格打造，作为会议室。厨房里别出心裁地安装有啤酒龙头，与地下室里的啤酒桶相连接。

获邀加入会议的有各国外交使节、朝中大臣，但会上侃侃而谈的通常是军中将校。到访的别国诸侯，也会被邀入上座。很快地，能被普鲁士国王邀请进入这个私密的小圈子，成了一种极高的荣誉，即便是有些被选中的客人认为会议气氛不堪忍受。室内酒流成河，通风设备极为简陋，与会者却还是没完没了地用一种来自荷兰的陶土长烟管抽着同样产自荷兰的烟草。谁要是对烟草带来的享受视之蔑如，或者由于健康原因对此敬谢不敏——比如德绍老头——那么至少也要在嘴里叼上一支没有点燃的烟管做做样子。聚会的结束时间没有一定之规。人们可以在某个疲劳的夜晚早早散场，也可以将活动持续至深夜。场内不设服务人员。一切都限于内部进行，外界的窥视被摒绝，而所有与会者都可以畅所欲言。

烟草议会算得上是腓特烈·威廉的一个不坏的主意。百姓们依照自己的愿望，想象着那些来自勃兰登堡、波美拉尼亚和克莱沃[②]的粗鲁军人在会上的表现：他们应该能够了解民众的情绪，并且，一旦在酒精的作用下打开了话匣子，就可以将这些以适当的、老百姓的语言告知给国王。还有那些外交官，也可以在这个圈子里更为自然地发表自己

① 现勃兰登堡州治内小城，毗邻柏林。面积不足100平方公里，人口3.5万人以下。

② 位于德荷边境的下莱茵地区，在德国西部重镇杜塞尔多夫辖内。面积98平方公里，人口近5万人。

的见解，而不是像在朝堂上那样，只讲些出于礼貌的陈词滥调。因此，设立这一固定的聚会形式，一定对开拓国王的视野起到了决定性的作用。

除此之外，国王还极有可能在夜晚的进程中精心地设置了心理陷阱。通常他会在晚上七点暂时放下照顾三十杆吞云吐雾的烟枪的责任，回到王后那里享用晚餐。由于在厨房旁边的房间里总有为腹饥的烟民准备好了的充足食物，所以他其实很少有什么必须离开的理由，除非另有图谋。值得怀疑的是，似乎有人出卖了自己的同伴，将国王缺席期间的谈论内容汇报给了国王，而那当然是与国王在场时所能听到的言语大相径庭的。

有时聚会的内容就只是单纯的滥饮。如果可以的话，国王很乐于看到某个健壮的将军或是来自别国的王族酩酊大醉。在这种情况下，聚会就失去了它本来的意义而变得甚为粗鄙。

而其中最深受其害的，是学术委员会——或按当时的叫法被称作“科学团体”——主席，雅各布·保罗·冯·古恩德灵。腓特烈·威廉根据手下重臣、陆军元帅冯·格鲁穆考的推荐，将他任命为王室顾问，同时兼职宫廷朗读者。

在那时的宫廷，报纸更多情况下是被朗读而不是被阅览。需要由聪明的头脑，从外语——诸如法语、荷兰语——刊物中筛选出重要的信息并加以翻译。但即便是试图理解来自柏林、汉堡、维也纳或者莱比锡的读物也并非易事，因为这些未经专业新闻程序加工过的文章大多需要额外的评注，才能使政治上的门外汉对其内容略知一二。

通常在有外交使节或重要外宾参加的午餐场合，古恩德灵就会站在专为他建起的讲台上朗读报纸，并与客人们就此交谈。这使得他在普鲁士的宫廷中占据了一个不容忽视的位置。他甚至曾被国外的君主授以勋章，国王本人对他也十分重视，在有繁细的接待工作或庆典活动时，都会命他陪伴左右。参加这种场合，举止得体、学识过人是不可或缺的条件。古恩德灵的住处位于波茨坦，在那里他还可以尽享宴饮。

而令他不那么开心的是，他在烟草议会上的职责，或是其他一些为了迎合国王的低级趣味而被分配到的工作。在这种时候，他要扮演的角色是宫廷小丑。

在烟草议会上也需要有人朗读报纸，因为腓特烈·威廉的一些高级军官胸无点墨，也就是说，古恩德灵必须每天到场。他几乎永远都是第一个被灌得烂醉的人，接着就被当作小丑一样戏弄。国王赐给他一些荣誉和地位的原因只有一个，就是为了让他彻头彻尾地成为众人的笑柄。于是，他被擢升为庆典总管，身着小丑专用的外套，头戴山羊毛做成的假发。人们拿他取乐的方式还有，在这位新晋的侍从官酒醉后，从他袍子上将象征身份的金钥匙偷走，而国王此前曾经威胁过，如果丢失了金钥匙，他将落得与丢失了枪的士兵一样的下场。作为惩罚，古恩德灵不得不把一柄巨大的木质金色钥匙挂在胸前一整个星期，直到人们在幸灾乐祸的笑声中把偷来的钥匙还给他为止。从他暴躁的反应可以看出，这种把戏对他来说毫无乐趣可言。

但他确实是个饱学之士，国王对此看来也了然于胸。托马斯·施塔姆－库勒曼在他的《霍亨索伦人》一书中用挖苦的笔调写道：“在认清了个人似乎只能在专制统治下谋求发展这一现实后，民主德国的史学家们终于意识到，小丑外套下的古恩德灵从事的是一份什么样的职业。”对于古恩德灵所提出的建议，国王很有可能曾予以重视甚至采纳。施塔姆－库勒曼在他的下文中继续写道：“在这种条件下，已经没有什么能够比这更为振奋人心的了。”

最能体现腓特烈·威廉一世充满低级趣味的幽默感的巅峰之作是，在古恩德灵身故后，他下令将这位博学且连他自己也高看一眼的男爵装进葡萄酒桶里下葬。

在这位霍亨索伦国王的传世名言中，有一条不大经常被人引用的，显然与这样的行为不相符合：“对我来说，没有什么财富比人更重要。”尽管如此，站在他的立场上，这句话还是显得颇为真诚，不仅是挂在嘴边的表白，更是通过身体力行得到了证明。

由于普鲁士本就是一个从理性中诞生的国家，人们不应把以上的表述混淆作对人类的热爱。普鲁士的“对外国人的无限欢迎”（语自塞巴斯蒂安·哈夫纳）源自纯粹的现实主义。谁要是想建立一支组织完备的国家军队，谁就必须拥有充足的子民。能够对有着别样习惯、说着别种语言的其他种族容忍，无论是在过去还是现在都并不寻常，在普鲁士却已是见多不怪。

腓特烈·威廉一世从他的祖父大选帝侯那里继承了这一切。人们可以完全理解，像新考古学奠基人温克勒曼①这样的勃兰登堡原住民，由于不愿在腓特烈·威廉一世的统治下生活，所以逃离了普鲁士，但人们同样也可以理解，同样是这位君主，张开双臂拥抱了来自萨尔兹堡的2万名新教徒，并将他们安置在东普鲁士，那里由于黑死病的肆虐，已经十室九空。迁移到普鲁士的有瓦尔登泽派②教徒、门诺会③教徒甚至苏格兰的长老会④教徒，还有从一些新教国家辗转而来的犹太人和天主教徒，只因为那些国家对不同信仰的兼容性远逊于普鲁士。

平等待人的观念在普鲁士早已形成，18世纪初的柏林街头，每三个人里就有一个人讲的不是德语，而是法语。若非推行这种无条件的包容政策，奥德沼泽地带的农垦（并同时借此将这片土地并入版图）将不可能实现。除此之外，还有一支以普鲁士而不是以其他什么地方为家园的军队，保卫着这个所有因宗教问题而走投无路之人的避难所。

---

① 约翰·约阿希姆·温克勒曼（1717—1768），德国考古学家、古玩收藏家、艺术学家。考古学及艺术史学的奠基人。其主要成就为以治史方法研究古代艺术。

② 新教教派，12世纪末成立于法国南部，在意大利影响巨大。中世纪时，被罗马天主教宗教法庭视为异教徒的中坚力量加以迫害。

③ 新教一支，诞生于16世纪的“再洗礼运动”。同路德派一样，视《圣经》为一切裁决之根据。与天主教派乃至同属新教的路德派、改革派所不同的是，此派坚持认为，只有在被洗礼者自主决定受洗之后，才可为其进行洗礼。这一观点使此派即使是在新教内部亦大受排挤。1536年获得其灵魂人物门诺·西蒙在荷兰加盟。由于在除北部荷兰之外的几乎欧洲所有地区遭到迫害，门诺教徒属于最早远渡美洲的欧洲人，直至今日，北美仍是世界上门诺教徒最多的地方。

④ 新教加尔文教派于苏格兰的分支。其主要特征是由其设立并遵行的“教会宪法”。基本上源自苏格兰的加尔文派都被称为“长老会派”，而在欧洲大陆上被称为“改革派”。

还有，恰恰是这名被冠以“士兵国王”雅号的君主，在其长达二十七年的统治时间里，仅仅有五年的时间卷入过战争。有同瑞典进行的“大北方战争[①]”，收获是并入了什切青[②]；参与了“波兰王位继承战争[③]”，结果是在与法国的意愿背道而驰的情况下，将“强力王”奥古斯都的儿子，也即萨克森人，重新送上了波兰国王的宝座。在这两次战争中，普鲁士都是在履行对其盟国的军事义务。

腓特烈·威廉为普鲁士打造的跻身欧洲强权的道路，非止一途。如前所述，国王本人在组织能力方面，可谓天降之才。通过在上位伊始对军事学员培养方式的决定性的改变，他改造了整个军队的内部构建，进而对整个国家加以重组。正是在这次改革后，整个普鲁士才得以高效运转。腓特烈·威廉执政的最初十年，是以务实为准则的新政十年。这一准则在国王的监督下，理所当然地得以被严格贯彻执行。治军的方法也被应用于管理普通民众，而所有的反对意见则被他粗暴地加以驳斥：“我能号令我的军队，难道就不能号令那些天杀的笨蛋吗？”

接踵而至的效应是，普鲁士的行政人员也与军营中的士兵们别无二致：准确、守时。在德绍老头的推动下，成立了经济、财政与军事的三方合作指挥中心，并配以起调控作用的核算部门，国内的一切活动都自此变得更加一目了然。这是普鲁士最常被人效法的两项机制，只是大多数的模仿结果都是徒劳无功。

---

① 为争夺东海控制权而于1700—1721年在欧洲北部、中部和东部展开的战争。由俄国、萨科森－波兰、丹麦－挪威组成的联盟合力对抗国王卡尔十二世领导下的瑞典。战争以联盟一方取得胜利而告终。从此瑞典退出欧洲一流强国之列，而俄国日渐崛起。

② 现属波兰，西波美拉尼亚省会，位于柏林东北部120公里处，为奥德河入海口。面积300平方公里，人口40余万。

③ 在“强力王”奥古斯都逝世后，欧洲诸强为争夺波兰王位而于1733—1738年进行的战争。法国的波旁王朝希望由法王路易十五的岳父继承王位，而俄国、萨克森及神圣罗马帝国支持“强力王”之子。战争结果是俄国及萨克森在波兰将“强力王”之子，即奥古斯都三世，扶上王位。而神圣罗马帝国在与法国交战的两个主要战场上——莱茵河沿岸与意大利——均遭败绩。在这场战争中，年轻的普鲁士王国第一次展示了在当时来讲高度现代化的军事力量；另一方面，神圣罗马帝国皇帝也首次允许俄国军队进驻莱茵河地区。

腓特烈·威廉则一如既往地以专制统治着这片土地。在如今良好运转的行政机器内供职的公务人员，每天从早晨七时开始工作，工作时间长达十二个小时。而得到的薪水，即使是以那个年代的标准衡量，也只可以用“少得可怜”来形容。

几乎所有与经济相关的事宜，都掌握在国家手里——概括来讲：重商主义。为数不多的几家工厂全部仰仗国家财政支持，其任务在于使国内居民尽可能地摆脱对外国商品的依赖。与此同时，还要最大化地扩大出口。国库全面掌管经济活动，并要肩负供养部分军队——特别是常备军——的任务。举例来说，在普鲁士存在着大量的手工工场，从事针织物品的生产。新教的胡格诺派①教徒们投身于这种早期的工业形式并对其加以完善。但对于腓特烈·威廉来讲，这一切还远远不够。出于进一步改善现有状况的考虑，他在普鲁士的两所大学，哈勒大学和法兰克福（奥德河畔）大学，引入了国民经济学课程。

腓特烈·威廉为他的国家所带来的利益，还不只这些。他兴办了孤儿院，并开展全面义务教育。农奴制在他手中得以废除，由他创办的、前文中提到过的“火灾保险”，对于普遍居住在木屋中的柏林人来说，好处显而易见。他终止了在普鲁士的巫术活动，并发明了一套王室庄园、领地的出租体系，这套体系较之已有的办法更令人容易接受。传统的租佃继承制，被取代以定期租借的形式。与此同时，他将王室占有的土地转移至国家名下。

论及处理同金钱有关的事宜，极少有人拥有堪与国王比肩的才能。据闻，只有一名王室的供应商曾在这方面胜过他。还是在一次酒会上，国王的绘画爱好受到喝得微醺的众人的笑谑。他们宣称，国王无法也永不可能以绘画谋生。为了反击这一论调，国王强迫那名王室供应商高价收购自己的几幅画作。卖画得来的几百塔勒成了国王在烟草会议上炫耀的资本。可那位柏林商人的报复行动也接踵而来：他给画作加上

① 法国新教教派，诞生于16世纪，其信仰深受加尔文主义影响。因为对其镇压而引起的前后八次“胡格诺战争”，对16世纪的法国造成了极大破坏。

“出自尊敬的国王之手”的标签，在店内展出。这一举动让国王深感尴尬。在同伴们的哄笑中和允许下，国王最终以更高的价钱将画作赎回。

柏林民众对国王的感情却是颇有一种敬而远之的味道。这要归结于国王的另一项爱好：对于大兴土木的热情。他以命令的方式让臣下乃至那些将军来迎合自己的口味，并乐此不疲。他那简明扼要的格言“那家伙有钱，那家伙应该搞建设”，令人闻风丧胆。因为国王所要求的是真正富丽堂皇的建筑，并且经常要建在被他所赠予的土地上。而这些土地总是如此的泥泞不堪，以至于人们不得不预先夯入数以百计的树桩，使之坚实。

对他的妻子来说，他是忠诚的丈夫，这一点，相比于同在那样一个所谓“骑士时代”、门风不谨的其他宫廷，可谓难能可贵。苏菲·多萝西·冯·汉诺威公主当初嫁给腓特烈·威廉的原因，也仅仅是出于政治联姻的目的，并非由于爱情。这在当时欧洲血缘高贵的各大家族间已属司空见惯。婚姻即政治，爱情只是附属。

腓特烈·威廉一世的理解却并非如此。作为一名虔诚的加尔文派信徒，终其一生，婚姻都被他视作神圣的盟约。临终前，躺在病床上的国王还能向带给了他十四个孩子的妻子不无骄傲地宣称，他从不曾背叛过。

可这并不意味着苏菲·多萝西·冯·汉诺威在他身边享有真正的快乐。那因以她为女主人而更显沉闷无聊的宫廷，从不曾使她有家的感觉。她在汉诺威无拘无束的氛围中长大成人，与她丈夫那种粗鲁且永远充满责任感的风格毫无协调可言。也是由于她的姑姑、已故王后苏菲·夏洛特的教育，她对所有那些给她丈夫带来快乐的消遣方式，都浑然不解。她对军事操练的反感，一如对纵犬骑猎的厌恶之情，或者根本就是无法理解国王对于打猎的热衷！她要为腓特烈·威廉准备好充足的弹药，以便让这个吝啬鬼可以每年以 4000 只山鹑作为猎物，只因为她的厨房对这些鸟类是如此的“欢迎”。而在普鲁士王室之内，使这位王后备感荒谬的事情更绝非只此一例。

使人惊讶的是，她变得越发愤世嫉俗起来。在有关她的传记之中，她大多以负面形象出现。诸如她曾挑唆孩子们与他们父亲的关系，或是在其他宫廷之内，如英国，酝酿针对她丈夫的阴谋。而后一项指责的根据则在于，国王夫妇的交好方向大相径庭。国王本人倾向于东方，如同其朋友选帝侯腓特烈·奥古斯都一样，后者也被称为“奥古斯都二世”“强力王”，日后成了波兰国王。与此相反，王后——她的汉诺威家族在此期间成了英格兰王室——的注意力却在西方，并且她意图扭转腓特烈·威廉的兴趣所在。但可预见的是，她的尝试必定徒劳无功，一方面是由于国王顽固的性格，另一方面则由于腓特烈·威廉与现任的英格兰国王乔治[①]曾是同窗，且自那时起一直交恶。王后的所谓“伦敦阴谋”本来也是源自两个不同王族之间的较量，而并非源于对国家和民族利益的考虑。她的计划是，为她的两个孩子，威廉明妮与腓特烈（后者也被称作“弗里茨”），都选择带有英国王室血统的配偶。也许对她来说，这意味着成为未来英王祖母的日子已经指日可待。

腓特烈·威廉在传记作家和历史学家笔下的形象却是与日俱佳。对此则有一个合理甚或是奇特的解释：长久以来，人们一直在将这个父亲与其长子作比，而优劣的判定并不公平。作为弥补，人们转为对他光彩的一面——也是他所确实具备的——大加颂扬，而对缺点视而不见。

腓特烈·威廉在作为全体国民的——粗鲁的——教育者的同时，也被他的国民深深畏惧，这不得不令人感到惊讶。所有人都尽可能地绕道而行，以免与他和他的榉木拐杖相遭遇。

看起来未免有些令人不可思议的是，一个不间断地兴建着学校并善待境内孤儿的国王，却也能够下令，将波茨坦一名神父的 17 岁的女

① 即乔治二世（1683—1760），从 1727 年起执掌英国直至身故。在“奥地利领地继承权战争”中与普鲁士的敌对方、奥地利大公玛丽亚·特蕾西亚结盟，在“七年战争”中则成为腓特烈大帝的盟友。

儿绑到耻辱柱上，在众目睽睽之下用荆条抽打。当国王随即将其发配到位于施潘道的纺织作坊充任女工的判决下达时，这名叫多萝西·里特的漂亮女孩已被摧残得半死。以上一幕仅仅是出于一个原因：这位女孩传授了音乐知识给王储，还附送了相关的书籍。

是什么允许一名君王，可以驱马追赶由于畏惧而试图从他面前逃走的臣民，并一边高喊着“他不应该怕我，他应该爱我、爱我、爱我！”，一边有节奏地杖击着这可怜人的背部？又是什么允许这样一名笃信基督的高位者，轻易就把法院的判决推翻——且常常加重为死刑？莱茵斯贝格的一名传道士，因为知道这世俗的君王将要来参加由其主持的礼拜，以致惊惧而死。这也许不能完全归罪于腓特烈·威廉，但也绝非全无干系。人与非人的界限，常常并不明显。

而年幼的王储并不驯从于他的父王，这一点也早就暴露无遗。1717 年——小弗里茨时年 5 岁——圣诞节的时候，国王送给他铅质的士兵作为礼物，却被这孩子置之不理。人们仿佛可以看到，在国王身后的母女二人是如何对此暗自欢喜、额手相庆。在众多礼物之中，还有一支牧笛。国王很快就惊恐地发现，自己的儿子对此物是何等的爱不释手，并很快学会了用其演奏繁复的乐曲。在母亲和姐姐的照料下，小王子一直在女人云集的后宫中成长。而他那将吹奏笛子视作非军人作风的父亲，则试图消减因此带来的影响。国王命令一支由 130 名军校学生组成的连队进行军事操练表演，可 5 岁的王储显然对此兴趣欠奉。操练被完全留给了冯·韩策勒少尉，而少尉原本的任务是传授王储骑马、击剑以及指挥的技巧。

有关如何对王储在成长过程中进行教育的问题，腓特烈·威廉国王早已拟定了一份细则，并将每天的日程安排精确到了分钟。且这份细则还随时间变化，依王储的成长情况不断被修订，也就意味着不断变得更为严格，但这也使得那年已 7 岁的孩童渐渐变得倔强起来。这孩子的生活习惯算不上整洁有序，以当时的标准来看，甚至还有些邋遢，可他的父亲却是以有洁癖而著称。而且，对于打猎之类属于男人的运动，小家伙始终不曾表露过丝毫兴趣。每次他父亲携他一道分享这一癖好的时候，他都会借机溜走，找一块林中空地并从外套中抽出他的笛子来。以诸如此类的方式，这“娇气”——国王对他的评价——的笛子吹奏者执拗地抗拒着一切与军人有关的事宜。

国王对此自有对策。北方战争期间，在被包围的施特拉尔松德[①]前，腓特烈·威廉在交通壕里结识了一名年轻士兵，后者当时已做过多纳一系[②]的家庭教师。雅克·艾日德·杜昂·德·冉当，生于法国，随其家庭因政治原因流亡他乡。他能讲一口流利的法语，这在欧洲各宫廷中或上层圈子内，与能讲当地语言同等重要，甚至犹有过之。而尽管腓特烈·威廉对这——并不熟悉的——“法国话”全然不喜，却也只能保持容忍，暗自不快。与“法国话”相比，拉丁文的遭遇就没那么幸运了。由于这种语言在国王看来纯属多余，所以被毫不犹豫地从他为王子制定的教程中画掉。杜昂还具备另一项更有利的条件：曾在大学攻读过法律——军人身份，法学专家，能讲流利的德语和法语，这使他看起来正是成为小弗里茨的老师的最佳人选。

与国王的愿望大相径庭而对小王子来说则分外幸运的是，杜昂实际上所展现出的，是对文艺的热爱，及为此必需的勇气。作为腓特烈在 5 到 15 岁这一时期的老师，他启发了腓特烈对语言、法国文学和哲学的兴趣。而对国王所拟订的教学计划，他则尽可能地阳奉阴违。他甚至帮助小王子建立了一个私人图书馆，馆中藏书在 1730 年——杜昂被辞退的三年后——达到了 3775 册之多。

终其一生，王储腓特烈都对老师的勇气钦佩不已。杜昂无法理解，为什么作为下一任君主，腓特烈不应该掌握拉丁文这一在国际法领域

① 德国北部城市，隶属前波美拉尼亚州，毗邻东海，是通往德国最大岛屿吕根岛的门户。面积不足 40 平方公里，人口 5.8 万人左右。

② 多纳作为地名，是现在德国萨克森州毗邻捷克共和国的一座小城，面积仅 28 平方公里左右，人口 6000 多人。12 世纪中期时成为城堡伯爵领，15 世纪初期在“多纳冲突”后被并入韦廷家族势力范围，后又在波希米亚王国和迈森边疆省之间几易其手。由于所处地理位置敏感，历史上曾多次饱受战火。

和教堂中通用的语言。某一次，杜昂传授腓特烈拉丁文时，国王突然造访，盛怒之下打了这位老师几个耳光。这一举动带给王储的不仅是惊吓，更是深深的伤害。腓特烈本来就对父亲的诸多观点久存疑惑，自此之后，更是开始注意倾听母亲和姐姐关于父亲的各种抱怨，比如在晚间陪伴威廉明妮弹琴的时候——在姐姐面前他还可以吹奏心爱的笛子。他开始站在了父亲的对立面。杜昂默默承受了的那几个耳光，成了他的学生一生的转折点。

他的学生也从未忘记过杜昂，以及从杜昂那里得到的恩惠。不仅如此，还在身为王储时，腓特烈就着手于让被辞退的老师重获自由，浑然不顾与父王的意愿背道而驰。此前，腓特烈·威廉已经以“煽动王储背离宗教”的罪名，令杜昂身陷囹圄。后来，国王的外交政策顾问塞肯多夫伯爵，为杜昂在布伦瑞克－沃勒芬布于特勒公爵的图书馆中谋得了一个职位。1733 年 4 月，时年 21 岁的腓特烈写信给还在狱中的杜昂：

最珍贵的朋友。若我曾体会过悲伤，那是在感受到您不幸的命运的时候。我相信，您凭借对我充分的了解，为我打造了正义的光环，使我好似在您的不幸中不曾扮演过任何角色，但事实上，我才是这不幸的始作俑者。我做了很多尝试，屡败屡战，力图使您从这令人哀痛的困境中解脱出来。而现在，我终于可以满怀欣喜地告诉您，仁慈的上帝赐福了我的努力，不仅您距离重获自由的期限最多还有三个星期，指日可待，而且，我还为您争取到了每年 400 塔勒的退休金。我不会到此便止步不前，在有生之年，我将动用我全部的影响和所有的力量，使您快乐。在您面前我始终如一，并希望有一天可以证明给我亲爱的冉当，我，您的朋友，言出必践。祝您健康。再会。

腓特烈

我在此寄给您一点不足挂齿的生计之用，望万勿推辞。请允许我在日后更上一层楼时，再为您尽我所能。请爱我如昔。

而腓特烈年少时最痛苦的一段时光也从此开始。两名军队的教官取代了杜昂的位置。来自国王的掌控也越发的不堪忍受。他将所有他和他的探子们能够从王储身边发现的法文书籍全部没收。这些书籍的下场——如同年轻的王储所喜爱的华服一样——是被付之一炬。任何违禁行为都将招致这位性情暴烈的父王的残酷惩罚。不止一次，当着客人的面，比如在烟草会议这类场合，若不是众人的阻挡，国王都一定会把自己的儿子打得皮开肉绽。

从母亲那里，腓特烈也无法期待任何帮助。王后早已接受了命运强加给她的这位粗鲁不文的丈夫，一如接受了在波茨坦、柏林和让她最为深恶痛绝的伍斯特豪森的黯淡生活。她也仍然在努力着，试图使她的有关英国的计划得以实现，可是国王深受其首席顾问腓特烈·威廉·冯·格鲁穆考的影响，坚持作为奥地利也即神圣罗马帝国皇帝的盟友，毫不动摇。后来得以证实，格鲁穆考长期以来一直在接受奥地利的贿赂，而腓特烈·威廉的外事顾问多纳，则是维也纳的间谍及代理人。凭借这些手段，奥地利的势力几乎可以在“士兵国王”的眼前为所欲为，而苏菲·多萝西却被推入了痛苦的深渊。

就连与姐姐威廉明妮王储也只能在暗里相聚了。父子间的敌对局面愈演愈烈，两人的不和甚至流传至民间，在柏林早已成为街谈巷议的话题。而人们大多同情弱势的一方，站在王储这边。

令人意想不到的是，一次共同的旅行却使得父子间的关系——如果可能建立起任何关系的话——更加趋于恶化。有的时候，那总是闷闷不乐的王后还是可以将一些她认为正确的事付诸实践的。比如她可以在完全保密的情况下，每年两次，邀请受雇于“强力王”奥古斯都的著名笛子演奏家兼作曲家约翰·约阿希姆·管茨[1]来到柏林，于王后的居室内——当然也是秘密基地——为王储授课（这位音乐家于日后腓特烈登基后立刻迁居到了柏林）。除此之外，她还成功地使腓特烈·威廉同意，在去德莱斯顿访问“强力王”时，让自己的长子同行。

这次旅行对腓特烈来说是一次不同寻常的消遣，却是他父王的一场挫败。年轻的王储亲历了一个声色犬马的宫廷，追蜂惹蝶，夜夜笙歌。他迷失在熙熙攘攘的人群里，甚至与奥泽勒斯卡伯爵夫人有了平生第一场艳遇。他的朝气蓬勃在德莱斯顿赢得了上佳的口碑，而他那在国土之外总是被谑称为“普鲁士下级军官”或“中士”的父亲，则因为在面对这里的生活和娱乐时明显的不知所措，成了被尽情取笑的对象。

与王储一同返回柏林且无法磨灭的记忆是，由于有着一个固执粗鲁的国王，境外的人们是怎样用“轻蔑地耸肩”这样的动作来表达对普鲁士的态度的。这引发了王储与父亲之间更为激烈的争论，而后者则抓着儿子的头发拖过整个房间，并棍棒相加。王储在给夏宫中避暑的母亲的信中写道：“我感觉自己走投无路了。国王已经全然忘记，我是他的儿子，他对我如同对待最为卑鄙的恶人一样。今早我像往常一样走进了他的房间。他立刻朝我扑来，用手杖残忍地殴打我，如此地暴跳如雷，好像不打到他自己手臂酸软就绝不罢休似的。”

毫不出奇，腓特烈想要出逃的念头一天比一天强烈。英国是唯一的去向，去投奔母亲的兄弟，英王乔治二世，也是父亲自年少同窗时起便开始憎恨的人。而实际上，是腓特烈·威廉自己让儿子有了这样的想法。“如果我的父亲对待我，像我对待你一样，”人们在一封国王写给16岁的王储的信中读道，“我早就逃之夭夭了。”

自德莱斯顿归来之后，王储变得明显聪明许多，或者说是狡诈了。他似乎已经决定演绎一场双面的人生。外在的表现形式是，只要在父

---

① 德国笛子演奏家、制笛大师、作曲家（1697—1773）。在腓特烈大帝登基后，成为普鲁士宫廷乐师。阿道夫·门采尔的名画《无忧宫中的笛子演奏会》中，亦可见他的身影。

亲左近，他就会顺从地身着分派给他的破旧制服；而父亲刚一出门，他就会将这讨厌的军装撕下，换上自己喜爱的衣物：比照巴黎最新款式的法式便服。他还会对父亲当面逢迎，以便能背地里过着为父亲所憎恶的生活。

诸如此类的奢侈——新潮的法式服装、书籍，和一切年轻人所需要的——有赖于金钱的支持。而这是王储所力不能胜的。但这位年轻人在十四五岁时，便已发现了一个行之有效的办法。在宫中及他身旁，有足够多的富有之人因为期待着将来的回报，极其乐意为这下一任国王效劳。比如他建立图书馆的资金，就很有可能是来自国家的秘密财政顾问尤利乌斯·冯·派能。在此公离王宫不远的私宅里，还为他藏着不为国王所知的书籍。换句话来说：这位年轻人在高筑债台，而凭借他的地位和头衔，这显然轻而易举。

无足惊怪，他很快就把手伸向了错误的债主。柏林的两个商人，施普里特盖博与道姆，为了索讨王储欠下的债务，直接上诉到财政部长。随即又被曝光的是，腓特烈从私人手中，包括从一些军官那里，借出的钱财不下 1.5 万塔勒。国王为此怒发如狂，并在腓特烈 18 岁生日的前两天，1730 年 1 月 22 日，颁发禁令，不许任何人借款给未成年人，违者将面临最为严厉的监禁惩罚。这一法规同样适用于王储阁下。

从某种角度来看，王储 18 岁的生日是值得纪念的一天。不仅因为在此前不久，腓特烈欠下的如山债务暴露在了光天化日之下，还因为一直在国王背后持续策划着的、与英国双重联姻的构想也浮出了水面。来自伦敦的特使造访了柏林，开门见山地提议公主威廉明妮与英国王储威尔士亲王签订婚约。这一事件使得腓特烈·威廉身边的奥地利集团紧锣密鼓地活动起来，他们甚至成功地将一封来自普鲁士驻英公使的信放在了国王面前，信中转述了王储腓特烈于另一封信中写给他的舅母、英格兰王后的内容。腓特烈在信中明确表示，他原则上只愿意娶一名英国公主为妻。

这件事尚未经证实，但国王从中嗅出了阴谋的味道，而这阴谋还是来自自己的家庭。他咆哮如雷，再次殴打了儿子，并把怒火倾泻到妻子和女儿身上。自那时起，父子之间就只剩下彼此仇恨。其后不久，这两人又一同前往萨克森，此行的目的是参加在穆于勒贝格举行的军事演习[①]。在当地晚间，一场大火几乎葬送了国王的性命。人们试图唤醒王储前去救驾，可王储却只是倔强地翻了个身，然后安睡如故。这样的冷漠无情招致了腓特烈·威廉的惩罚：在接下来的阅兵式上，在普鲁士和萨克森全体将帅众目睽睽之下，国王将儿子打得鼻口流血。

两人的关系已紧张到无以复加的程度。还是在萨克森穆于勒贝格的军营里时，王储就向一位朋友倾吐了心声，表示无法再忍受国王的暴力相加，透露了逃往英国的打算。这位朋友就是汉斯·海尔曼·冯·卡特。

卡特——他自己也时而写为冯·卡特——比腓特烈年长8岁，出身资深军人家庭。其父[②]在柯尼茨贝格军政当局任职曹长，其外祖父则位居元帅。这位年轻人曾先后在家乡柯尼茨贝格和莱登[③]攻读法学。像他这种履历的贵族子弟却并非腓特烈·威廉所乐见的。因此汉斯·海尔曼·冯·卡特肩负着“不要让国王失望”的家族使命，投身到了军队中去。

腓特烈与他相识时，他是波茨坦宪兵队中的一名少尉。他们二人极有可能是通过腓特烈的姐姐威廉明妮相结识的。卡特与威廉明妮似乎确曾有过交往——以何种方式，则未可考。不管怎么样，威廉明妮曾经要求过卡特归还一张自己的画像，因为她认定卡特曾以此物作为在他人面前炫耀的资本。认为“漫无止境的虚荣心”是卡特的“显著性格特征”（引自西奥多·枫塔讷）的，非止这位后来的拜豪伊特夫人一人。“他的脸孔，”据威廉明妮描述，“令人厌恶多过讨人喜欢。几根

---

① “强力王”奥古斯都于1730年夏天举行的名为“百年盛况”的军事演习，四十八名欧洲君主莅临观摩。

② 因于1715年“施特拉尔松德战役”中表现优异获得黑鹰勋章，1731年获中将军衔，1735年任骑兵将军，1740年荣膺元帅并进阶伯爵。

③ 荷兰南部城市，面积23平方公里，现今人口11万有余，阿姆斯特丹在其北部约40公里。自16世纪起便是大学城。

黑色的眉毛几乎低垂过眼……留有痘痕的深色皮肤更使他平添了几分丑陋。”这口吻听来颇似源自单恋无果或惨遭拒绝的爱情。

对腓特烈来说，这位见识广博、学问深厚且在英国还有亲属的年轻军官，真是作为朋友的不二人选。他们还可以共同分享从书籍、吹笛、写作和风趣的谈话中所得的乐趣。两人的关系很快就变得亲密无间。卡特还极有可能为腓特烈介绍了一些潜在的金主，比如以法国公使冯·侯腾堡伯爵为中心的社交圈子。

对于腓特烈的出逃打算，卡特似乎并未尽心谋划。他表面上看起来已拿定主意，要为自己的新朋友效忠，但也许私下里还抱有希望，可以让王储阁下打消这一念头。他把普鲁士王位继承人的意图透露给了英国外交使团的专员狄肯斯，而后者则由于此事会带来的显而易见的后果，被火速传唤回英国，并且委托卡特告诫腓特烈，放弃所有出逃到英国的计划。

相当一段时间以来，腓特烈·威廉国王就在怀疑自己的儿子有逃亡的企图。1730 年夏天，国王建议王储陪同出访外邦安斯巴赫[①]和斯图加特。这又是在为父子间的讨价还价制造机会吗？还是为了以后能对这个小浑蛋更为严加管束？

同样被卷入这尚未敲定的计划中的，还有来自苏格兰的两名年轻少尉，凯特兄弟。弟弟小凯特是腓特烈的挚友，也是卡特的故交。作为国王的侍从，他在过去曾多次对王储做出警示，使其可以预先规避从国王那里即将降临的灾祸。他此次的任务是准备好在逃亡途中所必需的马匹。哥哥大凯特与弟弟同职，也与腓特烈交好，其时正驻扎在韦塞尔[②]，将负责隐匿腓特烈的行踪并予以进一步协助。

除了向英国外交人员征询意见之外，卡特为这次逃亡所做的贡献

---

① 位于现德国巴伐利亚州，中法兰克区首府。面积约 100 平方公里，人口 4 万人左右。

② 位于德荷边境，现归杜塞尔多夫所辖，面积 122 平方公里，人口 6.1 万人左右。该城于 16 世纪上半叶即成为新教城市，17 世纪初时与克莱沃一同并入勃兰登堡辖内，在大选帝侯腓特烈·威廉手中成为军事要塞。

似乎就仅剩下一个建议了，但他至少还是朝着使行动成功的方向在谋划着。他建议，逃亡路线应该是从德国南部出发，取道韦塞尔这一边境要塞，从那里迅速越境抵达荷兰，再从荷兰驶往英国。但身在安斯巴赫的腓特烈，将来自柏林朋友的这一善意建议当作了耳旁风。尽管这可能是个明智的计划，但王储已经急不可待。急躁，作为腓特烈的一大性格特征，在他今后的人生中还将屡次展露于世人面前。

腓特烈决定，从曼海姆[①]附近的一个小村庄辛斯海姆开始逃亡，并将这一消息通过书信告知在柏林的卡特。王储将化名为“阿尔伯维勒伯爵”，在荷兰的海牙与协助他的人会合。由于急躁，腓特烈在书写收信人地址时犯下了一个错误——他忘记了注明“柏林”。因此，这封信被寄到了卡特的一位在爱尔兰根[②]做骑师的同名堂兄弟那里。此人读过信后，派人快马加鞭地将信转交到国王手中。这样，国王便对即将到来的王储的逃亡行动了然于胸。

这意味着，接下来发生的事，已经不能再被称作“逃亡”了——根本没有成功的可能。由于没能到达辛斯海姆，腓特烈又将出发地点改在施泰福特。午夜两点，他身着便服，外罩一件红色的披风，坐在马厩中一根辕杆上，等候坐骑被送来。可等来的人却并非他所期待的小凯特，而是接替杜昂工作的两名教员中的一个，冯·侯寇。由于注意到王储的早起不同寻常，一名叫古默巴赫的仆人将情况通知了这位老师。另外几个陪同前来的高级军官，还建议腓特烈不要被国王看到他如此装束的样子。就在此时，小凯特牵着几匹骏马出现了。

也许侯寇和他的同事这时候才明白，他们有幸躬逢其会的到底是什么。腓特烈毅然决然地飞身上马，似乎依旧想将逃亡进行到底。好

---

① 以31万人口位居德国巴登符腾堡州第二大城市。17世纪初时，成为作为选帝侯之一的莱茵行宫伯爵腓特烈四世治下城市。“三十年战争”期间属于新教联盟一方并在战争中严重受损。18世纪成为选帝侯驻地后走向繁盛，歌德、席勒、莫扎特等名人均曾在此留下足迹。

② 位于现德国巴伐利亚州，属中法兰克区。面积不足80平方公里，人口10余万人。是德国“西门子”公司主要驻地之一（另两处为柏林和慕尼黑）。

在他毕竟还没有像他晚年作为老弗里茨时表现出的那样顽固不化。在众人的劝说下，他最终放弃了马匹，以及逃亡行动。

以上便是在1730年8月4日所发生的一切。一名毛躁的年轻人，及时地恢复了清醒，不再执意选择流亡——由于他的军官身份，此类举动必要时可被上升到临阵脱逃的高度而加以严惩。当然，这样的一段小插曲，普鲁士境内任何一个有理智的人都不会将其大肆宣扬。

若是没有那封腓特烈写给卡特却辗转递至国王手中的灾难之信，也许被牵连到此事之内的军官们不必有随后的辛苦与波折。以此信为凭，这次出逃尝试被视作十足的变节。王储和小凯特双双遭到逮捕。大凯特则机智果断地离开了韦塞尔，逃往英国。当腓特烈被押上将其送往韦塞尔的船上时，等待他的是国王冲天的怒火。

令人惊奇的是，尽管有关王储出逃的种种消息在柏林已成为坊间话题，卡特却仍在城中勾留不去。他完全有机会让自己脱离险境，更何况已接到对他进行抓捕命令的陆军元帅纳兹默由于确信他一定早已逃之夭夭，还对国王的指示迟迟不予执行。但卡特并未利用这些机会。腓特烈将卡特的滞留原因归结于后者对传说中的旧情的眷恋。而日后的总督夫人、公主威廉明妮则在自己的回忆录中提到了一个“他打算将金银细软藏匿其中”的特制马鞍，正是为了准备此物，他被牵绊住了。枫塔讷对此论不以为然。他认为，总督夫人的回忆录“整体而言尚数可信，在具体事件上……时有可商榷之处”。在枫塔讷看来，卡特“完全是被身负的委托与责任所束缚”，并因此“成了自己骑士精神的牺牲品”。

1730年8月27日，国王在从韦塞尔返回柏林的两个小时后，便亲自提审卡特。威廉明妮公主站在宫中的窗前，看着被押解的卡特从面前经过“他看起来苍白憔悴，但还是脱下帽子，向我致意。我弟弟的箱子和他自己的都被没收并封缄起来，拿在他身后的人手里。一直在暴跳如雷的国王，不久就发现卡特才是他要找的人。于是抛下了我们，将怒火烧向新的目标。”

卡特匍匐在国王的脚下，乞求宽恕，却无济于事。腓特烈·威廉扯下了他颈上的“约翰尼塔骑士”十字勋章，继而乱杖如雨，拳脚相加。在接下来的最高军事法庭听证会上，据枫塔讷的说法，卡特表现出了“使国王备感惊讶的坚定顽强。他只肯供认，对王储的出逃计划曾有耳闻并有意追随。而对于诸如‘王储意图投靠何方势力’之类的问题，他则答以‘王储自己也去向未定’。随即他被带回宪兵队监管起来。”

由上自少将、下至上尉15名不同军衔的军官组成的军事法庭，在腓特烈·威廉一世召集下，于1730年10月27日在克佩尼克[①]开庭。尽管国王已经授意对卡特处以死刑，以阿哈兹·冯·舒伦堡为主席的法庭还是在第二天做出了独立的（也是勇敢的）判决。

军官们感觉在王储的处理问题上手足无措，并建议国王“对其悲伤的反复忏悔……待以王者的也是为人父者的宽容”。而对卡特，按照法庭的意见，也无法处以最严厉的惩罚，因为“所许诺的帮助并未产生任何影响或造成任何事实”。对他的处理应该是“永远囚于堡垒之中”——终身监禁。

在伦敦的大凯特，得到了自己被克佩尼克军事法庭缺席判处绞刑的消息。作为他本人的替代品，一个稻草模拟人像被套上了绞索。另外两个知情者得到的处罚较轻：一个被降级，另一个则被监禁6个月。

当居于伍斯特豪森的腓特烈·威廉知道审判结果后，他对舒伦堡做出了以下答复：“您应该秉公执法，而不是只拿着鸡毛掸子做表面文章。”他要求的是更为严厉的裁决。但普鲁士毕竟还是已经有法官存在的。法庭在经过深思熟虑后认为：“出于道义，应当维持原判，且任何对原判的改动必将以损害道义为代价。”

---

① 现柏林市最大的城区，面积35平方公里，人口近6万人。有别于其他柏林城区，该区同施潘道区一样，在中世纪时均属于独立城市，并迄今保有自己的老城和郊区。1920年10月并入柏林。

腓特烈·威廉以国王的名义推翻了原判，将对卡特的惩罚裁定为死刑。在一份书面声明中，他为自己的顽固给出了一个极为普鲁士化的理由。这份敕令的最后一句如下："军事法庭向卡特宣读判决时应向他声明，对这样的结果，他的陛下也深感遗憾，可他现在死掉，要好过再动用更多的法律力量来为他量刑。"

有一点必须指出的是，腓特烈·威廉其实熟知卡特家族并对这一家人欣赏有加。独一无二的记忆力，使他能牢牢记住所见过的任何人。只要有过一面之缘，他就能经年不忘，且在下次打招呼时喊出对方的名字来。全普鲁士境内，从缙绅到村长，国王无一不识。他见到陌生人时总是如此的好奇，以至于会抓住对方的衣角询问"他[①]是谁？"或者"他的名字是什么？"

大多数被他以这种方式攀谈的人理所当然地会被吓个半死。另一方面，又会因着"国王认识每一个人"这样的想法而大感亲近。但由此亦可见，那时的普鲁士幅员还不算辽阔。

求情信、赦免申请和被那时人们称作"登门造访"的游说之举层出不穷。卡特本人也以恭顺卑下的态度写信给国王（"……请您给予我恩赐，如同上帝不曾拒绝罪大恶极的恶人一样！"），从外祖父到父亲，从陆军元帅到骑兵上尉，都在请求国王法外开恩，许多老军官也在为拯救这被判刑者而努力奔走。

一切都无济于事。11月初，卡特被递解至屈斯特林[②]要塞，早已被囚禁在那里的腓特烈正处在严格监控之下，与外界断绝了联系。尽管如此，据目击者说，王储也极少有身着刑具的时候。带着一点斯多

① 古代君主在与臣仆面对面谈话时，不用第二人称"您"或"你"来称呼对方，而是用第三人称"他"。

② 横跨奥德河两岸的小城，1945年以前隶属德国勃兰登堡，战后划归波兰。面积46平方公里，人口1.7万人左右。

葛主义[1]的精神，王储对加之于己的监狱环境泰然处之。由于看管人员的同情心，他被允许书写信件，所以我们今天还可以看到他当时潦草的笔迹："我将被毁谤中伤。"他又补充道："想成为异见论者是如此轻易，只需不在每一件事上都与主子的心意一致。" 腓特烈——并非全无理由地——寄希望于国外的干涉，特别是来自神圣罗马帝国皇帝的过问。在当时欧洲的开明专制主义诸国，一国之君要处决自己的王储，是不可想象的事。

这次又是国王，将王储的斯多葛精神理解为抗争，并继续将王储推向万劫不复的深渊。1730 年 11 月 6 日，卡特被处以死刑。腓特烈·威廉明确指示，斩首的一幕要在王储囚室之前上演。由于屈斯特林要塞内部空间狭窄，执行人员选择离腓特烈囚室 50 米远的一扇窗下作为行刑地点。而腓特烈将要通过这扇窗亲眼看到自己的朋友人头落地。王储所能做的只剩下——用法语——乞求卡特的原谅，而后者则回答道，无须任何抱歉，能为腓特烈牺牲是自己的荣耀—— "Point de pardon, mon prince, je meurs avec mille plaisirs pour vous"。在卡特身首分离的一刻，腓特烈昏厥踣地。

这场艰苦卓绝的父子对决的最终胜利者是父亲。国王在令人惊奇地以平和甚至是温柔的态度对待两个幼子的同时——王子奥古斯都·威廉和海因里希的青年时代都平静得多——在与自己继任者之间的斗争中却是竭尽所能、不择手段。当腓特烈做出了书面保证，发誓从此"以得体的举动回应父亲的意愿"之后，国王结束了对这 18 岁的年轻人的征服行动。

国王迟迟不肯颁下为儿子减刑的诏令。在此期间替王储缓颊的是，身为外事顾问和烟草议会成员的帝国伯爵，腓特烈·海因里希·冯·塞

① 古希腊四大哲学流派之一，创立于公元前 3 世纪前后，创始人芝诺。《沉思录》作者、罗马皇帝马克·奥勒留即该派代表人物之一。该学派的诸如自然法思想、世界主义、个人主义、平等观念都对西方政治思想文化产生了极为重要的影响。

肯多夫。他实际上是维也纳方面高薪雇用的代理人，曾数次成功地使盛怒中的腓特烈·威廉重归平静，国王对其可谓言听计从。他规劝国王，即便是由于不希望军队中人同这犯人打招呼的原因而继续扣留王储的军装，也应先归还从王储那里褫夺的军官佩剑，最后，王储被从要塞中释放出来，搬进了屈斯特林一处租来的住所，在那里他拥有一个小型的宫廷，由内廷总管、内廷侍卫、侍从官和四名奴仆组成。虽然活动范围被限制在屈斯特林之内，而他实际上也确实没有什么离开这里的必要：本地的缙绅都将能邀请王储共进晚餐或参加社交活动视作无上的荣耀。

他自然也被指派了每日要完成的工作。从早七时至十一时半，然后是十五时至十七时，他都遵照父亲的指令，在屈斯特林的“战争及地区财务处”工作，以便获得处理相关业务的行政管理经验。作为旁听人员，也就是以没有投票权的候补官员的身份，他接受了关于财政及警察制度的课程训练。在礼堂中为他专设的课桌旁，他还学习了谈判及辩论的艺术——可以想见，所有的这些科目都非他所喜，但学习结果却是成绩斐然。

这样一来，他过人的勤奋首先使他的父亲颇感安慰——国王很快也将他的绶带和军衔一并归还。“那么弗里茨也成为一名军人了吗？”国王询问屈斯特林的神父穆勒，正是后者建议国王做出了上述的褒奖，“嗯，这样的话就很好。”国王旋即自行回答道。其次，腓特烈本人也从学习中获益良多。在成了国君之后，他对经济事务的充分了解不止一次地使手下官员目瞪口呆。私下里，他甚至开始对自己并不爱戴的父亲有了钦佩之情，因为现在他才知道，父亲在促进国内经济和精简行政管理方面做出了多么显著的成绩。

如果腓特烈仅仅是驻足在这些领域之内，他将无法从思想上超越他的父亲。欣赏并演奏音乐，阅读非宗教类的书籍，这些行为对腓特烈来说理论上仍然是被禁止的。但他却顺理成章地重新拾起他的笛子，沉浸在他的哲学世界里，并再度开始创作艰涩难懂、充满哲理的诗歌，这有如呼吸和饮食一样，是他生命中不可或缺的部分。晚间，在屈斯特林的贵族圈子中，他甚至会举办音乐会，并且——也许同锤炼他的诗句一样重要——他又开始写信给他最爱的姐姐，威廉明妮。

公主也是国王的惩罚对象——大概是由于她与这最年长的弟弟之间亲密的关系。她很快便下嫁给拜豪伊特总督之子，而这桩婚事以当时的标准看来，无疑与她公主的身份不相匹配。本该成为英王乔治三世（端居王座六十年之久）王后的她，却作为全德最小邦国之一的总督夫人，只占据了一个无足轻重的位置。像弟弟腓特烈一样野心勃勃的公主，将此视为对自己的贬辱。

而对腓特烈的婚事，国王也做出了最终指令：英国的公主不在考量范围之内。这对腓特烈来说却颇无谓。一桩婚姻，对他的地位毫无影响——他作为普鲁士王位继承人的身份毋庸置疑。更何况父亲还给了他从几名由父亲圈定的候选人中选择的权利。

当腓特烈连面对这一无理安排都表现得俯首帖耳时（他只是要求，未来的妻子不能奇蠢无比和不堪入目），父亲也做出了和解的姿态。1731 年 8 月 17 日，在国王生日的时候，也是腓特烈脱身囹圄整整九个月后，国王亲自到屈斯特林去看望了儿子。于是出现了令人心碎的一幕，也许父子双方在这其中都有表演的成分：跪拜，拥抱，伴随着滔滔的泪水，还有一个核心的问题：

> “是你唆使了卡特，还是卡特唆使了你？”国王问道。
>
> 王储知道该如何作答：“是我唆使了卡特。”
>
> 国王：“你们能讲真话，我很欣慰。”

这次和解还带来了深远的影响。王储被任命为屈斯特林地方财务处的正式委员，拥有了职位和表决权。此后他也能同其他公职人员一道外出考察。有九个月之久，他都忙于牛棚猪圈、池沼农田以及耕种稼穑之事。这个迄今为止一贯浮夸的小子，眼里突然有了工作——且能从中感受到快乐。从这个意义上说，不单是他父亲在对抗中对他战而胜之，也有他战胜了自我的意味在。

而曾经的牺牲者则很快被归于忘却。老卡特抱怨道："后来国王写给我如此之多满怀慈悲的书信，并恳请我面对这一现实。但是，我亲爱的兄弟，对于一名父亲来说，怎能接受以这样的方式失去自己的儿子啊。"同样还是在写给兄弟的信中他说："他的死，日夜折磨着我。国王再多的宽慰，也无法将他送回到我身边。"

在屈斯特林的腓特烈则重新振作起来。据与他共事的一名财务处官员描述，他又"快乐得如同燕雀一样"。由于国王因他的"悔过自新"而心情不断变佳，他很快就可以在屈斯特林所在的诺伊马克[①]地区的各处庄园自由出入、尽情游玩。他以异乎寻常的热情经常光顾的一处所在是塔姆泽勒堡，而难以言明的是，究竟是城堡本身对他有着如此强烈的吸引，还是城堡的女主人，以美丽而著称的路易丝·艾蕾欧瑙·冯·乌瑞克使他痴醉沉湎。答案极有可能是后者，因为腓特烈很快就称其为女友和"最爱的表姐"。倘若没有事先对父亲许下的承诺，他一定会迎娶这位24岁的美人的。因为腓特烈在献给她的留别诗作中，以这样的诗句（原文是用法语写就）作为结尾：

将你渴望的最爱藏于心底，
尽管是你的唯一，也永不提起，
为了她，不惜在任何一刻死去。

1732年4月4日，王储结束了在屈斯特林的日子。他先是被任命为瑙恩地区长官，接下来改为执掌诺伊鲁平——当时的名字还是"鲁平"——在那里，已对商贸民生之类事宜有过了解的腓特烈，又重返军队生活。此外，现在的他完全遵照父亲的旨意行事。他甚至接受了父亲的推荐，同时也是塞肯多夫和格鲁穆考的建议，在位于布伦瑞克

① 现波兰城市，位于奥德河以东，1945年以前隶属德国勃兰登堡。

的萨勒茨达鲁姆宫内，与公主伊丽莎白·克里斯汀娜·冯·布伦瑞克－贝文[①]成亲，尽管这位时年 18 岁的少女看起来要比他幼稚许多。但腓特烈·威廉是否知晓，选择这位皇后外甥女[②]作为儿媳，其实是出自奥地利方面的主意，且塞肯多夫和格鲁穆考由于促成这段姻缘而备受欧根亲王[③]奖赏？仅是格鲁穆考自己便从哈布斯堡得到了 4 万盾[④]。

也是在同一年，1733 年，国王为他那看起来已经完全恭顺的儿子购入了莱茵斯贝格宫，小城堡当时只有一层，依文艺复兴时期的风格建造，他曾多次从鲁平出发，造访此处，并于湖边的自然风光中流连不去。这件因出于腓特烈·威廉这个小气鬼之手而显得过于慷慨的礼物，为父子之间营造出了表面上的和平气氛。他们彼此关注，但并不需要一方向另一方展示强烈的好感。国王直到生命终结，仍对王储抱怨不已，而腓特烈则对父亲令他钦佩的种种事迹报以衷心的溢美之词。

在购入莱茵斯贝格宫一年之后，腓特烈·威廉首次陷入病魔之手：全身水肿。他自此一病不起，依照王储的说法，只是“借助医生的艺术”延续着生命。除水肿之外，痛风病也接踵而来。当他于 1740 年 4 月像往年一样从柏林迁往他所喜爱的波茨坦时，不得不日夜忍受病痛的折磨。“祝你好运，柏林，”他说，“我将在波茨坦死去！”那以后他就只能依靠轮椅活动。他整理着待办的事宜，并多次传召宫廷教士欧斯菲勒德，因为他已经看到了自己生命的尽头。他向欧斯菲勒德阐明，他

---

① 布伦瑞克－沃勒夫比特勒公爵费迪南德·阿勒布海希特二世之女（1715—1797）。因腓特烈大帝的有意疏远，王后一生中绝大部分时间都在有名无实的夫妻生活中单独度过。夫妻二人无子嗣。

② 伊丽莎白·克里斯汀娜的姨母是俄国沙皇之妻。

③ 欧根·冯·萨伏伊（1663—1736），神圣罗马帝国陆军元帅。史称“欧根亲王”。身世显贵，其家族与西班牙、奥地利、法国、德国王室均有盘根错节的关系。他本人在“西班牙王位战争”“大土耳其战争”等一系列军事行动中的杰出表现，使他跻身于奥地利哈布斯堡王朝最伟大的将领之列。腓特烈大帝在年轻时亦曾在他身边学习过军事。

④ 欧洲中世纪时流通货币。13 至 16 世纪时材质为金，其后也使用白银作为铸币材料。与同为流通货币的杜卡特相较，金盾材料中也含有铜和银的成分，色呈亮黄；而杜卡特则采用纯金制造，颜色偏红。18 世纪初，4 枚帝国盾可兑换 1 枚金杜卡特。

想身着军装下葬，“但在上界，”那教士向他保证道，“是没有军人的。”国王对此却不愿相信。“什么？”他大叫道，“我的上帝啊，为什么没有？”“因为上界不需要军人。”教士回答道。

1740 年 5 月 31 日，腓特烈·威廉在执政二十七年后与世长辞，享年 52 岁。在临死前，他握着自己的手，命令正渐渐消失的脉搏：“不能停下！”腓特烈在写给朋友、诗人伏尔泰的信中描写道，父亲是“既带着自然科学家的好奇，试图观察死亡来临的一刻，也怀着一名伟人的英雄气概”而死去的。

让我们来看看腓特烈·威廉那饱受他折磨又对他感激不尽的儿子，是怎样为他盖棺定论的：

> 国王所奉行的政策永远与他的正义感不可分割。他所为之付出心力的，不是如何使自己的财富增加，而是如何对其进行妥善的管理；永远为防御目的厉兵秣马，却从未主动为祸欧洲。他厚待他所喜爱的人。会为自己的臣下大兴土木，却不会将哪怕微不足道的花费用于自己的居所。当需要建立某种关系时，他会谋定而后动，恪守承诺，循规蹈矩，并尊重他人的行事准则。他推行严格的军事纪律，将治理军队的理念同样应用于治理国家。从人性角度来说他是如此崇高，他要求臣下简朴寡欲，自己的行为更堪称表率。

还是一个新名词的普鲁士，现在开始有了自己的轮廓。

七律 腓特烈·威廉一世

罢黜文章换鼓旗，平生志业以军遗。
满堂豪客烟云乱，去帐桀儿头角奇。
折箠调羹俱此手，射鹑鬻画亦殊姿。
金台未蓄田横士，终对妙才无所期。

第三章　智勇双全——腓特烈大帝

腓特烈大帝留给后世的形象，是他年老时的样子。但与他年轻时的外貌并不相符。年轻时的国王，既没有佝偻着拄倚拐杖，也没有身着破旧的军服——更不曾头顶三角帽①。人们应把他想象成一个形容俊美、保养整洁的年轻人，尽管只有一米六三的中等身材，却精明干练。

他的脸颊丰满圆润，使他长久以来看上去比实际年龄要年轻许多，并增强了他的“天使面孔”（出自同时代人的描述）的感染力。最吸引人的是，他蓝色的、炯炯有神的双眼，简直有使人迷醉的魔力，但在日后也会透露出危险的讯息，对被注视的对象来说，就不是什么好的兆头了。这样的一双眼睛却很早就变得近视，眼神时见恍惚，正如这

① 出现于17世纪末，是当时流行的宽边大檐帽的一种变形。帽檐三边均向上卷起，其上饰以表明佩戴者身份的徽章、饰带等物。18世纪时成为军官和贵族首选的帽子式样。18世纪晚期，其在军队中的地位被两角帽取代，而作为民间服饰，则一直被保存至19世纪。

年轻人经常在人前表现的那样，似乎他的思绪总不知在何方飘荡。

如果严格来说，他还有一些身体上的缺陷无法掩盖。同父亲一样，他的髋部位置过高，使大腿看起来格外粗壮，尤其是骑在马上的时候。据很多那个时代的记载来看，他在与人交谈时，习惯用一种“谄媚”的声音，尽管事实上显然不可能总是这样。因为许多他的——充满威严的——言谈，相对于谄媚的方式，显得太过严肃有力了。

同代人最常用来形容他的词汇是“学养深厚”。对此他可以当之无愧，他身后所留下的内容广大宏博、令人过目难忘的文字，即是明证。他堪称是普鲁士王座上第一个有知识的人，倨傲的态度中常带着挖苦的意味，思想与表达同样的机敏锋锐，博览群书，根本就是“富于哲思”（这就是认识他的人对他的评价）。

在度过了饱受折辱的囚禁生涯之后，他在父亲面前以俯首帖耳的姿态出现。不得而知的是：他真的是在深自忏悔，还是只是将国王玩弄于股掌间？

他在鲁平地区对麾下步兵团的操练可谓专业、彻底。每年都会来此视察的国王惊讶得目瞪口呆，对此赞不绝口。国王却不知道，他的弗里茨现在又是身负巨债，而这种行为在国王看来，其卑劣程度与盗窃无异。

身在勃兰登堡境内一处与世隔绝的弹丸之地，怎么还能积累下如山的债务？其实这未来的君主喜欢到处欠钱的习惯，是他最早的——也是最持久的——人生经验之一。他的思想要比他的父亲超前。债务对他来说，不算罪恶。

父亲为他在鲁平租了一所朴实无华的民房。他则为自己又额外另租了一栋，和一个位置稍微偏远、坐落在旧城墙边上的花园。白天他在兵营里操练部队，晚上乃至深夜的时光，则消磨在与同龄军官的聚会中。打牌、朗读、歌唱、酗酒，便是聚会的全部内容。聚会之后，诸如格吕本、布登布罗克、克莱斯特、山肯多夫这些人，和其他出身当地贵族的年轻人，在归家的路上无不大声喧哗、酒气熏天。由于所有人都爱上了一个玻璃匠人的女儿，他们会在途中把富户们的窗户掷破，或做出其他一些荒唐的行为。

在这个圈子中还有一个相对成熟的人，一名比其他人年长约 15 岁的军官，同时也是画家兼建筑师。其绘画技艺学自佩恩，建筑知识则甚至是在大学内进修得来。他的名字是格奥格·文策斯劳斯·克诺伯勒斯多夫。受腓特烈委托、在那旧城墙边上的花园内兴建的一座凉亭，便是他早期的重要作品之一。这座巴洛克风格[①]的小型建筑，成了每晚聚会的所在，气氛浪漫。年轻的腓特烈已渐渐摸到了门径，在取悦国王的同时，还可以让自己"快乐得如同燕雀一样"生活。

涉及父亲时，他最多——或者说很聪明地——只是在背后稍稍表达些不同的意见。他让周围的人知晓，一俟登基，他就会把那个强加给自己的女人逐出宫去。直至父亲身故，腓特烈都事事恭顺，如果说有什么例外的话，也只是在婚姻问题上。而最后，他的毕恭毕敬也得到了奖赏，作为礼物的莱茵斯贝格宫就是证明。随着父亲的病痛日益加重，腓特烈越发敢于表达自己的见解。从 1734 年开始，国王逐渐失去了对他的控制。

莱茵斯贝格宫被赠给腓特烈的时候，还是狭小破败的样子。王储按照自己的新口味——巴洛克的风格辅以洛可可[②]式的点缀，以略为奢华的方式将其修缮、改建。克诺伯勒斯多夫为其增建了一座尖塔，安

---

① 欧洲艺术风格之一，起止年代约在 1575—1770 年。前承文艺复兴余响，后继以新古典主义。其发展及嬗变过程可分为早、盛、晚三期，晚期又被某些艺术史学家称作"洛可可"风格。作为专制主义及反宗教改革时期的艺术形式，以其极尽富丽之能事的表现手法而著称。现今存世的巴洛克风格建筑如维也纳的美景宫、巴黎的凡尔赛宫、德莱斯顿的茨温格宫，音乐方面代表人物如意大利的科雷利、德国的巴赫、韩德尔，绘画方面如比利时的鲁斯本、荷兰的伦勃朗、意大利的卡拉瓦乔。

② 18 世纪早期起源于法国的艺术风格，有时亦被视作晚期巴洛克风格。需要指出的是，二者所基于的历史背景并不相同。巴洛克旨在体现专制主义及反宗教改革时期天主教的威权，洛可可则着力于展示宫室贵族生活的优雅精致。具体到作品上，以大量装饰性的柔和线条取代棱角分明、有意避免对称性、以浅色和粉色调取代原色及暗色调，均是这一风格的显著特点。波茨坦的无忧宫，即是此风格的代表作之一。

东尼·佩恩则承揽了天花板上的绘画任务。宫殿的改建工作持续了五年，而腓特烈在距离完工还有三年的时候，就带着自己的臣僚搬了进去。

由于弗里茨仍然对军事指挥艺术表现得兴趣欠奉，腓特烈·威廉国王将他连同一个为数1万人的军团作为“见习生”送进了莱茵河畔菲利普斯堡前的军营之中。当时法国与神圣罗马帝国之间正进行“波兰王位继承战争”，普鲁士站在帝国一方。帝国军队的统帅是苍老的、但在那个年代里最为著名的将领，欧根亲王。腓特烈的任务，就是在亲王拟订作战计划时，潜心学习。

事实证明，这一努力是徒劳的。欧根亲王——他的经典战役成为日后腓特烈大帝所模仿的样板——已然垂垂老矣，且重病缠身。这位奥地利的老元帅之所以可以赢得腓特烈的尊敬，在于其对于阿谀奉承的不假颜色。但在此次战争中，他表现得无精打采，不堪成为师表。反而是王储阁下在面临敌人的枪林弹雨时所显示出的从容冷静，令所有人目瞪口呆。此等气质在他成为老弗里茨后仍不曾稍减，使人感佩不已。

由于父亲病重的原因，腓特烈被召回普鲁士，平生第一次部分地承担起了治国的责任，并在接下来的两年内为着同一场战争，被置于位于另一个方向、但依然使他大放异彩的舞台上。他造访了俄国军队占领下的但泽[①]，法国人所支持的前波兰国王、斯坦尼斯瓦夫·莱什琴斯基[②]，就是在这座城市被赶下王座的。这位流亡普鲁士的波兰统治者

① 现隶属波兰，面积约260平方公里，人口46万。曾为“汉萨同盟”城市之一。因其重要的地理位置——归属波兰，则成为波兰最佳入海口；归属德国，则成为连接东普鲁士与德国本土的交通要道——历史上被波德两国反复争夺：1871年被并入统一的德意志第二帝国；一战结束后，依照《凡尔赛条约》作为自由市，受国际联盟保护，而波兰则得到位于该市以西、通向波罗的海的“波兰走廊”；1939年德军对该市的进攻，标志着第二次世界大战的正式爆发。

② 波兰国王及立陶宛大亲王（1677—1766）。在“大北方战争”和“波兰王位战争”期间曾两度出任。其家族于15世纪时即获神圣罗马帝国伯爵封号。由于瑞典国王查理十二世的支持，在1704年首度成为波兰国王，随即在1709年，因瑞典在大北方战争中的失败而流亡斯德哥尔摩，后辗转至法国；1733年“强力王”奥古斯都身故后，被女婿、法王路易十五重新送上波兰王座，却在俄国、奥地利、萨格森三方联合军事干涉下，被迫退位。

现居于柯尼茨贝格，在那里，腓特烈以堪称典范的手法处理了与其相关的外交事宜，却给后者留下了极为不佳的印象。同样受这位废君诟病的还有这东普鲁士的省份。也许在他的意识中，“这片土地根本不堪回想”。

经过了一系列外出历练之后，能力得以全面提升的腓特烈回到了莱茵斯贝格，重新开始他所喜爱的生活：音乐相伴，处于喧闹的朋友中间，时时思辨。

他自己的朝班也随即组建起来。其组建形式在他那个时代里无疑是创举，因为入选成员几乎完全不以阶级划分。贵族与平头百姓，军人与普通民众，普鲁士人与外族人士，共聚一堂。选拔标准不是出身等级，而是依据在思想、音乐和诗歌方面的造诣。

这其中，王储的密友、恬静谨慎的米歇尔·加布里尔·弗雷德斯多夫，一名来自屈斯特林的单纯的士兵，成了最受信赖的人。而他的实际工作是否超出了“首席侍从”这一表面上的职务范围，令人玩味之余，则已无从考证。另如出身法国政治流亡家庭的查理·埃廷·柔当，也并非贵族，但作为图书馆管理员，同样在这文艺盛行的宫廷内占据了重要的位置，并赢得了“移动的词典”的美誉。除了不可或缺的笛子大师管茨，作曲家约翰·戈特里布·格劳恩[①]也被延至帐下，任职首席小提琴手；此外，还有小提琴大师弗朗茨·本达[②]，由其开创的音乐世家绵延数世。

“我总是被不幸纠缠，”腓特烈在晚年时写道，“只有在莱茵斯贝格才真正快乐过。”他的妻子，伊丽莎白·克里斯汀娜，很可能也有同样的感受。那时的腓特烈还没有成为人君，也还没有摒弃她。在韵味

① 德国小提琴家、作曲家（1703—1771）。腓特烈大帝宫廷乐师，曾传授巴赫长子小提琴技法。

② 波希米亚小提琴家、作曲家、管弦乐队指挥家（1709—1786）。一生中大部分时间供职于腓特烈大帝的宫廷。其弟格奥格·本达的音乐成就亦同样为世人所知，后者为“情节剧”这一音乐舞台形式所做出的贡献直接影响了莫扎特。

十足的莱茵斯贝格，这对夫妻虽称不上关系亲密，却仍能以和谐的形象示人。对于“他们二人是否曾有过鱼水之欢”这类问题，大多数的传记作家，无论新老，均做否定回答。而这是令人难以置信的。因为就在迁入莱茵斯贝格一个月之后，腓特烈在给朋友的信中写道：“我正像发情的雄鹿一样。九个月后，应该会发生什么……”如果专家们的推断正确的话，王储阁下怎么会写下这样的语句？世俗的观点必然是错误的，年轻的腓特烈肯定是个双性恋者。他还有更为赤裸裸的言论，可以进一步作为明证。他向朋友如此描述自己的妻子：“她的肉体无与伦比，阴部甜美如蜜”，这听起来也不像是一个节欲者的口吻。我本人曾在腓特烈的传世文字中搜寻此引言的出处，结果徒劳无功。而在自己的传记作品《腓特烈国王》中提到了这句话的沃勒夫冈·维瑙，恐怕也是在聪明地“想当然尔”。这种说话的方式倒是很符合王储的风格：在用法语表达时，王储常会因为过于斟酌字句而显得矫饰做作；但他的德语，顶多够得上是马夫水平，兵营和军官俱乐部中常见的粗鲁咒骂，在他这里层出不穷。

维瑙还向我们指出，游乐和消磨时间并非是他在莱茵斯贝格的生活的全部。“在莱茵斯贝格的这些岁月，”他写道，“并不完全被哲学、香槟节、笛子演奏会或戏剧所充斥。王储还会在一个人的时候，安静地学习历史、政治、军事，研究亚历山大、恺撒、蒂雷纳[①]、古斯塔夫·阿道夫[②]……的战役。他在莱茵斯贝格的密友中有一些是军官，与之可以

---

① 法国元帅（1611—1675）。与孔代亲王并称当世名将，在前拿破仑时期乃至拿破仑统治期间都被视作法国军人的代表。在两次“投石党战争”中均举足轻重且有上佳表现。思虑周全、体恤下属，以战术大师的英名流传后世。现葬于巴黎荣军院。

② 瑞典国王（1594—1632）。瑞典历史上标志性人物，凭借其在军事、政治领域的成就，为瑞典确立了直至18世纪初期的北欧霸主地位，死后被追封为“大帝”，是瑞典君主中唯一享有此荣誉之人。在“三十年战争”中，他作为新教一方代表，挥军进入德国本土，十荡十决，使神圣罗马帝国皇帝、天主教势力一方溃不成军，直至起用当时的另一名将、神圣罗马帝国首任“大元帅”华伦斯坦与之相抗（此二人亦一时瑜亮，英雄总是为英雄而生）。他对野战中炮兵的运用、对优势火力的强调，均是在当时最为先进并对后世产生深远影响的军事思想。拿破仑本人对其推崇备至。

就战略问题进行探讨。”

“双重人格的肖像”，是维瑙此书的副标题，上述引言即源于此。认为腓特烈具有双重人格并从这位普鲁士之王的言谈举止中加以求证的，维瑙并不是第一人。为什么不能据此认为腓特烈的天赋秉性中也有情色的一面呢？在其青年时代，双重人格甚至是应运而生的自我保护技能。毫无疑问的是，涉及爱情与友情的时候，对同性的兴趣在他身体中占据着主导地位。连他那些从在莱茵斯贝格时起持续写给伏尔泰的信件，也与情书毫无二致，后者在他眼里，是古往今来首屈一指的伟大诗人。而且在田间野外，他也会用“可爱的柔当”来称呼自己的图书馆管理员。也许腓特烈在莱茵斯贝格感到快乐的原因，是他体内的两个极端在此地都可以自由发展，不需彼此协调克制。

在风流快活的消遣之余，他会将自己关在塔楼内的房间里，尽力学习从前被父亲禁止接触的知识。在宠物猴子“米米”的陪伴下，他可以在那张洛可可风格的书桌前消磨一整天的时光。他博览、精思，且笔耕不辍：诗歌、信件、文章，其中包括他的第一部作品——《对欧洲各国现状的观察》。所有的文字都以法文精心写就，尽管拼写和语法还未臻完美，但他拥有那个时代里几乎无人能出其右的编辑人员为他纠错——伏尔泰。

伏尔泰还完善并修订了他在莱茵斯贝格时期的代表作，这部作品于 1740 年面世并轰动了整个欧洲，享尽赞美、饱受争议，且经常被误读，这就是他的《反马基雅维利》一书。

如同一名哲学家一样，腓特烈日后的活动都不脱离其深思熟虑后所构建的理论框架。他的求知欲，他对于历史与政治的思考，均现于笔端。时至今日，我们对他的行为很少贴上哲学的标签，而更愿意将之视为智慧的体现。

在那个时代里，致力于构建理性政权的王位继承人为数并不多，而他正是其中之一。主导时代的体系已然确立，无人能置身其外。后世学者为这一历史时期的统治形式所冠以的名称是：开明专制。

出身佛罗伦萨的政治家兼历史学家尼可罗·马基雅维利在其于1513年面世的著作《君主论》中建议，上位者无须因顾及大众的将来利益而自缚手脚，对此，腓特烈在《反马基雅维利》中提出了与之相反的、他自己理想中的统治模式。书中言论的顶峰，在于对“马基雅维利主义”、对肆无忌惮的专制统治的全面否定。针对“应扬弃正常的道德规范”之类的观点，他提出：“……要承担起保护民众的责任，当邪恶的力量企图将民众引向堕落时。”

他为那时的君主们详细地列出了一系列美德，这些品行与马基雅维利精神的对立，有如天堂与地狱般界限分明。他的结论如下：“……诱骗思想无害的个体是一种令人鄙薄的行径，尽管这些人的影响不足以左右这个世界的悲喜。而比这更令人鄙薄的，则是把帝王们的思想引往堕落的方向。作为民众的首领、法律的制定者、臣仆们的榜样、神在世间的代言人，是灵魂的力量、内在的价值使他们成为君主的，这要比他们所居的高位和所掌的权力重要得多。”

以彼时王储阁下的愤世嫉俗，在某段时期内秉持这样的推断并不奇怪，即认为马基雅维利在他的《君主论》中，没有将“君主们在现实中的行为，应该与他们的想法保持一致”这一观点予以贯彻的意图，而这本来正是王储对这位创作过喜剧的意大利作家最有可能予以肯定的地方。

王储身上时刻体现出的高度道德感，在面对战争事宜时，却令人惊奇地显得态度宽容。他明确地肯定了三种“正义战争”：对腓特烈来说，应被视为君主的头等大事的，是旨在保卫领土的战争；当拖延退让有导致己方陷入被动失利的可能时，可以主动采取战争作为预防手段；甚至还包括——假设确实存在的话——“为抵抗来自非正义的压迫，以武力捍卫民众的自由”。尽管如此：“不使局面进一步恶化及进行交涉都是明智的选择，只要能在交涉中占据主动。”这些言论和思想都可被看作对待战争的谨慎态度，但也——如腓特烈自己承认的那样——等同于赋予了侵略战争合法性。

腓特烈的论证并非全无机心。这使得为数众多的评论家对他痛加抨击，指责他模棱两可、破绽百出。而本身惯于讥讽他人的伏尔泰，则只是修改了腓特烈原稿中的语法错误，对其中的内容未加干涉。

而之所以诸多的历史学家会哗然不满，不能接受恰恰是这名曾对马基雅维利大肆批驳的作者，不久之后就出于愤怒而亲自发动了战争，只能归结为他们对腓特烈人生信条的误解。《反马基雅维利》这本著作，并非是和平宣言，体现的始终还是专制主义思想。

以下的这番言论同样值得思索："可凭之断定一个国家正被幸运和繁盛所眷顾、正在享受富足的最可靠证明，是……艺术和科学的觉醒……能够装点一个帝国的最大荣耀，就是在其庇护下，艺术得以欣欣向荣。"

"上帝对我不够仁慈，才给了我这样的一个儿子啊！"据传腓特烈·威廉一世在临终前向环绕在病床周围的将军们这样喊道。这样的言语也许足够耸人听闻，但仅仅是出于对国家利益的考虑，就不可能真正地在此等场合出现过。这只是一个谎言，也许还别有图谋，但绝非那虔敬的士兵国王所为。

腓特烈只向少数人透露过，父亲过世这样的重大事件给时年 28 岁的他带来了什么样的感受，伏尔泰即是这最早的少数人之一。此前，他们两人的书信往来已有四年之久。"我的命运，"腓特烈写道，"就此改变了，我见证了一个国王生命中最后的时刻，他同死亡的斗争，以及死亡如何将他带走。我多么希望登基前并没有接受这样的课程，来教导我在面对人世的浮华时该如何保持清醒。"

腓特烈·威廉一世病故于波茨坦。人们坚信，腓特烈二世将重新定居于柏林。老国王的过世看起来并没有使举国陷入悲痛之中。在父子争斗中完全站在王储一边的民众，此时已做好了为新国王欢呼的准备。特别是柏林人，长期以来因为国家的首府被移至本是卫戍部队驻地的波茨坦而颇多腹诽。人们也希望，能够重拾几分欢乐的气氛，如同首任国王腓特烈一世在位时那样。

但事实与人们所料相去甚远。年轻的国王几乎是蹑手蹑脚潜回柏林的，而且根本没有进入当时真正的柏林地界，尽管民众已在王宫前的广场和公园聚集着，与等候在宫中的各部大臣和将军们一样，对他翘首以待。1740 年 6 月 1 日，在父亲去世的第二天，腓特烈的坐骑行进在了从波茨坦去往夏洛特堡的方向。他的目的地并非柏林，他——如同霍亨索伦家族的大多数人一样——从未喜爱过这座城市，并在日后也不会对其产生感情。出于本能地，他选择入住从前的里岑堡开始他的统治，那座宫殿曾是他的祖母同莱布尼茨畅谈的所在，在她身故后以她的名字命名为夏洛特堡。

普鲁士国王们的这一倾向可以追溯到当年的某任勃兰登堡选帝侯，腓特烈二世[①]，如同可以从他的绰号“铁牙”所感受到的一样，此公绝非好相与之辈。他在位期间发生了数次名为“柏林人的不满”的骚乱事件。柏林人的情绪高昂暴躁，反抗旷日持久。而具有与此类似脾性的选帝侯大人则决定杀一儆百。他下令将深以柏林作为汉萨[②]自由市的历史为傲的罗兰德溺死在施普雷河里，并将这座城市定为自己的首府。纯粹从个人角度出发的话，他更愿意留在勃兰登堡，迁居柏林的原因绝非是出于喜爱，而只是为了能更好地进行统治。新落成的官邸，被他称为“堡垒”。腓特烈·铁牙以这种方式平抑了首都民众的不驯从，但“柏林人的不满”并未就此被彻底根除。

在夏洛特堡则浮动着另一种友好的、非马基雅维利式的精神，这是一处由人性和哲学所主宰的所在——如同莱茵斯贝格一样。

---

① 勃兰登堡总督、选帝侯（1413—1471）。曾拒绝了登上波兰和波希米亚王位的机会，以集中精力于领地内部建设。在位期间强力镇压了柏林人的反抗活动，极大增强了勃兰登堡势力对柏林的控制。

② 存在于 12 世纪中叶至 17 世纪中叶的德国商人联盟，目的在于保护和代表联盟商人的经济利益，特别是其在海外部分，拥有自己的武装。14 世纪时发展至巅峰，加盟城市多达 300 个左右，吕贝克、汉堡、不莱梅、科隆均为其标志性城市。西至伦敦，东至诺夫歌罗德，波兰、丹麦、荷兰、瑞典、挪威等国都在其势力影响范围之内，其实力甚至足以左右一国的王位归属。在其后的两个多世纪中，由于各方势力对利益的争夺和联盟内部城市合作的松散，在接踵而至的战争打击下，逐步消亡。

年轻的国王出人意料地出现时，并没有身着军装，而是打扮得如同一个讲究时髦的法国人一样。高及膝盖的翻口皮靴，蓝银双色的华丽外套，再加上被粉敷成白色的假发，使他看起来与凡尔赛宫更为匹配——童话里的国王。但这只是个令人误会的假象。他虽然在外表举止方面要比父亲和气许多，实则目标明确，工作勤勉。

他坐在书桌旁，口授了他要做的讲话的要义，并下达了几条需要立即被执行的指令。随即退回到为他的到来火速整理好的廊室①中继续深思熟虑去了。

本来因为听到那令人生畏的老国王的死讯而颇感轻松的柏林人，此时深觉失望，而迄今为止一直是国家宠儿的军队，也困惑不已。云集在柏林的将军们，其中包括德绍老头，都火速赶往夏洛特堡宫。腓特烈在他们面前所做的讲话构思精妙，从起先彬彬有礼的致意，逐渐转为措辞严厉的训诫。如同他其他的讲话一样，这段发言非常简短，尽管语速很慢，用时也没超过五分钟。他——几近挖苦地——向这些失去了国王和主人的将军表示哀悼，并请求他们帮助“维护那支在诸位的帮助下我父亲所打造的美丽的军队”。随着这请求而至的是他的命令：“因此，请诸位为军队的美丽与精干继续不懈努力。但与此同时请牢记两件事：第一，我更想看到这支军队的优秀，而不是它的美丽；第二，军队的责任是保护国家，而不是将国家引向沉沦。还有，先生们——希望我只讲一遍，再无重提的必要——针对诸位中的某些我知晓姓名的人，有涉及不公、贪婪、狂妄和其他一些不应属于领导者的品行的指控。望诸位好自为之，以让我可以将这些都忘记。”

在第二天，各部大臣也不得不恭聆一番类似的教诲。“诸位，”腓特烈教育道，“在过去曾将国王的利益与国家的利益区别对待。你们将此视为自己的责任，仅是全力以赴地去执行，而并不加以自己的思考。我无意指责诸位，因为我知道，已故的国王有他对此容忍的理由。但

① 指一列功能及装潢水准均相近的房间，彼此相连，仅由门户分隔，总体上形成一个使用单元。源自法国巴洛克风格，适用于日益扩大的宫室建筑。

是我有不同的原则。我相信，国家的利益就是我的利益，而且我也不可能有任何与国家相悖的利益。因此……我只想说一遍：我的利益只在于改善人民的命运和为他们带来幸福。”

腓特烈早已拟定了改革的方针。现在在夏洛特堡，他终于可以将其大张旗鼓地宣布出来。他似乎已急不可耐作为舵手来改变国家前进的方向。

也许为他欢呼的群体，甚或是一些老朋友，对这一新政权本是抱有别样的期望的。莱茵斯贝格圈子中的成员之一，雅各布·比勒费尔德男爵这样写道：“所有的臣民恣情欢乐……也许从没有一次政权的更迭会引起如此广泛的响应。诗人们像蜜蜂一样群集在腓特烈的王座周围。只要国王出现在人们的视野里，欢呼的声音便不绝于耳。”

对新国王的期望非比寻常。几乎没有哪个历史学家不会提到，在那段时期人们是如何憧憬各种理想化的王室生活的。根据汉斯·道灵格的记载：“总的来说，人们期待这受过良好教育的新君，可以让他的宫廷为诗人、学者和芭蕾舞艺术家所充斥”或者（如路德维希·赖纳所言）“将伏尔泰任命为新的王国首相”。

腓特烈的改革，却与这些期望背道而驰。无论是军队还是政治，他都不肯委与他人之手。他向德绍老头明确表示，只有他自己腓特烈，才是军队的最高统帅。并且，伏尔泰不会被任命为首相，腓特烈将亲自掌管国家事务。

犯下最为彻底的认识错误的，大概要算克诺伯勒斯多夫了。在腓特烈·威廉一世死前不久，比勒费尔德男爵曾撞翻了一张堆着零钱的赌桌，并急于将那些硬币重新一一捡回。“不要关注那些芬尼，”身为军官的建筑师说道，“很快会有不尽的杜卡特从天而降了。”显然，他对他的朋友腓特烈不够了解。恰恰相反，腓特烈还斥责过另外一名来自莱茵斯贝格的侍臣，原因是后者建议自己的亲戚应该立刻前往柏林，认为现在正是谋求前程的好机会。新的国君力图阻止此类事情的发生。“所有的胡闹，”腓特烈教育这写信的人，“现在都该结束了。”

不管怎样，克诺伯勒斯多夫仍然是国王的莱茵斯贝格随员中能飞黄腾达的少数人之一。由于腓特烈认为菩提树下大街[①]还不足以衬托出都城的庄严，于是委托这日后的无忧宫的建造者，再于街边兴建一座堪为匹配的歌剧院作为补充。这个计划在提出前，也已是酝酿良久。从一开始，腓特烈就完全自行决定把他的杜卡特用于何处。在这方面，他甚至比他的父亲更为专权。就节俭程度来说，至少是毫不逊色。

自夏洛特堡起，他开始发号施令。其后柏林、波茨坦甚或偶尔莱茵斯贝格，都成为他不断颁布旨意、禁令、规章以及对律法的修订的地方。

他的第一道圣旨就是立即取消审讯过程中对犯人的严刑拷打。这种残忍且无意义的折磨，久为启蒙主义的思想家们所诟病，其中代表人物如哈勒人托马修斯[②]教授。腓特烈则是首位响应此类呼吁的国家首脑。但有些例外情况仍是他所允许的，比如针对叛国、欺君、“造成多人死亡的屠杀”或是“旨在使诸多罪犯彼此协作”的有组织的犯罪时。十五年后，他连在这些方面的特别指令也一并取缔了。军团指挥官们被要求严格禁止军队中的体罚；司法机构则得到他的命令，今后不得再使用迄今惯用的、将人缝进皮袋子里溺死的手段，来处理杀死幼儿的女犯们。整改措施雷厉风行，他似乎在被一种类似白板理论[③]的思维主导着，长期以来所积压和酝酿的，一朝得以宣泄。

他将许多正派可靠的人重新召回，这些人曾在他父亲的时代被流放，其中有他的老师杜昂（“我在急不可耐地等候着您”），有被敬虔派信徒驱逐出哈勒并被腓特烈·威廉取消了职位的哲学家，克里斯蒂

---

① 柏林最具标志性的街道，代表意义可比拟长安街之于北京。其历史可追溯至16世纪。现东至亚历山大广场，西至勃兰登堡门，其间连缀的景观与传说不可胜计。

② 克里斯蒂安·托马修斯，德国法学家、思想家（1655—1728）。致力于刑法研究，为取消中世纪以来对巫女的追捕和审讯中的酷刑做出了极大贡献。

③ 喻指人生来如同不曾被涂写的白板，所有的知识都是从后天学习得来。此种类比最早见于柏拉图、亚里士多德及斯多葛派的著述。中世纪时英国著名哲学家约翰·洛克亦是此理论代表人物。

安·沃勒夫[①]。伏尔泰、莫佩尔蒂[②]和瑞士数学教授欧拉[③]也都收到了他的邀请。腓特烈希望，通过他们，可以使科学在这片国土上重新复活。

他委托他的好朋友柔当创办两份报纸，一份以法文（《柏林日报》），另一份以德文（《柏林消息——关于国家及学术》）。一次，他邀请大臣普德威尔斯共进午餐，后者满心喜悦、毫无疑心。席间，腓特烈向他发表了最具洞察力的言论之一："若想使报刊能够吸引人，就不应对其进行审查。"虽然政治话题不在免审范围之内，但这依然可以被视为言论自由的开端。

腓特烈的行动力和开创的热情似乎永无止境。他设立了"功勋勋章"，颁发对象不独是军人，也包括有所建树的平民。王国内储备的粮食，过去常被官员们用于投机牟利，现在则在他的命令下被立即以低价卖给贫苦的民众。此前一年的冬季曾出现过食物短缺，他不想这种情况在日后重演。能贮存一年半收成的大型仓库也在计划营建中。

"我于凌晨四时起身，"腓特烈这样写给伏尔泰，"喝着来自皮尔蒙

---

① 德国法学家、数学家、莱布尼茨到康德之间最重要的哲学家之一（1679—1754）。被认为是全知全能的人。身为"自然法"的代表人物，也被视作 19 世纪"概念法学"的实际创始人。其用词成了德国后世哲学家的专业用语。他本人对普鲁士王国的立法起到了决定性的作用。

② 皮埃尔·路易·莫侯·德·莫佩尔蒂（1698—1759），法国数学家、天文学家、哲学家。"最小作用量原理"的发明人。与卡西尼的"长球形地球模型"相反，提出"扁球形地球"理论，并亲自测量了经度一度的长度。于 1746 年被腓特烈大帝任命为柏林科学院院长。在这个位置上却饱受攻击。世人普遍认为，不懂德语是他不能见容的原因之一，而他的母亲从小对他过分的溺爱，也造就了他日后难以与人相处的性格。

③ 莱昂哈德·欧拉（1707—1783），被认为是史上最具影响力的数学家之一。一生共有 886 篇学术论文问世。在数学领域为后世留下了"变分法""数学分析"及对"数论"的发展；在流体力学领域创立了"稳定性理论"；在光学领域贡献了"光的波动理论"及旨在避免色差的光学透镜的计算方法。另一重要成就是，将英国人本杰明·罗宾斯的《新炮兵原理》译成德文，阐明了自伽利略以来一直被忽视的、空气阻力对弹道的影响，此作被奉为"弹道学开山之作"。日后又被译回为英文、译成法文，拿破仑·波拿巴在军校时，此作为其必修教材。

特[1]的泉水直到八时，写作到十时，此后至中午是操练军队的时间，再继续写作到下午五时，然后在晚间愉快的聚会中得以放松。”——“每一字词都是按照可公开发布的标准斟酌过的”，维瑙这样评注此信，且极有言中的可能。因为腓特烈在普鲁士的崭露头角，在当时属于世界焦点之一。他的讲话会被翻译，发表在全欧洲的报刊上，并加以阐明直至每一细节。

国王无所不知。在屈斯特林种下的岁月结出了成果。他甚至对工业生产的价值与未来都了然于胸。因此他对企业主高茨考夫斯基许以全力支持，后者曾于莱茵斯贝格时期在金钱方面给予腓特烈不遗余力的援助。

过去曾被父亲搞得一团糟的生活，现在也得以被从头精心安排。妻子被他连同大量财物“礼送”到舍恩豪森[2]。按照柏林古老谚语“富人历来住豪宅”的说法，她居于彼处的宫殿里，过着孤独的生活。在有国事活动时，王后——腓特烈在日后这样称呼他的妻子——会获邀参加，腓特烈也会安排过访的贵客对她探望，但绝不允许她逗留在自己身边，无论是在波茨坦、柏林，还是夏洛特堡。她对此从未抱怨过，名下的财产也半数用于慈善事业。腓特烈也为自己的母亲另行指定了一处居所，因为老太太持之以恒的坏脾气与宫中的各种庆典格格不入。

腓特烈使人钦佩之处，还在于他的正义感。对那些在他当年与父亲的冲突中令他雪上加霜的人，他没有施以报复，而来自军中和莱茵斯贝格的旧友，也没有得到他的特别宠幸。

在将长人大队解散时——作为对已故父亲的最后一项偏好的纠正——他已把普鲁士的风俗习惯彻底转变过来。当连这幕闹剧也最终落幕以后，他开始了在这凌乱散落的国土上的艰辛巡视，旨在“接受

① 德国下萨克森州的温泉城。此处温泉自罗马时代起就广为人知。16世纪时成为上流社会中人疗养保健的胜地。现今面积约62平方公里，人口2.1万人左右。

② 柏林地名。德文为“Schönhausen”，意为“华居”。

各阶层的朝拜”。由什么人来为自己加冕，根本不在腓特烈的考量之内，但现身于子民面前并接受他们对国王的宣誓效忠，则是一项古老且绝对根深蒂固的习俗，他在写给伏尔泰的信中这样解释道。这场旅行先是去往东普鲁士，随即又折向西方，直到克莱沃。他甚至还秘密造访了斯特拉斯堡[①]，去为那里住着的几名曾在普鲁士军队中服役的老兵，也是他的旧识，送上健康长寿的祝福。

年轻君主此次出巡的仪仗颇为简单，随行车辆不过二三而已。在第一辆车里，坐着国王和几个幽默活泼的陪同人员，其中有温文儒雅的威尼斯学者佛朗西斯科·阿尔伽罗蒂伯爵，热情洋溢并娴于辞令的库尔兰[②]贵族迪特里希·冯·凯泽灵克，以及副官冯·哈克尔。随后的车中载着侍从，主要是还有若干厨师，专门用来满足腓特烈对浓香重料的菜肴的喜好。国王对食物的要求，足以令需要为此承担费用的人呼吸停滞。

此次西行还带来了与仰慕已久的伏尔泰见面的机会。在被已故父亲完全忽略的艺术研究领域里，伏尔泰是腓特烈心目中的顶尖人物。年轻的国王本打算前往安特卫普[③]与诗人会面。突发的寒热症，也就是那时人们口中的疟疾——腓特烈有可能是在奥德河沼泽地带感染了此病——却使得他转为恳请伏尔泰来克莱沃一聚。在莫伊兰宫附近，诗人朗诵了自己的作品《穆罕默德》，博得了如雷掌声。但除此之外，这次会晤由于国王的新一轮病情发作，并不尽如人意。尽管如此，伏尔泰还是接受了前往波茨坦的新的邀约，这说明，他对于碰面的兴趣至

---

① 现法国阿尔萨斯区首府，面积 78 平方公里，人口 27 万余人。历史上曾为德法两国交替拥有，也因此成为两国文化的交汇之地。虽非一国之都，该市却是诸多欧洲机构的驻地，如欧洲委员会、欧洲人权法院、欧洲军团及欧洲议会，从这个意义上说，也被誉为“欧洲之都”。

② 古拉脱维亚领土，历史上曾被“宝剑骑士团”“条顿骑士团”占领，成立骑士团国。在骑士团国与“波兰－立陶宛联盟”的对抗中落败后，波兰力量渗入此地。1795 年“第三次瓜分波兰”之后，被并入沙皇俄国。现隶属拉脱维亚共和国。

③ 现比利时北部城市，欧洲第二大港口，世界上最重要的钻石加工及贸易中心之一。面积 204 平方公里，人口 47 万余人。

少不在那位年轻的国王之下。

在柏林，正在扩建中的夏洛特堡宫无法成为居留之所。因此，莱茵斯贝格得以短暂重温昔日的快乐时光。四周时间里，这日渐成为传奇的缪斯殿堂重新欣欣向荣起来，此次热情参与其中的是来自柏林的高贵客人。有腓特烈亲爱的姐姐威廉明妮，此时已身为拜豪伊特总督夫人。有腓特烈的母亲，前来享受儿子所赠予的为期十三天的庆典活动，活动中还包括一场农家婚礼，在显贵们的围观下举办，费用全由国王承担。同样受到邀请的还有从舍恩豪森赶来的"王后"，伊丽莎白·克里斯汀娜。国王则排练了自己最爱的角色，伏尔泰笔下的"尤里乌斯·恺撒"，演技被大加赞美。

田园牧歌般的生活因一个死讯戛然而止。皇帝查理六世[①]，名存实亡的"德意志民族神圣罗马帝国"的名义首脑及奥地利国王[②]，突逝于维也纳避暑行宫内，终年55岁。"这场死亡，"腓特烈这样写给伏尔泰，"断绝了我所有的和平念头。我想，6月份将更多地被火药、士兵、战壕所充斥，而不是演员、芭蕾和戏剧。这样一来，我不得不把一些本来可以完成的交易暂时中止。"

1740年5月31日是腓特烈·威廉一世身故的日子。写给伏尔泰的这封信，注明日期为1740年10月26日。在短短的不足五个月的时间里，腓特烈对这片国土的掌控程度已超过所有的前任，包括他那暴躁的父亲。难道他已经预见到一场战争，并因此才马不停蹄地事先忙碌吗？《反马基雅维利》一书尚未付梓，战争，却已是这王座上的思想家能带给人们的所有了。这样一位学者也要成为部队的统帅吗？

这样匪夷所思的事情，但是却发生了。12月16日，这童话般的

---

① 神圣罗马帝国皇帝、匈牙利与克罗地亚国王、波希米亚国王、奥地利大公（1685—1740）。哈布斯堡王朝最后一名男性成员。曾颁布《1713年国事诏书》，确定哈布斯堡领土不可分性及继承人法。由于其子早夭，故只能由其女玛丽亚·特蕾西亚继位，并由此引发两次"西里西亚战争"。又因神圣罗马帝国皇位不能由女人继承，故玛丽亚·特蕾西亚继承的仅为国王及大公名号。

② 奥地利实为公国，并非王国。此处应易作"奥地利大公"。

国王身先士卒，率军越过奥地利边界，兵锋直指西里西亚[①]，不宣而战。《反马基雅维利》的作者，正在领导一场侵略战争，整个欧洲为此茫然失措。

大臣冯·波德魏勒斯，曾是腓特烈·威廉一世的亲信，被后者称为“有脑子的家伙”。当他于11月1日在莱茵斯贝格接到新国王的来信时，一定是震惊不已。信中写道：“我交给您一个需要解决的问题。当人处于有利条件下时，难道不应对这条件加以利用吗？我与我的军队及其他各方面都已做好了准备……如果抓住这个机会，人们将会赞许我足够敏锐，能够充分发挥我们相对于邻国的优势。”

这意味着：腓特烈在谋划一场先发制人的战争，而引为倚仗的，自然是从父亲那里继承来的精兵良将。

只有少数人对此不甚惊讶，伏尔泰即是其中之一。11月末时，他身怀法国政府的秘密使命，到柏林拜访了腓特烈。他以朋友的姿态出现，但腓特烈还是看出来他别有所图。自己深深仰慕的人却不肯与自己坦诚相对，这让腓特烈大为恼怒，也因此将对方的建议置之不理。而除了伏尔泰，谁还有可能将这位年轻的国王劝归和平的道路呢？

战争登场。也许如同其他所有战争一样，这次也是一场“理智的错误”。人们乐于认为，年轻的国王此刻一定在维护国家利益与谋求个人荣誉的矛盾中挣扎，再次体现着腓特烈人格中的双重性。但所料皆不中。腓特烈——对虚荣的热爱如同许多知识分子一样——所基于的出发点，既是沽名钓誉，也是开疆拓土。将奥地利最为富庶的一省纳入囊中的决定，将同时为他自己和他那支常胜之师冠以月桂花环。

扩充普鲁士支离破碎的版图已然刻不容缓，且属于——可参看《反马基雅维利》——他的头等要务之一。从父亲那里，他继承了一个功

① 位于欧洲中部，属奥德河流域。历史上以资源丰富而著称，这也是腓特烈大帝将其作为最重要军事目标的原因。“德意志第二帝国”时期，为帝国东南疆土。1945年“波茨坦会议”后，其大部分即归到波兰控制下，包括首府布雷斯劳，其余小部分分属德国和捷克。这一划分经《1990年德波边境条约》最后确认。

能齐备的国家，一笔几达 900 万塔勒的财富，和一支纪律严明的军队。为什么他不可以抓住一个对自己有利的机会，并将这一行动——同样表露在他的道德文章里——演变成“与荣耀的约会”呢？

更何况，普鲁士本就拥有占据西里西亚的合法性，虽然程序极为复杂——或者说，理由并不充分。腓特烈的曾祖父大选帝侯曾指出，在几百年前，勃兰登堡统治者与西里西亚的几个侯爵之间曾签有彼此继承协议。如果哪个西里西亚的侯爵后继无人，则其侯爵领地当划归霍亨索伦家族所有，反之亦然。而实际上，维也纳的哈布斯堡王朝利用手中的权力，使这种接管方式从未付诸实现过。

作为他的典型手法，通晓大选帝侯回忆录的腓特烈，让在哈勒的历史学家兼法学家约翰·彼得·冯·路德维希为勃兰登堡与西里西亚间的“兄弟继承关系”做出了一份鉴定。现在轮到腓特烈在笔记中来阐述思想：“维护自己的权利是正确的行为，而趁皇帝逝世、切实拥有权利的机会，更不应被错过。”

查理六世没有留下任何男性后裔。23 岁的女儿，玛丽亚·特蕾西亚，成了奥地利大公国和匈牙利王国的继承人。但她看起来仍未成熟，将不得不对军事入侵保持容忍，而且持此观点的并非只有腓特烈一人。此外，老迈的欧根亲王也已不在人世——在最近的一次与土耳其的战争中，尽管他取得了胜利，但也将相当一部分精锐的奥地利军队永远留在了战场上。

腓特烈以一种令人惊奇的骑士风度与刚刚开始的宫廷生活做了告别。或者那也只是用于迷惑在柏林的外国使者和间谍们的一个骗局？王宫中举办了一场假面舞会，参加者包括王后伊丽莎白·克里斯汀娜。一名舞伴亲吻了她的手并将她揽入怀中，在那黑色的戏服和红色的面具之下，她——难以置信地——辨认出了自己的丈夫。

当国王在午夜时分摘下面具透气时，在场的外国公使们都确信，战争计划和针对奥地利的威胁都已解除了。他们所不知的是，国王将于午夜两点告别舞会，旋即离开柏林，朝位于加利西亚[1]边境上的克罗森[2]前进。

他于两天后在暴风雨中抵达当地。当他正着手准备阅兵时，城里的教堂遭闪电光顾，顶梁上悬挂的大钟被击落下来。“吉兆！”腓特烈大喊道，“上位者要被从高处赶下！哈布斯堡王朝将走向没落！”

上佳的即兴发挥。而他的第一场著名简短演说，则于1740年12月16日发表在毕集的将军和参谋们面前，即在普鲁士军队进入西里西亚不久之后。那是一段精巧的发言，并完全适合他高亮的嗓音。如通常那样，开头和结尾的话语最令人印象深刻。“先生们！”他这样开始，“正身处征战的我，别无盟友，除了你们的勇气；别无臂助，除了上苍的眷顾。”并这样做结束语：“我将赴荣耀之约，在你们的导引下！”

对于战争双方的许多人来说，这是一场死亡之约，纠缠数年。

塞巴斯蒂安·哈夫纳指出，在这种背景下，普鲁士王国在西里西亚和西普鲁士地区的行为，“与法国在阿尔萨斯、瑞士在波美拉尼亚、巴伐利亚在普法尔茨，或其他势力在其他地区所做的或正在做的，并无不同。”抓住奥地利当前的弱点大做文章，在哈夫纳看来固然不甚合乎道义，但是“18世纪时的政治就是这个样子……”，他又提到，身为入侵者的普鲁士，立刻得到了法国、巴伐利亚和萨克森作为盟友，这些势力也无一不是在为自家谋求领土利益。

不过，对于将要被纳入自己治下的民众，腓特烈表现出了相当的理解。最为受益的是农民，无论是军队还是随军的动物，尤其是马匹，都有赖于他们的供养。同样得到善待的还有被召集去修缮车辆和运输工具的手工匠人。国王严令禁止任何强行征用行为。所有从农民和商贩那里拿走的物品，相应钱款都必须立即结清。

---

① 历史上的中欧地名，曾被俄罗斯、波兰、奥地利势力交替入主，领域包括现乌克兰西部和波兰南部。

② 现波兰东南部城市，位于喀尔巴阡山省内。面积约43平方公里，人口4.7万余人。

军队对此遵行不悖——开战时风气之先河。而这军令的成效也同样立竿见影。来自布雷斯劳[①]的指令规定，不得与来犯之敌交易，下西里西亚的农民们却对此置若罔闻。为普鲁士军人们所提供的货物与生活用品，甚至比他们实际需要的还多，因为在腓特烈保护下如此安全的生意，在当时绝不多见。比如皇帝麾下的匈牙利轻骑兵，带给人们的就只有糟糕的经历。

另外，奥地利军队的主力都驻扎在匈牙利。在西里西亚的区区8000名士兵，面对普鲁士的优势兵力，不战而退。腓特烈几乎是以解放者的姿态踏上了这片土地。他的年轻，他的公正，还有他新教教徒的身份（不考虑派别），为他赢得了北部西里西亚人的好感。首府布雷斯劳已宣布中立，军队绕道而行，只有国王及其随从被允许入内。天主教贵族们的接待态度十分冷淡，与之形成对照的，是新教平民们的夹道欢迎。

这场战事的第一阶段与闲庭信步殊无二致。1月底的时候，按照在冬季的惯例，战争进入调整阶段，士兵们驻留在营地内，国王则动身返回柏林去参加狂欢节。但节日却不能为国王带来乐趣，因为实际上，他在期待着惊慌失措的玛丽亚·特蕾西亚做出让步。可是事情的进展并不如他所愿。

当腓特烈于2月底重新回到军队中时，真正的冬天却在延迟后突然开始了：整个西里西亚陷入大雪之中，直至4月。结果，国王仍然——急躁如故地——准备军事行动，并于1741年4月10日，在上西里西亚的莫尔维茨第一次与敌军阵前对峙。彼时大雪纷飞。迎战为数2.2万名普鲁士军人的是1.81万名奥地利士兵，由曾参加过土耳其战争的奈伯格元帅统领。

---

① 现属波兰，坐落在奥德河畔，面积293平方公里，人口63万余人，为波兰第四大城。史上为西里西亚首府，直至1945年都隶属德国，很长一段时间里都位居仅次于柏林和汉堡的德国第三大城市。二战中被苏联占领，后交由波兰政府管辖，当地德籍居民被驱逐，代之以被迁至此地的波兰居民。

普鲁士军队分为三个战斗队列，分属三名彼此截然不同的指挥官。其中之一是德绍老头，来自腓特烈·威廉一世的时代，乐于展现与后者同样的行事风格；另一个是略年轻些的冯·什未林元帅，一名彬彬有礼的贵族兼骑士；还有就是成了极坏榜样的国王。由于认定这场最终持续了五个小时的战役注定会失败，他在战事结束前就混在普鲁士骑兵中逃离了战场，完全没有展现出光彩夺目的英雄形象。

雪地中的战斗异常血腥，且极为老套。一切都还像腓特烈·威廉一世时代所操练的那样进行。虽然炮火发挥了比从前更大的作用，也因此给交战双方带来了巨大的伤亡，但富于创造力的战术却未得一见。最后，什未林率领近卫军击鼓而进，奥地利军队在惨遭屠戮后承认失败，并——虽然不无秩序，但仍然是惶急地——全线撤退。

这时，国王已骑着那匹被渲染上传奇色彩的“莫尔维茨白马”疾驰 14 英里，到达了奥珀勒恩城。此城当时仍被奥地利人占据，所以迎接国王的是一阵弹雨，使他不得不躲避到一座磨坊中。这对于一名征服者来说，可谓难堪至极。

尽管如此，整个世界的态度还是由最初的惊讶转变成了为之欢呼。能够在与被视作无敌的奥地利军队的对抗中获胜，使人们对这位普鲁士国王的兴趣更胜从前。腓特烈本人则并不十分高兴。他表现不佳，且为这场胜利付出了损失四分之一军力——以伤亡人数计——的代价。虽然奥地利方面的损失只多不少，但其兵员可从驻扎在匈牙利和摩拉维亚①的部队迅速得到补充。“莫尔维茨，”腓特烈后来阐述道，“给我上了一课。我对我在当地所犯的错误进行了深刻反思，反思成果为我日后所用。”

他很快开始对此战役着手分析，并按照分析结论改造普鲁士军队。现在他作为统帅的身份仍然被作为理论家的形象所掩盖，但早先的临

---

① 历史上指波希米亚以东地区，以流经该地的摩拉瓦河得名。现属捷克东部领土，占全国领土面积三分之一左右，北邻波兰，东接斯洛伐克，南倚奥地利。

阵脱逃，并不妨碍他精准审视所发生的一切。

步兵部队赢得了极高的赞誉。由德绍老头经营的这支队伍完全经受住了考验。与之相反的是骑兵（由他亲自指挥），如他所说："连魔鬼都不屑于将他们带走。"他清楚地知道原因何在：那些被他父亲所深爱的、洗刷得熠熠生光的肥重战马，行动太过迟缓。它们应立即被敏捷轻快、训练有素的马匹所取代。这一任务被委派给轻骑兵首领汉斯·约阿希姆·冯·齐腾，此人时年 41 岁，勇猛鲁莽，在腓特烈手下任职几个月后，即被从巡逻队长擢升为军团指挥官。

普鲁士国王赢得了莫尔维茨战役的胜利。在西里西亚大营里，云集着被各国君主派来的代表与公使。现在，除尼斯城之外的整个上西里西亚地区，都已被他稳稳收入囊中。他一鸣惊人，名字被众口流传。经历个人第一次挫折的同时，也迎来了人生中的第一场辉煌。

在莫尔维茨留下的耻辱，得以在第一次西里西亚战争的第二次战役中洗刷，即 1741 年 5 月发生于波希米亚的查图西茨战役。在这次战役中被击败的是奥地利的新统帅，玛丽亚·特蕾西亚的小叔，查理·冯·洛林公爵。腓特烈在战斗中适时地调动了军队右翼，取得了胜利。

两次战役之间有短暂的停火阶段，在此期间国王回到柏林休整。他看起来对战争颇感厌倦，普军进入摩拉维亚后的境遇是他产生厌倦的原因之一。当地民众并不像上、下西里西亚居民那样欢迎德国人，更遑论对普鲁士人的好感了。农民们拒绝贩卖生活必需品给外国军队，突袭和游击队时常出现。最终的撤军使此次经历成为一个深刻的教训：在战争中，幸运是最不可依赖的因素之一。

国王接受停战协议的原因有二：首先，他对有法国——首次站在普鲁士一边——加入的反奥地利同盟缺乏信任；其次，他想赐给对他只肯以"恶人"相称的玛丽亚·特蕾西亚一段休养的时间。这并非出于骑士风度，而是因为他虽然占有了西里西亚，却没有将哈布斯堡家族置于死地的打算。欧洲各国之间必要的平衡，是诸强共同关心的事情。彼此互相牵制的局面，可以为众多小邦国提供更好、更安全的生存空间，当时的普鲁士还只是这些小邦国其中的一员。

在查图西茨战役中，奥地利将军波兰特伤重被俘，几近垂死边缘。普鲁士国王到野战医院中对他的亲自探望，使将军感激落泪。他建议腓特烈与哈布斯堡家族和解，因为法国人必会背信弃义。为了证明所言属实，他请求写信给玛丽亚·特蕾西亚，这一愿望得到了允许。玛丽亚·特蕾西亚以一封法国书信原件作答，该信出自法国首相、红衣主教弗勒里之手，信中建议，法国、奥地利、萨克森和巴伐利亚应结成同盟，共抗普鲁士，这样，欧洲目前的均势必将被打破。

在这种情况下，腓特烈证明了自己完全具备见机行事的能力。当初大选帝侯就是以飘忽不定的策略骗过了众多猜忌者，使弱小的勃兰登堡在充满嫉妒的世界中生存下来。腓特烈转变了阵线，同英国缔结盟约，且于查图西茨战役四个星期后，开始与奥地利进行第一次和谈。当法国特使因此从布拉格匆忙赶来，并指责国王的欺诈行为时，后者答道："Fallacem fallere, non est fallacia。"译作德文即是："对骗子的欺骗，算不上行诈。"

《布雷斯劳和平协议》签订于 1742 年 6 月 11 日。西里西亚大部和格拉茨伯爵领地，根据在 7 月 28 日于柏林缔结的最终和约，均划归普鲁士。但这份和约没能成为整件事件的终止符。

对西里西亚的贵族来说，这是一个激动人心的时刻。他们几乎全部聚集到布雷斯劳，参加为纪念莫尔维茨胜利的感恩礼拜。《圣经·提摩太前书，2:12》被当场引用。牧师朗诵道："我不许女人讲道，也不许她辖制男人，只要她沉静。"

聚会的气氛如何，没有被记载下来。兴奋、淡然、惶恐，或是愤怒？答案极有可能是第一个选项，因为贵族们对普鲁士采取的是拥护的态度。所引用的《圣经》选段，其讽喻的对象也只会是玛丽亚·特蕾西亚女王和她的丈夫，即后来的皇帝弗朗茨一世。

当已与普鲁士签订停火协议的维也纳宫廷就此正式提出抗议时，腓特烈在报纸上发表声明，宣称这是个令人遗憾的疏忽。本应引用的不是第二章第十二节，而应该是第二章第一、二节。第一节原文如下："我劝你第一要为万人恳求祷告、代求、祝谢。为君王和一切在位的也该如此……"[①] 倘若这样的疏忽真是发生在腓特烈身上的话，那倒是奇闻了。

而作为竞争者，玛丽亚·特蕾西亚的坚韧不拔、决不妥协，令腓特烈的惊异与日俱增。她较腓特烈年轻5岁，与丈夫弗朗茨·史蒂芬·冯·洛林的婚姻生活极为美满。至1756年，她为丈夫诞下了不少于16个子嗣。尽管她那俊俏但很是无足轻重的男人时常不忠，她本人却被视作家族及国民的榜样，代表着虔诚天主教徒的道德操守。她与她的敌人、"恶人"腓特烈之间，毫无共性可言，彼此形象截然相反。

这位奥地利的女君主夺回西里西亚的意愿同样不可动摇，凭借在政治方面的天赋，她迅速成长为强大的对手。即便是普鲁士的狂热拥趸也无法不对她保持尊敬。

1742年11月7日，腓特烈的"世袭领地臣服仪式"在布雷斯劳市政厅的大礼堂内顺利举行。一如不须由别人为自己加冕一样，他也省去了在国之宝剑前诵读誓词的环节，原因是剑被遗忘在柏林没有带来。他只是简单地以自己的佩剑宣誓。与会的社会各阶层代表则需将右手放在《圣经》上，亲吻剑柄的球形末端——从此以后，西里西亚归普鲁士所有。绝大多数的西里西亚人接受这个结果，对长期维持这样的局面也无异议，因为这片土地在国王的直接关注下，富庶程度在普鲁士首屈一指。此外，腓特烈在挑选治理此地的官员时，也是反复权衡。被他任命在各个岗位上的，不是西里西亚本地人，而是波美拉尼亚人和勃兰登堡人，这当然也是个深思熟虑后的决定——从未成为民族国家或者说只是区域性小国的普鲁士，渐渐在摆脱碎花地毯般的形象，发展成为真正的国家组织。这样的一个转变，腓特烈从上位伊始便将其视为国王的责任，并为之竭尽心力。

回到柏林后，他再次投身到他的国家事务中去。不借助任何武力，

---

① 引号中实际包括第一节及第二节前半部分，并非只是第一节内容。

仅以和平的方式，即通过继承权，他仿似不费吹灰之力般又得到了另一处侯国：由于东弗里斯兰[①]的切克塞纳家族后继无人，该地区被划归到他的名下。普鲁士借此拥有了通往北海和新近盟友英国的出口。与欧洲的富翁荷兰人也成了近邻，在清洁、敛财、排水造地及商业方面，荷兰一直是普鲁士所效仿的榜样。

在这段短暂的和平时期内，腓特烈还忙于营建一座完全带有他个人印记的官邸。他将他的构想勾勒出草图，最终的设计及施行工作则由已充分证明过自己能力的克诺伯勒斯多夫来完成。当后者开始着手于无忧宫——宫殿选址在波茨坦，让柏林人颇感忧虑——的兴建时，其委托人却侵入波希米亚境内，发动了第二次西里西亚战争。因为除此之外他看不到有别的可能，可以确保普鲁士一劳永逸地占有西里西亚。

腓特烈再一次为防患于未然而战，巴伐利亚和法国均为其盟友，但后者不久即退出这一联合阵线。这次的交战双方势均力敌。进入西里西亚境内的普鲁士军队有 5.8 万人之众。为数 6 万的奥地利和萨克森联军则在施特利劳准备迎战。他们穿山越岭而来，在离普军不远处安营，夜间从自己的营盘望去，敌人的帐篷和篝火都历历可见。他们却不知道，那个以习惯早起而闻名的人，这次改动了通常的游戏规则。

腓特烈亲自指挥了这场战役，他作为优秀统帅的才能被证实无疑。特别是他懂得因地制宜，利用战场环境来获取优势。后世的拿破仑，在另一个时代里所拟定的最卓有成效的战略，也莫不如是。无法被超越的，是腓特烈的进攻精神——对于防守，他不以为意。“我不要胆怯的军官，”他在战前强调，“把这告诉给全体军官和他们的下级：不够勇敢进取的人，不配有为普鲁士军队效力的荣誉。”

普鲁士人——按照腓特烈的策划——在晚上八点时就从驻地开拔。

---

① 现隶属德国下萨克森州，毗邻北海，除大陆部分外，还包含几个小岛，为德国西北边境。面积 3144 平方公里，人口 46.5 万人，人口密度远在德国平均人口密度（230 人 / 平方公里）之下。切克塞纳家族对此地的统治，始自 1464 年伯爵乌尔里希一世，终于 1744 年。

行军途中严格执行“禁言、禁烟”的纪律。凌晨两点，他们出现在敌人面前，这次的敌方统帅仍是玛丽亚·特蕾西亚的小叔，查理·亚历山大·冯·洛林。首先被击溃的是惊慌失措的萨克森人，四点时，奥地利军队也遭到了攻击。在关键时刻，腓特烈将拜豪伊特龙骑兵遣上战场，锁定了胜局。

这场发生在霍亨弗里德贝格的战役以腓特烈取得压倒性胜利而告终。奥萨联军方面，伤亡及被俘人数为 1.366 万人，普鲁士方面为 4737 人。令腓特烈最为自豪的是，他的骑兵部队“终于成为应该成为的样子”。在日后的作战计划中，这支部队被作为可怕的攻击利器加以运用，具有决定战局的力量。自霍亨弗里德贝格战役之后，腓特烈开始被尊称为“大帝”，享誉国境内外。

查理·亚历山大·冯·洛林公爵则在图谋报复。从嫂子那里，他及时地得到了一个光荣的任务。现在,出身巴伐利亚的神圣罗马帝国皇帝、查理七世[①]又亡故了，令玛丽亚·特蕾西亚高兴的是，弗朗茨·史蒂芬作为皇帝候选人得到了七名选帝侯的认可，在法兰克福登上了帝座。按照她的意思，只有取得一场对那个“恶人”的重大军事胜利，才足以衬托这一成就。但查理·亚历山大·冯·洛林虽堪称勇士,却经验不足。他试图施展如腓特烈在霍亨弗里德贝格一样的手段。1745 年 9 月 30 日，4.2 万多名奥萨联军的士兵在他的带领下，于浓雾中不为人所察地接近了普鲁士驻扎在索尔的大营。

腓特烈的反应极为迅捷。他命令步兵跑步前进，对一处从军事角度来看无法攀登的高地发动猛攻，甚至将骑兵也继而投入，借此打开了通往胜利的出口。对于这支为数仅 2.2 万人的部队来说，减员四分之一无疑是个痛苦的损失。但这场战役也差不多就到此为止了。腓特烈保住了西里西亚。而名义上中立的萨克森，由于派兵助阵奥地利，不

① 出身维特斯巴赫家族，曾任巴伐利亚选帝侯、波希米亚伪王，1742—1745 年期间为神圣罗马帝国皇帝。由于其本身势力单薄，并不足以真正取代哈布斯堡家族，只是当时反对玛丽亚·特蕾西亚的众多诸侯所推举的傀儡而已。

得不根据《德莱斯顿和平协议》(1745)缴付100万塔勒作为战争赔偿。普鲁士付出的代价则微不足道：对弗朗茨·史蒂芬被选举成为神圣罗马帝国皇帝一事大度地予以接受。他的身为女大公兼女王的妻子，玛丽亚·特蕾西亚，从此成为帝国皇后。

这是哈布斯堡家族的胜利，但更是霍亨索伦家族的成功。自第二次西里西亚战争起，在德国出现了可与奥地利比肩的第二个强权势力——普鲁士。

如果说，腓特烈大帝真的从索尔战役后便认为他的军队不可战胜的话，那么日后他在品味这一错觉时将备感苦涩。但现在，他有十年的和平时间，可以安卧在无数属于他的荣誉上。

可是平静度日从来不是他的作风。当他回程时，他的Sanssouci(无忧宫)还在建设之中。宫殿选址，即邻近波茨坦的"荒芜山"，是他某次在博恩施泰特村旁边野餐时发现的。他的两幅设计草图被保存至今。克诺伯勒斯多夫为这单层的建筑增添了洛可可式的、充满韵律的魅力：荒芜的山坡被变作——对勃兰登堡来说非常陌生——葡萄园，宫殿的立面装饰以酒作为主题，满是用山岩和大理石雕刻成的葡萄藤、跳舞的酒神，还有花蔓。王室建筑总管腓特烈·威廉·迪特里希斯忠诚地将国王的所有要求全部予以满足，包括像腓特烈明确希望的那样，给这座单层的宫殿只安装落地窗门。这样，人们可以推开窗就走进花园，也就是说，可以透过所有的门，观赏位于这建筑物脚下的美丽花园。

相对于装饰设计的复杂性、艺术加工时必须的小心翼翼以及施工地点所处的位置来说，工程进展可谓十分迅速。到1748年，装潢考究的内部房间和出于克诺伯勒斯多夫之手的椭圆形大理石礼堂已全部完成。只有那美丽且富于变化的花园，直至腓特烈去世，仍未竣工。如果没有这为期十年的和平，无忧宫将不会成为德国洛可可风格的精美样本。

在此十年里，这位君王的声誉也与日俱增。与军事成就相比，腓特烈在民用方面所做的贡献常常被人忽视。但对国家来说，这些贡献即便不比那些他所领导的或被他自己解释为无可避免的战争更为重要的话，意义至少也不在其下。

他作为启蒙运动者的立场没有改变过，虽然常抱持怀疑的态度。祖母最亲近的谈话伙伴所信仰的"现存世界即所有可能世界中之最佳"的观点，无法引起他的共鸣。他更赞同被他高度评价的伏尔泰的观点，后者在其《赣第德》一书中，论证了戈特弗里德·威廉·莱布尼茨这一理论的荒谬性。也正因如此，他认为改良势在必行，至少要进行尝试。有些人会指责，他所有的行事都是以念念不忘的留名后世为目的。也许他真的有着眼于未来的虚荣，可为国家和国民——也即他的臣仆——带来的，却是切实的利益。"一个被领导良好的政府，"他的——被译成德语的——原文，"必须拥有如同哲学理论一样完备的体系。所有的措施都要被考虑周全，财经、政治还有军事均应指向一个共同的目标，即增强国力、扩大影响。"

普鲁士的启蒙运动并非源于任何纯粹的理想主义，而是建立在实际情况的基础上。所有改革措施都有一个实用性的目标：改革要尽可能地为大多数人赢取利益。国家利益不应以牺牲个人幸福为代价。国家利益必须是为个人谋求幸福。在18世纪，这是一名君主为使自己深受国民拥戴能采取的最为宽容的姿态。

腓特烈承担了很大一部分内政工作，这与他对工作人员的挑拣不无关系。他从军官和哲学家中寻找人选，用怀疑的眼光观察他们的一举一动，一旦发现过失，便操着最粗鲁的士兵德语对其严厉指责。

一个颇具代表性的人物是萨穆埃尔·冯·考克策义，海德堡人，在腓特烈父亲的时代就已成为普鲁士司法机构的主管。腓特烈委托他为现已并入普鲁士的西里西亚重新规划法律事宜。他立即动身前往该地，在令人惊奇的极短时间内，就完成了通常是旷日持久、耗时数十年的所有程序。

在普鲁士的其他地方考克策义也保持同样的作风，为此，国王拍着他的肩膀以示嘉许。接下来的时间里，他撰写了《腓特烈法典》，作为在全国范围内通用的诉讼条例。腓特烈则擢升他为首相，并授予他黑鹰勋章。

国王在各个领域都寻找这样的人员：不仅不需要被耳提面命，反而还会催促、提醒国王。通过多次巡视全国的过程，他得以发现此类聪明可用的人才，并像父亲一样，将他们的名字牢牢记住。

还与父亲相同的是，他特别关注奥德河沼泽地带，那些已经开垦过的休耕地，可为数以千计的移民提供栖息之所。通过开凿运河，他使奥德河道趋于平直，至少在一定程度上对几乎每年都会泛滥的洪水予以限制。在荷兰人的帮助下，他开辟了阿克兰德和弗伊维登两块土地，可供 2000 户之居，并在当地广建屋舍——以和平方式获得土地的范例。

与先人如大选帝侯、腓特烈·威廉一世一样，他对养蚕事业有特殊的偏好。在兴建丝绒工厂和与之相关的桑树种植方面，投入了大量的精力。但即使是他，也没能让这项产业在普鲁士兴旺发达起来。

以上这些，只是他日常工作的一部分，由于经常为之在各地奔走的缘故，使他在国内乃至国境之外都颇受拥戴。在这一点上，也许他身上那个分裂的“自我”起到了帮助作用：腓特烈善于与人交际，无论对方是渊博之辈，还是平凡之人。他不仅掌握与不同的人打交道时所需的词汇，而且还懂得以一种罕见的、既尊敬有加又熟不拘礼的态度与对方接触。

流传下来的佳话，可以解释他令人肃然起敬及衷心爱戴的原因。某次在柏林乘马穿行的时候，国王看到了一幅意在讽刺自己的刻薄漫画。由于该画是以骑士们为假想观众，所以对于聚集在街边的人群来说，它被悬挂得太高了。腓特烈对此是如何反应的呢？他命令道：“把它挂低些！”这一描写当年曾出现在每一本教科书中，即便是在今天，也仍然有被收录的价值。那些聚在街边的好奇的人，本对眼前发生之事茫然无知，现在则将那幅画从灯柱上取下，在一片欢呼声中，把它撕得粉碎。值得注意的是，在这件事中，警察并未出面裁决，而是民意发挥了主宰作用——只有腓特烈才能创造的完美事迹。

他在所经之处留下的不仅是传说逸闻，还有给仍然俸禄微薄的官员们的大量工作，因为国王的兴趣几乎无所不在，且会亲临现场：驯养马匹，储存粮食，兴建港口和村庄（至 1746 年，由国家出资新建的村庄总数达到了 122 个）。通过向高茨考夫斯基咨询，他学得了如何用抵押债券进行贸易，此举为普鲁士带来了正当的利率收入。包括在沙地上种植云杉也是他所过问的内容，他还亲自打理出口和进口的事务（通常以颁发禁令的形式）。他意图进行全面的土地重划工作，并彻底解放农民，但在贵族阶层的反对下未能实现——所有这一切，也只是当时绝大多数的君主交付给自己手下人去完成的工作的一小部分。

他的健康状况则毫不乐观。年纪轻轻，就不得不为疗养的缘故去往皮尔蒙特温泉。34 岁的时候，第一次承受了年龄带来的痛苦：痛风。35 岁生日后不久，被一次轻微的中风所袭，右手和右脚均陷入麻痹。除此之外，痔疮和肾衰也困扰着他。对于病痛，只要在他尚可忍受的范围内，他便大多采取漠然视之的态度。那个曾经朝气蓬勃的少年，受累于“国家第一公仆”的种种义务，急速衰老了。由于性格使然，自视为自由思想者的他，无可避免地也投身到宗教事务中去，参与各宗教团体彼此间激烈的争端。他以极大的热情从事此类工作。如在一条他的著名格言中表述的那样，在他治下的这片土地上生活的每个人，都有权“按照自己的方式得到救赎”。

必须执行宽容政策的原因还在于，随着西里西亚被并入普鲁士，信仰天主教的人口比例也大幅增加。腓特烈禁止两大教义间的任何争执，同样不允许路德派和加尔文派信徒彼此发生冲突。只有耶稣会，是他眼中具备政治影响力的威胁。他乐于同诸多主教们探讨宗教方面的问题，在与对他来说格外重要的西里西亚红衣主教菲力浦·路德维希·冯·文策斯多夫交流时，甚至双方都可以坦白直接、不加掩饰。在一封写给主教的信中他这样开头：“圣灵与我共同做出决定……”主教则这样回答国王：“我竟从来不知，圣灵与陛下如此融洽无间……”

1747 年 6 月，一座属于罗马天主教的——由国王下令建造的——

大教堂在柏林破土动工，此举使普鲁士境内不断增长的天主教人口得以对国王在宗教问题上的中立立场确信不疑。教堂的建设工作总计耗时二十六年，因为“七年战争”耗尽了教区全部的资产，尽管如此，那未加修饰的建筑仍作为宽松宗教政策的标志，成为首都形象的一部分。

无论是缠身的疾病还是过度的操劳，都不能使国王对音乐的热爱稍减。自莱茵斯贝格时起就在身边的菲力浦·埃马努埃尔·巴赫①和管茨，是晚间与他合奏的伙伴。弗朗茨·本达稍后加入这一行列，此外，还有许多久负盛名的音乐家也闻风而至。一次，约翰·塞巴斯蒂安·巴赫甚至亲自过访。巴赫此行的目的是替普鲁士国王鉴定一部新近完成的锤击钢琴，钢琴出自管风琴制作巨匠吉尔伯曼之手。在此之后，巴赫又依据国王在波茨坦王宫所给出的主题创作了一部献给国王的作品，即《音乐的奉献》②。

除音乐之外，富有见地的、“哲学性的”对话，是腓特烈所钟爱的另一项晚间活动。在柏林及稍后的波茨坦，会在一定的圈子内定期举办聚会，有别于昔日在莱茵斯贝格时的寻欢作乐、青春狂野，现在的与会众人都是成熟男子，热衷于精神上的交流和思想上的碰撞。这其中有法国学者皮埃尔·路易·莫佚·德·莫佩尔蒂，他在反复犹豫之后终于决定来到柏林，并将在腓特烈·威廉一世和令人同情的古恩德灵的领导下饱受摧残的科学协会重新带上运行轨道。

腓特烈频繁地举办晚宴，虽然不是像父亲举办烟草会议那样风雨无阻。参加者基本来自一个固定的圈子，但偶尔也会有王室的客人获邀加入。被邀请至晚宴的人无一例外均为男性，因为在这个基本上由哲学家和科学家组成的男士圈子中，由于国王的推动，谈话内容由始

① 德国音乐家、作曲家（1714—1788）。巴赫次子，也是诸子中最为著名的一个，是音乐史上从巴洛克风格到古典主义过渡时期最重要的代表人物之一。

② 作品号 BWV 1079，与另一部作品《赋格的艺术》（BWV 1080）同为巴洛克时期用对位法技巧创作的最为著名的乐曲。

至终地有伤风化。很难想象，迷人而健谈的意大利作家阿尔伽罗蒂、法国医生兼哲学家拉美特里、著名数学家达朗贝尔[①]以及科学院文学部的主管达容，相互间是怎样以下流笑话作为谈资的。腓特烈的晚宴因此而声名狼藉。较于父亲的烟草会议，粗鲁程度极可能犹有过之。

长年坐在莫佩尔蒂身侧的，是这个宫内小集团中最为著名之人，伏尔泰。他们两人互不欣赏，对彼此的存在均采取视而不见的态度。达朗贝尔则早已拿定主意，决不移居柏林，虽然腓特烈已选定他作为莫佩尔蒂的继任者，日后可以荣登科学院院长的宝座。他还是更愿意待在巴黎，通过信件往来与普鲁士国王保持亲密的关系。

这是因为，腓特烈不是一个易于相处之人。晚宴会成为他对出席者尽情挖苦攻击的场合。他可以将其发展成公开的侮辱。人们也许会对他表示赞许，因为通常其他人在当事人背后所做的手脚，都被他放在光天化日之下进行，但像在莱茵斯贝格时那样可人的东道主，在腓特烈年纪渐长之后，已经见不到了。

也许他的感觉是正确无误的，即一直以来，他都被许多朋友或名义上的仰慕者所利用着。怀疑对象中包括伏尔泰。思想上的伟大和文笔所创造的声名是一回事，与其本人的长期交往则是另外一回事。腓特烈可能仍一如既往地折服于伏尔泰的戏剧作品，对其为人，却很快就不无微词。

还是在他初登王位不久、伏尔泰第一次前来拜访的时候，腓特烈便在写给柔当的信中抱怨道："伏尔泰住在这里的六天，每天都花掉我550塔勒。我真是在花大价钱寻开心。"伏尔泰曾两次到访无忧宫，但直到1750年，相交多年的女友去世之后，他才接受腓特烈的建议，彻底迁居至波茨坦。他在那里逗留了三年之久，并为自己的到场索取了

---

① 让·巴布蒂斯特·勒朗·达朗贝尔（1717—1783），18世纪最为重要的数学家和物理学家之一，启蒙运动时期著名的哲学家。协助狄德罗共同编撰《百科全书》。他是一名将军的私生子，其母在他降世后将他遗弃于巴黎的圣让勒朗教堂，他的名字也由此而来。

丰厚报酬：5000塔勒的收入，免费住宿，免费宴饮（膳食），且有光车骏马作为代步。

他当然也有所贡献。每当有客造访波茨坦并蒙受款待时，酒宴歌席都会因这位渊博的学者兼著名的诗人而平添魅力。他还负责润色腓特烈无一例外地用法语写就的篇章、杂文和诗歌，就如当初加工《反马基雅维利》一样。国王的法语讲得可能还不错，但在语法和拼写方面却有问题，对六音部诗行也不甚精通。

天才也有其阴暗面。体现在伏尔泰身上，就是贪婪和乐于丑化他人。一些在各个宫廷中都不乏见的阴谋，他也参与其中。他曾同死敌莫佩尔蒂在腓特烈的晚宴上激烈争吵，并通过诉诸文字使战火继续燃烧，柏林科学院的形象也因此大为受损。

这篇名为《阿卡基亚》的作品，被腓特烈下令公开焚毁。在写给莫佩尔蒂的信中，国王描述了自己对于此事的反应："我已告知那作者，要么他从此远离我的宫廷，要么停止这些下流的中伤。"

1753年春，伏尔泰在这桩发生于圣诞节期间的事件之后离开了无忧宫，告别仪式被取消。而未了的余波，则更让伏尔泰陷入尴尬。在法兰克福（美茵河畔），极有可能是受国王指令，作家的行李被彻底搜查，理由是寻找未经许可而被私自带出的宫中之物。接下来，由于胆怯，伏尔泰试图潜逃，却未遂被捕。此事至此告一段落，但尚未成定局。对伏尔泰的作品抱有如弟弟一样仰慕之情的威廉明妮，促使二人达成了和解。五年后，他们又重新开始定期的书信往来。

统治者们很少会有像柔当这样的朋友。国王将督视普鲁士境内所有大学、医院和孤儿院的权力，赋予这位莱茵斯贝格时期的秘书，并令他身兼科学院副院长一职。这是一个心地善良的人，无论是面对战争还是诽谤，都无力抵挡。曾有一次，他前往西里西亚的军营探望腓特烈，却在刚刚听到枪炮声时就开始逃窜——由于敌人而忘记了朋友——一直逃回柏林。

腓特烈现在的秘书是克劳德·埃迁·达瑞，一个富于幽默感的下属，同时也是朋友。腓特烈曾赠诗给他，在诗中表现出了高度的自知之明：

不，不，你并不是轻松自如
一个恼人的职务，是作为这样一位先生的秘书
他梦想被冠以作家的称呼
自认为沐浴着文艺之光
直至夜色苍茫
仍阅读着、书写着，斟酌着诗行

这样的场景很快便不复得见。第三次西里西亚战争，持续七年，对国王和普鲁士来说，意味着生死存亡。

腓特烈喜爱说三道四的特点不只是在波茨坦令人侧目。作为政治家，他光芒四射，作为外交家，却糟糕透顶——或者我们说，缺乏远见。难道他有什么必要，一定要将玛丽亚·特蕾西亚、俄国女沙皇伊丽莎白、蓬巴杜侯爵夫人[①]（法王路易十五的情人）称作“欧洲的三大淫妇”吗？奥地利派驻在巴黎的公使，也即后来的首相，机敏的安东·考尼茨伯爵，几经周旋，得以在和平年代打造了一个针对普鲁士的强大同盟。不能不说，腓特烈有欠审慎的言语也为这一局面的形成创造了条件。

国王的另一个错误，同样成为七年战争的起因之一，则由他的弟弟海因里希公开点明——兄弟二人之间的感情可谓爱恨纠缠，腓特烈

---

① 法国历史上第一个以平民身份成为法王正式情妇的女人（1721—1764）。据传说，她9岁时便被预言了这一命运，并在此后的人生中，有意识地朝这一目标努力。与路易十五之间的肉体关系虽然只保持到1751年，却蒙受国王的宠爱一直到1764年去世。她的聪明之处在于，没有像国王其他的情人那样与王后为敌，反而对王后毕恭毕敬，想尽办法讨王后的欢心。而除了以身体取悦国王之外，她还为国王提供各种消遣方式，比如亲自演唱，唤起国王对戏剧的兴趣。路易十五时期法国的对外政策乃至军事行动都颇受她的影响，正是由于采纳了她的建议，法国在“七年战争”中与奥地利结盟，共抗普鲁士和英国。法军在“罗斯巴赫战役”中惨败给普鲁士后，她由于担心动摇自己的地位而拒绝与普鲁士议和，并留下了广为后世所知的名言：“我死之后，哪管它洪水滔天。”

的莱茵斯贝格宫就是转让给了这个弟弟——“我哥哥总是喜欢搞突袭，这就是他全部的战争艺术。”此话或许有些夸大其实，尽管海因里希自己也能征善战。但事实上，腓特烈的急躁性格确实使他的战略天分失色不少。

至少，他对萨克森的入侵就颇显草率。萨克森名义上保持中立，实际上却是与奥地利站在同一立场。腓特烈的计划显然是势在必行。他的根本目的在于解决战争经费问题。占领了富庶的萨克森，即可以其从背后支持敌人为由，在当地征收高昂的军税。

和平岁月似乎使国王忘记了该如何指挥战争，一些举措甚是思虑不周。在皮尔纳[①]，他率军包围了1.7万名萨克森士兵，阻绝了对方的粮道，在对方投降后，将其强行编入普鲁士军中。而每逢合适的时机——在战争中俯拾皆是——这些被收编者就会打死统领自己的普鲁士军官，逃之夭夭。

考尼茨可以长舒一口气了。为替皇后对付那个“恶人”，他组织了一个令人深感震撼的同盟，法国、俄国、巴伐利亚，甚至瑞典，均名列其中。而腓特烈则出人意料地突然进军布拉格，并占领了这座城市。卡尔·冯·洛林挥军前往，意在收复，于是，两支势均力敌的军队再次面对面了。在战局中找到突破口的，是骑兵将军冯·齐腾和他麾下的轻骑兵部队。齐腾素有“丛林来客”的雅号，因为他总是能出现在最让人意想不到的地方。同样行事的还有什未林伯爵，率领着手下人从一处沼泽跋涉而出。但由他发起的攻击却陷入了僵局，当他高喊着古怪的口号“鲜鸡蛋，好鸡蛋！”试图重新组织冲锋时，五颗霰弹将他击倒在地。尽管如此，进攻仍为普鲁士带来了胜利。陆军元帅凯特在其中也功不可没（苏格兰人——不是作为腓特烈早年密友的凯特兄弟——柏林科学院成员，有修养的谈话伙伴）。与半个欧洲为敌的国王，在布拉格获得了勇气。

---

① 德国萨克森小瑞士－东埃尔茨山脉地区的行政首府，毗邻捷克。风景极为秀美。面积53平方公里，人口不足4万。

胜利带来的轻松和喜悦转瞬即逝。奥地利军队的改建者利奥波德·道恩伯爵，带领着一支后备部队，再度逼近。腓特烈此次试图避免与数量上占据优势的敌人正面作战，但规避未果，便又毅然决然地发起了攻击。科林战役爆发于1757年6月18日，腓特烈再一次祭出了“斜线战阵”①，在此前的战斗中，他一直凭此无往而不胜。道恩却早有防范，着意加强了受到压迫的右翼。除这个因素外，还有部分普军在没有得到命令的情况下，过早地发动了攻击。腓特烈率领着40名骑兵再度亲身上阵，试图为退却中的步兵鼓舞士气——在这种十万火急的局势下，他从一名旗手那里抢过了军旗，命令其冲向敌人。这次他的目标是敌人的炮兵阵地。少校格兰特对他的呼喊后来广为人知：“阁下，您打算自己干掉那个炮兵连吗？”

腓特烈在同一战场上的言语也被众口流传：“小子们，你们难道想长生不老吗？”原话的内容可能与此不尽相同。而据传闻记载，来自步兵队列的回答听起来更有气魄：“不，弗里茨——今天赏8个格罗申②就够了。”

哈夫纳眼中的腓特烈，是能根据战场局势随机应变的战略天才，但这一次，他回天乏术了。392名军官，13375名战士，倒在了战场上，或死或伤。这样的失败通常还导致大量的逃兵，具体数字则无从得知。普鲁士国王天下无敌的光环，轰然破碎，撤军成了唯一的选择。现在

---

① 据传为底比斯统帅埃帕米农达发明，在腓特烈大帝手中发扬光大。具体做法为：将优势兵力集中在战线一侧，从战线一端至另一端，兵力逐步减弱。这种战法，在对付当时普遍的中央兵力优势型战阵时，屡收奇效。战斗中，己方中段和弱翼尽量后缩，吸引并拖住敌方主力；己方强翼则快速突前，打垮敌方侧翼，以图从侧后方卷击敌人，乃至实现对敌军的围歼。这一战法的运用，实际体现的是腓特烈大帝灵活机动的用兵方式，能针对对方弱点布局。真正克敌的，是“运用之妙，存乎一心”的头脑，而不是墨守成规、一成不变的教条。后世的普鲁士军队在面对拿破仑时，仍抱残守缺地使用斜线战阵，毫不知变通，结果屡战屡败，即是明证。

② 在中世纪欧洲，为多种钱币之通用名称。在德国，于13世纪下半叶刚刚问世时，材质为银。1格罗申相当于12芬尼（普鲁士），或10芬尼（萨克森）。1871年实行1马克＝100芬尼后，格罗申退出货币系统。在奥地利则被保留至2001年，1先令＝100格罗申。

的他，四面受敌。奥地利在遭遇了轻微的抵抗后，重新占领了西里西亚。刚刚在年初加入了同盟的沙皇伊丽莎白，命令俄军以优势兵力进逼东普鲁士。由于俄国人曾从普鲁士军官——比如格兰特和凯特——那里接受过军事教育，故了解对手的战斗方式，在格罗斯耶格多夫战役中击败了普军。法国人正取道图林根向普鲁士逼近，他们期待着在稍后缔结和约时，可以分得荷兰南部数省，即今天的比利时。与其同来的是神圣罗马帝国的军队，由于入侵萨克森，普鲁士也成了帝国的敌人。

国王陷入悲痛之中。也是因为他的母亲，家庭成员中除姐姐之外他最爱的人，恰于此时过世，享年 70 岁。她没有机会看到自己的长子是如何对挫败做出反应的——几乎与他父亲如出一辙。弟弟奥古斯都·威廉成为了国王所找到的迁怒对象，饱受蹂躏。这种行事方式在日后的普鲁士竟然演变成了一项糟糕的传统，应该也不是国王所能预料的。但很遗憾，事实如此。

雪上加霜的是，他开始对过去发生的事进行报复。腓特烈·威廉一世曾有意将王位传给自己最宠爱的奥古斯都，而不是倔强难驯的长子。“在我看来，你管理好你的娘们儿就可以了，”腓特烈在给奥古斯都的免职信中写道，“只要我还有一口气在，你就连 10 个人都别想统领。等我死了以后，你可以尽情展示你的愚蠢，后果都算在你自己的账上，但在我有生之年，不会再允许你的无能为国家带来损害。我要跟你说的就这么多。”

难道腓特烈自己就从没犯过错吗？奥古斯都的罪过在于，由于不够机敏灵活，在从布拉格撤退的途中丢失了若干无疑是十分贵重的物资，甚至还有整整一支辎重队。

这深受打击的亲王，从身体到精神尽皆崩溃，一年之后便撒手人寰了。

因为此事，比奥古斯都年轻 4 岁的海因里希再没有原谅过腓特烈。而国王也没有什么手段来对付这个弟弟。与多愁善感的奥古斯都·威廉相比，海因里希要果敢得多。而且，在克服过无数困难后，他在将来还会有相当的理由确信，腓特烈大帝赢得七年战争的功劳，应记在自己的名下。

但这都是很久以后的事了。目前，普鲁士正处于绝境。

在敌军四面合围之下，普鲁士几乎全无机会。除非是将来犯之敌逐个击破。这只有通过奇迹才能完成的事，腓特烈办到了。

出现的并不是奇迹。普鲁士能够以两场辉煌的胜利结束 1757 年，倚仗的是腓特烈坚韧不拔的精神，和他也许是信手拈来但极富想象力的战术策略。11 月 5 日，法国人连同其神圣罗马帝国的盟军一起，在梅泽堡附近的罗斯巴赫被击退。

在德国全境，都流传起挖苦对手的歌谣，尽管彼此分属于各个小邦，人们却尽皆受到——如歌德所言——“弗里茨式”的感染。

> 当强大的腓特烈到来时
> 只是掸了掸裤子上的灰尘
> 整支帝国军队就仓皇逃窜
> 带着匈牙利骑兵，还有法国人

12 月 5 日，腓特烈凭借着此时已声名大噪的斜线战法，在洛伊腾战役中，对仍由卡尔·冯·洛林公爵率领的奥地利军队予以毁灭性的打击。

这两场战役，多年后仍在军事课本中被详尽讲解，在兵营操场上被演练重现。拿破仑称洛伊腾战役为“集运转、调度、决断于一身的杰作”。“运气从一开始就来了，”在罗斯巴赫战役后被询问时，腓特烈这样解释，随即又补充道，“但现在我仍然迫切地需要它。”

这是实情。幸存的、精疲力竭的普军士兵，在战场上齐声吟唱着“一切感谢上帝”，此句赞美之词同样被后世大量引用，于电影场景中格外使人印象深刻。至于此役中普军死亡人数为 1100 人，奥军为 3000 人，另有 7000 名无人照料的伤员留在战场上痛苦呻吟，则是另外一回事了。

在与下一个对手进行下一场战斗之前——即一年后对决俄国人——国王时常同自己的聊天伙伴德卡特交流，后者也承担为国王朗读的工作。德卡特在日记中写道："曹恩多夫大营，1758 年 8 月 25 日。我们在与数量上多出一半的敌人的较量中，取得了胜利。国王三次集合战士，手执旗帜，亲履险地，身处敌围。这是怎样的一场厮杀啊，战场上又是何等的景象！……晚上时，国王派人将我召去：'我还没有描述给您吗？那么可怕的场面……我告诉您：一个领袖可以思虑无遗，但如您所见，并不是所有事的进行都会如人所愿。'"

那是一场耗时一整天、一直持续到日薄西山的会战，可能是腓特烈所指挥的战役中最为血腥和煎熬的一场。部分哥萨克人和巴什基尔人[①]酩酊上阵，他们甚至会杀死己方的军官，但面对敌人时，却血战到底，宁可被屠戮，也绝不后退半步。即使是经验丰富的作战部队也难以抵御这样狂暴的斗士。

但还有一人能保持冷静：统御着三十名骑兵仍按兵不动的塞德里茨。当国王派一名副官带给他"要么进攻，要么掉脑袋"的口信时，他回答道："请您转告国王，战斗结束后，他可以随时取走我的脑袋，但在战斗中，我还要留着它为国王效力。"

同其他此类警句一样，这句话的原文在语言组织上很有可能并不是如此妥帖。可从事实上看，塞德里茨想要表达的意思确实如此。当他果断出击时，所选择的时机——再一次——大出腓特烈意料，而战术上完全正确。麾下骑兵在他的带领下，将在狭小空间里挤作一团的俄国人冲击得溃不成军。一场屠杀就此上演，场面残忍血腥。俄军四散奔逃，全面撤出了已被他们洗掠一空的东普鲁士。

针对第三个敌人的第三场战役实现了既定的目标，但代价巨大。伤亡惨重的并不是只有敌人：普鲁士损失了 355 名军官，12442 名战士，

① 突厥族分支，现主要生活在乌拉尔山脉南部的俄罗斯巴什基尔托斯坦共和国。该族群尚存人口约 180 万，其中 167 万居于俄罗斯。信奉伊斯兰教，大多为逊尼派。

几乎是整支部队的三分之一。俄国方面的数字是 20700 人，其中包括 918 名军官，五名将军被俘。

国王的朗读者海因里希·德卡特，在当夜无法入眠。尽管住处远离战场，他还是能听到垂死之人和伤者的哭喊呻吟。

德卡特出生于瑞士，大学时光在乌特勒支度过，某次在往返于阿姆斯特丹和这所大学城的船上，他结识了一名男子，后者自我介绍为波兰国王的乐队指挥。两人之间接下来的谈话轻松明快，内容所涉，从上帝直到身边的世界。最后，两个男人对彼此都萌生了不可或分之感，而所谓的乐队指挥也吐露了自己的真实身份。他就是普鲁士国王，腓特烈。

这场结识发生于十年和平岁月那段宁静的日子。而眼下处于战争时期，国王于是在洛伊腾战役之后不久，在布雷斯劳的大营里完成了对德卡特的任命。德卡特成了杜昂、卡特、柔当和克诺伯勒斯多夫的继任者，将伴随腓特烈度过整个七年战争时期，并直到 1780 年始终担当国王每日的聊天伙伴。无论是在同年（1758）于豪赫克希，还是在更重要的下一年里于库讷斯多夫，他都随侍在国王左右，满怀对国王的敬佩之情，又时或给国王以安慰。

豪赫克希位于上劳齐茨[1]，离保岑亦不远。为夺取西里西亚并替仍在普鲁士控制下的据点——布雷斯劳和尼斯城——解围，腓特烈再一次将兵锋指向奥地利人。奥军统帅还是科林战役时的指挥官，道恩。这对普军来说是个不坏的消息。由于此公总是过分小心，故一向被冠以“犹豫者”的名号。再加上他必须时刻听命于维也纳宫廷，更会导致军事行动上的迟滞。

而只是将他谑称为“来自科林的胖阁下”的腓特烈，假如没有低估对手，该是多么明智啊。道恩伯爵曾经攻读过军事学，就他在战争

① 劳齐茨地区现今分属德国和波兰，在德国部分包括勃兰登堡南部和萨克森东部。由北向南，划分为下劳齐茨、上劳齐茨和劳齐茨山脉三部分。勃兰登堡州第二大城市科特布斯即位于下劳齐茨，保岑为上劳齐茨行政中心。

中的表现来看，他对腓特烈的战术进行过全面彻底的研究。

当国王为掩饰真正的战略意图——进军西里西亚——而将部队驻扎在劳齐茨时，凯特在豪赫克希村前提醒道，敌人会从这里来袭。按照凯特的说法，假如奥地利人连这个进攻机会都错过的话，他们会被统统绞死。对此腓特烈这样作答："希望他们畏惧我们多过于畏惧绞刑架。"

凌晨，村里教堂的钟声刚刚响过五下，奥地利人突袭了在睡梦中的普军。许多人还来不及拿起刀枪，便被杀死在营帐里。进行抵抗的力量主要集中在一处有围墙的墓地。假如不是齐腾再一次违背军令的话，腓特烈很有可能全军覆没。某种程度上的特立独行，一直是普鲁士精神的一部分。相较于俯首帖耳的盲从，令人肃然起敬的行动更被提倡。与国王的命令相左，齐腾此前没有让战马在夜间卸下马鞍。这样一来，骑兵们现在可以立刻投入反攻，而步兵们也随即在村里的街道上展开战斗。凯特在巷战中阵亡。腓特烈像往常一样，身处纷飞的战火之中，胯下战马死于流弹，王后伊丽莎白·克里斯汀娜的一个兄弟，也被一枚炮弹削去了头颅。是役，为数 4 万的普军损折 9000 人，以 7.5 万之数占据压倒性优势的奥地利军队，则减员 7500 人。

腓特烈的撤军显得颇为萧瑟悲楚，但幸无敌军袭扰。53 岁的道恩是旧式军校培养出来的将官。对他来说，追击已经战败的敌人是一种有失体面的举动，非"绅士所为"。在位于都伯叙茨的军营里，腓特烈展示给德卡特一个鼻烟盒，这是他众多此类物品中的一个，里面已经没有烟草了："国王述说着那场失败了的战役。'但我可以让悲剧就此结束，如果我愿意的话。'在我看来，国王很不乐观。'您不觉得奇怪吗，打了这么多仗，我竟还没被子弹击中过？'"

两天后，德卡特见到了泪水纵横的国王。一封信握在他双手之中。拜豪伊特总督夫人、国王的姐姐，威廉明妮，在豪赫克希战役当天死于肺结核，时年 49 岁。"我看见，他因这一损失而陷入绝望之中，"德卡特记录道，"我们之间只有寥寥数语。'您看到了吧，这就是我所仍要面对的！没有谁比我更可悲了。国王们也并不是幸福的人。’下午我又到他身边。他颓废沮丧，姐姐反反复复地出现在他的意识里。他吃不下半点食物，只是不断地喝酒，焦躁如此。”在把德卡特打发走之前，腓特烈最后的几句话是：“能安慰我的，只有这酒。否则我活不下去。”说话的同时，他用盛着那可置人于死地的液体的瓶子，敲打着前面提到过的鼻烟盒。

真正悲惨的是，接下来的1759年。对于被无情地挤压进入防御状态的腓特烈来讲，从现在开始，战争的目的只在于求生了。俄军从波兹南[①]方向逼近，腓特烈遣去御敌的军团，在卡伊村——距奥德河畔的克罗森不远——被击败。于是危机迫在眉睫：俄军将与奥军会师，而后者如往常一样，由帝国军团随行支援。与百姓们的笑谑挖苦恰恰相反，神圣罗马帝国的军队绝非“逃兵之师”。但这支军队中出现的倒戈之人却是最多的，且大多转投普鲁士一方。这种情况在俄军中就不会发生——双方语言和民族特性方面都差异过大。在那个年代，倒戈的士兵是提供敌情的重要来源之一，而这正是普军在卡伊村战役中所缺乏的，因为俄军先头骑兵部队事先蜂拥而出，在漫长的战线上四散开来，成了监控力量。

两股敌军，来势汹汹，普鲁士还有什么机会可以阻止他们合兵一处吗？在这整个一年中只有11万兵力可供驱使的腓特烈，提兵4.9万人，出师法兰克福（奥德河畔），意在阻止5万俄军和2万奥军在年轻的冯·劳顿元帅统领下同时出现在普军阵前。而最终双方对峙于库讷斯多夫丘陵地带——腓特烈还是来晚了。

这次，腓特烈的斜线战法颇有成效。他打垮了俄军的左翼，并攻占了本已由大量敌方炮兵占据的穆勒山。但对手下将军们劝他见好就收的建议，他全然不理，尽管敌人已显露出撤退的迹象。他想扩大战果，

---

① 波兰西部重镇，大波兰省首府。波兰最古老的城市之一，市内的大教堂的历史可追溯至968年。现城市面积为260平方公里，人口55万有余。

却因此犯下新的错误。当普军继续进攻另一处山地时，劳顿元帅等到了期待已久的机会，他将帐下骑兵遣上战场，突击普军侧翼。其后果是毁灭性的。从早晨开战至今已损失了 2 匹战马的腓特烈，登上一处高地，试图阻止溃逃的士兵，但徒劳无功。

一切迹象都表明，大势已去。由于再无后备部队可用，已没人能阻挡敌军挺进柏林的步伐。1.9 万名普鲁士军人被留在了战场上，另有 1000 人失踪，极有可能是做了逃兵。

伤员名单中有诗人埃瓦尔德·冯·克莱斯特，波美拉尼亚人，已在普鲁士军中服役十九年，充任军官。他在战斗中昏厥了过去，先是遭到哥萨克的洗劫，随后在出身波罗的海－日耳曼家庭的施塔克勒贝格少校的命令下，由俄军送还至法兰克福（奥德河畔）。十二天后，于当地哲学教授尼古莱的居所中，伤重不治。莱辛[①]在自己的作品《明娜·冯·巴恩赫姆》中所塑造的泰勒海姆少校，即是为他而树立的纪念像。

这次连腓特烈也被一颗流弹击中，但子弹却被他身上的鼻烟盒挡住了。这并不是与他最惨重的失败相关联的唯一奇迹：残余的 3 万普军，居然也能同国王一起，从高奏凯歌的敌人眼皮底下潜回勃兰登堡。他们在离柏林 40 公里的地方驻扎下来。国王在此处颁布旨意，立自己的侄子为普鲁士亲王及王位继承人，其父是国王已故的、失宠的弟弟，奥古斯都·威廉。而对普鲁士全军的最高指挥权，则移交给了另一个弟弟，海因里希。

他的这一举措后来被证明是操之过急了。因为劳顿元帅接到玛丽亚·特蕾西亚的指令，进驻西里西亚，俄军同样转头南下，而道恩则领兵前往萨克森，“这是勃兰登堡王朝的奇迹啊。”

---

① 戈特霍尔德·埃弗莱姆·莱辛（1729—1781），德国启蒙运动时期最重要的作家。他的戏剧作品及在文艺理论方面的著述，对后世戏剧艺术和德语文学的发展贡献巨大。其代表作品有《拉奥孔》《汉堡剧评》《反歌策》《理性的基督教》等。

年末的时候，势同水火的两兄弟，腓特烈与海因里希，在萨克森联手，再一次对抗奥地利——以后者的行事风格而言，这同样可被视作勃兰登堡王朝的奇迹。两兄弟的合作尚属首次。他们互不欣赏，就是现在也对彼此持怀疑态度，一如海因里希在读过腓特烈的形势报告后发表的对兄长的评价所言："我对这些消息完全无法相信，它们自相矛盾，含混不清，就如他本人的性格一样，是他把我们拖进了这场残酷的战争……从他一头扎进我的军队的那天起，混乱和不幸就蔓延开来。"

与此相近，腓特烈对形势的判断也毫不乐观。"他注意到，幸运已不在他身边，他的美好时光已然终结。"德卡特在日记中这样写道。但当前的局面却使这兄弟二人不得不通力合作，特别是当国土已开始受到战争摧残的时候。1760 年 10 月，俄军侵入柏林，位于夏洛特堡和下舍恩豪森的宫殿遭到抢劫，柏林居民们还被强行征收了 200 万塔勒作为军税。这笔费用，将由腓特烈在日后补偿给人民。

在此期间，事事不顺。虽然在英国的资金援助下，普鲁士得以于匆忙之中又重建一支部队，但在皮尔纳附近的马克森，芬克将军麾下的 1.5 万名普鲁士军人，连同 70 门火炮、96 面军旗，尽皆向道恩元帅投降，尽管道恩所部也不过 2.5 万人而已。这种事情还从未发生过，同时也表明，普鲁士已被战争折磨得疲惫不堪。"在马克森落入罗网的芬克"并非个案。由福凯将军率领的另一个普鲁士军团，于西里西亚的兰德斯胡特也同样遭受败绩。腓特烈本人不得不在 1760 年 6 月放弃对德莱斯顿的占领，他在当地所有的战果，不过是用火炮击毁了十字教堂上的钟楼。11 月至少还为他带来了在托尔高战役中的惨胜，此前则有齐腾在李格尼茨取得的辉煌战绩。

只是腓特烈已不复当年了。虽然年仅 48 岁，但是在疾病和焦虑的双重侵袭下，他看起来已像是一个垂垂老者。在给他昔日的朗读者达容侯爵的信中，他写道：“我已对生命厌烦透顶。那个永生的犹太人[①]也不会比我更疲劳。所有我在这世上所爱、所珍视的，都离我而去了。在我周围满是不幸的人，终日的哀悔，却使我无法予他们以帮助……我诸事缠身，不堪重负，过着与世隔绝的生活。”

这精疲力竭的统帅几乎放弃了他个性鲜明的斜线战法。在库纳斯多夫战役后变得小心翼翼或者说缺乏自信的他，现在开始使用各战斗单位彼此独立的散兵队形，以便可以将兵力迅速投放到出现危机的地点。尽管取得了在托尔高和李格尼茨的两场胜利，他仍表现得似乎不全在状态，时而会将最高指挥权交给海因里希。

后者则充分利用了这天赐良机。在他的信念里，自记事时起，长兄就一直阻碍着自己前进的道路，他还从没有机会凭本身的才干一展抱负。这样的观点很可能不无道理，而就在现在，在这所谓的最后时刻，他可以尝试着去弥补些什么。

举国上下对于这类大起大落——为胜利而欢呼雀跃，因失败而悲哀痛苦——都已经受够了。这并不是因为战火已经波及普通民众。全民战争的概念在当时还没有出现。但生活用品的价格已经飙升到让一部分百姓无力支付的地步，时不时地有军人征用民宅的情况出现，抢劫事件也数见不鲜，只是取决于敌军入侵何处。可是在一些边远区域，当地居民则完全感受不到战争的气氛。而腓特烈也从未用提高税收的手段来支撑自己的任何一次军事行动。

英国盟友乔治二世的去世，使普鲁士国王在资金问题上前所未有的捉襟见肘。因为腓特烈的仰慕者，英国首相皮特，也于此时卸任了，而继任的布特勋爵则无法理解，如果连欧洲各国之间的平衡都无法借此得到保持的话，为什么还要年复一年地把 67 万英镑奉送给一个别国

① 13 世纪基督教神话中的人物。最早出现时并无来历说明。据传他对在赴难途中的基督大肆嘲笑，因此受到诅咒：他将以不死之身永远在世界上奔波流浪，直至基督重返世间进行最后审判时。1602 年出版的德文书籍为此人安上了一个犹太人的出身，并在欧洲广为流传，从此不断地成为文学、艺术、音乐中的主题。他也是被“反犹太主义”及纳粹宣传机构反复使用的道具。

的君主。

67万英镑相当于400万到500万质量上乘的塔勒，而迄今为止，腓特烈一直将其兑铸成币值不足的1000万塔勒，以波兰国王和班堡亲王的肖像作为钱币图案。通过这样的骗术，普鲁士的国家收入得以增加一倍。

筋疲力尽之感，不仅常常使腓特烈对自己的工作感到厌倦，同样也侵袭了欧洲其他参战各国的领导人。包括玛丽亚·特蕾西亚，在西里西亚问题上看起来也不再是那么毫不妥协了；她那几乎无穷无尽的精力，并没有随战争的旷日持久而略有增益。但腓特烈的一些小心翼翼的议和尝试，仍被她拒之门外。

1762年1月5日，腓特烈的宿敌、俄国女沙皇伊丽莎白逝世。沙皇之位由她的外甥继承，即彼得三世。由于新任沙皇对普鲁士国王崇拜得五体投地，故俄普双方火速签订了和平协定。不仅俄军所占领的东普鲁士被物归原主，而且两国间的结盟也被提上了议事日程。全盘局势就此扭转。风雨飘摇的普鲁士因得到这样一个盟友而骤然重新强大起来，同普鲁士一样已到了山穷水尽地步的奥地利，却失去了最为有力的伙伴。

这是霍亨索伦家族的又一奇迹吗？可以这样认为。但实际上，沙皇彼得的决定，却是与其举国上下的意愿背道而驰的。

同年10月，腓特烈夺回了位于下西里西亚的什未德尼茨。此城曾是一独立公国的首府，所以吸引了整个帝国的注意力。同样是在10月，海因里希亲王在萨克森境内的弗莱贝格，赢得了七年战争中最后一场战役的胜利。这一胜利，不但意味着在与奥地利的对抗中普鲁士成了最终的胜者，还将埃尔茨山脉和图林根也纳入了版图。

海因里希至死都认为，赢得七年战争的功劳应该记在自己名下，并对兄长大光其火，因为在他眼里，后者窃取了本应属于自己的荣誉。他率众避居于莱茵斯贝格，自成一统，与腓特烈领导下的朝班分庭抗礼，宫室之内各个方面都力求比无忧宫更为法国化。在宫殿对面，湖的另一岸，海因里希竖立了一座七年战争纪念碑，所有普鲁士优秀军事领袖均名列其上，却没给腓特烈留有一席之地。这就是矛盾重重的霍亨索伦家族。

1763年2月带来了真正的和平。2月6日，神圣罗马帝国方面以宽宏大量的姿态宣布中立。九天后，在萨克森境内的奥莎茨，普鲁士、奥地利和萨克森三方，于胡伯图斯堡猎宫内签订了和平协议。局势恢复到战前状态。普鲁士继续保有对西里西亚及莱茵河流域的拥有权。

而由此产生的变化则意义重大：普鲁士从此拥有了与其他欧洲诸强平起平坐的地位。如歌德所言："普鲁士的价值、尊严，乃至顽固"都获得了承认。

命运又重新垂青于普鲁士国王。当沙皇彼得三世，这个彼得大帝[①]的精神失常的孙子，被妻子——女沙皇叶卡捷琳娜二世[②]——赶下帝位并死于妻子的男宠奥尔洛夫之手后，普鲁士开始品味领土扩张所带来的享受。因为叶卡捷琳娜对一份协定予以了承认，该协定讨论了对波兰领土的分配问题，即史上所称的第一次瓜分波兰[③]。在同样获得了土

---

① 俄国沙皇（1672—1725），也是俄罗斯帝国第一任皇帝，俄国历史上最为杰出的政治家之一。在位期间实行富国强兵政策，改革军制，拓展贸易，兴办教育。在以瑞典为对手的、耗时二十年的"第二次北方战争"中，通过取得"波尔塔瓦战役"胜利，为俄罗斯确保了通往东海的出海口。而《尼斯塔德条约》（1721）的签订，则使俄罗斯跃居为欧洲北部强国。

② 俄国女沙皇（1729—1796），俄国历史上唯一一位被冠以"大帝"称号的女性统治者。出生于德国波美拉尼亚，为公爵之女。1744年，被俄国伊丽莎白女皇选为王储妃。1762年推翻丈夫彼得三世成为俄罗斯之主后，她实行开明专制，对外开疆拓土，先后三次参与瓜分波兰，得到了100万平方公里的土地和600万居于其上的人口；两次对土耳其作战，夺取黑海沿岸地区；蚕食克里米亚半岛并最终瓦解了克里米亚汗国，将今日的乌克兰南部并入俄罗斯版图。在私生活方面，有名可查的情人即达20余位。其中只有极少数人可以干政。即便是关系结束以后，这些情人也无一被追捕、惩罚或受到任何亏待。他们中的大部分人都得到过女皇丰厚的赏赐，其中的波尼亚托夫斯基甚至被她送上了波兰王位。

③ 普鲁士、奥地利和俄罗斯于1772年对波兰的瓜分。普鲁士的收益意义重大：东普鲁士得以与普鲁士本土相连；占据了波兰西北部的出海口，获得了绝大多数从前属于波兰的海上贸易。奥地利得到了8.3万平方公里的土地和265万人口。俄罗斯虽然得到的领土面积最大，但多未开垦，实际价值不高。

地收益的奥地利的赞成之下，腓特烈于1772年将西普鲁士（不包括但泽和托恩）、艾穆兰德和内策地区都纳入囊中，总计土地面积3.6万平方公里，人口50万。至于被并入的波兰人对德语一知半解甚或一窍不通，对国王来说则无关紧要。他本人的德语水平也殊为一般。

另外可能令他大感兴趣的是，通过得到曾是古普鲁士疆域的省份，日后他可以不必再顶着“在普鲁士的王”这样一个头衔了。腓特烈和他的继任者们，从此成了名正言顺的“普鲁士之王”。在我们今天看来，这也许只是鸡毛蒜皮的小事，在当时的意义却关乎生死存亡。一个国家的创立，也有赖于精神层面上的依据，尽管其合理性有待商榷，但如果完全忽视，前者就会像没有抹上泥灰的砖墙，面临倒塌的危险。

西里西亚战争结束后，腓特烈彻底沦为了“老弗里茨”的形象，就如同人们从画像中所见一样，只是更加不修边幅，制服上满是烟草的碎屑，佝偻着身躯，拄倚在拐杖上。能从多年的纷飞战火中幸存下来，并且是以胜利者的身份，这已经是个奇迹了，在此期间还可以将国事治理得井井有条，就更让人瞠目结舌。尽管战争开销巨大，他的钱袋儿却鼓鼓囊囊，而这并非完全得益于他在铸币过程中以次充好的手法。当一切看起来都已经偏离了正轨时，他却仍然在精打细算。正因如此，他可以重建在战争中被摧毁的村庄和城市，可以创立名为“海上贸易”的国家银行，为出口业务负担费用，可以完成在水道纵横的沼泽地带的农垦工作，所有这一切，都不需仰仗外来资金。恰恰相反：他还可以为别国提供援助，比如帮助因经济管理不善而在对土耳其的作战中缺乏卢布的俄国。

几十年前，即1749年，当国王决定亲自执掌普鲁士经贸部门的时候，所有人都对其抱持怀疑态度。现在的事实却证明，在这一岗位上没有比国王更好的人选。

通晓经济，并不包含在人们对腓特烈大帝的一贯印象之内，就如同许多其他不在其列的特点一样。

随着年龄的增长，国王越发变得性情乖戾。从前在无忧宫的老友们如今星流云散。莫佩尔蒂和其他几人已然过世。视察满目疮痍的西里西亚成了国王战后的首要之务，以便决定如何支配用于重建工作的资金。当他返回柏林时，尽管受到了极为热烈的欢迎，可一种陌生的感觉仍然挥之不去。在给已成为瑞典王后的妹妹、路易丝·乌瑞克的信中，他写道："我所处的这座城市，景物依旧，但那些曾让我肃然起敬或与之交好的人，却再也无从得见。"

他在为科学院寻觅新的院长。因为这一人选必须是一名卓有声望的法国人，所以他邀请达朗贝尔出任此职，后者以博闻多识闻名于世，是他在一次巡视西部诸省之后带回柏林的。但达朗贝尔对于自己的居所——被俄国人洗掠一空的夏洛特堡宫——不甚满意，所以谢绝了这份工作，转而与国王继续保持笔友关系。

当年宴饮圈子中仅存的法国人，达容，在七年战争期间居于普鲁士之外，现在则又被腓特烈接了回来。但两人之间的关系迅速再度恶化，原因是国王总以嘲笑他人为乐，肆无忌惮。他永无休止地挖苦着达容的忧郁症，以致后者无法忍受，伤心远走。由于再没有新的法国人出现，腓特烈身边便几乎只剩下无聊的同胞们，与这些人，他没有什么精神交流可言。在无忧宫的花园中散步时，陪伴他的只有他的爱犬，一条修长的灰猎狗。人与狗形影不离，据说即使是在夜里，也要睡在同一张床上。

他甚至失去了对音乐的兴趣，由于牙齿脱落和逐步恶化的痛风病，他在演奏横笛时倍觉痛苦。他最后一次拿起心爱的乐器，是在 1777 年 1 月他 65 岁生日的时候。风湿和痛风双管齐下，使他不得不整星期地卧于床上，每月只有一次可以坐在摇椅中。他尝试着忽视自己的身体状况，但没有人能够经年累月地坚持下去。尽管如此，他仍在车夫芬德——唯一一个俯首帖耳、从不违背他意愿的人——的陪伴下，勇敢地四方巡视，且每次都携带大量的书籍。

同从前一样，他每天起得很早。秘书们先于各部大臣到达，他通过向其口授的方式，回答臣民们的来信。很多时候他也会亲自捉笔，做出简短有趣乃至充满讽刺意味的训示。某次，当法院为量刑程度征求国王意见时，他如此回复道："犯人对上帝的亵渎，即可作为他不认识上帝的证据；他对我个人的诽谤，我可以予以宽恕；但他对高贵的议员的侮辱，必须受到责罚，因此他应被送往施潘道（的堡垒），拘禁半个小时，以示惩戒。"或者这样回应某一教区解除该区牧师职务的请求，因为该牧师对基督复活一事不以为然："牧师仍居原职。要是他在最后的审判[①]那天不想醒来的话，就让他继续躺着好了。"

在国家财富、军事力量以及个人在欧洲的声誉都不断增长的情况下，老弗里茨将注意力集中于一些被战争拖延了的任务上。他委托首相冯·卡默伯爵——来自莱茵河流域的普法尔茨，曾担任西里西亚司法部长——编撰一套新的诉讼条例，并起草《普鲁士国家通用法典》。长期以来，司法程序的冗长持久及变化无常，一直都被他视若眼中之刺。《普鲁士国家通用法典》作为腓特烈最后的遗志，在他死后八年，得以在普鲁士实行。这既是对死去的国王的致敬，同时也使一桩由国王本人所裁定的错案有了被修正的机会。

一个长久以来被纳入德文课本中的传说，是有关老弗里茨和无忧宫旁一个磨坊主的。据说国王由于被风磨发出的咯吱声扰得不得安宁，故请求磨坊主将其拆除。在被磨坊主拒绝后，国王打算自行完成此项工作。对此，磨坊主回应如下："好的，我的陛下，要是没有柏林最高法院的话！"这一回答，使腓特烈做出了让磨坊继续存在下去的决定。

事实上，这个传说与史实略有出入。故事并不是发生在波茨坦，而是在诺伊马克的波美茨西，牵扯其中的是一个水磨坊。其主人克里斯蒂安·阿诺德，针对一个鲤鱼塘提出了诉讼，该鱼塘由县长冯·盖尔斯多夫所建，直接位于磨坊用水池的上游。在发现诉讼没有起到任何作用之后，阿诺德不肯再缴纳租金，由此导致磨坊被罚没。

被传说中的那个磨坊主所深信不疑的柏林最高法院，在收到了阿

---

① 基督教神话，认为耶稣将会在世界末日复活，审判人类的灵魂。所有死者亡魂都将聚集在他面前，由他评定善恶。

诺德对县长的控诉后，确实展开了调查。但判决结果并非对原告有利，由此腓特烈推断，同样身为贵族的法官们一定是对同僚有所偏袒，于是他开始介入。1779 年 12 月 11 日，他亲自审问了两名最高法院的法官，向他们出示了被自己派去探究此事的陆军上校带回来的结果。两名法官从此入狱达一年之久，受到牵连的首相也被解职。除此之外，法官们还要赔偿阿诺德所蒙受的损失。直到腓特烈去世后，真相表明，原判并没有任何失误，他们的名誉才重新得以恢复。阿诺德原来的赔偿申请中，虚报成分相当之大。

腓特烈在此事中扮演的角色，与被后世所传颂的形象其实大不相同——旗帜鲜明地维护貌似弱小的一方，确实令人颇生好感，但从秉公执法的角度来看，他的正义性又不能不遭人诟病。使自己居于这样一个处境，对这位伟大的国王来说，倒是习以为常了，也正因如此，后世之人在《普鲁士－普勒茨》一书中如此为他定论："大帝腓特烈，是现代史上最受争议但又最令人倾倒的人物之一。"这样的评价可谓完备。

生命的最后几年，他不肯在柏林度过。当一本公开贩卖于柏林各书店中、对他极尽诋毁之能事的小册子被送到他手上时，他已然奄奄一息了。大臣海尔茨贝格建议他厉行查禁，此举却非他所愿。"这种东西，一定要忽视。"他说道。1786 年 8 月 16 日，按照海尔茨贝格的说法："国王失去了他的语言。"

他孤独地死去了。身边只有他的近卫施特吕茨斯基，因为他要想在床上坐起身来，必须由施特吕茨斯基搀扶着才行。夜里一点，报时的钟声响起。"什么时间了？"国王问道，"我要在四点起床！"他留在这世上最后的一句话是：La montagne est passée, nous irons mieux（崇山已被翻越，现在起将是坦途）。两点二十分，一直守护在隔壁房间的御医塞勒，确认了他的死亡。

"直到最后一次呼吸，我都祝愿好运与我的国家同在，"我们从他的遗嘱中读道，"祝愿它永远被公正、明智和力量所庇护！祝愿它由于立法宽厚而成为最幸福的所在……"

七律 腓特烈大帝

丛身毁誉不须分，晚岁关心垄上云。
横绝英雄每无后，去来珠履未知君。
一秦原是六国敌，初试即资千古文。
细犬深宫归暝色，曾经白马少将军。

第四章 漫不经心的国王——腓特烈·威廉二世

新上任的国王体貌雄伟，虎背熊腰，孔武有力，是海格力斯[①]一样的人物，比周围的人要高出一个头去。伯父腓特烈去世那年，42岁的腓特烈·威廉二世登上王位。其父是倒霉的奥古斯都·威廉，于科林战役后失宠。他则在父亲身故后被任命为“普鲁士亲王”，即王位继承人。

继位之前就已经长大成人、被柏林人亲昵地谑称为“胖威廉”的他，绝非不谙世事的白纸一张。他名下的债务有30万塔勒之巨，且在国外的欠款也不低于这个数目。如此之多的钱财，都被他在一些轻薄的女人身上挥霍掉了。都城内的居民，时不时地会看见结伴去逛窑子的军官们，而他，总走在那兴高采烈的队伍的最前端。他完全不符合腓特

① 宙斯在人间的私生子，希腊神话中最伟大的半神英雄。有关他的传说不计其数，最为著名的是他所完成的“十二伟业”。在死后被赋予神格，成为武仙座。

烈大帝的品位，在波茨坦，大帝将这名继任者投放到严酷的军事操练中去，却从没有一次邀请他参加自己的晚宴。

腓特烈对他的评价，如同对自己那可怜的弟弟奥古斯都的评价一样糟糕。在最后一次视察西里西亚后，大帝与来自布雷斯劳的大臣冯·霍尔姆伯爵作别时的对话，在那个年代便曾被广为引用："愿他[1]健康地活下去。他不会再见到我了。我可以告诉他，在我死后会发生什么。朝廷上下的生活将变得轻佻放纵。我的侄子会大肆挥霍，放任军队不加节制。女人们会成为统治者，而国家将走向没落。这个时候，他应该挺身而出，对国王说：'这不可以，财富是属于国家的，不只属于您个人。'要是我侄子为此大发雷霆，他可以说，这是我的命令。也许这样会有用，毕竟我侄子的心肠不坏。他要听取我的话！"

维泽对这段引言还有所补充："霍尔姆恭聆着，但明智地没有立刻接口发表意见。"腓特烈的预言没有完全落空。后来的情况与他所预见的大致一样。但另一方面，臣下们却对此深感满意，特别是柏林人。他们可以长出一口气了，因为腓特烈·威廉立刻取消了所谓的"国家垄断"措施，这一措施是由腓特烈大帝——他的节俭同他的严格一样著名——在1766年实施的，旨在确保进口税。垄断的结果，不仅使烟草、咖啡甚至谷物和面包的价格一路飙升，还使对此类货物严格管制的人，特别是法国人，成了被厌恶的对象。垄断被取消后，诸如侦缉私自焙制走私来的咖啡豆者的"咖啡探子"，也都消失不见了。

腓特烈·威廉二世清晰无误地表明了自己的德国立场。他在宫中不讲法语，而是使用带有明显柏林口音的本国语言，此外，他还是第一个为德国作家颁发退休金的普鲁士国王，获此待遇的是卡尔·威廉·哈姆勒教授（《德意志之歌》的作者），供职于一所位于柏林的军官学校。

柏林人很高兴现在的君主能够为政宽柔，于是也报之以同样的大度。只要收入有保证，面包价格不断下调，没人会对国王拥有众多情

---

[1] 如第二章注中曾释，此处的"他"，即指冯·霍尔姆伯爵。

人一事指手画脚。仅有的一些改革措施还是出自老弗里茨的遗命，比如《普鲁士国家通用法典》的付诸施行。除此之外，新国王对所有人都非常友好，在街上遇到问候时会一一作答，而且不会像已故国王那样，对人以“他”相称。他与人言谈时，一律用“您”，礼貌程度在当时的君主来讲，极为罕见。可以想象，人们一定能察觉得到“胖威廉”的赤诚。他的这种举动并非出自冷静的算计（也许会有这类成分在），而是发自内心的与人为善。

人们所不能立刻察觉到的是，腓特烈大帝留下的高达 5400 万塔勒的国库储备，在 1797 年的时候，已经变成差不多同等数额的国家债务了。而朝政也如被预言的一样，被把持在情妇们和宠臣们的手中。宠臣中的大多数人来自玫瑰十字会①，由于国王的神秘主义倾向，使得如约翰·克里斯多夫·冯·毕绍夫韦尔德这样的共济会②会员，可以站在与启蒙思想对立的立场上，发挥出举足轻重的作用。幸好卡尔·亚伯拉罕·冯·蔡德利茨所进行的全面教育改革仍体现出启蒙运动的成果。1788 年，普鲁士开始实行九年中学教育制度。

在柏林，准备编写腓特烈大帝传记的法国伯爵米哈勃，最为详尽地道出了不为人所知的一切。据传，此人实际上是充当了法国间谍的角色。“这新君，”按米哈勃的说法，“不仅没有振兴国家，反而带领人民走上了下坡路……腓特烈·威廉没有仇恨的对象，也谈不上会喜爱什么。在王室内部完全是一团混乱。统治权掌握在仆人们手里。没有总管，

---

① 中世纪时欧洲的神秘教团。由于行踪极为隐秘，直到 17 世纪初三份出自该教团的宣言——《兄弟会传说》《兄弟会自白》《化学婚礼》——问世，其存在才为世人所知。据传说，三份宣言的发起人均为德国神学家约翰·瓦伦丁·安德里亚，亦有说法称他的作用仅在于帮助宣言的发表。宣言中所大肆宣扬的理论，是一场世界范围内的“全面改革”。

② 英文字面意思为“自由石工”，其起源众说纷纭，如丹·布朗在《达·芬奇密码》一书中即采用该会起源于在耶路撒冷建造所罗门神殿的石工们的说法。近代共济会于 18 世纪兴起于英国，会标由曲尺和圆规组成，象征意义为“自由、平等、友爱”。该组织势力极其庞大，会员达数百万，包括欧洲各国王室成员、政要、美国历届总统，其中很多杰出人物在西方近现代史中占据极为重要的位置。

没有监督，财富尽数付诸东流……到处都使人困惑，时间被白白浪费。仆人们对国王的急躁心怀畏惧，但最先嘲讽国王无能的人，也是他们。没有什么是运行正常的，所有申请都得不到回应，国王本人不会亲手打开任何一封信，根本不存在一种人类的力量，能让他依序读完 40 行的文字。突如其来的一场嬉闹就会使人松懈下来，直至彻底地无所事事。"

他又接着写道："当人们见到国王对诸如戏剧、音乐会之类的偏好和对各位新旧情人的热情始终不减时，不能不感到震撼。令人震撼的是，他可以一连几个小时地观看画作、家具，在商店中流连，演奏大提琴，了解宫女们吵架的情况——却只有几分钟的时间，听取大臣们的汇报……"

这样的叙述听起来颇有夸大之嫌，好像只是一名异国人士充满猜忌的杜撰，但实际情况却与之相去不远。普鲁士外交官豪格维茨和鲁凯西尼也曾做出过极为类似的描绘，尽管措辞上更为谨慎，此类证人中甚至还包括毕绍夫韦尔德将军，腓特烈·威廉最忠诚的追随者之一。

这总是漫不经心、凡事睁一只眼闭一只眼的国王，共有过两段婚姻。第一任妻子是腓特烈大帝所疼爱的外甥女，时年 19 岁的伊丽莎白·克里斯汀娜·乌瑞克·冯·布伦瑞克－沃勒芬比特勒，这段姻缘只持续了四年，便以离婚告终。因为那活泼、美丽又自信的伊丽莎白，对于丈夫永无休止的出轨行为，采取了以牙还牙的报复方式。当她生下了一个孩子，并坦承此子并非是由腓特烈·威廉所出之后，婚姻便告终止，她本人被放逐到屈斯特林，带着一笔微薄的养老金。在那里，她成了家喻户晓的焦点人物，尽管对于她来说，这座城市及其要塞都太过无聊乏味。可是她试图逃往威尼斯的计划并没有成功，因为为她安排此事的骑兵军官——不知出于什么原因——突然失踪不见了。后来，什切青成了她的容身之所，她在那里一直活到 94 岁。

腓特烈大帝对这个性格与自己酷肖的外甥女倾注了极大的感情。而离婚这样的结局自然使他恼怒非常，所以大帝决定亲自为那个准备继位的轻浮家伙敲定妻子人选。这一工作在一个女人的帮助下得以完成，即便是对女性素乏仰慕之情的腓特烈大帝，也将这个女人视为自己寥寥可数的女性朋友之一：她就是性格坚毅的、既富有母性的慈祥又魅力四射的卡罗琳·亨里埃特·冯·黑森－达姆施塔特。歌德在《诗歌与真相》一作中尊称她为“大侯爵夫人”，这一称号后来被广为接受。

大侯爵夫人与那个时代里的许多伟大人物有书信往来，其中包括伏尔泰，但她也并不轻视位居其下的德国诸家，比如格莱姆、维兰德[①]、海尔德[②]或者克劳普施道克。她频繁游走于各个宫廷之间，为她五个待字闺中的女儿谋划婚事。

大侯爵夫人的辛劳没有白费，因为她的魅力和聪慧同样遗传到了女儿们的身上，除了一个名叫弗雷德里克·路易丝的姑娘。这个女孩称不上美丽，但是落落大方。处世极为实际，没有幽默感也不通艺术，简而言之，是一个端严规矩的人。与其说她是被“推荐”成为普鲁士亲王的妻子，还不如说是被“指派”更为恰切，并被寄望可以使那个王位继承人学得更稳健些。

这样的期望根本不会实现。腓特烈·威廉采取了不抗争的态度。至于如何对自己的王后敬而远之这一点，他的亲伯父早就为他做出过榜样。即使是在结婚以后，他仍然继续着无忧无虑的生活。

还是在第一段婚姻结束前，当年 22 岁的他就已经结识了 14 岁的女孩威廉明妮·恩克。这个后来被擢升为利希特瑙女伯爵的女人，才是他真正的妻子。他们二人共有的世界，才是他真正的家庭。在耽搁了一段时间之后——可以理解——王后也有了他的孩子。小王子与父亲

---

① 克里斯多夫·马丁·维兰德（1733—1813），德国最著名的文学家、翻译家、出版家之一。与歌德、席勒和海尔德并称为“魏玛四大家”。其主要作品有小说《金镜或谢西安诸王》，史诗《奥伯龙》，童话集《德施尼斯坦》，还有大量翻译莎士比亚的德文作品。

② 约翰·戈特弗里德·海尔德（1744—1803），德国文学家、翻译家、神学家、历史学家及哲学家，启蒙运动时期最具影响力的作家和思想家之一。位列“魏玛四大家”之一。主要作品有《新德意志文学的碎片》《对批判纯粹理性的反批判》《人类形成史的哲学》。

同名，即后来的腓特烈·威廉三世，时不时地嬉戏于——可算作祖父的——腓特烈大帝的书桌旁。在大帝看来，接班人的这个嫡出的长子，很有可能“再现”昔日的自己（依照大帝的说法）。

恩克的父亲曾是一名军号手，退役后经营着一家旅店，作为副业，他还为在无忧宫中的腓特烈大帝演奏圆号。他肯定不是一名糟糕的乐手，但绝对是一个糟糕的父亲。

他将恩克交由一名修女抚养，这修女——据腓特烈·威廉的说法——却对那孩子百般虐待。因此，腓特烈·威廉将恩克从修女身边领走，为其另觅寄宿之处。由于恩克此前几乎没有上过学，腓特烈·威廉便又找人教她学习法语、音乐、得体的举止及宫廷的礼仪。他像一个爱人那样照料着这个女孩，很快便真正地坠入了爱河，而且至死不渝。他对她的爱，纯粹又简单，并自然而然地得到了相应的回报。

这个“无可救药的人”试图把这段与平民的爱情转化为另一次婚姻，但结局却很是悲哀。他想用自己那极为洛可可化的方式，表达对恩克——柏林人口中始终不变的利希特瑙女伯爵——的忠贞不渝。为此，他立下了一个神圣的——也是王侯式的——誓言。为了完成全部学业，恩克要被送到巴黎的一所由著名交际花开办的学校里，在临行前，上演了激情四射而又坦率真诚的一幕。王储阁下抓过一把折刀，将其深深地刺入了自己左掌拇指下的肌肉中。蘸着鲜血，他在纸上写下了这样的句子：“以王族的名义起誓，我将对你永不离弃。腓特烈·威廉，普鲁士亲王。”恩克也随即被要求做出了同样的举动。日后，在经历过变化多舛的人生之后，这位利希特瑙女伯爵还会充满骄傲地向人展示当年留下的疤痕。

但其后不久，她就又被冠以了第三个名字，利茨。当从巴黎学成归来之后，老弗里茨捕捉到了她与王储之间的蛛丝马迹。可这次大帝却仿佛受了什么感动似的，做出的反应异乎寻常地宽容。他虽然下令，立刻以一笔数目庞大的陪嫁为这女孩另寻夫家，但也允许王储在今后继续登门造访这位心中的至爱，而女孩的丈夫，却无权进入那处由国王所提供的居所。

腓特烈·威廉的侍从利茨，个性很是让人捉摸不透，王储阁下如果愿意的话，可以随时赏给他几个耳光，出自这个肌肉发达的家伙的这种举动，无疑会令所有的仆人都恐惧不安。尽管如此，几乎在连王位都还没有完全坐稳的时候，腓特烈·威廉就将利茨任命为司库大臣。这意味着王室的私人财务将由他负责管理，而这基本上就是一份清闲的差事。

此时的新君再婚已久，王后弗雷德里克·路易丝也已经完成了腓特烈大帝对下任国王所交代的唯一一个任务，即“后继有人”。1770 年 8 月 2 日，又一个腓特烈·威廉降生于世，也就是日后的腓特烈·威廉三世。在同一年，利茨夫人为当时还是王储的腓特烈·威廉二世生下了儿子亚历山大，受封为马克伯爵；然后于 1778 年，生下女儿玛丽亚娜，受封为马克女伯爵；但成为国王之后的腓特烈·威廉二世，不肯承认由她所生的第二个儿子威廉，是由自己所出，所以此子最终仅以利茨的名字受洗。腓特烈·威廉的家庭关系变得复杂起来，甚至复杂到了连家庭成员自身都无法理清的地步。单是利希特瑙女伯爵自己，便给那位于王座上的花花公子诞下了五个子女。

没人能否认腓特烈·威廉在女人当中周旋的本领。与之相反，他在与男性的同代人打交道时，脑子就显得很不灵光。他的宫廷被宠儿们和宠儿们的宠儿们所充斥。不仅利茨因为接纳了国王的情妇而飞黄腾达，连他的兄弟们也都纷纷被委以宫廷侍从、掌马官、护林官之类的肥缺。他的妹妹被冠以马图什卡女伯爵的头衔，带着丰厚的嫁妆与申贝格的一位陆军上尉定了亲，并得到了一所在新莱比锡大街上专为其兴建的豪宅。

但若论美丽、高雅（昂贵），还要首推国王为利希特瑙女伯爵在夏洛特堡建造的居所，这处房产不但拥有一个硕大的花园，还配备了一条专属的大道。这样就不难理解为什么柏林人最初对“胖威廉”的好感，会很快转变为截然不同的态度了。

在统辖管理方面，他似乎全无知人之能，但对其他的一两个领域，却知之甚详。人若想被对方所爱，首先要爱上对方。国王所念念于心的，一是爱情，一是艺术。就这两件事而言，他付出的情感都得到了回报。

有关他的爱情，前面阐述得已经很详尽了。还没有提到的是，腓特烈·威廉将所有的己之所欲，也同样施与他的臣民。由于他的领导，一向以严肃著称的柏林现在也赢得了如巴别塔[①]一样的恶名。根据当时马森巴赫之类的批评家们的苛刻言论，或是不知作者为谁的《亲密信件》中的描写，在那时的柏林，皇宫及军械库的周边地带已经和菩提树下大街一起，变成了一所妓院。这样的说法也许是有意的夸大其词，但事实上，从事此行业的女人们确实是得到了腓特烈·威廉的准许，在夜幕降临后招摇过市。他所开办的“城市特许经营场所”，第一批有 54 家，全部位于兵营附近，相应的“娱乐场所细则”由他亲自起草。而另外 257 名经由警察备案并定期接受医疗检查的公用女郎，则分散到整个城市的各个角落。据早期的一本作者不详的旅游手册所讲，人们可以通过“她们左肩上装饰的红色蝴蝶结”辨认出这些女人来。

《关于柏林、莱比锡、布拉格的自由评论》中说道：“白天，女孩们在居所纺纱、缝补、编织、唱歌或者散步，夜幕一降临，她们就外出赚钱，菩提树下大街、王宫广场和公园，蒂尔加腾区，都是她们的主要活动范围。她们的用语简单粗浅：‘晚上好，亲爱的年轻人，怎么这样孤单？’只要对方稍假颜色，一桩生意很快就会谈成，而价钱通常不会超过 2 个格罗申。”

德语被确定为官方语言，虽然并不是所有的柏林人都对此表示欢

① 据《圣经·创世记》记载，人类在大洪水后，说着一样的语言。他们定居在一片名叫示拿的平原上，并决定建造一座通天塔，以传扬他们的声名。上帝认为说着同样语言的人类将会无所不能、为所欲为，于是以神力将人类的语言混乱，使其彼此无法沟通，建塔计划也就此不了了之。“巴别”在希伯来文中有“混乱”之意，故此塔在传说中被称为“巴别塔”。

迎。腓特烈·威廉还促成了在宪兵广场[1]用德语上演戏剧，而这一舞台此前一直是被法语所独占的。曾在曼海姆首先将席勒的《强盗》搬上舞台并亲自饰演弗朗茨·莫尔一角的易夫兰德，被召至柏林，成为王室国家歌剧院——此名称沿用至今——的首任负责人。

由此，我们进入了腓特烈·威廉倾注了全部感情的第二个深爱的领域——艺术。从青年时代起，他就是一名狂热的大提琴手。同时代的内行人对他在此乐器上的造诣予以极高的评价——也有一些人在发表意见时有所保留，但毫无疑问，国王是通晓这一音乐表现形式的。还是身为王储的时候，他就拥有自己的乐队。海顿[2]、莫扎特、贝多芬都曾应邀为他谱曲。贝多芬和莫扎特还曾作为他的客人在柏林逗留过，而一份来自普鲁士宫廷的聘任，无疑曾对过早降临在莫扎特身上的死亡起到延缓作用。事实上，国王挑选了意大利大提琴名家鲁亦吉·波凯里尼[3]作为宫廷作曲师，这一任命本身，即为国王的音乐品位做出了完美、专业的证明。

与此类似的对品质的追求，还体现在雕刻艺术方面。迥异于腓特烈大帝的保守，他在这一领域所知甚广，在当时罕有可与比肩者。众多风格的早期形式，都可以追溯到本身生活在洛可可风格最为兴盛时期的他的身上，这些艺术流派，现在常被称为“普鲁士早期古典

① 位于柏林中心区，占地3.3公顷，广场中心建筑为柏林音乐厅，左右各有一座带有穹顶的教堂，分别名为法国教堂和德国教堂。广场始建于17世纪末，当时大量法国胡格诺派教徒流亡柏林，聚居于此，腓特烈一世遂批准就地为胡格诺派和新教路德派各建一座教堂，但工程的最后完工则是在腓特烈大帝时代。现在的广场是柏林最受欢迎的繁华所在之一，每年在此举办的圣诞市场，其品质在全德范围内出类拔萃。

② 弗朗茨·约瑟夫·海顿（1732—1809），奥地利音乐家，古典主义时期最多产、最有影响力的作曲家之一，被称作“交响乐之父”或“弦乐四重奏之父”，与莫扎特是密友，并曾作为老师指导过贝多芬。

③ 鲁亦吉·鲁道夫·波凯里尼（1743—1805），古典主义时期意大利作曲家、大提琴家。著名作品有《欢乐小步舞曲（弦乐五重奏，E大调，Op.11，No.5，G275）》《马德里夜街之曲（弦乐五重奏，C大调，Op.30，No.6，G324）》。

主义[1]”。

在他统治时期，最具代表性的艺术家之一是腓特烈·基力，其父戴维·基力是一名建筑行业的多面手，领导着一所建筑专业学校。出于狂热，腓特烈·基力在一张 1.5 米长的图纸上，为腓特烈大帝设计了一座纪念碑，莱比锡广场将是这座丰碑矗立的地方。碑的高度将超过当时柏林的所有建筑，只低于教堂的钟塔。宛如一个源自古代的梦境，他计划以一座有着宽阔台阶的金字塔作为底座，在塔顶建造一所希腊式的神庙，神庙的规模比雅典的帕提农神殿[2]还要宏大。在多立克式立柱[3]下，那最伟大的普鲁士人的雕像，将从城市之巅俯瞰众生，他的石棺则存放在地下室内，阴森的“埃及式”墓室，是他永久的安息之所。

这项完美的计划未能付诸实践。小基力于不久后的 1800 年在卡尔斯巴赫死于肺结核，他本来想借助当地的温泉战胜这日日煎熬着他的疾病。但在 1797 年，当与其他的竞争方案于研究院一同被展出的时候，他的设计引起了巨大的轰动，影响范围超出柏林之外。年轻的卡尔·腓特烈·申克尔是如此的被这设计图的魔力所吸引，以至于从此立志成为一名建筑师，并进入基力家的学校进行学习。在这件事上，应该再一次提到腓特烈·威廉二世的功劳，因为每年在艺术研究院举行的这项独

---

① 狭义上，1750—1820 年为音乐史上的古典主义时期，上承巴洛克，下启浪漫主义。代表人物为海顿、莫扎特、贝多芬、舒伯特，其他著名人物如波凯里尼、萨列里、克莱门蒂、戈塞特，等等。与巴洛克风格相比，这一时期的音乐质地更为轻松清晰，少了许多繁杂；章节中的变化与冲突比从前更为突出，节奏和动感均明显增强；管弦乐团规模扩大，应用范围变广；大键琴逐渐被钢琴所取代。

② 为雅典城的守护女神雅典娜所建的神庙，用于感谢女神在第一次波斯战争时期对城市的庇护。兴建并完工于公元前 5 世纪，2500 年来，一直作为雅典卫城的核心建筑。现为古希腊时期留下的最重要的文化遗产之一，其建筑及雕刻，被视为古希腊艺术发展的顶端。

③ 古希腊三种经典立柱中的一种，柱身粗大雄壮，有 20 条凹槽，柱头无装饰、无柱础，被称为男性柱，帕提农神庙即采用此柱式。另外两种柱为爱奥尼柱和科林斯柱。爱奥尼柱柱体相对纤细秀美，有 24 条凹槽，柱头有转首向下的旋涡装饰，有柱础，被称为女性柱，为雅典卫城中的胜利女神神庙所用。科林斯柱则形体更为纤细，柱头为复杂的毛茛叶雕饰，装饰意味更强。其形成年代最晚，亦被视为古希腊科林斯城的豪富和科林斯人奢华生活的一种体现。

一无二的展览活动，正是由他所出资赞助的。

由国王所委托建造的另外两座建筑，不仅在风格上独树一帜，而且对接下来的古典主义时期建筑艺术起到了引领作用：由海因里希·甘茨在云达广场建造的柏林造币厂，约翰·戈特弗里德·沙多夫在其墙壁上方添加了由基力设计的——同样是独树一帜的——带状雕刻；而更为重要的、足以成为柏林乃至整个普鲁士古典主义时期代表作的，则是勃兰登堡门。

卡尔·戈特哈德·朗汉斯以雅典柱廊结构为样本所创作的这栋建筑，在柏林备受欢迎。此时的巴黎正在酝酿革命，流血事件即将上演，而身在祥和气氛中的柏林人却在营建一座大门，不是为了颂扬或者纪念任何一场战争——即便后来沙多夫为其增添了代表胜利的装饰①——而是为了铭记和平。就在同一地点，曾有一堵丑陋的围墙，封锁着去往夏洛特堡的道路。那堵墙是奉腓特烈·威廉一世之命所建，贯穿整个城市，意在阻拦逃兵。而现在，人们可以不受限制地穿过美丽的勃兰登堡门，在自由中散步。

柏林市民懂得珍惜从这一工程中透露出的上下一心的味道。但柏林人习惯于抱怨的性格在此事上也不例外：他们中的大多数人所非议的是，国王将此工程交由利希特瑙女伯爵承办。对于这个女人，柏林人的感情可谓莫衷一是。

被腓特烈·威廉二世聘至柏林的，不仅有最优秀的作曲家和剧院经理人，还有最杰出的建筑师和雕刻家。当时堪称雕刻界领军人物的柏林人沙多夫，是他从遥远的罗马请回来的；从布雷斯劳请来了西里西亚人朗汉斯；从德绍请来的爱德曼斯多夫，为王宫添加了带有早期古典主义风格的内部房间，位于沃尔利茨的同样风格的宫殿，也是出自此人手笔；基力则来自波美尼亚。这样精彩的人才拣选，对于一个国家及其首都来说，称得上是无可挑剔。从出类拔萃的大师，到最富有经验

① 指勃兰登堡门上的四轮马车。

的专业人员——必要时甚至可以用来建设桥梁乃至马厩（如戴维·基力）——一应俱全。不仅如此，由于这些人通常还会带上自己的帮手以便从事准备工作，所以在粗枝大叶的腓特烈·威廉二世的治下，除了艺术得以蓬勃发展之外，手工业及加工业也繁荣兴旺起来。

勋业的另一面通常是宠臣当道，但在腓特烈·威廉执政的十一年里，这个问题却是明显受到了控制。至少，玫瑰十字会的影响力并未彰显。这一以四朵玫瑰装饰自己徽章的神秘团体，在腓特烈·威廉上台伊始想必是做了大量的努力，使得国王在执政初期对其言听计从。

枫塔讷指出，这样的局面后来没有再出现过，并——在他的《远足》一书《哈韦尔河地区》卷中——略带嘲弄意味地提及了一桩意外事件，此事可能曾被人不加考据地大肆渲染过，以至于在多年之后，其内容已荒诞到了不可信的程度。

在参观过观景台后，这位著名的小说家描写了那段骇人听闻的插曲，令人过目难忘。

观景台，是腓特烈·威廉在登基两年后请卡尔·戈特哈德·郎汉斯建造的，毗邻夏洛特堡宫，坐落在施普雷河畔，是一处品茗和聚会的所在。这座亭台式建筑的风格，介于洛可可和古典主义之间，常被秘密组织用来举行降神仪式。

观景台的第三层有一间暗室，枫塔讷的描述从彼时独处于此的国王开始。“国王表明了自己的愿望，想请马库斯·奥勒留[1]、大选帝侯以及哲学家莱布尼茨的灵魂现身一见。而灵魂们真的出现了。许多人在记录此事时都试图将读者引上某种方向，我则选择另外的着眼点，并只在这一点上停留。国王被允许向这些已故的人提出问题，结果却是徒劳。他颤抖的双唇甚至发不出一丝声音来。相反地，被召唤出的灵魂们措辞严酷地厉语相胁，要求国王立刻回归到美德的道路上去。国王惊骇欲绝地呼唤自己的朋友，急切地请求他将魔法解除，将自己从

① 罗马帝国皇帝（121—180），以治世闻名的“五贤帝时代”的最后一任君主，斯多葛派代表人物，其著名哲学作品为《沉思录》。

这巨大的恐惧中解救出来。片刻之后，毕绍夫韦尔德踏入小室，把这力竭欲死的人带回车内。国王要求去利希特瑙那里，这一愿望却没有被实现。所以他在当夜还是返回了波茨坦。”

这件事听起来颇为令人惊怖。一名君主，似乎完全被掌握在狂热的神秘主义分子手中。但一些事实却表明，腓特烈·威廉很少在提拔、委任之类的事宜上，给予他的兄弟会的朋友们优先于他人的照顾。而毕绍夫韦尔德，则属于那类忠诚的朋友。这名经验丰富的军人兼政治家比国王年长 3 岁，甚至曾得到过腓特烈大帝的赏识，并且大帝乐于见到他陪伴在自己继承人的身边。有迹象表明，他加入玫瑰十字会的原因只是为了能够留在主上的身边，并为主上提供帮助。无论如何，他在政坛上演的角色是这样的：他充当着联系国王与诸位大臣的纽带。而对于这两边来讲，他的表现都堪称忠贞不渝，奉公守法。

这样的形象，与枫塔讷的叙述又有很大出入。据枫塔讷的说法，毕绍夫韦尔德在波茨坦旁边的马夸特庄园里，以更为复杂的手法上演着这类装神弄鬼的闹剧。而那里，是国王在执政的最后几年经常去拜访的地方。尽管枫塔讷没有亲自见过那些他笔下的“山洞”，却可以从一个 80 岁高龄的、经历过当年的老者那里得到求证。时至今日，马夸特庄园里的石山洞穴，再也无从寻觅。

枫塔讷这样描述在那里举行的仪式：“目的地是个幽暗的石穴。石穴位于花园内，开凿在种植了洋槐树的小山上，依照玫瑰十字会的仪式要求而建。狭小的入口不及一人高，掩藏在灌木丛后。洞穴内部用马赛克的形式饰以蓝色的天青石，一盏王冠状的吊灯从洞顶垂下。这光线和色彩效果都美轮美奂的‘蓝色洞穴’，就是会场所在。国王落座后不久，周遭声音渐起，轻柔的颂歌，仿佛有竖琴在伴奏。接下来由国王提出问题，灵魂们一一作答……”

此处就是枫塔讷在前面的引文中提到的“着眼点”，他承诺过，要向读者解释清楚一切是如何进行的：“这就是传统的方式。需要补充的是，洞穴的墙壁是双层的，从骑士团中选出的一名亲信藏在夹层中，主持着音乐表演，并为所提出的问题给出答案。关于洞穴有双层墙壁这一点，经由此处现在的主人确认，再无可疑。他曾经打开过这处建筑，以求亲眼看到它的构造。”

事实上，毕绍夫韦尔德应当还在柏林和柏林周边的许多地方做过召唤神灵之事。比如在利希特瑙女伯爵位于蒂尔加腾的宫殿里，在无忧宫大露台旁的一栋屋宇内，当然还包括观景台——在国王经历过那次恐怖事件之后，五十年里，彼处再无人光顾。

对于腓特烈·威廉，不只是玄秘的力量可以发挥魅惑作用，还有一种游戏的本能，也在他身上一再地体现。这一游戏的本能被外放为戏剧的形式：他那高大、威严，几乎永远一身雪白着装的形象，在游行或庆典活动中显得格外富丽堂皇。在克莱沃城市博物馆中，保存着一幅出自布吕尔[①]画家威廉·约瑟夫·拉奎的画作，画面的主题是正在进入克来沃城的腓特烈·威廉二世，及由他完成的赦免大典。

在自从1614年起就属于普鲁士辖内的克莱沃城，一直有着这样一条古老的习俗，即当有高位者造访该城时，一些身负刑罚的人可以得到赦免。如果谁曾被从此城中流放出去，可以在城堡的庭院内等待客人的到来。客人所乘的车上，或是胯下马的马尾上，会拖着一根绳子。抓住这根绳子并任由自己被带至庭院中的“蓝石”前的人，将得到宽恕。

腓特烈·威廉二世抓住了这个机会，粉墨登场。在他白色的制服外是件红色的外套，象征着拯救的仁慈之绳被握于右掌。那个身着黑衣的愁苦的人，已将绳子紧紧攥在拳中，国王则对其投以悲悯的目光。腓特烈·威廉深爱这样的场面，且他相应的表现亦属上佳。也许可以将他同玫瑰十字会有关的种种行迹，视为把君王之威与慈善博爱合二为一的一种尝试。

他完全没有成为战士或者政客的天赋，却在这两个领域里有无与伦比的好运气。至少他从未输掉过一场他所参与的战争。以领土面积

① 德国城市，隶属于北莱茵－威斯特法伦州，位于科隆及波恩之间。城市历史可追溯至罗马帝国时期。现有面积36平方公里，人口4.4万人有余。

而论，普鲁士王国在他在位期间——尽管他什么都没有做——不仅超越前代，而且也没有后来的哪一朝可与之相比。作为统治者的他，简直就是个“快乐的汉斯[①]”。

从对政务感到厌倦的安斯巴赫总督那里，他购入了安斯巴赫和拜豪伊特，将这两地并入霍亨索伦家族的版图。这笔交易不仅令他得到了法兰克地区（十五年后被划归巴伐利亚）的领土，还为他带来了普鲁士迄今为止从未有过的、且在不久之后就会大展身手的政治家：一名精明的外交官，出身汉诺威，比国王年轻6岁，懂得在扰动、混沌的世界中趋利避害，择路而行。此人的名字是卡尔·奥古斯都·冯·哈登贝格。腓特烈·威廉继续任用他为普鲁士治理这两处新的边境地带。在安斯巴赫和拜豪伊特，哈登贝格是如此的受人拥戴，以至于当这里成为巴伐利亚辖区而他本人晋升为普鲁士的二号人物之后，他仍然被视为具备代表当地的资格。但他愿意为腓特烈·威廉效劳，且除他之外，国王身边恐怕再也没有人能够或是愿意承担起这样的工作。他们两个走到一起，像两只幸会彼此的狐狸一样。

在此期间，政治的地平线上风起云涌。从前各君主国之间围绕着土地进行的争执，现在正面临一个转折点：在欧洲最强国之一进行的失败的改革，引发了民族革命，从而宣告了一个反抗专制独裁的新时代的到来。这对于其他的欧洲国家来说，无异于警告。奥地利与普鲁士，这两个同属德国的冤家对头，此时为针对处在革命状态下的法国而联合起来，于1792年对法宣战，史称“第一次反法同盟”（1792—1797）。而被掩藏起来的战争的真正目的，仍是一直以来的唯一理由，即为土地而战，因为人们相信，那些疯狂的革命者很快会被镇压，莱茵河对岸的旧秩序也将迅速得以恢复。

---

① 《格林童话》中的人物形象：工作七年后得到了一大块黄金作为薪水，却通过一系列以物易物的交换，将其换成了两块石头。最后还因为口渴，将石头丢进了泉水里。尽释重负后，觉得自己是太阳底下最快乐的人，心情轻松地回到了母亲身边。

在普鲁士，人们对取得胜利毫不怀疑。人们相信本国军队的打击力度，这支军队如在腓特烈大帝时期一样，仍被认为是不可战胜的；人们也相信自己国家的受欢迎程度，这也是腓特烈·威廉二世所一向引以为荣的。在法国大革命前夜，一名普鲁士的大臣，冯·海茨贝格伯爵，还曾在柏林科学院的一片掌声中做出如下宣告："普鲁士王国，即便是以战争的威名和无穷的力量为立国之本，也要比大多数的共和国和受到君主制约的王国，更为温和、公正、稳健。"

1792年8月，从巴黎传来消息，法王路易十六被推翻了。由于革命者中的激进力量，雅各宾派，引导着革命的方向，所以逃亡未成的国王夫妇极有可能沦为被斩首的下场。而法国王后玛丽·安托瓦内特[1]，正是身居奥地利的皇帝利奥波德二世[2]的妹妹。这使得两个德国的盟友面临刻不容缓的局势。尽管如此，首先于郎维地区进入法国、旨在恢复王室的，却不是奥地利人，而是普鲁士的军队。

普鲁士的军队并非如从前那样由国王统领。此次掌握指挥大权的，是卡尔·威廉·费迪南德·冯·布伦瑞克公爵。因为他曾在老弗里茨帐下效力过，所以被视作欧洲最具威望的将军，尽管他本人还从未赢得过任何一场战役。

于后尾随的，是由国王带队的旅行团。那颇具规模的宫廷车队，在勃兰登堡－普鲁士来说，并非首例。当年大选帝侯就曾在征战时把生病的妻子和一干宫内侍从带在身边。但这次，腓特烈·威廉二世却是

---

① 奥地利女大公（1755—1793）。玛丽亚·特蕾西亚之女，出身哈布斯堡－洛林家族，法王路易十六之妻。虽然她的婚姻是旨在中止法奥两国持续了二百五十多年的战争的重要安排，但由于路易十六本人的仇奥观念根深蒂固，且周围重臣也都有同样的思维模式，实际上留给她的政治空间几乎为零。她留给后世作为谈资的，除了被斩落的美丽的头颅，就只有奢侈挥霍的生活方式了。

② 奥地利大公、托斯卡纳大公、神圣罗马帝国皇帝、波希米亚及匈牙利国王（1747—1792），玛丽亚·特蕾西亚之子，于1786年取消了托斯卡纳公国内的死刑，使托斯卡纳成为欧洲第一个没有死刑的国家。任帝国皇帝期间，为维护哈布斯堡家族在尼德兰及匈牙利的统治，大力纠正了其兄长、皇帝约瑟夫二世曾推行的过犹不及的改革措施。作为法国王后玛丽·安托瓦内特的兄长，他是法国大革命最坚决的反对者。由他及腓特烈·威廉二世于1791年8月27日联合发表的《皮尔尼茨宣言》，被视为对法国革命政府的宣战书。

将后宫的所有女眷尽数带上。非但如此，他还为将士们准备了三大车的轻薄女人，服务对象分别为军官、下级军官以及普通士兵。这些女人跟在逶迤而行的队伍之后，另有随军的医生时刻监督着她们的健康状况。

对大军的补给则未能尽如人意。普鲁士人似乎已丧失了他们的组织才能，而究其原因，很可能与国王日渐窘迫的财政状况有关。不仅是供不应求的食品，就连运送弹药的车辆，也应该远比战地妓院之类的东西要重要得多。出身布伦瑞克的军队统帅，习惯了腓特烈大帝时期的作风，从没有想到过这些琐事会成为问题，此时顿显束手无策。而且这名时年57岁的将军，较之于对手，已嫌战术老化，落尽下风。

很多此时避居在外的法国流亡者，将普鲁士的这次军事行动视作一次散步，但实际情况并非如此。恰恰相反，那些衣冠不整的法国人展示出了卓绝的战斗力。首先，法国的抵抗力量由志愿者自发组成，而普鲁士的军队则是由从四处招募而来的雇佣兵临时拼凑而成的。其次，法国人灵活的作战方式，也明显优于对手的老式战术。他们并不顽固且盲目地硬抗敌人，而是充分利用地形和障碍物作为掩体，保证在卧倒和匍匐前进的状态下都能进行射击。在当时，还没有将部队分解成独立的战斗小组或分队的概念，但较之于操练场上得来的攻击方式，单兵作战能力已然更为重要。这样一来，普鲁士军人虽然曾接受过严格的军事训练，此时在武器和战斗技巧方面，也再无优势可言。一句被归于日后的路易丝王后名下的格言——虽然她本人并没有真的这样说过——全面概括了当时的情况：人们沉湎于腓特烈大帝留下的光荣，不思进取。

除此之外，盟国之间的貌合神离也成为掣肘的因素：布伦瑞克人——普军统帅的简称——始终仍将奥地利视作普鲁士的头号大敌，并对奥地利派来的援军采取不信任的态度。进军巴黎的脚步愈发迟缓，而法国人的抵抗力量日渐强大。

来自萨克森－魏玛的卡尔·奥古斯都公爵，在此次征战中充任普军将军，他手下的一名臣僚，乘坐着一辆朴素无华的马车随普军队伍行进。这名臣僚，就是约翰·沃勒夫冈·冯·歌德。在接下来的徒劳无功但声势浩大的瓦尔密炮战[①]中，他将作为见证，记录下这场不分胜负的战役。

“在这里，自今天，”他在日后写道，“世界历史将迎来一个新的纪元。”并且强调，每一个躬逢其会的人，都应感到自豪。

一名普鲁士的高位者却不这样看，从他留存至今的战地日记中可以一窥端倪。这名时年 22 岁的青年，被弥漫于战场上和战地医院中的巨大苦痛所深深震撼。这次毫无意义且指挥不当的远征，使普鲁士蒙受了减员 2 万人的损失，其中绝大多数人都是凄惨地死去。“三名火枪手和一名鼓手躺在那里，腿部支离破碎，悲惨地呜咽着，”年轻的高位者这样写道，“我不能否认，我被眼前的景象强烈地刺激到了，而且一种奇怪的感觉开始包围住我的心。最让人感到悲伤的是，眼看着那些撤回的伤员在稍后的日子里因缺乏照料而尽数死去。”

写下这本日记的年轻人成了一名和平主义者，尽管他后来也避无可避地被卷入战争中。他就是当时的普鲁士亲王、日后的国王：腓特烈·威廉三世。

同几乎所有霍亨索伦家族的王储一样，腓特烈·威廉三世也有一个分外不幸的童年。无论是从父亲还是从母亲那里，他都不曾得到过关爱。父亲更宠爱的是与利希特瑙女伯爵所生的子嗣。而母亲则几乎只专注于打理自己的金钱财物，要么就是为丈夫的不忠而怨天尤人。

---

① 1792 年 9 月 20 日在法国瓦尔密发生的炮战。交战双方为法国革命军和普奥联军。战役结果为法军牺牲 300 人，普奥联军方面伤亡 184 人。十天后，饱受疾病困扰、在大雨中饥寒交迫的普奥联军撤军。第一次对法国的武力干涉无功而返。是役，法军使用了当时最先进的“格利波瓦火炮”，在火力方面压制了对手——后来拿破仑即凭此炮横扫欧洲。而联军方面长期以来补给不足，军队战斗力严重下降。此消彼长，最终成就了年轻的法国革命军战胜威名素著的普奥职业军人的美名。且由于此次战役失败，法兰西第一共和国得以成立（1792 年 9 月 22 日），路易十六的人头连同法国几个世纪以来的王权一同落地（1793 年 1 月 21 日），动荡的时代又造就了如罗伯斯庇尔、拿破仑这样不世出的英雄豪杰，则瓦尔密战役对欧洲乃至世界历史的影响，不言而喻。

腓特烈·威廉和他年幼的兄弟姐妹们，从没有体味过家庭的温暖。父母二人都极少与孩子们相见。他们被交由一些粗鲁无文的军官带大，于身边环伺终日的，是冷漠且放肆的奴才。

几乎只有在军队中，年轻的腓特烈·威廉才能得到温暖与安全。他对战争深恶痛绝，但军营中的条理分明、纪律严整，以及清晰守时的日程安排，却带给他家的感觉。父亲的草率与自私，没有在他身上留下痕迹。

普军撤退的道路泥泞崎岖，伴随着如鞭子般抽打着的雨水。相当一部分雇佣而来的军人，由于对薪酬不满而成为逃兵。撤军几乎演变成一场逃亡。作为战地记者的歌德，轻车快马，率先赶回了安全的魏玛。法国人一路追击着他们的敌人——这也是迄今为止颇不寻常的一种战法——亦步亦趋地直杀到法兰克福（美茵河畔）。

他们甚至占领了这座城市，但腓特烈·威廉二世那众所周知的好运气再一次对他露出了笑容：一支由黑森[①]和普鲁士共同组建的联军重新夺回了法兰克福，这样，国王——身着白色制服的“胖威廉”——将又可以摆着皇帝一样的排场，进驻这座位于美茵河畔的城市。幸运的是，敌对双方都还遵循着“在冬季不启战事”的风尚。

因解放了法兰克福而声誉正隆的格奥格·冯·黑森－达姆施塔特[②]，是一个懂得抓住机遇的人。1792 年冬天的法兰克福，云集着上流社会的贵族们，包括普鲁士国王本人，也正匆匆赶来。在这种条件下，这位来自达姆施塔特的英雄，心中开始为自己的两个外甥女筹划起前途来。这两个孩子的母亲早已亡故，在外祖母的照料下于达姆施塔特城长大成人。军营里再次上演着周而复始的王朝游戏，即什么样的联姻

① 现德国联邦州之一，位于德国中部，偏西南。面积 2.1 万平方公里，人口 600 余万。该州南部为德国人口最为密集地区之一，也是德国的经济重镇。州府为维斯巴登。州内最大城市为法兰克福。

② 历史上的黑森地区内有不同的伯爵领地，如黑森－卡塞尔，黑森－达姆施塔特，黑森－侯腾堡，黑森－郝穆堡。现达姆施塔特为黑森州第四大城市，面积 122 平方公里，人口约 14.3 万。

可以带来包括政治在内的最大利益。16 岁的路易丝和她那 14 岁的妹妹弗雷德里克，为什么不可以参与到这场游戏中来呢？人们总归是愿意听取胜利者的建议的。

这对公主姐妹花出身梅克伦堡，在南部德国长大，其中的姐姐对于各路王侯来说已不陌生，在上一次于法兰克福举行的神圣罗马帝国皇帝加冕仪式上，天纵奇才的年轻奥地利政治家克莱门斯·冯·梅特涅[①]，就曾邀请这位公主在开场的华尔兹曲中共舞。

但为这对美轮美奂、几乎已成为“美丽”的代名词的女孩儿找到真正理想的夫婿，也并非全无困难。她们的父亲并非坐镇一方的诸侯，而只是英国在汉诺威的代理人，此时正在谋求梅克伦堡－施特雷利茨公爵的头衔，在这个位置上，现在坐着他的兄弟——这个百姓口中的“小殿下”，既不喜欢女人，也没有子嗣。

对于腓特烈·威廉二世来说，这一切都无所谓，即便是女孩儿们的父亲财力匮乏，连收入都依赖于英国。在妩媚动人的少女面前，国王的心永远是敞开的，另外还有他的钱袋。这两名他将为儿子们迎娶的准新娘，不须带来任何陪嫁。

极有可能的是，当在法兰克福遇到在外祖母陪同下的女孩儿们时，国王本人对她们的一见钟情更有甚于王子们。年轻的路易王子本已情有所系，但他承诺，会按照父亲的意愿安排自己的婚事，至于哪个女人会成为妻子，对他来说是无所谓的事情。他的哥哥，有些羞涩的王位继承人腓特烈·威廉，则与他截然相反。与生俱来的优柔寡断的性格，

---

① 克莱门斯·文策·冯·梅特涅（1773—1859），奥地利历史上最为杰出的外交家之一。奉行“均势政策”，力求大国之间的力量平衡，成功地使逐渐走向没落的奥地利在列强中左右逢源，仍得以保持其在欧洲的领导地位。无论是在“神圣同盟”还是在稍后的“四国同盟”中，他个人的政治才能都发挥了举足轻重的作用。从 1814 年“维也纳会议”至 1848 年的这段时期，被称为“梅特涅时代”。他在思想上坚决反对一切民族主义、自由主义运动，强调“正统”，维护旧秩序，以保全国家作为制定政策的根本原则。他的思想甚至影响了普鲁士“铁血宰相”俾斯麦，后者在缔造了“德意志第二帝国”后并不一味追求扩张、称霸，转而四处结盟，维持均势。在欧洲近代史中，他们两个人的名字交相辉映。

使他无法在两位公主间做出选择。而国王也无法解决这个问题，在王子求助于父亲时，得到的只是咂嘴咋舌般的评价："新鲜的鱼儿，美妙的鱼儿。"

这相当于在说：对我来说，哪个都可以。这样的评论在王储看来简直就是伤风败俗。他又以同样的问题向经验老到的外交官鲁凯西尼请教，此公是意大利人，在同时为普鲁士和俄国效力，或者说，曾经为俄国效力过。他几乎是不假思索地给出了回答，虽然在表达方式上彬彬有礼，但实际上，与国王的意见并无二致。

王储的犹豫不决并没有持续很久。极有可能是路易丝的魅力折服了他。她身上散发出的那种人性的温暖，也是他一直以来所苦苦寻找的。从因怀疑而保持的距离中，生成了一样在这个圈子中罕见的事物：爱情,而且是属于那种人们乐意用"永不磨灭"一词来加以修饰的爱情。这桩发生在普鲁士、尤其是发生在总是闷闷不乐的王储与来自梅克伦堡的、以擅长华尔兹舞而著名的公主之间的童话一般的婚姻，所引起的轰动绝不仅限于柏林宫廷之内。

国王对此大为满意。平生第一次，他从这个儿子身上看到了令人喜欢的一面。他希望这一面可以继续发扬光大，于是尽可能地将王储从战争的责任中解放出来，并将他擢升为少将——与其说是由于军功，还不如说是由于这段姻缘。在围困被法国人占领的美因茨城时，尽管王储腓特烈·威廉常常带着他的副官冯·沙克奔行在去往达姆施塔特的路上，或干脆逗留在妻子的宫中而不是美因茨前线，这对小夫妻之间往来的书信仍然不少于 79 封。

如同两名贵族青年间熊熊燃烧的爱情之火一样，战争也没有熄灭。随着路易十六的人头落地，巴黎的形势又剑拔弩张起来。这次新加入同盟的，有英国、荷兰、西班牙、撒丁王国、那不勒斯、葡萄牙以及神圣罗马帝国。奥属尼德兰被重新夺回，占领那里的法国人被击退。而腓特烈·威廉二世则出人意料地利用战争间歇完成了政治上的完美一击，协助他的，正是吉罗拉莫·鲁凯西尼侯爵。驶向东方的国王，与俄国签订了《圣彼得堡条约》，从而实现了“第二次瓜分波兰”。这一纸笼罩在那个民族头顶之上的协议，立即生效。

用今天的标准来评判，这种做法无异于暴行。但站在历史的角度来看，虽然它并不那么光彩，在当时的人眼中，却也并不像我们现在所认为的那样富于掠夺性。在那个年代，国家的概念还没有完全与民族紧密结合。国家的形成，并非取决于某片土地上存在的语言或民族方面的共性，而是由该土地的所有者所决定的。由此一来，一些我们如今认为理所当然的道德标准，在当时也并不尽然。较于后世，这种环境带来的缺点是使领土归属更迭频繁。优点则是使不同语言、不同种族、不同信仰的人必须共处，从而衍生出巨大包容性。

波兰王国从16世纪起就实行由贵族主导的共和政体，国王通过选举决定。18世纪时，萨克森选帝侯腓特烈·奥古斯都一世由波兰贵族推举为波兰国王，即“强力王”奥古斯都二世。他的儿子（奥古斯都三世）则是在俄国的助力下，战胜了法国所支持的竞争对手斯坦尼斯瓦夫·莱什琴斯基，登上王位。此后的继任者是继续奉行依赖俄国政策的波兰贵族。最后一任波兰国王，斯坦尼斯瓦夫二世·奥古斯都·波尼亚托夫斯基①，是在俄国女沙皇叶卡捷琳娜的庇护下、经与普鲁士协商后，被送上波兰王座的。

对波兰的瓜分，尽管称不上是正义的举动，却也并非完全无理。根据历朝以来达成的协定，俄国和普鲁士都有提出此要求的权利，现在只不过是付诸实践罢了。对此，腓特烈·威廉二世显然深有研究。兵

① 波兰末代国王及波兰－立陶宛联邦大公（1732—1798）。年轻时曾被派驻俄国，遇见了身为太子妃的叶卡捷琳娜，并成为后者的情人。1764年，在俄国军队的护送下，登上波兰王座。在位期间，对内不能获得完全的支持，对外则在国家面临瓜分时束手无策。于“1792年俄波战争”期间加入“塔戈维查联盟”更成为政治上无法洗刷的污点。1795年，在“第三次瓜分波兰”的议定书上签字后，他被迫退位。三年后客死于圣彼得堡。他一生中的主要成绩都在教育和文化方面，比如建立“骑士学校”，培养出了如塔德乌什·柯斯丘斯科这样的民族英雄；所设立的“国家教育委员会”，是世界上第一所国家级教育机构；由他所召集的“星期四晚餐”，是著名的艺术家沙龙，至今仍为美谈。

不血刃地，他将但泽与托恩两座城市以及波兹南、格内森和卡利什地区统统纳入囊中。新增领土面积总计 5.5 万平方公里，被设立为普鲁士南部一省。

在此可提前交代的是，两年以后的第三次瓜分波兰又使普鲁士的领土得以再次扩张，总计 14 万平方公里的土地，包括部分立陶宛、马祖里[①]、华沙和克拉科夫省，构成了普鲁士新的省份：新东普鲁士。全国人口总数达到 750 万，其中 350 万为波兰人。普鲁士几乎就要成为一个双语国家。而腓特烈·威廉二世对此是有心理准备的。语言的隔膜也许会造成些许不便，却不足以成为阻碍统一的因素。何况在宫廷之内，法语还在大行其道，而且在教堂里，特别是在东部，拉丁语才是正式用语。

命运也有闭上一只眼的时候，并良久不肯睁开。腓特烈·威廉二世，从没有征服过一寸土地，土地却自动跳入他的口袋中来。

但正如表现出来的那样，在战场上，好运气已经不复站在普鲁士一边了。取代了布伦瑞克人成为军队最高统帅的陆军元帅莫伦道夫，遭遇也并不比国王好。在东西两线的军事行动中，不该出现的错误都数见不鲜。普鲁士军队行动缓慢，犹豫不决，而指挥官们表现得茫然不知头绪。无论是在莱茵河一带及在被法国人重新占领的尼德兰地区，还是在华沙前线，进展都不顺利。

国王将会用令人瞠目的方式解决其中一条战线上的问题，另一条战线，则交由俄国人来火中取栗。勇敢的波兰人，在此时表现出的对自由的坚持，毫不逊色于法国的革命者们。

如此一来，摆在腓特烈·威廉二世和其王储面前的，又是一场远征行动，而无论是从意义还是结果上来讲，都如大多数其他的战争一样，

---

① 现波兰东北部地区，山峦起伏，河道纵横，拥有大小约 2000 个湖泊。11 至 13 世纪时，当地居民为古普鲁士人的一支，波罗的海－普鲁士人。其后随着条顿骑士团、波兰人的拥入，原住民消亡殆尽，新移民则继续沿用了“普鲁士”这一名称。该地区历史上曾先后隶属于波兰王国治下的普鲁士公国、普鲁士王国、德意志第二帝国，二战末期经“波茨坦会议”裁定，划归波兰。

无足称道。

这段时间里为数不多的好事之一发生于柏林，极大地满足了此城居民爱看热闹的心态。他们见证了两位达姆施塔特公主入城的一刻，王太后伊丽莎白，即腓特烈大帝的遗孀，还遵照习俗，将自己名下的王室金色礼车派出，作为公主们的座驾。迎接两个女孩子的是如雷般的欢声。但即便是在这种场面下，柏林人仍表现得秩序井然，为此，国王特意于第二天亲自向臣民致谢。

婚礼庆典于1793年圣诞节期间举行。在平安夜，王储腓特烈·威廉与他的路易丝共订白头之约，第二天，即圣诞节当日，举办了王子路易与弗雷德里克的婚事。路易本人对此事并不热衷，而弗雷德里克以后的人生则颇为不幸。她将失去两任丈夫，在与众多情人的周旋中寻找慰藉，但最后以汉诺威王后的身份辞世——也是典型的普鲁士式的人生历程。

人们随后聚集于王宫内的白色大厅，参加霍亨索伦家族婚礼上独有的且不可或缺的火光舞会。在被遮蔽了光线的房间内，人们掌中持着点燃的蜡烛，按波兰舞曲①的韵律起舞，慢慢向一对新人靠拢。这一古老而略显可笑的遗风，见于海茨贝格伯爵和豪格维茨伯爵的记载中，后者曾在二十年前与歌德和施道乐贝格一起，同游瑞士。

局势依旧艰难，毫无可喜。普鲁士在东西两个方向上，均无进展。除此之外，财政方面也渐渐出现了困难。一直以来在明里暗里对几乎所有法国的敌人均予以经济援助的英国人，此时要求普鲁士做出承诺，保证尼德兰和荷兰南部——即今天的比利时——的安全。而这样的保证，是国王在不大幅削弱本土防卫力量的前提下无法许诺的。

怎么办？腓特烈·威廉二世的注意力很久以来已移至东方。对于

① 一种四分之三拍的舞曲，其形式自18世纪伊始保持到现在。在16世纪，该舞曲还是四分之四拍，波兰贵族表示效忠国家时，会依此曲起舞。后借助法王亨利三世的影响，得以传播至整个欧洲。巴赫曾创作过一些极具风格的此类作品，而其华丽、庄重的原貌则又经由后来的贝多芬、李斯特、肖邦得以恢复。

他这位“德意志－波兰王国”的君主来说，同法国人进行的这场令人厌烦的战争以及同盟国之间更为令人厌烦的争吵，还有什么意义？此类复杂的形势，只能采取极端的手法来应对。解开“高迪乌姆结”①最好的办法就是一剑斩落，像亚历山大大帝当年所做的那样。

1795年4月5日，腓特烈·威廉二世在举世错愕中单独与法国签订了和平协议。为他筹划此事并最后于巴塞尔②签署协议的是新的国务大臣冯·哈登贝格。依照约定，普鲁士必须放弃莱茵河左岸，但两线作战的问题也从此不复存在，日后可以集中全力，专务东方。

《巴塞尔和平协议》对普鲁士来说，或许是摆脱困境的出路。但欧洲其他国家的君主，视法国革命军为君主制继续存在的大敌，普鲁士在此时的抽身而退、保持中立，无异于一种背叛行为。如果不能通过血雨腥风将革命者所改变的政治原则都恢复原貌，这些统治者将不会罢手。

对所谓的“共同利益”不抱有幻想，是极具普鲁士风格的治国方略。在享受“同盟”关系时，切不能掉以轻心。同盟的产生有时是不可避免的，但也不能任由自己陷入由同盟所带来的问题中去，如果这个问题是自己孤军奋战时所无法独立解决的。

身着将军制服的年轻和平主义者，再次同他的父亲一起，从华沙前线默默地撤退，心情却非常愉悦。他一向反对与人结盟，尤其是在有被卷入战争的可能时。

理所当然地，早已习惯于坐收渔人之利而此次运气不佳的国王，

① 传说中弗里吉亚（位于现土耳其中西部，在希腊神话中被频繁提到）国王高迪尔斯打的绳结，用以将其座车绑在宙斯神庙上。国王预言，能解开绳结者，将成为整个小亚细亚的统治者。数百年后（公元前4世纪），亚历山大大帝来到此地，将绳结一剑斩开，并随后征服了小亚细亚。这个绳结的名字，则用来喻指无法解决的问题。高迪乌姆城由高迪尔斯所建，作为弗里吉亚的首都，其遗址位于现土耳其首都安卡拉西南方向，距离安卡拉七八十公里。

② 现今位列苏黎世和日内瓦之后的瑞士第三大城，面积23平方公里，人口约17万。因处于瑞、德、法三国交界地带，文化相当多元。历史上曾频遭劫难，欧洲历史上最为严重的地震——1356年巴塞尔地震，及随后的大火，使整座城市几乎化为废墟。自11世纪时起，该城隶属于神圣罗马帝国。

渐渐感受到了舆论对他的非议。但他对此早有防范。与前代国王相反，他毫不认同“出版物不该受到审查”的观点。由于在他眼中“言论自由”正逐步演变为“言论放纵”，所以他将柏林的报刊乃至文学作品都置于严格的监控之下。甚至由书商腓特烈·尼古莱[①]所出品的《通用德意志图书馆》，也被国王的监察机关判定为“有违基督教精神的危险书籍”。最终，这位曾将柏林树立为德国批判文学中心的启蒙主义者，不得不带上他的曾对所有德语出版物予以评骘的杂志，远遁汉堡。

腓特烈·威廉二世推崇艺术，畏惧笔锋。但后者是无法被约束住的。恰恰相反：愈是处于强压下，它的作用就愈为显著。或是在回忆录这一体裁的掩盖下——如马森巴赫上校所做的那样——或是出现于未受管制的街边小册子里，批评的声音总能找到处于等待中的听众。应当承认，并不是国王所做的每一件事都必须为公众所知。但也正是国王本人，使自己的名字即便是不复见诸报刊，也仍一再成为街谈巷议的话题。

自从腓特烈·威廉二世将征服华沙的任务留给了俄国将军苏沃洛夫[②]而自己从前线撤下来之后，他的身体状况就不甚良好。应该是毕绍夫韦尔德向他做出了这个有违普鲁士精神的建议：退却。但不要退得太远，以便在适当时仍可以胜利者的面目出现。在日后，马森巴赫之流所到处散布的谣言，给这名政治家造成了相当大的困扰。

疾病的纠缠，也极有可能是使国王无法振作的原因。他的血液循

① 克里斯多夫·腓特烈·尼古莱（1733—1811），德国作家、批评家、宗教史学家、出版商。启蒙运动在柏林的代表人物之一。与莱辛、曼德尔森交好，思想上接近莱布尼茨和沃勒夫，反对康德的“超验论”和费希特的唯心主义。

② 亚历山大·瓦西里耶维奇·苏沃洛夫（1729—1800），俄国著名军事统帅。近代史上最伟大的战略大师之一。戎马一生，功勋卓著。曾身历“七年战争”（参与了令腓特烈大帝心灰意冷的“库讷斯多夫战役”）、两次“俄土战争”、镇压波兰“巴尔联盟”（曾以 822 名俄军士兵击溃三四千人之众的联盟军）、镇压波兰“柯斯丘斯科起义”（叶卡捷琳娜大帝此前曾言：“我会将双倍的力量派往波兰：军队和苏沃洛夫。”）、第二次反法同盟同法国的战争（因在意大利取得的节节胜利受封为意大利亲王），在远征瑞士后，到达军事生涯的顶峰。二战期间，苏联以其名字设立勋章，分一、二、三级，用以表彰优秀军事指挥员。第一枚一级苏沃洛夫勋章获得者是朱可夫元帅。

环不畅，双腿肿胀，刚过 50 岁，却衰老得令人惊异。他逗留在波茨坦，将自己交由威廉明妮·恩克照料，希望可以早日康复。但他并没有完全放弃一直以来的生活方式。按照马森巴赫的阴毒的说法，他“带着成群的妻妾和奴仆，像个苏丹一样，避居到宫殿深处”。对于像马森巴赫这样惯于摇唇鼓舌的人，是不能给予无保留的信任的。如我们今天从别的渠道所获知的那样，国王的夫人（也就是利希特瑙女伯爵，威廉明妮·恩克）将国王安置在由卡尔·冯·贡塔特所承建的大理石宫①中，与世隔绝。即便是王子和公主想要探望病人，事先也要得到她的首肯。不管怎么说，“胖威廉”都是得到了她的关爱的。

让国王就此逊位并隐姓埋名在意大利度过余生的计划，遭到了韦勒讷和毕绍夫韦尔德的反对，而且对于在疾病的折磨下只能坐在轮椅上活动的国王来说，身体条件也不允许他这样做。

一支庞大的医疗队伍围绕着国王而组建起来，其中有德国和英国的医生，也有玫瑰十字会的江湖郎中、术士、催眠家。其中一名来自马克德堡的药剂师助理，成功地接近了毕绍夫韦尔德。此人建议，让国王吸入尚未出生的牛犊的体臭。除此之外，国王还必须不分昼夜地躺在靠垫软枕之中。但即便是专程从巴黎请来的著名的催眠大师德波诺瓦，也无法使国王的病情好转。

一次午宴时，随着开启香槟的声响，国王从座椅中滑落在地，并在昏厥状态下被人抬出。糟糕至极的噩兆。

1797 年 11 月 15 日，是腓特烈·威廉二世与继承人告别的日子。他是如此的虚弱，以至于利希特瑙女伯爵不得不坐在床头，用胳膊扶住他。就以这个样子，他接见了王后，为自己平生广纳妃嫔一事，向她致歉。王后悲伤到不能自已，当利希特瑙女伯爵送她出来时，她甚

---

① 位于波茨坦“新园”，坐落在水岸上，四周地势开阔，百年古木随处可见。宫殿共两层，建筑材料为红砖，饰以采自西里西亚的灰色和白色大理石。外墙上绘着以“尼伯龙根传说”为主题的湿壁画。建筑风格属于新古典主义。勃兰登堡门的设计者郎汉斯也参与了建造。

至在前厅里拥抱了这个对手，感谢对方对国王的照顾，使这个她们共有的男人还能见到自己。随后她转向她的王储儿子，在后者的引领下离开。

利希特瑙女伯爵在日后透露，垂死的国王曾问过她，王后在外面对她说了什么。当她转述之后，国王又想知道自己的儿子有何言论。“一言未发。”她回答道。“我的儿子不曾向您表达丝毫的谢意吗？”国王的反应先是难以置信，接着又补充道，那么以后他也不想再见到这个儿子了。

这不是个正确的决定。国王告别世界时，凄惨而又孤寂。利希特瑙女伯爵没能陪伴在他身边，因为她自己也疾病缠身，遵照医嘱，卧于病榻。德波诺瓦在他的《柏林之行》中记载道：“腓特烈·威廉，具备如此优秀和高贵精神的人，一定是忍受了临死前的所有痛苦，这痛苦越是折磨着他，就让他能在生命的最后一刻越发清醒。他用不安的眼神搜寻着任何一个关心他的人，但在他身边没有亲人，没有朋友，没有可以安慰他的牧师，只有利茨，这个最卑微不过的、被收买的仆人。”

死亡于11月16日早晨九点降临。国王时年53岁。十三时，新国王带着副官冯·屈克利茨赶到，在国王辞世的房间里见到了毕绍夫韦尔德和豪格维茨。

葬礼被滞后到12月11日，在柏林大教堂中举行。几乎所有的德意志邦国诸侯都亲自赶来吊唁。腓特烈·威廉二世生前平易近人，人缘极好。

出于节俭的考虑，并未举行盛大的仪式。国葬从简，是已故国王生前的指示，因为近一段时期以来，用于悼念活动的开支过于巨大。现在，他却成了感受自己有关节俭的训诫的第一人。棺木由8名少将抬入教堂。接下来是一段简单的康塔塔合唱[1]和致悼词。在此期间，毕

---

① 一种包含多种歌唱形式的声乐组合，通常有器乐伴奏。宣叙调、小抒情调、咏叹调等可交替出现，既可独唱，亦可合唱。于18世纪上半叶开始兴起，初分为“宗教康塔塔”和“世俗康塔塔”两类。时至今日，则流派众多（如蓝调康塔塔、交响乐康塔塔、情景康塔塔），不可尽考。

绍夫韦尔德的手一直放在棺木上，甚至到下葬时，他仍不肯将手移开。对他来说，一个时代结束了。对于这样一个悲伤的场面，有人暗里嘲笑，有人不能苟同，也有人满怀同情。莫衷一是。

马森巴赫的评价至为冷酷。他在回忆录中写道："他的死意味着：他解脱了！我们也解脱了！国家已经处于崩溃的边缘了。"

七律 腓特烈·威廉二世

煌煌霸业势如奔，草草元嘉道未尊。
太傅颇知神鬼事，大王不负美人恩。
谢家宝树终难许，江左猘儿初欲翻。
又见承平乱离始，譬于剥卦倘能论。

第五章　温和的弊端——腓特烈·威廉三世

始终在前进中流转的时光，证明了历史并非是僵死凝滞的。风俗习惯、好恶标准、游戏规则，均非一成不变；与之相关的历史，也是如此。而或是创造或是深刻影响了历史的人，同样在变化之列。在某一时期里令人厌恶的对象，很有可能在其后的岁月里，获得极高的赞誉。

长久以来，“历史是由人创造的”这一说法已不再具有说服力，但历史有时仍是由人来标志的，当某一时代可以用改变它的人来命名的时候。

马森巴赫对于腓特烈·威廉二世的臧否，是站在与其同时代之人的立场上。这样的评价，在有关历史书籍中长期占据着主导地位，即便是偶尔于表达方式上略见温和。只是在不久前，人们才开始从另外的视角来审视这位普鲁士国王。腓特烈·威廉二世不是像大选帝侯和腓特烈大帝那样扭转乾坤的人。而把“完成者”的地位置于“开创者”之前，则是从现在这个时代才开始的事。塞巴斯蒂安·哈夫纳甚至说道：

"人们不肯原谅他拥有众多情妇和其他女人的行径。但事实上，他并没有那么糟糕；在有的提法中，甚至把他列为霍亨索伦家族中最功勋卓著的国王之一。"

在他死时，普鲁士的疆域已扩大为西至科隆[①]，东到华沙。对普鲁士处于从属地位的波兰，其状况也好过中世纪更早期的农奴时代。随着时间的推移，后世的不满情绪渐渐平息下来，人们视线的焦点越来越转移到国家所获得的实际利益上，而不再是个人的某些缺陷。也正因如此，人们在评价他的继任者时，持论越发苛刻，以旧史学的观点来看，新国王的声誉并不高过其父很多。

哈夫纳还提出了如下的命题，即普鲁士——作为一个由理性、而不是由民族性主导的国家——拥有"一种与众不同的弹性",甚或是"一种像橡胶一样的扩展能力"。这一命题所涵盖的对象，既是普鲁士国家本身，也包括其历任的国王。以传承者之间彼此的差异来看，人们很难再设想会有更为对照鲜明的关系。鉴于这些统治者之间巨大的不同，贝尔托·布莱希特[②]的一句带有他个人的普鲁士风格的名言就格外令人印象深刻："一定还有别的方式可行，但是这种方式，也行得通。"

第三位腓特烈·威廉，较之于第二位，可称迥异。他羞怯、内向、腼腆。对于父亲的那种浮夸作风，他深恶痛绝，并很高兴拥有一位可以在公众面前抢走自己风头的妻子。他的羞涩也表现在他过于简洁的表达方式上，言语中不定式出现的频率如此之高，已到了不合乎德语语法的程度。当时的宫廷用语，仍然是他所能熟练驾驭的法语，但当他不把自己看作王储甚或是国王，而只是军人中的普通一员时，带有

---

① 德国第四大城市，面积405平方公里，人口100余万。迄今已有2000年历史。历史上是汉萨同盟成员之一，也是德国内陆最大的港口城市。城市的标志性建筑是科隆大教堂，自12世纪以来因藏有"东方三博士"的骸骨而成为宗教圣地。神圣罗马帝国时期，科隆大主教也是七大选帝侯之一。该城还是德国同性恋运动的最重要阵地。

② 20世纪德国最有影响力的剧作家和抒情诗人之一（1898—1956）。作品流布世界，是"叙事剧"这一戏剧形式的奠基人和推广者。著名作品如《四川好人》《七宗罪》《第三帝国的畏惧与苦闷》等。

浓重柏林口音的德语，就理所当然地成为他使用的语言，其中夹杂着的各种缩写形式，成为后世之人在漫画中勾勒普鲁士军官时所乐于夸大的特征。

他最为人所知的名言："这真要命"，就是当他在需要做出解释时的搪塞之词，这些解释的复杂性他其实了然于胸——他并不愚笨，恰恰相反——只是绝不会从他口中吐出来而已。与许多大人物不同，他并不喜欢恭谨的聆听者，而是钟爱口若悬河的人，因为他们可以减轻谈话带给他的痛苦。在所有普鲁士的名人中，他最中意亚历山大·冯·洪堡[①]，并非由于其在科学方面的建树，而是由于后者能够连续几个小时地用最为标准的德语和法语滔滔不绝，丝毫不需思索。排在第二位的是首相哈登贝格，此公的这项能力也庶几近之。

他与曾祖父腓特烈·威廉一世也并不相像。他极少会失控地大发雷霆。他的身姿总是英拔笔直，他的举止总是无可挑剔。但如果衣服领子没有挺括的话，这第三任腓特烈·威廉也会展现出霍亨索伦式的粗暴。尽管他始终致力于追求公平正义，他的大臣们却感到无所适从，因为他极少做出决定，而做决定前必要经过耗时长久的、反反复复的斟酌思考。于他，仓促行事是绝无可能的，无论面对什么样的提议，他都能立刻找到与之相反的意见来。这是一个极为谨慎小心的人，由于清楚意识到自己肩负的责任而总是犹豫不决，也因此而过于考虑处事手法会带来的影响，以至于被臣下视为小题大做。

他在子民中口碑甚佳，原因之一是他那堪称表率的婚姻。王太子宫位于菩提树下大街，是一栋简洁的二层楼结构，带有文员室，王储和他的妻子路易丝就居住在这里，过着一种单纯又舒适的生活。甚至

① 德国自然科学家（1769—1859）。在长达七十年的工作中，除欧洲外，足迹还遍布拉丁美洲、美国、中亚。其科研领域包括物理学、化学、地质学、矿物学、火山学、植物学、植物地理学、动物学、气候学、海洋学、天文学，对民族学、人口统计学也有涉猎。在德国，以《自然的样貌》和《宇宙》二书广受欢迎。还在有生之年便获得荣誉无数，如"科学界的哥伦布""科学界的美洲发现者""科学亲王"或"新亚里士多德"。众多科研学术机构，都以能够获他加盟而深感荣耀。

他在登基的最初还不肯放弃这种生活，因为他热爱他所熟悉的事物，而口味也更近乎平民化。当申克尔已经开始为路易丝王后设计一件新古典主义风格的卧室时，他依旧每日睡在他的行军床上，盖着一条当时常见的马鬃毯子。手下人问他，是否需要厨房在烹饪方面多花些工夫，用更多美味代替粗糙的勃兰登堡式的食物，他的回答是，他的胃口并没有因为登上王位而变大。对他来说，最喜欢的事莫过于带着路易丝和副官屈克利茨勾留于一个名叫帕雷茨的村庄消磨时光。这个村庄是父亲送他的礼物，曾由戴维·基利加以扩建。在这里，他像个普通的地主一样，在收获之后，与王后翩翩共舞。

他在柏林的行为方式也颇类此。虽然经常乘车出行，但偶尔也会挽着路易丝，像个公子哥一样在蒂尔加腾公园里散步。作为臣民，若是与腓特烈·威廉一世迎面相逢，恐怕马上会仓皇逃窜，若是遇到腓特烈·威廉二世，应该会谦卑地深鞠着躬，静候国王从身前走过。而现在，则只需要脱帽致意，礼貌地说一句："您好，国王先生"，就像路易丝曾在一封信中用过的表达方式一样。在那个时代里，最引人入胜的活动就是游戏，即便是在他崇尚简约的宫中，这也属于雅致的消遣。在帕雷茨玩"盲牛"①和"敲盆"②的游戏，就是国王夫妇最大的乐趣。

与之对应的是：路易丝有时会代替国王充当主导性的角色。她比丈夫更为时髦，理所当然地会成为外国使节和本国上层社会所仰慕的对象。国王很乐意见到妻子以光彩夺目的形象出现，甚至是在跳着由她自己带入宫中的、遭人非议的华尔兹时，尽管老一代的名流贵妇们

---

① 儿童群体游戏。游戏中，一名儿童被用巾帕蒙上双眼，即所谓的"盲牛"。其他的儿童绕行其周，不断地挑逗"盲牛"。被"盲牛"抓住的人，即为下一任"盲牛"。

② 儿童群体游戏。游戏时，一名蒙目儿童手持长柄勺，其他儿童则在游戏地点某处倒置一盆，盆下扣有甜品或其他礼物。游戏开始时，盆会被敲响，以告知蒙目儿童，盆的大致方向。游戏进行时，盆不得被移动。蒙目儿童用手中长柄勺探路，直到找到盆并将其敲响为止。其间，其他儿童会高喊"冷"或"热"，以提示蒙目儿童前进方向正确与否。当盆被敲响后，蒙目儿童可以享用盆下之物，然后另有一名儿童继续蒙目进入下一轮游戏。

对此嗤之以鼻。这种华尔兹与后来的维也纳华尔兹不同——约翰·施特劳斯父子那时还没有出世——在当时是被认为有伤风化的，因为舞者们要彼此拥抱着，在木地板上翩翩起舞。

在他们的年代里，腓特烈·威廉与路易丝是非常新潮的一对夫妻。不计时代背景的话，可以这样描述他们的风格：洛可可式的鲁莽轻率已经过时了，平民化的做派才是正流行的。平素极为保守的腓特烈·威廉，甚至在时尚领域也表现出他的新潮。他是宫中第一个不再穿及膝短裤的人，而是按美式习惯，代之以长及鞋面的长裤。

人们对这年轻的继任者的和平主义倾向也绝无异议。七年战争留下的创痕，在普鲁士境内还随处可见。普鲁士人，特别是勃兰登堡人，从来就不是好战的民族。现在，人们对于与那些数不尽的邦国进行的无休止的战争已经十分抵触。自从《巴塞尔协议》以来，和平的处世原则就一直被视为是成功的——并且，如果人们愿意的话，也可以将其视为一种新潮。

在一次父亲生病期间，腓特烈·威廉将自己的思考付诸文字，即什么是作为普鲁士国王的责任。为路易丝作传的保罗·拜律，又从这两份记录中择选出要点，加以着重指出。这位未来国王所珍视的，诸如持家、秩序、公平、节俭和品质，在今天看来，都属于传统美德。但在当时，则被视为是新颖、特别和值得向往的。人们对于洛可可式的慷慨豪奢，已经深感厌倦了。

这年轻人并不是开出了一张清单，其上列满他将来在自己任内打算着手的事项。他更像是在发表一份声明，以此宣告，他日后的所有做法都会从根本上有别于他的父亲。尤其是远离战争。“一个国家最大的幸福，”他写道，“来自可靠的、持久的和平。”所有的收入，“不属于君主，而属于国家”，不应在无意义的浪费中被消耗，而只应被用来“发展经济”。今后，将不会再出现“伴随着可笑、死板的仪式的宫廷活动”，因为君主的“仁慈与关爱”，不应只是给予“富裕和地位崇高”的人，还应给予那些“辛勤而有益的普通民众”。为此，他将对来自“正派、诚实、敏锐、中立”之人的意见多加采纳。

这里有两处需加以解释，避免歧义：“普通”一词，在当时是“普遍”之意；而“中立”，是指“与收入分配没有利益关系”。最不寻常但也最深具勇气的一点是，他公开明确指出，民众中的劳动者，也属于“有益”的部分。在君主制时期，这样的观点，即便是在法国大革命刚刚过去不久的条件下，也可称为超迈时代。

普鲁士国王的这一态度，毫无疑问地迎合了民众的愿望，特别是对于已接受了启蒙思想的中产阶级来说。诗人诺瓦力斯在《普鲁士王朝年鉴》一书中将此赞颂为平民的乌托邦：“幸福的情侣将与日俱增，持家务实会日益成为风尚……宫廷正转变为家庭，王座正转变为庇护所，国王的婚事也变成了两颗心的结合，难道不是这样吗？想要亲睹和平并逐渐爱上它的人，现在就应前往柏林，瞻仰王后的风采。”

腓特烈·威廉对此类的热情洋溢却是一如往昔的反感，且反应粗暴。他亲自写信给年鉴的发行人，坚决要求“今后不要再出版这种无聊的废话”。

这一做法有欠公正。但实际上，他所宣明的那种不诉诸武力的公正，并未在这位 28 岁的国王和他 21 岁的妻子身上体现出来。他的统治是以对一个病人的报复行为作为肇始的，这一报复并不那么光彩，至少不比其他人的行为更高尚。从这一举措中，他收获的只有来自那些妒忌者的喝彩，以及给一个未来的对手让自己名誉扫地的机会。

在老国王腓特烈·威廉二世死的那天晚上，王储命令军队将波茨坦的大理石宫团团包围，任务是就地逮捕还在病中的利希特瑙女伯爵。与此同时，女伯爵位于蒂尔加腾的宫殿和其他居所也被置于严格的监控之下。老国王刚刚过世，利希特瑙就被拘禁起来，连同——同样未经合法程序——她的母亲和儿子，即国王的异母弟弟，还有她的宫廷总管达普马丁。由于无论是已故国王送给她的礼物，还是曾被她一再拒绝动用的所谓“政治影响”，都不足以作为给她定罪的理由，对她的指控就成了侵吞王室珠宝及国有债券。这些失去自由的人被集中关押在波茨坦的一处小小住宅里，等待法庭的宣判。

由于那些王室珠宝很快就被重新找到，分毫不少，而所谓的国有债券，不过是老国王年轻时写给女伯爵的情书（被新君看都没看即付之一炬），最后法庭做出了对利希特瑙有利的判决。

尽管如此，国王仍在延续着自己的不公正。除了禁止利希特瑙参加自己丈夫的葬礼外，他还查抄了女伯爵的全部产业，并将这女人送往西里西亚的格洛高要塞监禁起来。

现在，该是国王对普鲁士的“公正”重新加以了解的时候了。关于司法应当独立这一点，他已从他的老师斯瓦雷茨那里知晓，后者是《普鲁士通用法典》的制定人之一。法典在老国王去世前三年正式问世，并被按照普鲁士的方式严格遵行。身陷囹圄的利希特瑙女伯爵，仍旧可以每年得到一笔丰厚的养老金：4000 塔勒。而当她被从格洛高解禁并对国王提出诉讼后，柏林最高法院宣判她为无罪，重新归还到她名下的不只是房屋和土地，还有为数不菲的财产。在柏林果然还是有法制的。

而她随即又勇敢地搬回柏林居住，回到那个让她经历了人生跌宕起伏的地方。这精明强干的女人，虽已青春不再，却还是在今后的岁月里收到了多达 23 份的求婚。

她的彻底平反，是在一名普鲁士的敌人的帮助下完成的。拿破仑在占领柏林期间，下令对曾遭非法拘禁的利希特瑙予以赔偿，并按照她被没收的财产数目支付利息。而在那时，腓特烈·威廉三世——拿破仑想借此贬辱的对象——早已与已故父亲的旧情人达成了和解。对于柏林最高法院做出的判决，他的反应也是普鲁士式的，且符合斯瓦雷茨学生的身份。他公开承认，此前的一些做法确属操之过急。这样有悖法律精神的行为，在他身上非常罕见。而这次妥协，恐怕也使他行事迟缓的毛病在日后越发变本加厉了。

威廉明妮·恩克－利希特瑙－利茨，在柏林一直生活到 1820 年，以 67 岁之龄过世。

由于性格温和，国王原本的“一切都要与父亲不同”的意图也只部分得到了贯彻。他虽然彻底废除了由腓特烈大帝推行、由腓特烈·威廉二世弱化了的国家对烟草的垄断——这一政策引起了民众的强烈不满——但是，除了曾受到前任国王格外恩宠的韦勒讷和毕绍夫韦尔德之外，内阁其他成员均保持不变。上述这两人至少没有隐藏他们作为玫瑰十字会成员的身份。而真正的阴谋家、外交部长，1786 年被擢升为贵族的豪格威茨伯爵，仍居原位。他曾同哈登贝格一起，为《巴塞尔协议》的顺利签订展开过外交工作,但他的具体行为却并不为人所知。他是以利希特瑙夫人宠臣的身份进入普鲁士宫廷的，在女伯爵的宫殿中，负责筹办过玫瑰十字会的会议。在新国王面前，他却不惜通过抹黑自己女保护人的方式，把自己打扮成恭敬顺从的样子。一些被柏林最高法庭认为对女伯爵的不实指控，很有可能就出自他手。

尽管如此，也不应对豪格威茨完全加以丑化。作为普鲁士历史上众多被钉在耻辱柱上的替罪羊之一，他后来在流亡途中死于威尼斯。而他的外交手腕，在腓特烈·威廉三世政府早期，无疑曾对这个国家起到过巨大的帮助作用。

人们很难对国王冠以“了解人性”的评价。出自畏见生人的天性，他只能容忍认识已久的熟悉面孔活动在自己周围。与陌生人结识会令他感觉不适，而在处理新建立的关系时，他也缺乏相应的技巧。

这样的缺陷，恰恰是王后——有意也好无意也好——能够弥补的地方。但王后并非主动跻身于政治。在柏林或在别处的正式场合中、舞会上，甚至是在依照传统于波茨坦举行的春、秋军演上，她都站在国王的身边，承担着令国王感到为难的任务：讲演。由于她像她的丈夫一样声名卓著——其实可以毫不夸张地说：比她的丈夫更为卓著——所以不会引起任何不满，反而深受欢迎。国王本人也对这样的情形极为满意，人们可以感受到他如释重负般的轻松和因妻子的成就带来的快乐。

爱情会衍生爱情。据其同时代人所言，人们那时甚至可能有“路易丝国王与腓特烈·威廉王后”这样的说法。这夫妻二人的心灵是如此的融合无间，以至于他们的私人生活也与国家事务混同一体。对自己肩负的使命有所畏惧的年轻国王，如果不是在装样子的话，应该是信任自己的妻子胜过信任其他所有人，后者虽没受过什么教育，却极为聪慧——甚至可以说是睿智——总是能在丈夫需要帮助的时候，掌握到最为有效的方法。那个只会跳华尔兹的舞者，已变成了最可依靠的夫人，对其可以倾诉所有，包括不能向大臣们吐露的想法。这样的国王夫妇虽然非常少见，却是真正意义上的伉俪。对国王来说，路易丝不仅是王后和——唯一的——爱人，更是唯一的朋友。国王再无其他朋友，如果不把副官长卡尔·利奥波德·冯·屈克利茨计算在内的话。屈克利茨是在沙克伯爵逝世后接任这一职务的，并为今后可以摆脱烦劳的军营生活而欣喜不已。这个为人善良但头脑简单的家伙，被刻画为“极为肥胖并迟钝”的形象，从那以后兴趣仅限于——据马森巴赫所言——“牌戏、美食、烟草，还有宫内的流言蜚语”。尽管他有可能是普鲁士史上最令人有好感的宠臣，人们却完全可以将他忽略不计。但恰恰是他，却在腓特烈·威廉继位之初所着手的仅有几项举措中被任命为中校，并被委以“每星期三次向国王陈述实情”的任务。但由于一个简单的原因，这项任务永远无法被完成，因为屈克利茨——还是据马森巴赫的说法——“毫无思想”。

身材肥壮的屈克利茨，作为后世所言的“腓特烈·威廉三世的宠臣”，确实是个讨人喜欢的家伙，“因为他总是在别人寻求帮助时乐于伸出援手”。比如海因里希·冯·克莱斯特[①]就曾受过他的恩惠，尽管他本人对这位作家的文学大作（《您做了什么？驱逐吗？》）兴趣欠奉。根据鲍恩的记载，他还有过如下的抱怨：“我真的是不喜欢遇到有两派人在我面前就某件事各执一词的情况，因为他们总是能把局面搞成我完全分不清谁对谁错的样子。”

---

① 德国戏剧家、小说家、抒情诗人、政治评论家（1777—1811）。“魏玛古典主义”及“浪漫主义”代表人物之一。其名作如历史剧《海勒布朗的小卡特》，喜剧《破罐子》，悲剧《彭忒西勒亚》，小说《“O”侯爵小姐》等。

腓特烈·威廉对这位朋友的细心谨慎敬佩不已：出身贫困小贵族家庭的屈克利茨，在军中服役时，总能把自己的破旧制服打理得像新衣一样。但王储殿下从没得到过他的帮助，以至于一身王服看起来——就王储的节俭性格来说，显得为时过早——邋遢不堪。

在一封路易丝写给国王的信中——时间上也许无法确认——王后提醒自己的丈夫，他缺乏朋友，而朋友通常是一名君主所必须拥有的。王后所举荐的人选，是早就已经进入她视野的卡尔·奥古斯特·冯·哈登贝格侯爵。哈登贝格家族在汉诺威与路易丝的父母过从甚密。路易丝还在摇篮中时，卡尔·奥古斯特就曾以王室顾问的身份侍奉过英王乔治三世，位属亲信。路易丝对这位长袖善舞、谋定后动的政治家的信任，几乎是出于一种可能只属于女人的技能：本能。

这并不仅仅是由于外表的原因。就外表来讲，腓特烈·威廉与哈登贝格可谓不分轩轾。对路易丝来说，这是两个同样仪表堂堂的男人。腓特烈·威廉令女人们垂青的是，彰显性格的面容和修长的骑士身材。哈登贝格的魅力，则在于他精芒四射的蓝色眼睛、高高隆起的额头以及略向下弯的鼻尖，据说，这是拥有古老贵族血统的凭证。另有传言：哈登贝格的着装总是与其实际年龄不符，以使自己看起来很年轻。

但这都不能成为路易丝把哈登贝格视作可推荐给丈夫的最佳人选的理由。真正的理由是，作为一名卓越的政治家，哈登贝格永远可以在绝不触碰法律底线的前提下，极富策略地谋求到最大的利益。他的毕生对手冯·施泰因男爵①，评价他为“狐狸和山羊的混合体”。而至少在不久的将来，普鲁士就将极为需要这样一只狡猾的狐狸——路易丝的举荐，仿佛先知先觉一般。

① 普鲁士政治家、改革者（1757—1831）。于1807年《提尔西特条约》签订后，与哈登贝格同为普鲁士改革的坚定推行者。由于他的反拿破仑立场，于1808年遭到流放。于1812年被沙皇亚历山大一世接纳，为俄国效力。在1813—1815年的欧洲独立战争中，负责管理所有从拿破仑手中夺取的德国与法国领土。但他关于建立战后德国诸邦新秩序的想法在“维也纳会议”上没有被实现，政治影响力也自此逐步消减。

腓特烈·威廉对哈登贝格很有好感，因为后者在任安斯巴赫和拜豪伊特总督期间，进行了一系列的改革。而类似的举措，腓特烈·威廉在作为王储时就已有规划，并在备忘录中形成文字——在“政治”这一领域之内，腼腆羞怯的国王与温文尔雅的大臣志同道合。作为路易丝每晚都在与丈夫的交谈中不断提及的对象，哈登贝格与豪格威茨一样，都是腓特烈·威廉“中立政策”的坚定奉行者。

在这段关系中，腓特烈·威廉百分之百地恪守着自己的诺言。他严格遵照由哈登贝格签署的《巴塞尔协议》，刻意使普鲁士保持中立，即便是当法国革命军在1799年境况窘迫、被俄奥联军驱逐出意大利的时候。沙皇保罗一世——其第一任妻子威廉明妮，是达姆施塔特“大侯爵夫人”的女儿——曾试图转变他的立场，且态度咄咄逼人，对此，普鲁士国王报以怒气相向：“我保持中立。如果保罗一定要逼我参与一场战争的话，那么我的敌人将会是他。”于1800年新结成的以英国为敌对方的同盟，普鲁士也同样没有参加。

在欧洲大地上，战争进行得如火如荼。而普鲁士和另外17个与它同一立场的北德意志小邦，如同惊涛骇浪之中的岛屿一样宁静。柏林城一时之间犹若明珠般光彩夺目，从中受益最多的则非路易丝莫属。她热情洋溢地投入狂欢节中去，不仅因各种舞会而兴高采烈，甚至还在柏林歌剧院出演了哑剧。她参与的舞蹈项目包括：在她的英国堂兄、剑桥公爵①的身边起舞，有50名身着都铎时代②服装的男女作为伴舞；

---

① 专门授予年轻英国王室成员的头衔。在1664—1801年间共有四次授爵。最后一任剑桥公爵在1927年身故后再无人继承此衔。而于2011年4月29日完婚的威廉王子则由祖母伊丽莎白女王重新赐予这一称号。

② 于1485—1603统治英国的王朝。开国君主亨利七世出身兰开斯特家族，但迎娶宿敌约克家族的伊丽莎白为妻，故能终结自1399年金雀花王朝结束后两大家族争夺王位近百年的局面。末代君主为终身不嫁的女王伊丽莎白一世。由于其死后绝嗣，故苏格兰国王詹姆斯六世得以继承英国王位，统一英伦三岛，开创斯图亚特王朝。

以小步舞曲为伴奏的独舞；四对舞[①]；四分之三拍的四组舞[②]。

这样的庆典活动，在那些由性情并非如此温和的君主统治的欧洲其他名城里，早已是不可想象的事了。柏林人对此则深表满意。只有冯·福斯女伯爵在她的日记里闷闷不乐地但极有预见性地写道：“所有人的脑子里只有舞会，全不去想撒丁和那不勒斯的国王正在流亡中，而且埃根布莱特施泰因[③]也被抢走了。上帝知道，这一切还会发展成什么样。希望下一个不要轮到我们头上。”

福斯之于路易丝，如同屈克利茨之于腓特烈·威廉的意义一样。路易丝的公公腓特烈·威廉二世，当着路易丝的面，任命福斯为王后的宫廷总管。但在这位果决的监管人同王后之间，很快发展出了一种亦母亦友的关系。对于普鲁士宫廷来说，福斯的存在，如同王权的标志一样。她最著名的事迹，是在当年“士兵国王”腓特烈·威廉一世试图在台阶上亲吻她时，她给了国王一记响亮的耳光。那时她年方十二。后来，由于无法与腓特烈·威廉二世的父亲奥古斯都·威廉结婚，她嫁给了一个自己并不爱的堂兄。当腓特烈·威廉二世把她的一个侄女纳为第四名侧室时，她毫不掩饰地加以反对。总而言之，福斯夫人在普鲁士宫廷可谓阅尽沧桑。60 多岁时，住在韦尔瑙新庄园的她被腓特烈·威廉二世召回宫内，而那位被她庇护在羽翼下的年轻美丽的王后，最后也先于她走完了人生旅程。《普鲁士宫中的六十九年》是她的回忆录的名字。

如同许多女孩子一样，福斯在年轻时也曾对所谓的礼仪不屑一顾，长大后，她却成了普鲁士礼仪的维护者，并竭力保护着那些她在年轻

---

① 拿破仑一世时期在巴黎盛行的对舞形式，后世的“康康舞”（巴黎红磨坊里至今仍由身着艳丽服装的妙龄女郎表演的传统节目）即源于此。在许多舞会中，如著名的“维也纳歌剧院舞会”“午夜四对舞”都是不可或缺的群体舞蹈项目。

② 法国 18 世纪最流行的舞蹈形式。源自英国乡村舞蹈，舞者排成直线或是围成圆圈。通常采用大调，四分之二拍或八分之六拍。

③ 建于 16 世纪的军事要塞，位于现德国北莱茵－威斯特法伦州，扼莫泽尔河河口，河对岸即科布伦茨市。

时曾全力反抗的道德规范。对于路易丝来说，她既意味着安全与屏障，同时也扮演着朋友和保姆的角色，当自己志得意满时会提出居安思危的忠告，艰难困苦时则成为遮风挡雨的依靠。无可取代。

和平年代自有其魅力所在。但历史会将更多的关注，给予那些与战争相关的事件。在那个时代的欧洲，和平注定不会持续太久。从《巴塞尔协议》的签订到1806年，其间不过约略十年而已。

国王夫妇仍过着他们庶几平民化的田园生活，简单快乐，还有些毕德麦耶尔[①]式的味道。这意味着一种俭朴而惬意的生活方式，正如在德国城市中——比如柏林——地位日趋凸显的中产阶级所展现出的那样。如果说，国王代表了毕德麦耶尔式的俭朴，那么王后则还生活在洛可可风格的余响中。路易丝每天早晨——确切地说是中午——醒来时，正是早就起身处理国事的丈夫结束工作后回宫的时间。这时的国王就像个手工匠人一样，筋疲力尽，怏怏不乐，需要有人令他重新快乐起来，而能胜任这件任务的人，只有王后。

王后依然保持着她那风情万种的样子，奇怪的是，国王对此很是欣赏，也许这正是妻子令他引以为傲的地方。当他们的身份还是“王储夫妇”的时候，老国王曾无法适应儿媳大胆随便的生活做派，但王储却义无反顾地站在自己妻子一边，迫使“胖威廉”——居然由他来充当卫道士的角色——放弃了教育下一代的努力。她同拥趸众多的路易·费迪南德亲王[②]——腓特烈大帝的另一个侄子——的情爱纠缠，最后不了了

① 从历史角度来说，从1815年“维也纳会议”至1848年“欧洲大革命”之间的这段时期，被称为“毕德麦耶尔时期”。在政治学领域，这一名词带有“复辟”的意味，意指拿破仑时期之后在欧洲的政治潮流。而在这一时期内发展壮大的中产阶级、市民阶层，其外放于文化、音乐、建筑等诸方面的艺术风格，也自然归纳于这一词条下。

② 普鲁士王子、陆军将领、作曲家和钢琴家（1772—1806）。其父为腓特烈·威廉一世第七子、奥古斯都·费迪南德。始终秉持反拿破仑的立场，并亲自率军参加战斗。于1806年“萨尔菲尔德”战役中，与法军元帅让·拉纳所部遭遇，寡不敌众，阵亡。他在钢琴上的造诣亦为人所称赞，与贝多芬、杜舍克均交往甚密。

之。而与沙皇亚历山大[1]之间的桃色事件，则显得更为难以处理。以至于在一场舞会上，曾上演了情绪崩溃、热泪奔涌的一幕，但事情演变的结局，却是俄国沙皇与普鲁士国王两个男人间长久——从政治角度来看，意义也更为重大——的友谊。可那真的曾是一桩桃色事件吗？

和平年代的许多事都在可通融之列。王后的妹妹弗雷德里克，在自己那个形同陌路的丈夫身故之后，诞下了一名私生子。这意味着，她可以与这情夫结婚，但两个人都要从此接受被流放的命运。又是一幕生离死别的场面，但从根本上来讲，腓特烈·威廉是个心肠柔软的人，至少在涉及妻子及其家人的问题上时。于是，此事最终也被谅解了。

整个家族也在发展壮大。作为卧室里甜美爱情的见证，拥有众多子嗣，也是毕德麦耶尔时代的标志之一。夫妇二人的第一个孩子，刚出生便被死神接走。但在 1795 年，一个小腓特烈·威廉来到人间，并让整个普鲁士沉浸在喜悦之中。两年后，另一个小威廉又接踵而至。在为继承人选择名字这件事上，霍亨索伦家族的成员表现得甚为缺乏想象力。1798 年，女儿夏洛特开始躺在摇篮里，她日后会成为俄国沙皇的妻子。另一个女儿弗雷德里克在出生一年后即告夭折，其后则是儿子卡尔、亚历山大，和一个只活到 2 岁的费迪南德。在这段和平时期——王后的“清静时期”——里，总共有五个孩子开始了他们的人生。还有两个，会在日后到来。

尽管看起来一切都是老样子，腓特烈·威廉只是短暂地被家事缠身，路易丝也一如既往地把生活作为享受来对待，但还是有些变化在悄然发生：家庭，日渐成为生活的中心，上演着至关重要的角色。而王室的生活，也被中产阶级所争相效仿，无论是在生孩子的数量上，还是在给孩子起名时的选择上。几乎每家都有个或是“腓特烈”或是“威

① 俄国沙皇、波兰国王及首任俄籍芬兰大亲王（1777—1825）。在其统治下俄国在政治、经济、军事、文化各个方面都经历了一个极盛期，击败拿破仑的功劳使他在欧洲风头一时无两，而对瑞典、波斯、土耳其的军事胜利，为他赢得了广袤的领土和为数千万的人口。俄国的影响力因他而直线上升。

廉”的名字。在那个时期共同成长起来的同名之人，一定有数以千计。

腓特烈·威廉三世继续奉行着中立政策。拜律描述他为“对所有人缺乏信任，但尤其缺乏自信”。最令国王提防戒惧的是，朝中的那些“雕派分子”。他们对维持政治现状可能带来的后果不断发出警告。时至今日，我们更乐于将这类人称为“鹰派”。在今人眼中有如明星般的路易·费迪南德亲王，就是其中之一。他是一名仪表堂堂的军人，是周旋于女人当中的浮华公子——其中包括路易丝的妹妹弗雷德里克——同时还是作曲家和钢琴家，连贝多芬这样坚定不移的共和主义者，都对他予以极高的评价。而国王则非常冷酷地让这位腓特烈大帝的侄子知晓，即使是王室血脉，也不可以逃脱被监禁的厄运。也许国王内心深处对这讨女人喜欢的年轻人积怨已久，既是由于那些他与王后共舞的华尔兹，也是由于他与王后妹妹之间不足为人道的行径。但最主要的原因，应该还是普鲁士试图远离与法国人进行旷日持久战争的中立立场，这才是国王的关心所在。

但以那样一种姿态被卷入战争中的，偏偏是腓特烈·威廉三世，这一切究竟是怎样发生的？

原本是乌合之众的法国革命军，此时已发展成为一支军容严整的精锐部队，由曾任旅长、现在的共和国“第一执政”[①]领导。1804 年 12 月 2 日，拿破仑·波拿巴像普鲁士第一任国王腓特烈·威廉一世一样，自己动手，在巴黎圣母院将皇冠戴在了头上。一年之后于米兰，他又将意大利的王冠如法炮制。

这个身材矮小但天赋异禀的战争艺术大师及政治家，将法国大革命变成了实现其个人目标的工具。高举着“思想自由”的旗号，他带领法军横扫各国。他想建立一个统一的欧洲，这主意本身并不坏。并且，尽管来自科西嘉岛，从血统上更接近意大利人，他却希望在欧洲一统后扮演领导者角色的是法国。这听起来也不尽是痴人说梦般的臆

① 此处指拿破仑。拿破仑曾于 1794 年任炮兵旅长，1799 年“雾月政变”后，成为“第一执政”。

想，因为法国与奥地利同为这块大陆上最具实力的国家，其语言与文化深深影响着当时社会的精英阶层。他已经开始着手建立自己的王朝，并打造一个崭新的贵族体系。作为被取代一方的旧贵族们，或是被送上断头台，或是流亡国外。

这是一个少见的、极具魅力又功名卓著的男人。一方面，从启蒙主义的角度来说，他颇为现代；另一方面，他又是个保守主义者，一手复活了刚刚在他的国家里被推翻的贵族体系，使历史的车轮不进反退，或至少是停滞不前。

人们不由得感到迷茫，因为这会成为柏林的“雕派分子”们要求普鲁士必须加入反法行列中的理由。他们眼中的拿破仑，手持利剑，意图将整个大陆都归到他的新帝国名下。毫无疑问的是，历史上存在着这样的时刻：当一方的掠夺意图暴露出来时，另一方的中立也无法再保持下去。

忠于自己立场的腓特烈·威廉拒绝了旨在防患于未然的战争。在精明的哈登贝格和冷酷的豪格威茨的协助下，他对于最初的局势尚能应付裕如。一段时期里，他看起来似乎像他父亲当年那样，可以坐收渔利。1803年，在法国主导下的《帝国特派代表团决议》被通过，对德国土地重新进行划分。莱茵河左岸地区作为战争赔偿，归属法国。而普鲁士也得以从此接管大片原本属于教会的土地：主教管区帕德博恩①、希尔德斯海姆②和戈斯拉③、埃尔福特④及主教管区

① 现德国北莱茵－威斯特法伦州（北威州）城市。面积约180平方公里，人口14.5万有余。该城的大学始建于1614年，为北威州最古老的大学之一，现为神学院。该城亦是枢机主教驻地。

② 现德国下萨克森州南部城市。面积约93平方公里，人口过10万。815年成为天主教主教管区，至今城内古迹无数，例如已有千年历史、被列为世界文化遗产的圣米歇尔教堂。

③ 现德国下萨克森州南部城市。面积90余平方公里，人口4万多人。11至13世纪时因作为神圣罗马帝国皇帝的行宫而地位超然。由于有这样的历史，在纳粹时期被选作“第三帝国农业之城”，成为宣传体系中的明星城市。1992年起被联合国教科文组织列为世界文化遗产。

④ 现德国图林根州首府，州内第一大城。面积270平方公里，人口20余万。从地理上来看最可被称作“德国中心”的重要城市。742年成为主教驻地，后被查理大帝列为当时法兰克王国的边贸重镇。该城保有欧洲最古老的犹太人教堂（建于1094年）。

明斯特[1]的大部分——几乎包括今天的整个威斯特法伦地区和部分图林根州领土。

这次领土增益所带来的喜悦尚未消退，三年后，拿破仑又为普鲁士送上了一份达纳埃尔式的礼物[2]：汉诺威。自 1714 年以来，汉诺威的主人一直是拥有神圣罗马帝国选帝侯身份的英国国王。腓特烈·威廉本人，则既不曾索取也不曾接受过这份馈赠。尽管如此，英国人还是向他宣战了。这极有可能是拿破仑的一个花招，旨在让“腓特烈大帝的军队”成为自己的强援而为普鲁士国王设下的圈套。奥地利与俄国的联军刚刚在奥斯特里茨战役中败于拿破仑之手，奥地利不得不与法国单独签订停战协议，沙皇则撤回了他的军队。一度貌似强大的反法同盟分崩离析，最初的成员国中，只有英国还在坚持。而在这场冲突中，那唯一站在来自科西嘉的征服者一边的又是谁？是腓特烈·威廉三世，普鲁士国王，和平主义者。

这样的形式，既无关战争与和平，也无关牺牲与痛苦，不能不让人感到奇怪。而更令人难以索解的事还在后面。就在几个月后，普鲁士参战，对手不是英国，而是法国。

这一局面的造成，是幕后进行的外交活动和对此做出的轻率反应共同作用的结果。无论如何，腓特烈·威廉——像哈夫纳不无嘲讽地评论的那样：“带着破碎的、对和平的热爱，踉跄着撞入了战争。”

起因到底是什么？其实并不复杂。法国军队在事先没有沟通的情况下，便行军通过安斯巴赫。而且由于将对方认作盟国（事实上，根据《1805 年舍恩布伦协议》，确也如此），还在当地征用了军需用品。除此之外，根据在伦敦的密探传回的情报，拿破仑已向新任英国首相

① 统一在这一名称下的天主教教区，地理上彼此并不相连。包括现德国明斯特地区、北威州的下莱茵地区和下萨克森州的奥尔登堡。主教教堂位于明斯特城，即著名的圣保罗大教堂。

② 指为获赠之人带来灾祸的礼物。典故出自特洛伊战争，希腊人送给特洛伊城的木马最终毁灭了这座城市。达纳埃尔，即为希腊人，词源为希腊神话中有 50 个女儿的阿尔戈斯国王达纳俄斯。

福克斯做出书面承诺，将归还汉诺威。而汉诺威本是拿破仑刚刚许诺给普鲁士的。就是这样一场错误的表演，在向来谨慎小心的腓特烈·威廉三世体内，点燃了霍亨索伦家族固有的暴怒。他向法国人发出了最后通牒，同时在普鲁士发布了全国总动员令。普鲁士的“雕派分子”们一时额手称庆。而再次担当起三军统帅一职的依旧是布伦瑞克公爵，他仍被视作普鲁士军中最为举足轻重的人物，尽管他迄今还是没有赢得过任何一场战役。军队对此不免感到沮丧。他们曾希望国王能像他的伯祖父老弗里茨那样，带领他们走向胜利。

不出所料，拿破仑极聪明地对这份最后通牒置若罔闻，并为普鲁士国王留出了妥协的时间，而后者对此同样置若罔闻。于是，如同曾在德意志的土地上反复上演的一样，人们纷纷奔赴战场，欢欣鼓舞，目空一切。辎重队伍中包括一支属于王后的车队，福斯女伯爵等一众女眷均在其中。对于普鲁士人来说，这已成为一项传统，尽管此传统在前两任国王任内都遇到了执行上的困难：腓特烈大帝对女人不感兴趣，而腓特烈·威廉二世对女人的兴趣则过于浓厚。时年 72 岁的布伦瑞克公爵显然更接近后者，他没有忘记将自己的情妇带在身边。但被爱戴的女人却只有王后，无论她是在后方还是后来在前线出现时，都会引起士兵们的欢呼。接下来有关路易·费迪南德亲王的噩耗，使高涨的情绪转入低潮：在两军先锋部队于萨尔菲尔德进行的战斗中，亲王不幸殒命。这可不是什么吉兆。

拿破仑一如往常地认真筹划了对普鲁士军队的第一场战役。一支侦察队伍向他和他的将军们汇报了普军的所有行动，那支曾在腓特烈大帝手中纵横天下的军队，仍令所有对手心生戒惧。可惜，已经时移事异了。当拿破仑对战场——两处战场——做着精心考察甚至连出发地点都重新予以确认时，布伦瑞克公爵却连一个探子或巡逻队都没有派出过。除法国人外，普军还要面对与拿破仑同一阵线的、德意志莱茵同盟的军队，而己方的助力，只有一个来自萨克森的军团。

长期的和平，没有为普鲁士军队带来裨益。其战术水平还停留在腓特烈大帝时代。所有的军事行动，都照搬大帝当年的做法，全然不顾无论敌人还是友邦都已今非昔比的实际情况。普军还在相当程度上抱持着中世纪的战斗模式：两军对阵——前进——接触——搏杀，可当下的战术潮流却早已呈现出灵活多变的面貌。其中最富创造力的战术大师之一，正是拿破仑，在那个时期，还没有任何人有资格成为他的对手。

1806 年 10 月 14 日，耶拿[①]，拿破仑大破普军。同时，法军元帅达武[②]在奥尔施泰特击溃了人数在己方两倍以上的敌人，获得了一场连他自己都难以置信的巨大胜利。坐镇奥尔施泰特的腓特烈·威廉国王，试图约束开始溃逃的士兵。他挥舞着佩剑，和副官们一起竭力重整军容，却终归徒劳。

布伦瑞克公爵在最后关头为王后安排了一条逃亡的道路，途经魏玛[③]，再返回柏林。他本人则随即被霰弹弹片夺去了双目。活着的时候，他不是一名伟大的将军，死得却像个英雄。

法国人在耶拿俘虏了 1.5 万名普军，在奥尔施泰特俘虏了 3000 名。普军在两处战场的伤亡人数各为 1 万人左右，法军付出的代价，只接近这个数字的一半。

曾拥有绝高评价的普鲁士军队正陷入不可收拾的大逃亡中。国王

---

① 德国图林根州第二大城，面积 114 平方公里，人口 10 万有余。两德统一前，曾是民主德国的光学及精密仪器工业中心，著名企业“卡尔·蔡司”即坐落于此。统一后，由工业中心转为教育和科技中心，汇聚了大量的研究中心和实验室。

② 法兰西第一帝国元帅（1770—1823），拿破仑二十六元帅之一。在同历次（第一、二次除外）反法同盟的作战中，屡建殊功。1806 年在奥尔施塔特战役中，以所部 2.7 万人大破 5.8 万普军。1812 年远征俄国时，无论是担当先锋还是断后之任，均战绩彪炳。就军事才能来论，他与拉纳元帅俱可称侪辈中的翘楚。而更为可贵的品质，是他对拿破仑的忠心耿耿、至死不渝，较之于内伊、贝尔蒂埃之流，高下不言自明。

③ 德国图林根州第四大城，面积 84 平方公里，人口 6.5 万。歌德和席勒均曾长期在此城生活；引导现代德国乃至世界设计、建筑艺术的著名学校“包豪斯”在这里发源；德国历史上第一个共和国“魏玛共和国”诞生于此。凡此种种，其历史价值不言而喻。时至今日，仍是文化气息极其浓厚的“大学城”。

和他的将军们已经完全丧失了对局面的掌控。所发生的一切令人难以面对，而更令人无法置信的，则是将要发生的事。腓特烈·威廉是如此的惊慌失措，以至于忘记了一件头等要务：任命一名新的军队总司令，接替已死的布伦瑞克公爵。整整二十四个小时之久，普鲁士军队处于群龙无首的状态。载有王后的马车一路向魏玛飞奔。在到达目的地之前，车子损毁，王后改乘侍从官冯·布赫的车子赶到了魏玛，那里的宫中正举行哀悼，却是为了路易·费迪南德亲王，公爵的死讯还没有传到。

逃亡的普鲁士军队所过之处，地上满是仍可以使用的轻重武器，却被士兵们丢弃，还有燃烧着的补给车辆，事先已被给养匮乏的萨克森友军抢劫一空。国王甚至与他的屈克利茨也失去了联系。在图林根的一座小村子中，人们找到了这位副官，当时他正在享受一只烤鹅，安慰着多日以来的辘辘饥肠。

战争的失利有如传染病一样。成批的部队在毫无必要的情况下缴械投降。众多要塞，诸如埃尔福特、马格德堡、哈美恩，均不加抵抗便屈膝从敌。由于军队也好、官员也好，在面临紧急情况时全都未能恪尽职守——市长冯·舒伦堡业已逃亡——勾留未去的柏林缙绅们除了与法国人沆瀣一气，便再也无路可走。当拿破仑在不久之后行经勃兰登堡门进入普鲁士的都城时，柏林市民用法语高呼着“帝国万岁”，借此含蓄地表达对这位统治者的承认。

路易丝王后在柏林与家人失散，后来在施威特找到了她的孩子们，又在什切青与丈夫会合。应该是在那里，她建议国王任命霍恩洛厄侯爵为司令官，统率几乎已名存实亡的普鲁士军队。国王接受了这一建议。

在普鲁士，还有一个人能做到处变不惊，即海因里希·腓特烈·冯·施泰因男爵。他来自拿骚[1]，是一支古老贵族血脉的最后继承人，

---

① 位于德国莱茵－普法尔茨地区，面积17.5平方公里，人口不足5000人，是获国家承认的著名疗养胜地。915年，作为沃尔姆斯主教的庄园始见于记载，1348年获神圣罗马帝国皇帝查理四世承认成为城市。1100年劳伦堡伯爵建造了拿骚城堡，1160年起，其后人开始自称为“拿骚家族”，现今的荷兰王室及卢森堡大公一族，俱出自拿骚一脉。巴拿马的首都也是以此得名。

自1780年起为普鲁士效力。尽管从事的是法律工作，他本来所学却是采矿业。动荡之际，男爵良知不改，他将属于王室的黄金和国家的内库一并装上马车，亲自送到什切青。随即又接受任务，将这笔资产运往柯尼茨贝格，那里也是国王夫妇和普鲁士政府的下一个目的地。

在柯尼茨贝格，王国的东部领地，普鲁士政府终于止住了溃退的脚步。由于该城地处偏远，很难从这里对王国发号施令，更何况广大国土还处于被敌人占领的状态下。与普鲁士的行事方法不同，法国人不为己方占领军的食宿与给养花费一分一毫。一切都从当地的民众身上索取，包括他们在中部欧洲习惯饮用的葡萄酒，也不可以用成本稍微低廉的啤酒来替代。

腓特烈·威廉国王在相当长的一段时间里活得如行尸走肉一般，王后则竭尽全力平复他的忧伤。尽管东普鲁士的严寒天气令她不适，她仍坚持不懈地试图消解丈夫的自怨自艾，后者因为没有将中立立场奉行到底而万分悔恨。豪格威茨、伦巴德、鲁凯西尼、布伦瑞克公爵及其难以恭维的战术，都成了王后推卸责任的对象。国王在绝望困顿之际打算退位，并想请求拿破仑允许他在柏林与世隔绝地度过余生，对此她完全反对。她让他重新振作，尽管自己有时也难免惊恐：当她面对她所帮忙照顾的伤员时，面对肢体残缺、在铺石路面上匍匐前行的乞丐时，或是面对那些在步步进逼的法军之前继续逃亡的难民时——这些人计划在冰天雪地中穿越库尔兰地区的沙洲，逃向梅墨尔①。

使国王从低谷中复苏的，却不是王后的爱情，而是这个执着于追求公正的人一直以来想要达成的一个愿望。这愿望看似触手可及，但在当前的情况下，又似乎异想天开：经法国大革命及大革命带来的影响检验后，被证明行之有效的改革措施，他要逐一效仿。这将意味着一场自上而下的革命，意味着一场改变，在使国家变得更好、更公正的

① 现为立陶宛海港城市，依照立陶宛语，城市名为“克莱佩达”。13世纪时由条顿骑士团所建，梅墨尔河在此地流入波罗的海。一直到二战以前，梅墨尔河都标志着德语势力分布的最东部边界。

同时，也捍卫传统习俗中优良的一面。

国王有两名同盟者，坚定不移地支持国王的冒险行动，并拥有随时谒见国王的权力：一个是路易丝所青睐的哈登贝格，另一个是冯·施泰因男爵——男爵不是个好相处的人，比大多数普鲁士人更普鲁士化，甚至霍亨索伦家族的人与他相比，也有不及。

他们三人这样的同盟并非绝无仅有。对在战败后的普鲁士兴起的改革潮流进行了细致研究的莱茵哈德·考泽莱克这样描写道："那些在普鲁士管理阶层中长期以来以相对松散的方式组成的改革团体，现在已汇成了一股洪流，向更上层冲击。"

此外，筹措维护国家稳定的必要资金，也成了燃眉之急。1807 年 7 月 9 日《提尔西特协议》中的和平条款苛刻非常。出于"平抚拿破仑"的目的，普鲁士人派出了他们美丽的路易丝王后，她也是拿破仑本人心目中"最危险的女人"。他们两人在提尔西特会面的过程，流传于后世，其结果是平分秋色。王后发现，拿破仑并不是如她先前所断言的那样，是"活着的撒旦"；拿破仑则将王后视作一个勇敢的女人并保留在记忆里，从那以后，在他掌控下的、全欧洲都会阅读的法国政府喉舌刊物《箴言报》中，再没有出现过对王后的冷嘲热讽。即便如此，他的和谈条件仍比想象中的还要残酷。

从来都不是普鲁士追求目标的汉诺威，已经在《梅墨尔协议》后还给了英国。现在，普鲁士又要失去一半的国土和人口，包括易北河以西的全部领地和瓜分波兰以来的全部所得，诸如但泽、托恩和南普鲁士。战争赔款数额高昂，尽管具体数字一直无法敲定，但始终在不断攀升，实际上已经超出了普鲁士的偿还能力，而这还不包括支付给占领军的费用。这意味着发行公债已不可避免，从贸易、生产以及农业方面征收的税额要提高，对迄今为止从不缴纳任何税款的容克阶层影响更大。

但从另一角度来看，更为糟糕的事情毕竟没有发生。比如，拿破仑本可以轻而易举地就此将普鲁士王国解体。他确实也在盘算着将普鲁士与威斯特法伦王国合并，他的弟弟哲罗姆此前已受封成为威斯特法伦国王。而拯救了普鲁士的人，则是俄国沙皇亚历山大，他虽然不再是路易丝的拥趸,但仍忠于自己的朋友腓特烈·威廉。可以肯定的是，沙皇也是出于为自身打算：在俄国与拿破仑的势力范围之间保留一个缓冲国，总好过与其直接接壤。

“看在上帝的分上，绝不能接受不光彩的和平！”这曾是路易丝在得知耶拿和奥尔施泰特惨败之后的第一反应。事到如今，人们所能想象到的最“不光彩的和平”，就摆在眼前。腓特烈·威廉对此表现出既听天由命又脚踏实地的态度。也许他当初对拿破仑宣战的决定确属轻举妄动。现在，他的懊悔之情则通过被动与主动两种方式表达出来。被动的方式，体现在他对于普鲁士王国乃至他本人的困顿处境正进行着仿佛置身事外般的冷静分析。“好像他在谈论其他人的不幸一样。”一个英国人在梅墨尔的寒酸农舍中拜访了国王以后这样记录道。

而主动的方式，则体现在他的行事上，其中可见斯瓦雷茨在他身上留下的痕迹。他在为他的国家设计着改革计划，以赢取更好的将来。以一种玩笑的方式，他向路易丝表露出自己的想法：在一次陪同沙皇检阅军队时，他剪下自己的辫子，派人送给妻子。直到不久之前普鲁士士兵们都还普遍蓄有的辫子，现在被国王赋予了特殊的意义，将被坚决予以剪除。

在远离故土和国都的地方，腓特烈·威廉开始投身到改革大业中去。沙皇亚历山大——他最后的朋友，名义上虽然是拿破仑的盟友，却是他的救命稻草——对此大摇其头。可当他对沙皇的形象进行彻头彻尾的模仿后——蓄起胡须，戴上“查寇”①——他的思想也变得比被模仿对象更为自由起来。法国人已经做出了充分证明，当一个民族被人道地给予更多自由的时候，可以爆发出多么巨大的力量。也正因此，拿破仑没有对在被击败的普鲁士境内出现的改革浪潮表示异议。民众的自觉，不会是一件坏事。在拿破仑的构想中，未来的普鲁士，将会

① 18世纪晚期出现的军帽，平顶，有前遮檐，拿破仑战争时期流行于全欧洲。名字源自匈牙利语，意为“骑兵头盔”。

是倾向法国的、由德国中小邦国组成的“莱茵同盟”中的一员。实际上，拿破仑也毫不留情地剪下了诸多“辫子”。

为这场改革进行文字鼓吹的是施泰因和哈登贝格。两位政治家分别将各自的构想诉诸笔下。哈登贝格在里加[①]完成了他的手稿，由普鲁士后来的文化部长卡尔·冯·阿勒腾·施泰因偷偷带回梅墨尔。拿破仑曾禁止哈登贝格继续为普鲁士效力，而后者则在被拘禁之前及时地迁居到俄国境内。

哈登贝格笔下的描述，更为细致具体。其涵盖范围既包括施泰因同样感兴趣的法律与经济议题，也涉及在施泰因看来“完全无意义”的军事领域。近期发生的事件无疑使他更加坚信自己的观点。

施泰因则将主要精力放在了对内政问题的剖析上。他的结论清晰明了：“民主原则，”他写道，“运行于君主制的体制之内……对于当前形式而言，实属再恰当不过。”

这一理念，即便是对于支持改革的人来说，也显得冲击力过强了。美国革命及其后建立的民主制度，此时在普鲁士已获得一定的好感。一名与美国独立战争擦肩而过的普鲁士高级将领，奈德哈特·冯·格奈泽瑙伯爵[②]，也将一些美式思维带回了国内。但总的来说，“民主”一词，仍带有贬义的味道。

施泰因所建议的普鲁士模式，要么是重新恢复曾被专制主义君主们取缔的旧有等级制度，要么是仿照英国，实行两院制的君主立宪。

① 现拉脱维亚共和国首府，面积307平方公里，人口逾70万，是波罗的海三国中最大的城市。地处道加瓦河口，地理优越性不言自明，曾是汉萨同盟成员之一。历史上，瑞典、俄国、德国曾就此城进行反复争夺，二战后归属苏联。

② 普鲁士陆军元帅（1760—1861）。年轻时曾作为德国军人被租借给英国军队，参与美国独立战争，但由于当时战争已至尾声，故事实上一直只在魁北克驻防。1786年起为普鲁士效力。在普鲁士败于拿破仑后，协助沙恩霍斯特进行军事改革，并成为普鲁士“总参谋部”的奠基人之一。1815年“滑铁卢战役中”，作为布吕歇尔元帅的参谋长（前任参谋长为沙恩霍斯特），为击败拿破仑发挥了巨大作用。由其创立的“在开阔战场上对敌军予以合围全歼”的战术理念，深刻影响着后世德军的作战风格。而他的“统一德意志”的政治理想，则在后世由俾斯麦予以实现。

所谓的"旧有等级制度"，指除贵族和中产阶级以外，构成社会的其他阶层诸如手工业者、商贩、农民——无论是居住在东弗里斯兰也好，还是在蒂罗尔[①]也好——都拥有一定的权利，可以参与税收的制定。在施泰因的家乡威斯特法伦，情况即是如此。而对英国制度的了解，则是他在该国游历时潜心观察所得。英国在施泰因心目中的地位，堪称榜样，尽管他本人在当地受到的待遇并不令人愉快——他在进行与今日人们口中所谓的"工业间谍"所从事的同样活动时，被抓获了。英国人对于本国通过工业革命所取得的成就深感自豪，并不愿与别国分享，哪怕是与之有同盟关系的友邦。

施泰因在东普鲁士亲自呈交了他的笔记。撰写工作是他带着不满情绪在故乡拿骚完成的，因为国王腓特烈·威廉三世不久前对他做出了处罚。起因是他认为国王所有的亲信旧臣都是无能之辈，所以拒绝与他们一起共事。国王则因此给他贴上了殊无褒义的标签："一名难以驾驭、固执、倔强、不尽职的官员"，并毫不留情地将他解职。

但由于各种原因，国王又对他重新予以起用。首先，他是除哈登贝格之外唯一可以让国王时不时地听取其建议的人。其次，虽然哈登贝格从现在所居之地仍能为国王提供咨询，但毕竟是身处国外，诸多不便。最后，令人颇觉古怪的是，恰恰是拿破仑对施泰因的东山再起发挥了正面影响。一些甚为尖刻的评论者对此的解释是：拿破仑的初衷在于为普鲁士国王安排一个极为难缠的助手。

按照沙恩霍斯特[②]的说法，此时偏居于贫瘠的梅墨尔的普鲁士朝廷，

① 位处欧洲中部，历史上曾为奥匈帝国领土。第一次世界大战结束后，东、北蒂罗尔属于奥地利共和国，南蒂罗尔划归意大利。境内地貌主要为阿尔卑斯山地，是欧洲冬夏皆宜的休闲去处。

② 普鲁士将军（1755—1813）。普鲁士军队改革的主要领导者、普鲁士"总参谋部"的奠基人。首先在普鲁士推行"全民皆兵"的方略。由于他在军队改革进程中也毫不忽视对社会问题的关注，故被认为是普鲁士"解放战争"中最值得被效仿的楷模。在 1813 年 5 月的"吕岑会战"中膝部受伤，由于缺乏有效的治疗，于几周后去世。现葬于柏林著名的"荣军公墓"，墓地由申克尔设计，墓碑顶端作为装饰的睡狮，系用缴获的法军火炮熔化后所铸。

如同“荒岛上船只的残骸”一样。但就执行腓特烈·威廉所下达的任务来说,这个偏远之地却不啻为最佳所在。由于缺少可分散注意力的事物,人们除了全身心地工作,别无选择。

哈登贝格和施泰因并不是唯一在这荒僻的地方从事改革的人。负责对军队进行整改的是格奈泽瑙和沙恩霍斯特,他们在这一领域内没有遇到丝毫阻力:新法可以被作为命令下达,并得到无条件执行。作为他们同道的海尔曼·冯·包印将军,起草了关于兵役制度的规则条款,并完全参照法国模式,以打消拿破仑的疑虑。沙恩霍斯特所发明的“由短期服役的士兵组成的预备军制度”,以对新兵进行短期训练的方式,使改革者们得以在不突破和约中所规定的军队人数上限的同时,增加后备役军人储备,从而使军人的实际数量超出法国皇帝所允许范围之外。威廉·冯·洪堡[①]在着手对学校和大学的教育改革。同时在其他领域也不乏人才,比如这普鲁士最东省份的行政长官,西奥多·冯·舍恩,曾因重建了玛丽安堡[②]而名声大噪,再如施吕特男爵,甚至还曾在本身就是改革者的腓特烈大帝手下效劳过。

可并非所有的美丽梦想都能成为现实。普鲁士国内还另有一股力量,与“改革派”背道而驰,其成员主要为贵族,虽无明确的组织纲要,但强大的影响力却不容忽视。约克·冯·瓦腾堡伯爵——后文中还要详细介绍此公——即与他们志同道合。幽默风趣的腓特烈·路德维希·冯·马维茨,则是他们的代言人,他的回忆录至今仍被认为是关于那个时代的最有价值的史料之一。这是一群“永不犯错”和“完美无瑕”

① 德国学者、政治家、柏林洪堡大学创建者(1767—1835)。被认为是德国文化史上最有影响的人物之一。如果把他和他的弟弟亚历山大放在一起予以评价的话,人们会发现,很难再找出一对兄(姐)弟(妹),可以像他们两人那样,在自己的时代里表现出如此强的求知欲,并同样成为“全知全能”的人。与弟弟的研究方向不同,威廉的研究主要集中于文化、教育、国家理论、语言和文学领域,他同时也是普鲁士的外交官和教育系统的改革者。

② 由条顿骑士团所建城堡,位于现波兰但泽市东南60公里处,坐落在诺加特河边,是欧洲最大的红砖结构建筑。从14世纪直到15世纪中叶,一直是条顿骑士团的大骑士长在东普鲁士的驻地。

的人，即便当他们——作为他们应有的权利——持有异议的时候。

但很大一部分的公务人员在这其中所扮演的角色，实在让人难以恭维。他们或是来自容克阶层，或是从属于某些贵族势力，立场大多倾向于反对改革的一派。他们采取了历来最容易被人使用的消极抵抗的方法：对于所接到的不合心意的指令与条例，都尽可能地置之不理，时间拖得越久越好。这种简单的手段，确实在一些偏远地区使当地的改革努力遭到掣肘、弱化甚至被阻止，其实际作用比公开的对抗更有成效。

此外，处于斗争中的人们在维护自己的原则时，绝不谦让或拘谨。在这一战场上，保守派表现得比改革派更为主动。他们的主要攻击对象是冯·施泰因男爵，他们眼中的——也不无道理——极端激进分子。男爵所坚定不移地予以贯彻的一切，无不代表着国王的意志，只是国王无法以男爵那样的方式来行事罢了。改革的目标之一，是把处在农奴制度下的农民从他们所隶属的贵族庄园主和所背负的沉重徭役中解放出来。在这一点上，腓特烈·威廉已经走在了前面。自 1804 年起，普鲁士就取消了以国家为服务对象的义务劳作。改革者所要面对的另一项艰巨任务，则是确保中产阶级与贵族处于平等地位。对于国王来说，他可以接受"平民在将来也拥有自己的土地"这样的改变。但他不能接受姓氏前面不带"冯[①]"字的人以后也拥有成为军官的资格。同样让他难以接受的，是犹太族裔的国民也将成为社会中平等的一分子，这正是由哈登贝格提出、由施泰因竭力推行的。

一份长长的改革目录，博得了众多的支持，但所引来的反对声音也绝不比喝彩声小。施泰因全力以赴地推行着他的改革大计。他急不可待，因为深知留给自己的时间已经不多了。除了路易丝王后，没有谁能够与他长期相处下去，更何况他还在玩着一个危险的、两面派的游戏。一方面，他负责保证普鲁士对法国的战争赔款按时到位。对此

① 德文"von"，意为"来自"，是贵族姓氏的标志。

他表现出的是一个老派商人的气质：拿破仑既然赢得了战争，那些钱就是他所应得的。另一方面，他又是个爱国主义者。他在暗地里运作着对占领军不利的计划，并因此立刻失去了法国皇帝的欢心，拿破仑决定对他进行批捕。于是他不得不趁着大雾连夜逃往奥地利，过程比当初哈登贝格所历更为惊险。

连像约克·冯·瓦腾堡伯爵那样品行端正的人，也在施泰因逃走后说出对其贬辱的话来，他称这位改革者有一颗“愚蠢的头脑”，并早已坏死。现在该让“其他毒蛇……也消亡在自己的毒液里了。”

这场没有进行到底的改革，被视作普鲁士国王的伟大功绩，作为“用之于民”的典范，可与腓特烈大帝在七年战争中所取得的战功交相辉映。又曾经有哪个国家，能够完成从最低谷中的重新崛起呢？

当由拿破仑所引起的一切扰攘都终于成为过去之后，有关这场改革的事情就几乎完全不再被提起，并且一些已经得到整改之处，也被以极快的速度恢复成原状。即便是如哈登贝格这样的改革者，也并不介意将自己当初的亲手所植再予以剪除。

改革曾引发的激情没有完全消逝。站在德国人的立场上，同样留下的还有苦涩的回味：为什么在让理智主导一切之前，总是要先经历战争的失败？

使普鲁士国王夫妇回到柏林的是拿破仑本人。他甚至请求腓特烈·威廉离开东普鲁士。这一举动背后的原因，在于彼时法军官兵们狼狈不堪的处境。自从勇敢的西班牙人决心与声誉尚如日中天的法国军队展开一场全民游击战争后[①]，拿破仑“不可战胜”的神话即告破灭。抵抗法国人的势头正在柏林逐步蔓延。在此形势下，已被迫与拿破仑结盟的普鲁士国王的回归，必然能够起到稳定民心的作用。

又经历了两次分娩的王后，身体大不如前，甚至在其中一次生育过程中，状况颇为危急。王后相信，哪怕是再看一眼夏洛特堡宫，都

① 1808—1814 年的西班牙民族解放战争。

能让自己恢复健康。这一愿望在1809年12月23日得到了实现。腓特烈·威廉和路易丝于傍晚时分抵达柏林，柏林市民以热烈的掌声和适度的灯彩，对国王夫妇表示欢迎。

王室一家在柏林王宫中庆祝了圣诞节。出于路易丝的愿望，全家人在圣诞节当天来到距王宫仅百步之远的黑德维希教堂，参观由卡尔·威廉·格罗佩斯在教堂旁搭建的万景园。那时柏林人在圣诞节时去万景园，就像是后来去电影院一样，而电影的前身，也正类于此：手绘的巨幅画作，随布景和灯光效果的转换而转换，钢琴和合唱队在幕布后面，制作配乐。年轻的建筑师卡尔·腓特烈·申克尔作为设计者，坐在国王夫妇中间，为二人导游、讲解。进程大致如下："这是晨光里孤寂的埃特纳火山[①]（深色的前景中，一派荒凉的不毛之地），衬托在号角的回声中。那里可见曼托瓦[②]大教堂的内部（通过望远镜望去，可看到数不清的人像，人头攒动，令人目眩），还有彼得大教堂十字架上的灯光……"诗人约瑟夫·冯·埃兴多夫当时正就职于普鲁士的文化部门，他亲历了这场游园活动，并记载下了所发生的一切。

那年轻的建筑师正靠着描摹风景和为万景园作画带来的收入艰难度日，因为在当时的普鲁士，还没有人有精力去大兴土木。但很快他就从王后那里得到了他的第一份建筑委托。作为一名天才的室内设计大师，他受命打造一间时髦的，即具备所谓"帝国风格[③]"的卧室。国王本人则直到身故，一直都对他恩宠有加。在后世，如果他们两人中

---

① 位于意大利西西里岛东海岸，海拔3323米，是欧洲海拔最高的活火山，也是世界上最活跃的火山之一，最近一次喷发发生在2002年。在希腊神话中，此山占有重要地位，根据史诗《狄奥尼西卡》，巨怪堤丰，就是被宙斯镇压在此山之下。

② 意大利北部城市，属于伦巴底地区，人口4.8万有余，是该地区重要的农产品集转地之一。历史悠久，6世纪时，已是"伊特拉斯坎文明"下的一个村庄。莎士比亚的《罗密欧与朱丽叶》中，此城为罗密欧流放之地。古罗马伟大诗人维吉尔的家乡，亦在该城左近。

③ 18世纪末在法国兴起的艺术风格，可被归于古典主义，其影响力随拿破仑在欧洲势力的扩张而增加，保持至1815年前后。作用领域包括建筑、室内装潢、手工艺品和家具设计等。强调线条硬朗、庄严大气，以体现法兰西第一帝国的辉煌鼎盛，比如巴黎的凯旋门。

的其中一个被人提起，则另一人的名字也会很快随之出现。

从腓特烈·威廉所颁布的第一批举措，即可见改革带来了什么样的转变。在新的《宫室守则》中，王后的笔迹亦赫然在目。她在发起舞会的时候，所邀请的对象开始包括具有名望的中产阶级家庭，这些人已经同非贵族出身的军官一样，具备了“登上大雅之堂”的资格。路易丝本人，则特意身着样式简单的服装出席，除了头上戴的一颗珍珠，再无别的首饰。令人惊奇的事，还包括一整套新设的授勋制度，专门用于褒奖贡献突出的平民们。第一个获此殊荣的是柏林剧院的负责人，伊夫兰德。他在路易丝王后人生中最后一个生日的那天，不顾法国人严禁就此举行任何庆祝活动的命令，带着一个巨大的花篮，沉默地站在了剧院舞台上。这一举动，既为他赢得了不尽的喝彩，也使他旋即身陷囹圄。

作为一支占领军，做出这样的判决，量刑并不算重。就总体来说，法国人的行为也都还算温和。而且在路易丝的努力下，当时的法国公使德·圣－马桑侯爵还与普王进行了私下会面，会面地点就设在福斯女伯爵的住所。腓特烈·威廉则对这个出生于撒丁岛的充满善意的人，抱以信任态度。也正因此，他开始积极地展开一段“秘密外交”——这本是他深深厌恶的行径——既不令那位法国的皇帝知晓，也把自己的所有大臣都蒙在鼓里。

另一件极少会在腓特烈·威廉身上发生的事是：这诡计居然成功了。受这一成功的激励，品尝到“阴谋”的甜头的路易丝王后，又再度出手。梅特涅、她的妹妹特蕾泽——图恩及塔克西斯侯爵夫人，在法国宫廷有着相当的影响力——还有圣－马桑，都在她的巧妙布置下各尽其力，终于使拿破仑对普鲁士重新起用哈登贝格不再持有异议。

1810 年 6 月 4 日，是那被寄予厚望的人回归的日子，而且在路易丝的强烈建议下，他被任命为第一任王国首相，就此接掌了为普鲁士制定政策的大权。实际上，他的地位已与国王平起平坐，甚至在某种程度上比国王还要高一点，因为国王的众多亲信大臣，诸如阿勒·腾施泰因，都被他逐出了权力的中心。

这也许是路易丝——普鲁士所有王后中最受欢迎的一位——为这个国家留下的最后也是最有意义的一项功绩了。并且直到逝世前的一刻，她仍在为巩固哈登贝格在自己丈夫心目中的地位而努力。

死亡是在她去拜访父亲时突然降临到她身上的。王后的父亲当时已被拿破仑擢升为梅克伦堡－施特雷利茨大公，在位于梅克伦堡与普鲁士交界处的霍亨齐利茨拥有一座傍湖而建的宫殿。就在那里，王后在突如其来的血液循环障碍和痉挛性咳嗽的双重打击下，一病不起。初发病时看起来似无大碍，但病情随即急转直下。国王本来在探视过妻子后已然离开霍亨齐利茨，并把病人托付给她最好的女友冯·贝格夫人照料，但在1810年7月18日晚间时，他还是被医生唤了回来。

国王看到的是处在弥留之际的王后。夫妇二人的两个最年长的儿子，腓特烈·威廉和威廉，也跟随父亲一道前来。当国王向妻子诉说着自己的绝望并乞求她重新振作起来时——“你是我在这世界上唯一的朋友，”——王后打断他道，“……还有哈登贝格！”

王后的离去，标志着一个时代——不仅仅是腓特烈·威廉个人的——的结束。普鲁士历史上，极少有人能像路易丝那样，令举国上下衷心哀悼，并在身后留下无可替代的空白，特别是对于国王本人来说。

腓特烈·威廉把妻子最后的告诫当作誓约一样来遵行。王后的遗言，便是对首相地位最好的保障。在接下来长达十二年的时间里，为普鲁士指引方向的人都并非国王，而是哈登贝格。不管是有意也好还是无意也好，事实上，路易丝已将哈登贝格的地位置于腓特烈·威廉之上。而这样做所带来的好处亦显而易见。国王已从过往的教训中深深体会到，单纯的和平主义在这个纷扰的世界中意味着什么，并丧失了自行治理国家的信心。而且在政治舞台上，哈登贝格也确实比国王更为长袖善舞。因此，国王索性将注意力转移到别的事物上去，比如，一些人们通常不会将其与他联系在一起的领域，如建筑、艺术或者宗教问题。

在这崭新的毕德麦耶尔时代，人们若想取得成功，就必须冷酷无情、毫无顾忌地朝既定方向努力——那时便已有这样的感喟了。而现实情况是，种种存在的问题，已非腓特烈·威廉所能独立承担的了。为支付无底洞一般的对法国的战争赔款，普鲁士不得不在国内强制推行公债，而执行这一任务的最佳人选，非老谋深算的威廉·塞因－维特根施泰因侯爵莫属。至于哈登贝格，当他迫于债台高筑的局面和拿破仑的威胁，决定割让西里西亚给法国并带领普鲁士加入拿破仑的盟友行列时，想必也很清楚自己到底在做什么。

也许国王确实是对这一切感到“真要命”吧，他始终牢记着路易丝的忠告，把国家大事全权委托给首相。后者则在1812年与法国签订协议之前，已将各种利弊得失考虑周详。他猜测到，面对西班牙游击队而无法取胜的法国皇帝，已经很明智地选择了放弃，转而筹备另一更为宏大、惊人的计划：远征俄国。同其他人一样，哈登贝格也深信，即便是这样的难题，也终究不过是为那位“战神”的功业再添上一笔而已。

所有的迹象，都指向成功。拿破仑在得到了除俄国、英国、瑞典之外所有欧洲国家的助力后，组建了一支规模庞大的军队——自“希波战争”以来从未出现过的大军。在威斯特法伦、萨克森、普鲁士和波兰，集结了总计61.9万名军人随时待命，其中普鲁士军团为数2万人，军团首领是与法国人关系密切的格哈韦尔特将军。

但敌视拿破仑的沙恩霍斯特，仍然及时地将一名自己信得过的人派驻到格哈韦尔特将军身边，作为将军的副手。这名副手就是路德维希·约克·冯·瓦腾堡伯爵，当普鲁士在1806年遭到毁灭性打击时，唯独他领导的部队在对法军的作战中取得了胜利。这位现已53岁、极度保守的军人，在早年时曾极富叛逆精神。当他还是个少尉时，曾因不服从命令也即桀骜不驯之故，被收押一年之久，并解除军职。此后他曾在外籍军团效力，为东印度公司服务，直至腓特烈大帝去世后，才得以返回普军并重新活跃起来。出身卡舒布族[①]小贵族家庭的他，一无领地，二无财富，却力图通过加倍的"腓特烈大帝精神"和比别人更为出色的工作成绩，将自己先天的不足逐一弥补。

他的努力无疑是成功的。借助1807年军事改革之机，他培训了轻装军团，并在带领由志愿者组成的步兵部队的过程中磨炼了指挥艺术。自1811年起，他开始担任东普鲁士总督一职。他不是一个像席尔少校那样急躁轻进的爱国者——该少校曾在三年前孤注一掷，带领自己的轻骑兵在沙场上挑战拿破仑，结果是败亡于施特拉尔松德。从性格类型上来说，他更像那位普鲁士的最高军事指挥，同样是一个过分小心、举棋不定的人。

大军刚刚开拔，格哈韦尔特将军便因病不能履行职责，约克就此接掌了普鲁士军团的指挥权。远征军的主力途经维尔纽斯和斯摩棱斯克，兵锋直指莫斯科，即便是经过了博尔金诺血战[②]，也没有稍做停息。而普鲁士军团则隶属于北方兵团，其作用在于护卫主力部队的左翼，其间参与了一些小型的战斗，连战连捷。

但就两国间的关系来看，普鲁士与俄国无疑难以被视为敌国。沙恩霍斯特旧日的长官，卡尔·冯·克劳塞维茨[③]将军，正是指挥圣彼得堡撤退的俄军统帅，除此之外，俄方前线军官中也充斥着大量的普鲁士人。众所周知，两国国君私交甚笃，而且沙皇亚历山大还颁下诏令：不得将普鲁士军队作为敌人来对待。

① 西斯拉夫民族，主要居住在历史上属于波兰的东波美拉尼亚地区，在美国、加拿大和德国也有分布。现在世界上说卡舒布语的人大约5万。

② 发生于1812年9月7日，以法军惨胜而告终。双方均伤亡巨大，是整个"拿破仑战争"中最大规模、最血腥的战斗。

③ 普鲁士将军、军事理论家（1781—1831）。被誉为"西方兵圣"，与同时代的瑞士人约米尼并称为西方两大军事理论权威。作为西方军事哲学的奠基人，他在著作《战争论》中，开创性地将哲学系统思维模式用于军事理论研究，看重战争的时代背景，将经济、科技、指挥艺术等都作为参数加以考量。他的名言如"战争是政治的延续"，即是从社会学角度揭示战争复杂面目后的本质。1831年，作为格奈泽瑙将军的参谋长参与镇压"波兰起义"，在格奈泽瑙因感染霍乱身故后，接掌普鲁士军队的指挥权。但不久后也因同样的疾病故去。

格哈韦尔特将军已同埃森将军就交换战俘及其他复杂事务展开磋商。根据现存的文件显示，这一切甚至是在得到了国王的暗中批准后进行的。哈登贝格则在同一时期的信函中阐明观点，认为在当时的条件下进行这种交易是一种不合时宜的行为。通过这样的对比，人们不禁会揣测，也许腓特烈·威廉三世在战争时期并不是完全地置身事外，至少不是像他展示给外界的那样。两种态度虽然不同，但都反映出了普鲁士令人同情的处境：尽管它和它的君王都对俄国抱有好感，却不得不与其在战场上兵戎相见。

当远征军的主力部队进入莫斯科时，见到的只是一座火光熊熊的空城，城内军民早已弃城而走。因此而被迫转身西撤的远征军，其内部的各种矛盾也在这个时候被激化出来。当初还在向俄国挺进时，这支多国部队便已暴露出难以严明纪律的问题，并由此导致战斗力下降，无法与昔日的雄师相提并论。简而言之，除波兰和德国军团外，所有法国盟军部队都存在不听号令的问题。散兵游勇夜间行劫的事件时有发生，劫掠对象或是人去屋空的村落，或是只剩下妇女和老人的城市。

撤军，使得原本威风八面的远征军面临更大的问题：食物断绝。哥萨克人一直衔尾追击，从两翼进攻、骚扰。远征军则希望能在秋天过去之前逃出绝地。军队已经耗尽了全部力气，走不完的泥潭和沼泽，让陷于其中的车辆动弹不得，而且随着冬天的到来，变成了一片白茫茫的荒寒大野。这支人类自有思想以来规模最为庞大的军队，由于对天气和距离的估计不足，最终沦落到衣衫褴褛、溃不成军的地步。军官们丢下了士兵，只顾自己逃亡，就像他们的首领、伟大的拿破仑一样。局势至此已彻底失控。

在北方库尔兰地区，虽然面临的形势相对和缓，可组织撤退的约克同样陷入了窘境。当坚冰、大雪、补给困难、缺少御寒衣物等诸多问题一股脑地爆发时，约克手下的军官们集体逼迫他立刻与俄国人进行和谈。军官们本身已经积极行动起来，甚至开始与对面的——由施泰因所打造的——俄国－普鲁士军团中的同行们进行接触。但约克仍迟疑不决。一方面，他在与沙恩霍斯特的女婿、多纳伯爵[1]进行磋商，另一方面，他派遣塞德里茨赶赴柏林，请求国王颁旨。但经过漫长的等待后，国王给出的指令仍是含糊其辞，而且又经过了七天的辗转周折，才被送达前线。多恩贝格少校——1806 年时曾与约克并肩作战——迪比奇伯爵[2]——西里西亚人——都开始催促约克做出决断，接下来连沙恩霍斯特也正式介入，参与此事的人甚至还包括施泰因。最后，立场坚定的双方之间爆发了一场激烈的口角。约克坚决并只要求国王下达旨意，或者由首相颁布命令。但是，王国的两个最高领导人也正同他一样，进退两难。

他们已同实际上的敌人结为盟友，并和约克一样在玩着一场复杂而又危险的双面游戏。基于这样的处境，大量的时间白白流逝，法国人却可以趁机尽可能地将其饱受打击的军队重新带回安全地带。如许多历史学家断言的那样，假如普鲁士当时能站在俄国一边果断出击，也许可以在 1812 年便彻底解决拿破仑，从而避免日后的莱比锡会战以及更晚些时候的滑铁卢战役。

历史无法由“假设”和“如果”来纠正。通往柏林指挥中心的道路太过漫长，而无论是国王腓特烈·威廉三世还是约克将军，均非能当机立断之人。也许是在紧要关头采取模棱两可态度的时间实在太久了，不仅让未来的朋友，俄国，大光其火，也令在自己的国土内仍拥有决定性力量的法国人暗生疑窦。尽管普军在周围有整个北方军团驻扎的条件下基本上毫发无损，却掩盖不了普鲁士当时悲惨的处境，以及耻辱。

最终说动了约克的人，极有可能是克劳塞维茨。他使约克明白，仅靠逃避是解决不了任何问题的。作为军人，必须有做出决断的勇气，

① 当时效力于俄军，代表俄国与普鲁士军团谈判。

② 汉斯·卡尔·冯·迪比奇（1785—1831），俄国陆军元帅。冬宫六十四帅之一，曾任俄军总参谋长。“俄法战争”时期历任陆军少将、中将。1814 年，正是在他的建议下，反法联军做出了进军巴黎的决定。沙皇尼古拉斯一世期间，他被授予伯爵称号。“第八次俄土战争”中，率军翻越巴尔干山脉，逼迫苏丹割让外高加索沿海领土。这一战功，是可同苏沃洛夫穿越阿尔卑斯山相媲美的伟大军事行动，也使他得以晋升为陆军元帅。

并从此忠于自己的选择，哪怕要为之付出生命的代价。至于普鲁士的立场到底是在哪一边，那两个此时分别为法国和俄国效力的普鲁士人[①]，最为心知肚明。

约克终于表现出信服的态度，整件事也就此有了结果。1812 年 12 月 30 日，在一所乡间磨坊内，经过与沙恩霍斯特和多纳长时间的讨论，就每一细节达成一致后，约克同迪比奇将军签署了著名的《陶罗根停战协定》：在普鲁士国王就军队的未来做出裁定之前，约克军团保持中立。这样一来，普军等于脱离了法国人的北方军团，不复再以俄军为战斗对象，正如这将来的盟友也不把他们当作敌人一样。

这绝对是严重的背叛行为，其代价可能就是将军的项上人头。但如果普鲁士想要继续生存下去的话，除了朝这个方向前进，别无选择。约克将决议结果通过公开讲话的形式告知了手下将校，并且许诺，如果有谁因为这一冒险的临阵倒戈行为而无法面对个人操守的话，可以自由脱队，作为军人的荣誉并不会因此受损。但没有任何人将这一可能性付诸实行。他们毫无例外地选择了与将军共进退。

可是柏林方面没有轻易放过将军。在首都，由于畏惧法皇拿破仑的怒火，主流意见是在一段时间内继续玩弄这套左右逢源的把戏。约克被处以免职的责罚。但这只是做给法国人看的表面文章，所以将军本人起初连通知都没有收到。可他还是无意中知晓了此事,并大觉伤心，也就此全无顾忌起来。当他穿越边界重新踏上东普鲁士的土地时，已将所谓的“中立”“免职”统统抛诸脑后，表现得像个捍卫了普俄团结的斗士一样，接受当地民众的热烈欢呼。

即便是在写给国王的信中，他也表现出不驯服、近乎挑战的态度：“该是陛下做出决定的时候了，是否要从现存同盟关系所强加的永无休止的索取中摆脱出来，要么趁现在，要么永远不。这个盟友的计划是，如果幸运之神肯帮忙的话，就名正言顺地将普鲁士推进烦扰动荡的黑

---

① 指哈登贝格和施泰因。

暗中去。”

约克军团，携2万名仍保持战斗力的士兵，在埃尔布隆渡过了维斯瓦河，被当地居民当作东普鲁士的解放者一样来欢迎。但国王对此反应冷淡。他仍坚持认为，即便是普鲁士同俄国联手，也不等于握有面对拿破仑大军的双倍筹码。尽管如此，哈登贝格仍将国王的副官卡尔·腓特烈·冯·克奈泽拜克男爵派往圣彼得堡，以期与沙皇签订全面停火协议。克奈泽拜克并非改革者，但足够敏锐，在1813年2月18日成功地与俄国缔结了同盟关系。两周后，普鲁士对法国宣战。

国王仍情绪悲观，一如既往，却也并非全无理由。俄普联军在对法作战中，输掉了最初的两场战役，普鲁士的前途一下子又变得黯淡不明起来。可这次，拯救普鲁士的力量来自东南方向——奥地利。在那里，克莱门斯·冯·梅特涅正全神贯注于错综复杂的外交关系，他绝对不是站在改革者的立场上，但对什么是当务之急洞若观火。如果人们愿意的话，可以从他身上看到第一个自觉的“欧洲人”的影子。他的宗旨在于维护这片大陆上诸强之间势力的平衡，避免其被任何一方过于强大的力量所打破。基于这个出发点，他甚至拒绝了拿破仑归还西里西亚的提议，转而选择与俄普同盟携手合作。

这样一来，便决定了战争的胜者。经过从1813年10月16日至19日为期四天的“莱比锡诸民族大会战”，这个世纪里最伟大的军事统帅，被超出自己实力的绝对力量击败了。1814年，一场短暂的冬季战役之后，胜利者们挺进巴黎，位于队伍最前端的是，神圣罗马帝国皇帝、奥地利的弗朗茨一世，俄国沙皇亚历山大一世和普鲁士国王腓特烈·威廉三世。拿破仑则被流放到厄尔巴岛。但实际上，从此以后真正执掌欧洲的人，是那位莱比锡之战的胜利者：梅特涅。由他主持召开的“维也纳会议”，规划了欧洲的新未来。拿破仑潜回巴黎并重登大宝的举动，带给梅特涅及与会的诸位不小的惊吓。但事实证明，1815年的短暂征战，只不过是些未了的余音而已。法国的战力早已被消耗殆尽了。反法同盟在英国人的帮助下，通过一场战役便敲定了最后的结局。由于各自的司令部所在地不同，这场战役在柏林被称为“拉贝尔－阿利恩斯战役”，在伦敦则被称为“滑铁卢战役”。拿破仑的人生在圣赫勒拿岛走向终结，同他一起从这个世间消失的，还有相当一部分法国大革命和普鲁士改革所取得的成果。

普鲁士的解放战争肇始于陶罗根。约克为在“服从”与“公正”之间找出一条正确道路而进行的奋斗，成了普鲁士精神的一种象征，令人难忘并得以流传。“服从”与“忍耐”，是普鲁士的最高信条。从约克开始，这两者的意义变得密不可分。在有些时候，“服从”可以作为“盲从”的反义词。施泰因、恩斯特·莫里茨·阿恩特[①]和克劳塞维茨都深知这一点，所以他们会在没有国王旨意的情况下，擅自在东普鲁士组织抵抗力量。还有那几个最后的普鲁士人，之所以能在1944年7月20日因秉持同样信念而被载入德国史册[②]，也莫不是以约克作为榜样。

“当听到这个消息时，我的血液都要凝固了。”一名宫廷贵妇陈述道。同样是在柏林，以修史为业的卡尔·奥古斯都·法恩哈根·冯·恩泽在他的日记里这样记录1824年11月11日那天：“今天下午到晚间，流言和来源颇可靠的消息如野火一般燃遍全城，‘我们的国王前日结婚了’。这好似一道雷电，震撼着人们的心底，大多数人都表示无法相信。”

婚礼仪式完成于夏洛特堡王宫的一座小礼拜堂内，离国王为路易丝兴建的陵墓不远。这场秘密行动背后的缘故，由腓特烈·威廉透露给了艾勒特主教：他自觉拘束。国王向这将要主持婚礼仪式的牧师倾吐道：“我不可能再得到另一个路易丝。一个王后会让我觉得不自在，我

① 德国作家（1789—1860）。1848年“法兰克福国民议会”议员之一。因致力于反抗拿破仑对德国的占领而广为人知，被认为是该时期最有影响力的诗人之一。对他的评价历来莫衷一是，一方面，他的民主思想被得以肯定，他被视作坚定的爱国者；另一方面，他又被批评成狭隘的民族主义者，鼓吹反犹太主义。他的主要作品有《精神与时间》系列，《普鲁士民族及军队》《关于民族仇恨及对外国语言的应用》，等等。

② 指当日发生的刺杀希特勒事件。刺杀执行者为施陶芬贝格伯爵。刺杀失败后，大批军政高官遭到清洗，仅元帅级别的就有维茨莱本、隆美尔和克鲁格。

不想受到拘束。一个年轻的女侯爵改变不了我的真爱。而一枚熟透了的蔷薇果，尽管曾经是朵玫瑰，也不是我想要的。”

就这样，54岁的国王与24岁的女伯爵奥古斯特·冯·哈拉赫，缔结了门不当户不对的婚约，后者同时被晋封为李格尼茨女侯爵。奇怪的是，关于这桩并不般配的婚姻的正式——而且很可能是正确的——解释，偏偏以文章的形式出现在了汉堡的一份报纸上，题目为《国王由于在衰老过程中与所有公主离别而产生的需求》。事实上，当时也正值国王最年轻的女儿路易丝即将与荷兰的腓特烈王子成婚之际。这使国王对可能到来的孤独晚年产生了恐惧。

由第一桩婚姻所出的七个子女中，唯有王储腓特烈·威廉出席了婚礼。为数不多的客人随后在夏洛特堡宫中——以站立的姿态——共进了早餐。接下来，国王自行返回王宫，新娘则同她的父母一道，乘坐一辆租来的简易马车，回到位于菩提树下大街的旅店。

一段时间以来，腓特烈·威廉三世都在考虑着为自己重新寻找一位出身不高的妻子一事，并也由此尝试了几段关系。当这些关系中的最后一位女士、梅克伦堡的B小姐在信中将他称作“亲爱的弗里茨”时，他用他那不连贯的表达方式评注道：“显而易见，蠢婆娘，哪里来的，就该回哪里去。”

国王与奥古斯特的结识之所，是在专为顶级权贵服务的温泉胜地，特普利采[①]。女孩的出生地是德莱斯顿，父亲出身奥地利名门，母亲家里是萨克森当地的小贵族。奥古斯特从小受天主教式教育长大，婚后两年，转为信奉新教。

她总是以不引人注目的方式略显羞怯地出现在丈夫身边，却并不拥有王后的头衔，也没有如惯例一样，拥有从属于她的、由等级不一的侍从组成的随员团。她的位置甚至还要排在所有的王子和公主之后。她却从没有抱怨过，也不曾让自己成为别人的话题。令人惊异的是，

① 现隶属捷克共和国，位于北波希米亚区，毗邻德国萨克森州，面积24平方公里左右，人口5万有余。

尽管如此，她还是成功地在军界和贵族圈子中赢得了极大的好感。

她从没能入住过夏洛特堡宫。尽管她不曾尝试去动摇有关路易丝王后的回忆，国王还是让卡尔·腓特烈·申克尔为她在夏洛特堡宫旁边另建了一座朴素的楼阁，即今天人们口中的“申克尔阁”。楼阁的样式仿照一所意大利别墅，国王在一次度假时，曾在那里小住过。奥古斯特·冯·李格尼茨在丈夫身故后，又逗留在这个世界上大约三十年之久。

卡尔·腓特烈·申克尔是腓特烈·威廉三世所用的众多建筑师中最受宠的一个。由于国王同其他所有人都有过不愉快的经历，所以将一切需要自掏腰包的建筑合同都委予申克尔。从菩提树下大街上名称沿用至今的“新哨所”，到王室花园前的“新博物馆”——现在的名称为“旧博物馆”——从宪兵广场上的大剧院——直到当代都仍然是柏林中心区的中心所在——到申克尔自任主管的建筑研究院。但这其中的最后一项，已在二战后被民主德国政府不假思索地彻底拆除，尽管当时仍有将其重新修缮的可能。

这个勤奋的甚至可被称作过于勤奋的人，这个跻身于政府官员行列的建筑主管，对于腓特烈·威廉三世和普鲁士王国来说，其意义不仅仅是一个建筑师那么简单。没有一场王室庆典活动不是由来他布置，没有一件纪念用的花瓶不是由他来设计，也没有一座纪念牌，不是由他选择的雕塑家在由他指定的地点所竖立起来的。作为非军人身份的唯美主义者，他为解放战争中的勇士们设计了“铁十字勋章”，这是第一种颁发对象不只限于军官的荣誉勋章，而为柏林的上流社会，他则贡献出了瓷砖壁炉，由炉匠菲勒讷完成制作。对建筑学表现出浓厚兴趣的王储，也由他亲自来传授绘图技术。年轻的腓特烈·威廉，在这一领域表现得甚至颇有天赋。

实际上，腓特烈·威廉三世也有对申克尔不尽满意的时候。令国王生气的是，申克尔在已经知道国库空虚、理当节俭的前提下，仍然永远选择最为昂贵的建筑材料。在柏林流传着一句国王的名言，是当他得知申克尔又为一座路德的塑像——位于威登贝格，出自沙多夫之手——添加了自行设计的铁质华盖后所说的："得给这家伙戴上副辔头。"

此类格言，使寡言少语的国王在分外善谈的柏林民众中大受欢迎。极有可能的是，他的这类俏皮话并不总是无心之语。他受爱戴的程度从以下的例子中即可见一斑。1827 年，他在宫中跌倒并摔断了腿，奥古斯特照顾了他数周之久。在此期间，柏林的鞋匠学徒们在他的窗下唱道："慰劳他，用胜利者的花环，腿儿定能长完全。"

对国王的爱戴主要体现在中产阶级和平民阶层这一集体中。国王身上最初的改革精神，现在已经杳然难寻了。正在主宰欧洲的力量，是欧洲诸国联盟："神圣同盟"，以及写在同盟旗帜上的"诸民族同为天主教兄弟"的宗旨，虽然这种兄弟精神实际上难得一见。梅特涅于 1819 年彻底贯彻了《卡尔斯巴德决议》。从那以后，普鲁士的启蒙运动和自由思想也被套上了枷锁。在所有的德意志诸侯国内，报纸都受到严格监控。如格雷斯[①]、海涅[②]和波尔涅[③]这样的人只能流亡国外，或是去往法国，或是去往英国，又或者英年早逝，才可以避免被下狱、幽

---

① 约瑟夫·格雷斯（1776—1848），德国教育家和出版家。年轻时深受法国大革命感染，但游历巴黎后，对大革命中表现出的暴政、专制及恐怖主义倍觉失望，这种失望又被拿破仑称帝及随后的战争推向极端。此后转为深刻探讨大革命的失误。1816 年，因宣扬自由思想及推崇建立"大德意志国家"，被普鲁士当局追究，流亡斯特拉斯堡。

② 克里斯蒂安·约翰·海因里希·海涅（1797—1856），德国 19 世纪最重要的诗人、作家和新闻工作者之一。他被称为"最后的浪漫主义诗人"，但其成就又不可简单地以浪漫主义来衡量。他赋予德语一种轻松与高贵的特点，前所未有。几乎没有哪个德语诗人的作品，能像他的一样被如此频繁地翻译和引用。作为投身于政治的新闻工作者、散文家、批评家和辩论家，他在令人敬仰的同时也令人生畏。由于他的犹太人出身和政治立场，他总是被边缘化。这种"非主流"的角色，深刻影响了他的生活、作品，并塑造了他多元化的特点。1831 年后，流亡法国，死后葬于巴黎蒙马特公墓。

③ 卡尔·路德维希·波尔涅（1786—1837），德国记者、文学及戏剧批评家。由于他针砭性极强的写作风格，被视作开德国文艺批评先河之人，特别是在小品文这一形式上。

禁的命运，比如 E.T.A. 霍夫曼[①]。与此对抗的人，则要冒着被扣上“煽动”帽子的风险，即便是如作为反法骨干、“体操之父”的雅恩；还有恩斯特·莫里茨·阿恩特，因为他所写下的歌曲《什么才是德国人的祖国》而惹来了麻烦。霍夫曼·冯·法勒斯雷本也是遇到同样问题的人，在日后——1841 年——他将为德国创作国歌。

腓特烈·威廉三世对这一系列的复辟举动漠然处之。自从哈登贝格于 1822 年在热那亚逝世后，这讨厌的政治就再不是国王所关心的议题了。反之，他对国内的各种建筑表现出了浓厚兴趣。在毕德迈耶尔时期，古典主义成为一种潮流，腓特烈·威廉三世和申克尔都是这一潮流的拥趸。由于他们的推动，维护古迹成为当时建筑的主题之一，亦即建筑文物保护措施。

随着年龄的增长，宗教在他生命中上演的角色越发重要。作为改革派的教徒，他从没能与身属路德派的路易丝王后共进圣餐，这让他耿耿于怀，并因此致力于对两大教派的合并工作。他甚至为此专门设计了一个礼拜仪式——1971 年，当普鲁士亲王腓特烈·威廉出版一本关于普鲁士历代统治者的书籍时，为腓特烈·威廉三世选择了这样一个题目：《国王中的神学家》。这看来并非是夸大其词。虽然那个礼拜仪式显得颇不专业，并遭到了施莱尔马赫[②]的严厉批评，但国王不肯半途而废：“他们应当首先牢记我，而不是路德！”1829 年，他的第一份王室日程（礼拜规则）出版，而就连施莱尔马赫也对其无话可说。

---

① 恩斯特·西奥多·阿玛丢斯·霍夫曼（1776—1822），德国作家、法学家、作曲家、管弦乐队指挥、音乐批评家、漫画家。同时代的人对他的评价截然相反：歌德、让·保罗认为他不可理喻，而海涅、巴尔扎克等人则对他评价很高。理查德·瓦格纳的许多作品，也是从他的文字中获取的灵感。

② 腓特烈·丹尼尔·恩斯特·施莱尔马赫（1768—1834），新教神学家、哲学家、出版家、国家理论学者、社会学者、宗教政治学家、教育家。在上述的诸多领域中，都被视为该领域内最具影响力的作者之一，在某些领域中，甚至被奉为标准。他思想上的显著特点是，可以将许多在别的思想家处彼此对立的观点统一到同一体系之下，既兼收并蓄，又绝非委曲求全。他本人是将神学、哲学、现代科学集于一身的典型代表。现在柏林的鸽子街与格林卡街交汇处，有一栋刷成明黄色的小楼，是他的故居。

为什么人们一直以来都将腓特烈·威廉三世描绘为庸俗、缺乏文化修养、没有艺术才能的形象？唯一可成为理由的，也许是他对戏剧的偏爱。他在晚年时将越来越多的夜晚消磨在剧院里。多愁善感却又以大团圆结尾的情节，肤浅的闹剧，都十分符合他的口味。所以他总是前往位于亚历山大广场的王室都市剧院，那是由他自掏腰包维持运转的私人舞台。所有对此不屑的人，大可抱以嗤之以鼻的态度。只是人人都有排遣寂寞的权利，而在毕德迈耶尔时期，可供选择的消遣方式无疑还不够琳琅满目。

但有相当数量的文化上的成就却可以归于国王名下。1810 年，在国王的主持下，柏林大学宣告成立，校舍为当年海因里希亲王位于菩提树下大街上的别墅。数年后，国王第二次参加此类活动，即为波恩大学举行的奠基典礼。在此之前的 1811 年，他已将日益没落的法兰克福（奥德河畔）大学迁往布雷斯劳，使该大学在当地重新繁荣起来。1822 年，在他的倡导下，杜塞尔多夫艺术学院得以重建，并从此开始享誉国际。新成立的、由申克尔负责建造的建筑研究院，情况也与之类似。作为国家元首，腓特烈·威廉三世送给自己的首都一座对所有人开放的艺术博物馆，同样是由申克尔负责兴建。这座建筑物，在标志着国王本人到达一个人生顶峰的同时，也意味着新古典主义风格的最终确立。

一个有着如许成就的人，是不可能“缺乏文化修养、没有艺术才能”的。特别是当人们注意到，他曾起用了多少富于创造力的专业人才作为顾问（或决策人员，如申克尔）时，就会更觉得这样的评价荒诞不稽。随手可举出的例子便有：替他组创大学的威廉·冯·洪堡，替他建造博物馆的申克尔，及其学生瓦根。

然而，正如自由精神之无拘无束，缪斯们在打造属于自己的时代之时，并没有顾及周围的政治环境是否相符。塞巴斯蒂安·哈夫纳最为清晰无误地对这种现象表达出了惊讶之情：“在腓特烈·威廉三世所统治的过去二十年里，普鲁士因到处充斥着监察、警察而声名不佳。”他又补充道:“但奇怪的是，与此同时，繁衍其中的文化事业却蓬勃发展，取得了令人起敬的成就。”这一时期的文化，特征为浪漫主义，得自魏玛古典主义的传承不多，在文化史上被列为一个崭新的阶段。

在这一时期里，黑格尔①、谢林②、萨维尼③、兰克和洪堡执教于柏林大学，施雷格勒、路德维希·蒂克、阿尔尼姆④、勃伦塔诺⑤、克莱斯特、沙米索和埃辛霍夫纷纷出版自己的作品，而旋即在哈赫勒·法恩哈根、亨里埃特·赫茨、贝蒂妮·冯·阿尔尼姆⑥所主持的沙龙内，就会满是围

---

① 格奥格·威廉·腓特烈·黑格尔（1770—1831），德国唯心主义哲学代表人物之一，世界哲学巨擘。他提出:在将其历史发展过程纳入考量的前提下，对隐藏在复杂表象后的真相给予系统化及确定的表达。他的哲学著作，被归为近现代哲学史上最具影响力的著作之列，主要作品为三部:《小逻辑》《自然哲学》《精神哲学》。此外，《历史哲学讲录》也广为人知。在他死后，他的追随者分为左右两派。右派也称作“古典黑格尔主义者”，秉承他的思想；左派也称作“青年黑格尔主义者”，阵营内有费尔巴哈、卡尔·马克思这样的人物，对当时的当权者持深刻批评态度。

② 腓特烈·威廉·约瑟夫·冯·谢林（1775—1854），德国唯心主义哲学代表人物之一。早年深受康德和费希特影响，宣讲“自然哲学”。晚年则转向对宗教的深度探求，出现神秘主义思想倾向。其一生都处于黑格尔的影响力下而难言辉煌，但海德格尔对他极为推崇。

③ 腓特烈·卡尔·冯·萨维尼（1779—1861），德国法学家、王室法律顾问、历史法学派、现代国际私法的创始人。同歌德一样，同为出自法兰克福（美茵河畔）的杰出人物。著作等身，主要作品如《财产法》《中世纪罗马法历史》《现代罗马法体系》，等等。在世时声誉崇高，去世时由普鲁士国王威廉一世携所有王子出席葬礼，备极哀荣。1887年在柏林夏洛特堡区兴建的广场亦以他的名字命名。

④ 阿希姆·冯·阿尔尼姆（1781—1831），德国作家。与克莱门斯·勃伦塔诺同为“海德堡浪漫主义”——有别于以费希特、谢林、蒂克等人为代表的“早期浪漫主义”——的代表人物，并娶后者的妹妹贝蒂妮为妻。他的作品包括戏剧、长中短篇小说、诗歌以及新闻稿件。最著名的作品是他与勃伦塔诺共同编成的德国民歌集《男孩的神奇号角》，其中记录了600余首德国民歌，包括情歌、童谣、战争歌曲，等等。这一作品对晚期浪漫主义者影响深刻，歌德认为此书是适合社会所有阶层的极佳读物。

⑤ 克莱门斯·勃伦塔诺（1778—1842），德国作家。“海德堡浪漫主义”代表人物之一。同阿尔尼姆一样，著作等身，但想象力更为出色。除了文学上的才气和成就为人称道外，他中年之后在宗教方面的狂热也成了后世的谈资。

⑥ 德国浪漫主义女作家（1785—1859）。勃伦塔诺的妹妹，阿尔尼姆的妻子。其人生与歌德、贝多芬这样的伟人交集牵扯，但似乎从没在身体上成为这两人的情人。施莱尔马赫、格林兄弟、勃拉姆斯、舒曼等人均与她相交不浅，普王腓特烈·威廉四世亦与她有私人往来。她的头像曾被印上德国的5马克面值纸币。

绕着这些作品所展开的热烈讨论。柏林雕塑学院也同样招揽了一大批享誉国际的艺术家，如沙多夫、豪赫、贝噶斯、腓特烈·蒂克。在腓特烈·威廉三世治下，“施普雷河边的雅典”这一雅号与这普鲁士的都城愈发相称。人们也许会说，这一切与国王并不相干。但国王能与如此众多的艺术史上的巨人发生交集，也绝非偶然。艺术与文化，都离不开精心的培育，而在那个时代里，拥有这一培育能力的人只有一个：国家元首，也即国王。

按照腓特烈·威廉三世在一场轻度中风后表达的愿望——或者说是命令——申克尔和豪赫在历经无数尝试和挫折后，为普鲁士史上最伟大的国王在都城内树立了一座纪念牌。这座以腓特烈大帝骑在马上为造型的纪念碑，被安放在菩提树竖大街上位置最优越的地段，其奠基仪式于 1840 年 5 月由艾勒特主教主持完成。年近 70 岁的国王坐在一把沙发椅里，被送至王宫的窗前，从那里他可以观摩整个庆典的进程。艾勒特、豪赫和申克尔在按照传统挥锤击打奠基石之前，一起朝国王所在的窗子方向鞠躬请示。腓特烈·威廉三世则对他们报以挥手致意。

数日后，于 1840 年 6 月 7 日，国王离开了人世，在位时间几近四十三年。王室成员聚集在他周围，全部笼罩在一种因迷信而产生的恐惧里：女伯爵哈克——王储妃的女官，在柏林王宫里见到了那个“白色的女人”。于是所有人的注意力似乎都只集中在这一直以来霍亨索伦家族成员的死亡信号上，而不是关注于那行将就木的人本身。以至于医生不得不提醒他们，国王已经被死神带走了。

值得一提的是，腓特烈·威廉三世其实一生中都在担心自己的生命会在 1840 年走到尽头，原因之一是因为在巴黎的一名女预言师曾如此预示过他。这位女预言师的依据极有可能是一个在霍亨索伦统治者间世代相传的神秘数字，她认为数字“40”的意义非同寻常。这个数字总是昭示着一个新时代的开端：1640 年，大选帝侯开始执政；1740 年，是腓特烈大帝。现在，1840 年，则轮到腓特烈·威廉四世接替他的父亲，登上王位。

而从他这里，人们也同样看到了一个被开启的新时代。

七律 腓特烈·威廉三世

天将兴彼奇男子，故遣诸公猎一场。
不事远图旋北狩，非唯乱代晦名王。
莒城即墨真绝地，郭李周陈俱有方。
鱼烂陆沉犹可复，再无水佩共风裳。

第六章　普鲁士的纠结——腓特烈·威廉四世

如所有其他普鲁士国王的遭遇一样，既有人为他大唱颂歌，也有人对他嗤之以鼻。但对他来说，两种态度都难称公允。

时至今日，对他的最高评价还是那句“王座上的浪漫主义者”。诚然，他曾写过一本浪漫风格的小说（没有最终完工），让诗人腓特烈·德·拉·莫特·富凯[1]做政治顾问，还让他的绘图老师申克尔为他设计建造了普鲁士最具浪漫色彩的、带有罗马式浴场的宫室结构，夏洛特庭院。但作为国王，王座上的他仍是一名“受上帝眷顾”的统治者，作风保守。他也是第一个可以不经准备即进行演讲——甚至是很长时间演讲——的普鲁士国王。只是他的演讲内容苍白、虚伪，且充满了空洞的套话。

---

① 德国作家（1777—1843）。以小说《水妖》一作确立了其在浪漫主义文学运动中的重要地位。

一直以来他都形象颇佳，其原因在于：他是唯一没有领导过战争的霍亨索伦君王，连像他父亲那样被拖累到一场战争中去的经历也没有。但他曾发起过一场斗争，甚至是最致命的那种斗争，因为斗争的对象是他本国的人民。他很聪明地、通过理智地退让使一场酝酿中的革命消解于无形，但在其后，又将反抗者们在国内乃至国外逐一屠灭。

一向不曾被着重提及的事实是，他的童年过得很不平静。与包括腓特烈大帝在内的前代们相比，他所受的磨难丝毫不少。他的父亲作为最疼爱儿童的普鲁士君王之一，并不是该为此承担责任的人，造成这一局面的是，战争的结果和由此带给他父母的绝望。

腓特烈·威廉四世生于1795年，时值《巴塞尔和平协议》签订半年之期。在一个平和又兼具平民化的家庭氛围中长大的他，当整个家族不得不从柏林逃离时，年方十一，并按照普鲁士的习惯，已被授予第一近卫兵团少尉的军衔。作为下一代中的长兄，他可能是孩子中唯一理解父母困境的一个。他的妹妹夏洛特，于日后成为俄国侯爵夫人后在信中写道："对我们来说，旅行所带来的欢欣要远远大于逃亡带来的恐惧。"

在柯尼茨贝格、梅墨尔、提尔西特，腓特烈·威廉都是最令路易丝操心的孩子。他的情绪波动和宣泄方式，几乎可被视作一种病态的逆反心理。而主要面对这一问题的人，是他和他弟弟威廉的老师约翰·腓特烈·戴勒布吕克。对于这个温和又笃信宗教的人来说，路易丝的爱子暴躁易怒，对其加以管束，绝非他能力所及。但在当时，乃至日后，有相当一部分意见却是将全部责任都推在这名深受两位王子喜爱的教育家的头上，认为他没有恪尽职守。

对此最为大光其火的是，与王子的教育实际上毫无关联的某人，而且必须提及的是，这个人也还有许多其他的事要做，他就是冯·施泰因男爵。虽然施泰因本人的暴躁程度至少不在年轻的腓特烈·威廉之下，他应该仍是对路易丝王后做出了严肃的告诫。王后在写给朋友冯·贝格女士的信中提到将戴勒布吕克除职的必要，并采用这样的表达方式："否则施泰因会动手打我。”

被选中继任这一职务的是约翰·彼得·腓特烈·安奇隆，同样是神学家，并因在柏林法国人牧区的布道活动而闻名遐迩。一旦手握权柄就操控一切、关注所有人的施泰因，自然将他留在视界之内。但安奇隆明确表示，只有在国王夫妇携全部家庭成员返回柏林的条件下，他才会接受这一任务。因为当戴勒布吕克被正式解职、在两名军官的监护下——其间戴勒布吕克与此二人还发生了争执——遣送回家的时候，王储的反应几近疯狂。他声泪俱下地恳求父亲，让“他的戴勒布吕克”回到他身边，在被拒绝后，哭号不已，直至失控。御医胡弗兰德将他按在床上，并建议将戴勒布吕克火速恢复原职，一直留任至返回柏林前。

戴勒布吕克——在重返家园后，腓特烈·威廉都一直与其保持着热络联系——甚至在流亡的境遇中也能获得对人生积极的感悟。他是个无可救药的乐观主义者：普鲁士的崩溃“结出了丰硕的果实，因为在此之前，王子们已不知恐惧为何物”。我们时代的历史学家瓦尔特·布斯曼则认为“事实恰恰相反”，“从恐惧与忧虑中获得的经验，对日后成为国王的王储的影响，显然要大过在他的弟弟、将来的皇帝身上的作用”。

当这样的人生——在冰冷的国度里，动辄得咎，时时处在担心敌人来袭的恐惧中——对一个国王来说都是必须面对的命运时，那么它所昭示的一个年轻王储的未来，自然不会那么令人怦然心动。腓特烈·威廉在信中曾透露道，他将继承王位一事，视作不断逼近自己的巨大威胁。

令他感到恐惧的还有爱情。这个 24 岁的年轻人，迄今未谙男女之事，这使得格奈泽瑙也大感惊奇。除了他所狂热崇拜的已故生母路易丝和他最亲密的妹妹夏洛特，就只有一个女人曾经走近过他，并最终成为他的妻子。比腓特烈·威廉三世早四年故去的御医胡弗兰德，在流亡东普鲁士期间对腓特烈·威廉四世极为熟识，并公然对他做出了“性无能”的断语。

对登基的恐惧和在女人面前的退缩，与时常发生的情绪失控形成鲜明对比，所呈现出的是一个内心纠结者的面貌，这也许与他老师戴勒布吕克的那种极端的表达及感知方式一脉相承。与他那相对清醒的父亲不同，他把统治国家的责任视作上帝的委托，并在付诸行动时，秉持着一种无可动摇的虔敬态度。当他第一次见到莱茵河时，出于被此间种种传奇和神话的感染，竟至泪流满面。而在对女人的态度上，他则抱持着一种差不多是中世纪的看法，像个宫廷抒情诗人一样大力歌颂着纯洁与禁欲。

而这一切，在19世纪初期的时代背景下，除了在浪漫主义诗歌和音乐的领域内，已全无用场。腓特烈·威廉，日后的普鲁士国王，自年轻时起就表现得特立独行，与周围环境格格不入。由于身为一名国王，必须有一名王后，所以他进行了一场真正意义上的选妻之旅，而这种行为也有悖于传统的社会文明。他的本能将他指向意大利——每个德国浪漫主义者都向往的所在——他想亲身前往，但他的父亲对此予以否决。被采用的是另一计划。1819年，25岁的腓特烈·威廉游历了布拉格、纽伦堡[①]、法兰克福（美茵河畔）、科布伦茨，乃至巴登－巴登[②]。寻找目标是一名德裔的公主，而且她必须是新教徒。这一宫廷法则被腓特烈·威廉一世在遗嘱中颁下并得以一直沿袭：任何普鲁士的王位继承人，都不得迎娶一名信奉天主教的新娘。

17岁的巴伐利亚公主伊丽莎白·鲁道维茨拥有不折不扣的德国血统，腓特烈·威廉在巴登－巴登热烈地爱上了她。可无奈她是一名天主教徒，且信仰极为虔诚。相亲活动仍继续进行，因为除王储之外，还另有3名已到适婚年龄的王子，一些在当地温泉间流连的待嫁公主已

① 现德国巴伐利亚州第二大城市，面积186平方公里，人口50余万。历史上多位神圣罗马帝国皇帝将此城作为驻地，1356年查理四世的《黄金诏书》即在此颁布。纳粹时期，这里也因其历史色彩而成为纳粹的政治中心之一，一年一度的党代会于此召开。二战末期遭到盟军重点轰炸，该城亦因审判战犯的“纽伦堡法庭”而著名。

② 现德国巴登符腾堡州西部城市，面积140平方公里，人口5.4万左右。世界闻名的温泉疗养胜地和度假中心，其声名可追溯至罗马帝国时代。德语“巴登”一词为温泉之意。

被介绍给他们（反过来说也可以）。但对于腓特烈·威廉来说，这趟旅行至此已再无意义。瞻仰过霍亨索伦家族宫殿遗址后，他同其他人一起沿莱茵河而上，直抵沙夫豪森①，最终在普鲁士下辖的纳沙泰尔②结束了此次游历。他在此地受到了与其王储身份相称的欢迎仪式，而他本人也展现出了极为自信的一面——通过与他王储身份全不相符的行为——授予这块孤悬于外的飞地新的旗帜。在写给父亲的措辞婉转的信中，他以一种浪漫的笔调坦承，他的心已被一名来自慕尼黑的女孩在巴登－巴登俘获了。

“目前还没到无法自控的程度，”他写道，但随即做出补充，“但再没有别的什么，将能让我在慕尼黑流连不去。那是一张如此妩媚、迷人的面容。脸形椭圆，眼睛如那不勒斯的天空一样清澈，黑色的眉毛，深色的秀发，而所展现出的礼仪举止，更是我所能梦想到的极致——请帮助我吧，帮助我吧！”

腓特烈·威廉三世理所当然地对此表现出牵挂之情。他诚恳又毫不浪漫地回答他的儿子：“上帝会乐于接受你做出的任何决定，只要你自己感觉幸福就可以。”

而他的儿子则毫不迟疑地于当年6月便赶赴慕尼黑，于彼处接受了来自维斯特巴赫③王室的美好祝福，并为此满心欢喜，同时感受着当地宫廷中亲切友好的风俗和氛围——类似的风尚于路易丝王后身故后，在柏林已渐渐被冰冷和僵化所取代。“每天中午，我们都驶往宁芬

① 瑞士北端城市，面积约42平方公里，人口不到3.5万人。世界顶级钟表品牌之一万国（IWC），即源自此城。欧洲最大的瀑布，莱茵瀑布，位于城市西南。

② 现为瑞士西部城市，面积18平方公里，人口约17万。1707年，腓特烈一世取得了对这里的统治权。1806年，在战争中失利的腓特烈·威廉三世将此地割让给拿破仑。1815年的“维也纳会议”上，重新确认了该城市既为瑞士联邦一员，又为普鲁士辖下侯国的地位。但由于此后当地共和党人和民主人士旨在谋求脱离普鲁士的反抗不断，腓特烈·威廉四世最终于1857年宣布彻底放弃对这块飞地的拥有权。

③ 德国最古老的贵族血统之一，其家族及各个分支曾统治巴伐利亚、普法尔茨、于利希地区数百年之久。家族历史据称可追溯至查理大帝乃至希腊特洛伊时期。

堡[①]，”王储记载道，“尽管我竭力表现得对此漫不经心，但那里还是让我的伪装一再褪去。”

很快可以确认，这是一段两情相悦的爱情，在王朝时代殊为难得。但最终清除在双方身边无法忽视的宗教藩篱，却耗时四年之久。一系列的斡旋活动，无论是通过政治手段还是借助教会力量，均告失败。伊丽莎白——通常被叫作伊丽泽——对自己的孪生姐妹阿玛丽言听计从。阿玛丽本人嫁给了一名笃信天主教的萨克森王子，并抱有让伊丽莎白与迈宁根公爵伯恩哈德结为连理的想法。

情况看起来有些危险，因此，巴伐利亚两位公主的兄弟格奥格，秘密拜访了腓特烈·威廉，后者当时正身在波美拉尼亚。当这位普鲁士的王储殿下被要求表明态度时，其回答根本是不假思索的，他解释道：他对于伊丽莎白的爱，无可动摇，但最终的决定权掌握在他父亲手里。

事情的发展，似乎就要再一次演变成罗密欧与朱丽叶的故事。所不同的是，维斯特巴赫与霍亨索伦两大王室之间的关系，与400年前的蒙太古和凯普莱特两族之间的关系迥异——王室间的联姻，在双方看来都是再美满不过的事。但巴伐利亚公主以个人名义写给普鲁士国王的一封信，却使局面趋于恶化，她在信中以俯首帖耳的态度表示，如果必要的话，她愿意为转为新教徒而献祭。这封信令腓特烈·威廉国王几近暴怒：献祭！这种东西他绝不需要，不管是来自任何人。要求奉献祭物，是非基督教的行为，简直等同于无视神的存在。仅仅是这样的提议，对他来讲都是一种亵渎。

如此看来，似乎是真正的或被臆测为是真正的反对力量毕竟占据了上风。但令人意想不到的是，恰恰是在这样的形势下，最终出现了圆满的解决之道。解开这一困局的人是善良的艾勒特主教——虽然他偶尔表现得过于狡黠——他将双方的分歧完全降到语言游戏的层面上来。“如果‘献祭’一词在这件事里显得过于敏感的话，”他陈述道，“那

① 位于现慕尼黑西部的宁芬堡宫，为维斯特巴赫家族的夏宫，兴建于17世纪中叶，巴洛克风格，是保存至今的欧洲最大王宫之一。

么巴伐利亚的公主只需要声明，她并不是将自己嫁给一名新教王子这件事本身看作一种‘献祭’的行为。”再加上双方教会此时在信仰问题上也已达成了协议，这对恋人通往婚姻的道路在经历了为时四年的拉锯战之后突然就此变得畅通无阻起来。

四年里，这对彼此深爱的人几乎没有见过面，交谈的机会就更少。现在，婚礼要分别在两地同时举行。一处是在慕尼黑，由天主教的巴伐利亚公爵卡尔·西奥多扮演新郎的角色；另一处是在柏林王宫，由双方的“媒人”艾勒特主教主持，按新教的程式进行。

腓特烈·威廉三世国王对这样的美好结局不胜满意，以至于经常因吝啬而被人诟病的他，也为这对新人送上了一座临近波茨坦的旧农庄作为礼物。这座农庄根据其前任女主人的名字被命名为“夏洛特庭院”，这一称呼保留至今。在申克尔手中，它被改建为一件充满浪漫气息的艺术品。内饰的色彩以蓝色和白色为基调，以便它将来的女主人可以借此唤起对故乡巴伐利亚的回忆。

被选择的色彩很好地完成了它们的使命，尽管是伴随着感伤。如果一切迹象都属实的话，那么王后伊丽莎白无论是在普鲁士还是在“夏洛特庭院”中，都没有得到过惬意的感觉。而且值得怀疑的是：这段婚姻，真的曾让她快乐过吗？

从幼年开始，伊丽莎白便患有腿部疾病，因此她在行走时看起来有些跛，但这丝毫没有影响到她作为女人的优雅。她只是很少抛头露面而已，这一特点在她的三个姐妹身上同样显而易见。这些姐妹的婚姻，也都是门当户对的结合。她们同她们的后代一道，在打理各自王朝时推行偏女性化的政策。但伊丽莎白王后没有加入这些姐妹的行列——因为她的婚姻没有带来子嗣。

腓特烈·威廉在45岁那年继承了王位。父亲腓特烈·威廉三世的故去，并没有在普鲁士引起巨大的哀思。老国王没能遵守自己的诺言，为普鲁士制定一部宪法，并且他与其他“神圣同盟”的成员一样，进退趋止，完全以梅特涅马首是瞻。万众期待的宪法迟迟不能问世，而他为此一再做出的刻板解释，也已成为公式化的符号，在很长时间里，都是他形象中不可或缺的一部分。他的解释是这样的（根据卡尔·爱德华·维泽斯的表述）：“对一个国家的宪法做出改动，并非在任何时候都适合进行。而许诺了此事的人，自然同时也有权力决定，何时将其付诸实施。”

于是，现在所有的希望都集中在他那天资聪颖的儿子身上。新君的第一次执政行为发生于1840年6月8日的早晨，只停留在家族的范围内。当时他打开了他那于前一天死去的父王留下的遗嘱。遗嘱在两年前即已立下，其后的补充部分，由大臣维特根施泰因根据死者生前的愿望编辑整理。但补充部分没能被当场公布，因为李格尼茨女侯爵的一名手下将维特根施泰因阻拦在死者的房间之外。但由于这一大捆涵盖范围甚为广泛的文件没有被签署，它们是否有意义或者有哪些意义，都成了疑问。腓特烈·威廉四世根据个人的判断，对这些文件进行了阐述，特别是如下这句话：“一部有代表性的宪法的存在，对一个国家的繁荣兴盛来讲，并非必要，甚至经常会产生负面影响。”在有关宪法的问题上，新君的思想与他父亲毫无二致。

但一项在他父亲执政期间、因梅特涅作用在“神圣同盟”的负面影响而产生的最严重的过失，在他手中得到了纠正：他对所谓的“煽动者”们进行了一次全面的特赦。恩斯特·莫里茨·阿恩特，毕生都在为德国的自由和统一而奋斗，而后一项，即致力于德国统一这一行为，使他于二十年前失去了在波恩大学做历史教授的资格。但现在他被恢复原职。与此类似，爱国又极具反叛精神的格林兄弟，作为德语语言学家和童话研究学者，被邀至柏林，供职于科学院。享有世界声誉的亚历山大·冯·洪堡被任命为国务委员，事实证明，他也确实是腓特烈·威廉四世最有价值的国王顾问之一。最后，连有些条理不清的“体操之父”雅恩，也得到了一笔退休金，作为他对祖国所做贡献的嘉奖。腓特烈·威廉四世甚至还接纳了极“左”分子、诗人格奥格·海尔维克，此人对贵族阶层深恶痛绝，并一直在为谋求共和体制奔走努力。国王这样向他表明自己的态度：“我欣赏个性鲜明的反对者。”

可这并没能打动海尔维克，事实上大多数诗人——德·拉·莫特·富凯这类的除外——尽管对国王抱有好感，但却无法在心里给他以崇高的地位。海涅的以下诗节可为一例：

这国王让我情有独钟
我认为我们略有些相同
一个出身高贵的灵魂，会有很多先天优势
但即使是我，也不能很好地统治

很快得以证明的是，腓特烈·威廉四世统治期间，局面之风雨飘摇，尤甚于其父在位之时。他爱所有人，并希望能让所有人都满意。他表面上会曲意逢迎一些人，尽管那并不代表他真实的想法。如果说在他父亲身体里住着一个过分谨慎、优柔寡断的灵魂的话，那么在他的身体里，则藏着一个绝无可能改变的执拗性格。父亲的遗嘱，他只照做了其中的两点：拒绝颁布宪法和接受一项在当时形势下仍发挥作用的劝告。劝告的内容是："要尽你的全部力量，促进欧洲各国之间的和谐，不可疏忽；特别是不可使普鲁士、俄国和奥地利之间离心离德；这三国团结一致，整个欧洲的大同盟才可称圆满。"这是第一个不再局限于"欧洲诸强力量平衡"这一意识形态的新认知。

厄运的根源或是导致连海涅这样的浪漫主义诗人都对他产生怀疑的原因，在于腓特烈·威廉四世的双重性格。他天生聪慧，这毋庸置疑，而且也具备理智地思考及行动的能力。但另一方面，他又完全活在他自己的梦幻世界里。

这一点，从他登上王位后命人在柏林和柯尼茨贝格为他准备的"臣服礼"仪式上即可看出端倪来。由来自社会各阶层的代表围成圆圈举行"臣服礼"，是普鲁士的传统之一，与之可相提并论的，有王室婚礼上的"火光舞会"和国王唯一亲身参与的民间节日"施特拉劳捕鱼节"。"臣服礼"本来只是个象征，但腓特烈·威廉将它操办得郑重其事。

1840年10月15日，一场富丽堂皇的典礼在柏林王宫前举行，在国王眼里，它被视作“联系王座与民众之间的纽带”。在看台上就座的还有都城里的文化名流们，诸如亚历山大·冯·洪堡、路德维希·蒂克、腓特烈·谢林以及格林兄弟。台下群众对台上诸公欢呼致意，与此同时，也将他们作为了笑谑的对象。

但当笑谑进一步演化为嘲讽和牢骚时，这一切就超出了腓特烈·威廉四世的理解范围之外。“这不可能！”当一本针对他本人的小册子被掷到他面前的桌子上并摊开时，他大叫道：“我的子民应该是爱我的！”虽然他一方面试图通过召开由社会各阶层参加的“州联合议会”以消解民众要求他颁布宪法的压力，但另一方面，他又公开宣称，世界上绝无任何力量能够迫使他去建立一个具有宪法职能的机制。对此，甚至连他的妹夫、俄国沙皇尼古拉斯，都表现出了嘲讽的态度：“真是罕见的政权：国王确保了宪法的设立，却又否认他所设立的是宪法。”

“州联合议会”刚刚召开不久即被解散。无法被解散的，则是围绕在那内心纠结的国王周围的朋党，也即以格拉赫兄弟为首的利益集团。利奥波德·冯·格拉赫，是一名拥有巨大影响力的保守派政客，他的兄弟正担任着国王的副官。这个笃信虔敬派的小圈子，以时而温和时而严厉的态度，影响着腓特烈·威廉四世的一切举措，并使后者看起来像风中的芦苇一样，摇摆不定。与此同时，暴风雨也开始显现出了它的影子。

一场源于国家与社会之间紧张关系的政治冲突，正在全欧洲范围内蔓延开来。而人们对那已不再年轻却仍显经验不足的普鲁士王者，只能报以同情。实际上，如今的乱局早在数年前便已现端倪：1830年，作风保守的法国国君查理十世被“七月革命[①]”推翻，“平民国王”路易·菲力浦取而代之。

---

① 1830年的七月革命，最终结束了波旁王朝在法国的统治，中产阶级开始登上政治舞台。革命的起因是由于法王查理十世试图恢复贵族的特权，当他着手解散议会时，手工业者、工人和学生们奋起反抗，革命爆发，查理十世被迫逃往英国。画家欧仁·德拉克罗瓦的著名作品《自由引导人民》，即是记录这一历史事件。

那时，这位“浪漫主义者”还没有继承大宝。而如今，在十多年后的现在，谁又能对他就正渐渐逼近并将在1848年倾泻而下的暴风雨做出提醒呢？格拉赫兄弟和他们的小集团吗？他们更倾向于使国王一无所知。也许有一个人，能够甚至是必然会完成这项任务：亚历山大·冯·洪堡。但“七月革命”之时，此公正远涉西伯利亚，并深深地沉浸到科学工作中去，开始埋头书写他的主要作品《宇宙》。这部分为五册的著作，于1845年面世。

腓特烈·威廉四世依旧自命不凡地坐在王位上，草率轻信。在他生活的这个世界里，他所钟爱的骑士传说和超越等级的浪漫，早已不复存在。即便可以肯定，他在精神上依然充满活力，但作为一个统治者，如果这种活力不能用于他所处的实际环境，那么对他本人来说，究竟是好是坏呢？像他这样一位温和的君主，却沦落到成为孤家寡人的境地，这种情况并不多见。

但是，他也同样给那些对他抱有善意的人制造了很多麻烦。他的举止经常可以被贴上“古怪至极”的标签。普于克勒侯爵——出身大贵族，私下里却是共和主义者，同时也是（被禁止的）作家组织“青年德国”的成员——虽然称不上是他的至交好友，却仍竭尽所能地为他提出了许多出发点良好的建议，而且以今天的眼光衡量，这些建议都堪称正确。在一次公开的招待会上，侯爵就拖延已久的宪法问题与国王进行了一对一的恳谈。侯爵的立论令人信服：广大民众在解放战争中所做出的巨大牺牲，并非旨在保持社会位阶的巨大差异和换取一部分既得利益者的身家的持续增长，而是因为他们想从君主那里得到法国大革命最终没能给予他们的东西，即自由和全民平等。国王对此没有作答，他只是为自己另寻了一个谈话伙伴，而把侯爵晾在原地。不久以后，他离开了房间，当经过侯爵身边时，根本没有向后者看上一眼，而是做了一个滑稽的舞蹈跳跃动作，令所有在场的人瞠目结舌。

在举止大胆随便的贝蒂妮·冯·阿尔尼姆面前，国王表现得彬彬有礼。自从她的丈夫阿希姆·冯·阿尔尼姆身故后，这个充满活力的、勃伦塔诺的妹妹便在普鲁士的都城里充当起了女祭司的角色。早在 1839 年，她就请求当时还是王储的腓特烈·威廉四世收留被汉诺威国王放逐的“哥廷根七子[①]”，其中包括格林兄弟。现在，她则出版了一本书，其中记载了国王所有的玩忽职守行为，却极聪明地在书名——《属于国王的书》——中注明，这本书是献给腓特烈·威廉四世的。此举令此书成功地躲过了审查，当然，另一个原因也许更重要：她的姐夫，坚定的保守主义者，腓特烈·卡尔·冯·萨维尼，正担任着普鲁士的司法部长一职。

非常值得怀疑的是，国王本人到底是否读过此书，因为他后来用极尽恭维的态度向作者表示感谢。通过这莽撞的贝蒂妮，他本有可能就他身处其中的世界的本来面目做出一些了解，特别是那些在这几年中——书于 1843 年面世——他也应为之负起责任的事。

糟糕的政局，特别是在柏林的恶劣情况，在普鲁士经历了连续两年极端干旱的夏天并由此引起灾难性的歉收之后，终于激发了公开的骚乱。谷物和土豆的价格攀升至无法购买的高位，在受灾最严重的西里西亚和东普鲁士两省伤寒症开始流行。此种局面下，1847 年 4 月 18 日，于柏林爆发了“土豆战争”。事件的起因是抱怨土豆价格过高的家庭妇女反被土豆商人嘲笑，于是被惹恼的女人们痛打了这些商人，还将他们的摊位抢劫一空。接下来，她们冲到毗邻的街道上，一些貌似激进分子、实为社会垃圾的无赖加入她们的队伍中去，沿街的窗户被震得咯咯有声，众多商店遭到劫掠，诸如面包店和肉铺。为了保护店铺而动用的骑兵部队，反而激怒了那些本来没有加入骚乱行列中来的城市平民，因为他们不希望在自己的街区内见到头破血流的场面。在这个时代里，动辄得咎的并不是只有国王一人，历史上总是存在这样的时期，让所有身处其中的人都难以全身而退。19 世纪 40 年代，便是如此。

国王缺乏识人之明。他总是任用那些能引起他好感的人。如果他

① 哥廷根大学的七名教授，因于 1837 年反对汉诺威王国废除宪法而被解除教职，其中三人被国王恩斯特放逐。

的父王当年也是采取这一标准的话，不仅施泰因永无出头的可能，甚至连哈登贝格也机会渺茫。腓特烈·威廉四世不停地更换他的顾问，而且在自由主义和保守主义两大阵营中来回切换。对首相——当时还被称作“第一大臣”——的任免频率则更高。几乎没有谁能把自己的位置保存到那场危机到来的日子。这些人中包括腓特烈·威廉·冯·勃兰登堡伯爵，这位将军是腓特烈·威廉二世与威廉明妮·恩克的私生子。他逗留在第一大臣职位上的时间有两年之久，算是相对长的了。

尾随1847年的饥荒岁月而来的是一个漫长而又严酷的冬天。现在，就连那些富裕的社会阶层也感受到食品的紧缺了。“柏林市政府，”共和主义者罗伯特·施普林格这样评价道，“为应付困局而建立了‘城市储蓄所’，这就像一个舞者骨折之后，再试图通过改变芭蕾舞的跳跃规则去使他痊愈一样。”

柏林人的不满首先释放在无休止的各种讨论中。自由思想家、革命者、自由主义者、共和主义者，但同样也有保守主义者、保皇党人，都纷纷集社，或是聚集在供郊游者休息的“帐篷下”饭店——位于施普雷河拐弯处——或是在各个咖啡馆和小酒馆里碰头。在这些地点可以获取最新出版的报纸，但由于对其感兴趣的人太多，所以通常会选出一个人来，把最重要的新闻和社论读给大家听。

这种情况在向四围迅速蔓延。在汉诺威、黑森和萨克森，迫于民众的压力，当地官员不得不落实此前普王至少曾五次许诺过却从未兑现的承诺：制定宪法。与此同时，荷兰国王赋予了其南部国土独立自主的权力，这里后来即发展成为今天的比利时。在法国，又爆发了第三次暴动，曾在欢呼声中登上王座的“平民国王”路易·菲力浦现在成了被追缉的对象，法国人宣告成立共和国。似乎是作为“对这一时期的纪念”，一种野心被悄然唤醒，如罗伯特·施普林格所嘲弄的那样：“普鲁士在蒙受了长期的耻辱之后，终于得到可以重新振作的机会，即通过结盟的方式，借助盟友的强大力量，对一个已遍体鳞伤的对手施以毁灭性的最后一击。”难道“普鲁士，这一德国版图上的明珠”应该放弃这样的机会吗?

各样消息接踵而来：在慕尼黑，长期以来一直竭力反抗的学生们，终于成功地驱逐了巴伐利亚国王的情妇劳拉·蒙特兹[①]。随后连国王路德维希一世也宣布退位。推翻君主制度似乎突然成了一种潮流，尽管“共和主义者”一词在当时仍然带有贬义。路德维希·乌兰德[②]在图林根提出了以“黑红金”三色为标志的联邦方案，意在结束德国诸侯林立的散乱状态。这一倡议对于本已处于风雨飘摇中的君主制大厦来说，其打击力度显而易见。各个大大小小的王侯现在必须开始做“被废除”的最坏打算。

在柏林弥漫着一种特别紧张的情绪。国王再次召集“州联合议会”——他也想不到什么更好的主意——这一虚拟国会在去年成立，成员来自普鲁士辖内八个州的州议会代表。由于国会分为两院，一个是由亲王、公侯、大贵族组成的“元老院”，另一个则类似下院，由“骑士、市民、农民”组成，也即所谓的“第三等级”，所以寻求两院对等关系的进程极为缓慢。

连多年以来一直作为欧洲复辟主义样板的奥地利也不能从这场风波中幸免，强大的梅特涅轰然倒台，神圣罗马帝国皇帝对民众极为诚恳地许下了颁布宪法的诺言，于是柏林人的忍耐也终于到了极限。在“帐篷下”饭店举行了一场大型集会后，一支由数千人组成的队伍穿过勃兰登堡门，直奔王宫——这是第一场真正意义上的示威游行。自此

---

① 劳拉·蒙特兹（1821—1861），爱尔兰人，西班牙舞演员。她被路德维希国王册封为“玛丽·冯·兰德斯费德女伯爵”。22岁时初登巴黎的社交圈子，便魅力无限，大仲马小仲马父子、钢琴家李斯特，都成为她的裙下之臣。25岁时，成为时年60岁的巴伐利亚国王路德维希的情妇，备受宠爱。曾在慕尼黑成立了一个以她为中心的社团，“阿雷曼人”，社团成员均为军校学生，她并与其中一人有染。这一社团及她本人引起了其他学生的强烈不满，由此引发的骚乱迫使她离开了巴伐利亚。1851年起迁居美国，在那里度过了成功且多彩的十年后，死于肺炎。

② 约翰·路德维希·乌兰德（1787—1862），德国诗人、文艺研究者、法学家及政治家。历任斯图加特市议员、图宾根市议员及法学教授、德国议会议员，曾主张建立包括奥地利在内的“大德意志”，反对帝位世袭制。

开始，王宫前的广场上每晚都聚满了柏林民众，将宫门堵得水泄不通。当部分人为得到武器以发动起义而试图冲击军械库[①]时，镇压的枪声响起，整件事演化为流血伤亡事件。

面对着入见的众多市议员和代表，惊慌失措的腓特烈·威廉几乎是不假思索地全部答应了对方提出的要求：颁布宪法，撤回军队，武装市民以使他们可以自行维持安定。国王不止一次地尝试过坐着他的四轮马车躲到波茨坦去，那里的气氛一直以来就是忠于国王的，可是每次他的车驾都被支持起义的民众发现，因此不得不半途折返。当终于有一次趁着夜间的大雾几乎就要潜行成功时，国王夫妇却对几处阴影产生了畏惧，怀疑那是躲在暗处的刺客，于是便又躲回王宫去了。

最终将整个局面引爆的火花，实际上是出于一场误会。当那些市议员成功地使国王答应了他们提出的所有要求后，在当天下午，又有大量的民众聚集在王宫前，但这一次主要是出于寻求和平的意图。人们打算为被新近赋予的自由向国王表达谢意，并就此结束这场短暂的危机。在阳台上现身的国王受到了欢呼。但人群中也不时地传出齐声大喊："让士兵们滚开。"而且声音之大甚至淹没了国王的致辞。身负保卫王宫之责的特遣步兵团"弗朗茨皇帝"将这一举动视为挑衅，故挺起刺刀，向民众步步进逼。怒气勃发的双方之间开始爆发争吵，随即便是两声枪响。子弹虽然没有击中任何人，但此前的一片平和景象就此转为战争画面。

城市里出现了路障和掩体。在 3 月 18 日到 19 日的那个夜里爆发了战斗。士兵们试图攻占那些掩体，但由于街道狭窄，收效甚微。由于缺少武器，起义者们爬上楼顶，用屋瓦和石块打击步步进逼的军人。人们可以想见，伤亡者身上的伤口会是多么恐怖。同样恐怖的是一些部队在俘虏了起义者后所实施的报复行为。

---

① 柏林军械库，于 1695 年由当时尚为勃兰登堡选帝侯的腓特烈一世下令兴建，是菩提树下大街最古老的建筑。二战时期遭受严重毁坏，重修后，内部结构被彻底改动。现在的职能是德国历史博物馆。

双方均死伤惨重，但确切人数从不曾被公布。这一切都被算在国王账上，归罪于他的——想不出还有什么别的词可以形容——反应迟钝。他在后来对自己所犯的错误毫无保留地全盘承认，这对他的形象多少起到了补救的作用。但仍无法掩盖的事实是，与先辈们相较，他的确缺乏勇气及不够优秀。

他的行事方式，可被评价为愚蠢、荒谬、令人哭笑不得，但同样可以被称为精明及带有小农式的狡黠，甚至可以用卓越来定义，如果人们对一位普鲁士国王的期待是另外的样子的话。

当那些看上去令人毛骨悚然的伤痕累累的死者——其中一些被堆放在毫不加遮蔽的车上——被运往王宫广场请国王过目时，国王现身于人前，并对着众多尸体深施一礼。也许是应传唤而来的亚历山大·冯·洪堡向他做出了这个建议。不仅如此，国王还亲自出席了随后于宪兵广场举行的葬礼仪式。

但当他带着大队人马骑行穿过柏林时，样子则不免可笑，因为他腰间绶带所用的正是代表共和主义者的黑红金三色。此举几乎完全是不加掩饰的巴结讨好，已远超妥协所应有之意。却如在他指示下贴满了全城的《致我亲爱的柏林人》告示一样，有效地使这王都的气氛趋于缓和。睿智与懦弱，仅隔一线，有如品位好坏之间的区别，细不可察。

由一场误会而引起的反抗在短短的时间内几成燎原之势，却又在同样短的时间里以和解告终：革命一词，很难与德国人联系到一起，特别是与普鲁士人，几乎完全没有交集。这样看来，这场动荡发生在一位性格软弱的国王的任内，并因此没有导致血流成河的局面，也许是件值得庆幸的事。在国王佩戴着那并不令人喜爱的色彩组合招摇过市之后，共和主义者们派出的代表团拜访了他，而国王则答应了代表团所提出的全部要求。一次无差别的大赦应予以颁布，所有被拘禁者应被释放，而民众将终于享有持有武器的权利。更为重要的是，国王的亲弟弟、身为普鲁士亲王的威廉，要承受被放逐的惩罚。于是，乘坐着一辆乔装过的马车，亲王殿下先是逃往汉堡，接下来再从汉堡被送往英国。而那位曾经风光无限的梅特涅侯爵，已在英国逗留了有好些时日了。

也许威廉确实曾表明过自己是一名彻头彻尾、坚定不移的君主制拥护者，但就此将“霰弹亲王”这样一顶帽子从1848年起便硬扣到他的头上,还是很不公正的。“人们大多相信,”曾参与过巷战的莫里茨·施泰施奈德这样阐述道，“普鲁士亲王曾逼迫军队前进，并使用霰弹（填充了铅丸的炮弹）和榴弹作为武器。”但这种说法与事实相悖。无论是亲王还是亲王手下的军官，都无须承担这样的指责。

亲王本人也许还不知道即将在他身上发生的一切。他曾毫无条件地与他的兄长保持同一立场，现在却要被后者作为替罪羊流放到蛮荒之地——如果人们一定要这样描绘一派葱茏的英国的话——也许这就是普鲁士的命运。在普鲁士，即便是贵族，也是为国家而生的，不同于在其他许多国家那样，关系正好颠倒过来。

腓特烈·冯·弗兰格尔将军的所作所为看起来要聪明一些，但尽管如此,也被极不公平地冠以“嗜血者”的称号记入当时的历史。事实上，他与这个称号完全没有交集，而且作为一名纯粹到极点的柏林人，他更愿意以鲁直而不是以好战的形象出现。当腓特烈·威廉做出决定以后，将军带领着至少3万名士兵于11月10日通过哈勒门[①]挺进柏林，目的在于对抗黑红金三色党人的势力。一名少校迎上了他，并向他宣告应当尽量避免暴力。“那么就腾出地方来，”弗兰格尔对此回应道，“我就是暴力！”最终他控制住了柏林的形势，几乎没遇到任何抵抗。

这一局面的形成，与其说是拜这位富于传奇色彩的将军所赐，倒不如说是源于民众对平静和秩序的渴望。所谓历史，是由众多短期与

① 18世纪时在柏林南部护城墙上所开的城门，由此处延伸的道路直至哈勒。在1812年《犹太人诏书》颁布前，这里也是犹太人唯一可以出入柏林的所在。现在城门已不存在，在原址上兴建的、沿用其名的地铁站，是柏林公共交通网络枢纽之一。

长期的定型交替构成的。在当时，短期行为模式占据着主导地位。起义者们也许在昨天还是顺风顺水，但转过天来，保皇党们便又掌控一切。

保皇党也好，民主人士也好，他们对于法兰克福国民议会所寄予的厚望均以失望告终。在会上，人们所关注的是各种充满学究气的演讲，并非德国的统一，而整个大会也因 2 名议员被极“左”派人士刺杀的事件宣告中止。普于克勒侯爵以一名时代见证人的身份做出了总结：“至为糟糕的是，”他这样写给他的女朋友、日耳曼学学者露米拉·阿丝辛，“在我们的法兰克福大革命中，所有的德国贵族如同被硫黄燎到的雉鸡一样，由于惊慌而纷纷从他们的栖身之所跌落，但另一方面，那些对这突如其来的胜利完全没有准备的学者，他们的所作所为不过是如同点燃了一座干草堆，那可怜的火焰终会自行熄灭。在这场危机中，两方面都无法为德国提供出任何一个可堪托付的人来，不像在法国或英国革命中那样，这样的人物动辄数以百计。事实上，又能从哪里去找到这样的人呢？在流沙上是长不出麦子的。我们可能会有能力卓著的为国效力之人，但绝不会有伟大的爱国者。”

普于克勒可谓是一名再合适不过的见证人，因为他本人即可被视作同时身属两大阵营：鉴于出身及被拔擢为侯爵的经历，他该是君主制的拥护者；但从他的所作所为来看，又颇似一名民主人士。也正因此，他在 1848 年没有积极加入上述两阵营的任何一方。而他在此后的悲伤的论断，曾在知识分子圈子中广为流传。当发生在柏林的起义被镇压后，他曾造访过居于波茨坦的国王，后者在他眼中“吃得白白胖胖的，兴致不错，时常表现得很诙谐，而所开的玩笑极易流于粗鄙”。他告诉法恩哈格[①]，当国王谈起自己“亲爱的柏林人”时，语气中流露出的轻侮之意比起流氓来都犹有过之。

---

① 雷切尔·安东妮·弗雷德里克·法恩哈格（1771—1833），犹太血统的德国女作家。18 世纪末至 19 世纪初欧洲最著名的沙龙女主人之一。她分属浪漫主义和启蒙运动的潮流人物，并致力于为犹太人争取平等地位及妇女解放的运动。

就所表现出的迹象来看，一切都没有改变，人们从曾经发生的事情里，什么都没有学到。国王解散了富勒将军所领导的自由党人内阁，改为倚重自己的远亲、作为极端保守主义者的勃兰登堡伯爵。并且，他还颇为大度地允许弟弟重返柏林。因为来自多方面的恳请让他自觉这一决定当属顺应潮流。“弗朗茨皇帝”军团的掷弹兵们高唱着《欧根亲王，高贵的骑士》一曲作为旋律、由弗里茨·冯·高迪少尉填词的歌曲穿行过整座城市：

勇敢又忠诚的普鲁士亲王
再次回到你的军队身旁
将军你才是众望所归
你曾在遥远的异国彷徨
现在终于得返故乡
无数颗心都在期待你的指挥

与此相对立的是，现于报纸上的抗议和反对派到处分发的传单。另一首歌也迅速诞生，其歌词与高迪所作诗行正是针锋相对：

普鲁士亲王你这凶逆
来啊，来到柏林
我们为你准备了飞石
和满地荆棘

威廉仍在维多利亚女王[1]及她的德国丈夫、阿尔贝特亲王的庇护下

① 亚历山德瑞娜·维多利亚（1819—1901），大不列颠及爱尔兰联合王国君主，1876年后亦称印度女皇。在位时间长达六十三年以上，是英国历史上在位最久的君主，也是世界史上在位最久的女君主。在她统治期间，英国在工业、文化、军事等诸方面都得到大力发展，国家势力大幅度扩张，这一时期史称“维多利亚时代”。

于英国继续逗留了两个月，6 月时才返回柏林。人们并没有用满地荆棘来迎接他，而是在波茨坦的湖面上举着火炬泛舟游行，高唱着那首《欧根亲王，高贵的骑士》向他致意。毕竟他的好战恶名是因为帮助巴登[①]大公和巴伐利亚国王才留下的，后二者曾请求他率领普鲁士军队前往自己的领地镇压革命。

在巴登，他仅仅通过一次兵戎相见便平定了叛乱。人们在史书中经常将此次行动阐释为日后普鲁士一统德意志、建立帝国的肇端。克劳塞维茨早就指出过，要完成兼并天下的大业，任何华美的言辞都无济于事，可以依靠的只有利剑。由于行军需要，威廉在战事结束后仍以总司令的身份在巴登逗留了一个月，而此地也几乎成了日后普鲁士的军事前哨。

作为王位继承人，当他再回柏林时，受到的是夹道欢迎的礼遇，而且——此一时与彼一时之间的转换便是如此突然——不但诸如“飞石袭击”这类不久前还信誓旦旦的威胁消失不见了，他还发现他的宫殿也被用橡叶和桂枝装饰起来。

但是看起来，威廉还是没有像他的身为国王的兄长那样，总是对自己的表现十分满意。他有一句名言，人们很难想象是出自他这样一位战功累累的统帅之口：“刺刀仅仅是在应对某一时期的敌对势力时是有用的，但不能被用来针对那些存在于时间长河中的真相。”事实将验证普鲁士亲王这一论断的正确性。

虽然对各种现状也并不缺乏关注，但腓特烈·威廉的思考内容却另有不同。“如果人们想要灭火，”他经常这样为自己承认过的错误进行辩护，“在别无选择的情况下，即使是脏水，也只好拿来使用。”

他的这一说法本也无可厚非，如果他不是在后来拟订了一份与此

① 德国历史地名，位于德国西南部，西邻法国阿尔萨斯，南与瑞士接壤。该地早期为边区总督领，19 世纪初被拿破仑擢升为大公国，1871 年加入由普鲁士主导的“德意志第二帝国”。二战后与符腾堡地区组成现今德国的巴登－符腾堡州。

自相矛盾的计划的话。为了杜绝围绕着设立宪法而引起的无休止的纷扰，他打算自行拟定一部宪法，并将其——用他自己的话来说——“强制性地推行”给他的子民。这意味着，他旨在灭火，却特意准备了脏水。

国民议会继续召开，于法兰克福保罗大教堂中举行。1849 年 3 月 28 日，大会找到了一条权宜之计，在 290 票赞成、248 票弃权的情况下，选举腓特烈·威廉四世为帝国皇帝。“假如我是我曾伯祖父的话，”国王这样表态，“我也不会对此起意，但我不是。”这是他对亚历山大·洪堡做出的回应，后者向他指出，腓特烈大帝对于这样的提议根本不会予以考虑。其实对于腓特烈·威廉四世来说，这些议员也只不过是一些“讨厌的、引起阵痛的 1848 年党人”，他要让他们明白，国王只会接受一顶经由帝国王侯们认真讨论后推举出来的帝冠。

尽管如此，他还是以友好的方式接待了法兰克福议会的代表团，并筹备了盛大的宴会，以便为自己提供一个尽情讲演的舞台。足以说明他的态度的举动是，他为讲演准备了两份稿件，而且看起来还在为采用哪一份而犹豫不决——国民议会的选举结果确乎起到了恭维效果，在经过了那些令人沮丧的日子后，这样的事情无疑会令他感到愉悦。但最后他还是决定老调重弹，没有采用那份温和的稿件，而是发表了措辞严厉的讲演。代表团的团长爱德华·西姆松，直到最后一刻都在试图阻止国王展现他的傲慢，但终归徒劳。腓特烈·威廉四世断然拒绝了以这种方式成为帝国皇帝。当被国王恢复了原职的恩斯特·莫里茨·阿恩特因此而诘责国王时，得到的回答是：这样的一顶帝冠不足以承载“神圣的十字架”。

即便是对于性格中极具浪漫主义色彩的腓特烈·威廉四世来说，这种把自己与神话绑定的方式也显得太过奇诡了。带有推崇中世纪时代的怀旧情绪的“浪漫主义”一词，在现实的世界中已被赋予了讽刺意味，可惜国王并没有认识到这一点。他始终笃信：君权神授。

在内政中，这样的立场使他树敌不少。但在对外政治中，他则为日后一些普鲁士的成就奠定了基础，手腕之巧令人惊异。

1848年12月5日，腓特烈·威廉四世向他的臣民发布了——或者说“强制性推行”——他拟定的宪法。这部宪法平凡无奇，却因为保障了司法独立、言论与集会自由及民选议院的权利一直被沿用至1918年。而宪法中所予以确认的民选议院则随即将从前的公民选举权按照“三等级体系”重新划分。也就是说，那臭名昭著的、将普鲁士人按照其纳税金额多少分为三个等级的割裂做法，并非是普鲁士国王的直接发明，而是后来借由他所创立的宪法、披着民主的外衣得以欺骗乃至强迫民众的。

为了普鲁士的名誉而进行的泛军事化行动，本身也在佐证着革命的余波，那些迟来的爆发令德国西部的诸侯们惊惧不已。他们向普鲁士国王请求援助，后者则将他的久经考验的军队派往莱茵河、威斯特法伦、巴登和美茵河畔的法兰克福，由他同样久经考验的弟弟统领。在这些地方，宁静与秩序由此得以恢复，虽然“宁静”的意味也常常与墓地相关。“普鲁士”一词，自此在相当长的一段时间里，在德国的西南部地区，特别是巴登，都被赋予了贬义色彩。那些于当地特别活跃的军事法庭，虽然是以巴登大公的名义对各个案件予以判决并执行，但却是清一色地由普鲁士的军官和士兵所组成。

恩斯特·艾勒森汉斯，是最早一批被射杀在拉施塔特[①]要塞壕沟中的受害人之一，他是发行于拉施塔特的报刊《关闭要塞》的总编。正是他的报纸当初给普鲁士亲王扣上了“霰弹亲王”的帽子。但与艾勒森汉斯的论断相反的是，事实上普鲁士亲王很有可能曾试图解救总编的生命，但由于手下人的过于狂热，没能来得及。

展开以处罚为目的的军事行动实际上并非普鲁士的传统。但当腓特烈·威廉四世亲历过一场暗杀之后——有个神志不甚清楚的名叫塞弗

① 位于现德国巴登－符腾堡州，面积59平方公里，人口4.7万有余。神圣罗马帝国时期曾是巴登总督驻跸之地。因其毗邻法国，历史上许多重要事件都发生于此，比如1714年标志“西班牙王位继承战争”结束的《拉施塔特合约》，1797—1799年的法普奥和平谈判及随后的“外交官暗杀事件”。

罗格的炮兵，趁国王离开柏林王宫时，开枪击中了国王的胳膊——这种行动在普鲁士日渐频繁。国王当时没有惊慌失措，仅是传唤了医生进行治疗。贝蒂妮·冯·阿尔尼姆则立刻写信给国王，建议宽恕并释放那名射手，因为这样做将很有可能换回民众对国王的爱戴。

至于如传闻所言的、腓特烈·威廉四世从未领导过战争一事，也并不尽然。下令在巴登、莱茵和威斯特法伦开枪的人，也等同于在进行战争，这与他将枪口指向国外，没有什么区别。

但在那场愚蠢的克里米亚战争[①]中，腓特烈·威廉四世毕竟还是捍卫了自己的领土。弟弟威廉建议与英国结为同盟，国王却与之意见不合。而经常被国王征求意见的著名历史学家利奥波德·冯·兰克，则支持普鲁士保持中立，并认为此举将更有利于维持欧洲的势力均衡，至于所有奥地利和英国打算与俄国讨价还价之事，对普鲁士人来说，都意义不大，甚至全无关联。此时，正值对英国极为熟悉的柏林新闻记者西奥多·方丹被奥托·冯·曼托菲尔派往伦敦，后者是新继任的勃兰登堡伯爵，做为王国首相，依旧秉持极端保守主义的立场。由于普鲁士在泰晤士河畔的形象不佳，方丹此行的任务便是要通过宣传来扭转这一局面。但在当地，方丹遇到了许多可称为“同行”的德国人，只不过这些“同行”打出的却是反普鲁士的旗号。他们是 1848 年革命后的逃亡人士或被流放者，正在期盼来自德国各邦的大赦，并在很多情况下还不得不继续长期等待。这些人勤奋地撰写着有关德国的文章，且拥有的人脉关系远比方丹要深广——顺便一提的是，方丹与他的那位思想保守的资助人曼托菲尔之间，也没有什么私人友情可言。

温和的性情为腓特烈·威廉四世所带来的，与当初曾带给腓特烈·威廉三世的一样少。在位于埃尔福特的奥古斯丁教堂内宣告成立的

---

① 于 1853—1856 年在欧亚大陆范围内展开的一场规模巨大的战争，交战双方为俄国和由奥斯曼土耳其帝国、法国和英国组成的军事同盟，1855 年撒丁王国也加入了后者。此次战争由“第十次俄土战争”而起，当时俄国企图趁奥斯曼帝国日渐崩解之机扩张领土，却遭到了英国和法国的阻止。战争最后以同盟方的胜利而告终。

“德意志联盟”，自诞生之初即受到杯葛，奥地利拒绝加入其中。除巴伐利亚、符腾堡和石勒苏益格－荷尔施泰因之外，德国其他各邦的诸侯们则表示愿结为一体，统一服从于普鲁士国王的领导。普鲁士、萨克森和汉诺威签订了“三王同盟”，一致决定将《埃尔福特帝国宪法》作为联盟的政治基础。

不出所料,奥地利认为“小德意志”这一方案敌意十足。而实际上,腓特烈·威廉四世所打造的联盟,与日后在俾斯麦手中完成的统一德国,全无二致。普奥两国现在均处在进行战前动员的边缘。普王在过往的一段时间里一直被少年时所罹患的哭泣痉挛症困扰，于此际又不受控制地泪流不止。俄国与奥地利因为不愿见到一个强大的普鲁士甚或是一个“德意志帝国”的诞生而准备动用武力，同时与这样的两个欧洲巨人为敌，是普王所无法胜任的。因此他在涕泪交流中明智地做出了退让的决定。1850 年 11 月 29 日，普鲁士与奥地利签订《奥尔米茨草案》,以此为据,刚刚问世的“德意志联盟”被解散,普鲁士放弃建立“小德意志”、即将奥地利排除在外的统一德国的模式。

1850 年是具有转折意义的一年，对腓特烈·威廉四世的政府来说也是如此。在外交事务上，他处理得当，而且——用最恰切不过的词来形容的话——足够“磨磨蹭蹭”，这种行为在政治领域里有时不见得是坏事。在国内,保守势力则继续占据上风。自 1850 年 12 月上台伊始,奥托·冯·曼托菲尔便严厉限制新闻自由，为公职人员制定了更为严格的新规则，甚至还削减了各部部长的自主权（这样更有利于使权力集中于他一人之手）。在首相位置上逗留四年之久以后，他任满去职。一个相对宽松的、自由主义与保守主义并存的“新时代”自此拉开了帷幕。

那些还留在国内的进步人士将希望又寄托于这一时代。这些希望最终又指向同一个人，尽管此人还从没有以自由主义的代言人的形象出现过，他就是威廉亲王。

这一局面的形成，与普鲁士国内的气氛和发生在柏林警察局长辛克勒戴身上的悲剧息息相关。虽然在那些高傲的大贵族口中被蔑称为

"暴发户"，辛克勒戴却很得国王的欢心，因为他是为数不多的敢于顶撞国王的柏林本地缙绅之一。

辛克勒戴与围聚在《十字报》[①]周围的极端保守派团体，彼此之间充满了敌意。警察局长使那些贵族军官和其他的特权人士动辄得咎。可以这样说，他借助他的穿着制服的手下乃至秘密警察，以民主的名义将所有国民——无论其有何个人背景——均摆布于股掌之间。正如历史上在由警察掌权的时期里曾反复上演的那样，一些军官开始在私下里策划如何将他置于死地。最后决定由一名精射击的枪手来制造在那个圈子里数见不鲜的一幕，即通过对警察局长进行大肆侮辱，使其除了发出决斗邀请之外，别无他路可走。近卫军少尉同时也是上议院成员的汉斯·冯·侯寇夫被选中成为执行者。而参与策划此事的，据信还有内阁成员。

某天晚上，辛克勒戴与几个手下人和他们的女伴出现在一个骑马游戏的现场，此次活动由隶属于宫廷及近卫军的军官们组织发起，因为属于集会性质——大概是得自某个眼线的密报——故应在警察的省视范围之内。

接下来，一种极度紧张的气氛弥漫在军人与警察之间。那些高级警察虽然也自称为军官，却并不被真正的军人所认可。近卫军的士兵们渐渐肆无忌惮，有人甚至呼吁，己方队伍成员决不能与那些"条子"的女人共舞。

辛克勒戴则被侯寇夫阻挡在游戏场之外（游戏的内容是在限定的活动范围内用长矛进行战斗）。后者的第一个挑衅举动是：要求警察局长出示门票。以此开始，挑衅行为不断升级，终于使辛克勒戴在忍无可忍的情况下，向近卫军军官提出了决斗的要求，尽管在这名专业射手面前，他将毫无取胜机会。由于决斗行为在普鲁士受到严格禁止，所以决斗双方要么移师境外，要么可以静候此事被传播开来，然后在

① 正式名称为《新普鲁士报》，因报头的铁十字勋章标志而得名《十字报》，存在时间为1848—1939年。

决斗当天由及时出现的警察或是军官将这一对仇敌带走并拘禁一段时间。通常通过这种方式，此等事也就不了了之了。

根据所有的记载，辛克勒戴应该是在位于哈森海德的决斗场一直翘首盼望国王的侍从武官如约到来，直至最后一刻。在民众心目中，这一导致辛克勒戴最终饮恨于侯寇夫弹下的失约行为，应该归罪于国王的副官冯·格拉赫。格拉赫则试图将这一罪名推诿给霍亨洛尔亲王，因为亲王“阻拦”他向国王面陈此事。但实际上，他们都是在为保护同一个人尽义务，而且出于对国家利益的考虑，这个人也确实是需要被保护起来的。

也许警察局长生前不曾是公众所热爱的对象，但他的死，或者说被谋杀，却将公众的情绪激发到了白热化的程度。每天都有数以千计的吊唁者拜访他被安放在莫勒肯马克居所的灵柩，此情此景，促使为他作传的瓦尔特·布斯曼直截了当地从另一角度评论道：“那令人生畏的警察局长，死后被视为‘容克阶层’的殉道者，因而受到了极尽悲伤的哀悼。”

应为辛克勒戴之死负责、却被副官们保护起来的人，正是国王。在一封写给大臣冯·威斯特法伦的信中，腓特烈·威廉四世坦承，对于辛克勒戴所遭遇的挑衅乃至两位决斗者所约定的时间、地点，他都了如指掌。之所以没有对这件事进行干涉的原因则是源自某种流言，即警察局长本人“连一点火药味儿都闻不得”。为了证实这种偏见“不能成立”，他决定置身事外。在信中他还加上了这样一句话：“事情发展得不太理想——他的对手不该赢得这么轻松的。”

这桩丑闻从此挥之不去。它也许不是造成国王第一次身体崩溃的唯一原因，但肯定是起到了重要作用。在处理纳沙泰尔城事件时，国王同样反应过激，起因是此城在没有脱离霍亨索伦家族之前，便自行宣布成为瑞士联邦的第 21 个成员。于是国王打算为了这一弹丸之地对瑞士采取军事行动。一支为数 5 万人的普鲁士大军，将由冯·格罗本伯爵指挥，在 3 到 4 天之内抵达巴塞尔。而在这一行动中深感被忽视的威廉亲王，对此甚为不满。国王则渐渐表现出不堪重负的样子。一年前在拜访居于萨克森的亲属时，他在位于德莱斯顿的皮尔尼茨宫经历了轻度中风，并由此落下了语言障碍的毛病。有一次他想不起“鼻子”这个词，另一次则是忘记了“科隆”该怎么说：“我的上帝啊，就没人能帮帮我吗，谁能告诉我莱茵河边的那座大城市叫什么来着？”就当时的——用银版摄影法[①]完成的——照片来看，他显得过早地衰老了，而且身体发胖到令人震惊的程度。在他还是小孩子的时候，人们曾以玩笑的口吻称他为“小胖鱼”。但现在，他过度肿胀的身体呈现的完全是一种病态。

在这种时候，王后伊丽莎白表现出了与过往留给人们印象中不同的坚强，开始直接插手丈夫的重要事务。她所承担的，不仅是对病人充满爱心的照顾，还包括打理各种关系，使之合理合法。当国王看起来有些状态回复时，她拿出一份事先拟好的授权代理书，要求国王签字。这一做法，是令格拉赫小集团中任一人都勇气欠奉的事。腓特烈·威廉没有为此大发雷霆，反而明显轻松下来。“我早就想这样了，”他说道，“我只是没找到合适的表达方式。”

腓特烈·威廉与威廉这一对王室兄弟间的关系虽然没有破裂，但童年时的那种亲密无间早已被互不信任所取代了。在国王看来，威廉太过于倾向自由主义，且任由妻子奥古斯塔在自身加诸影响。而一直以来都在扮演兄长的替罪羊角色的威廉，则为着自己不受肯定的军事生涯倍觉沮丧。

现在，作为兄长的代理人，威廉表现得格外谨慎小心——至少在第一任代理期内是这样的。国王所遭受的折磨却如波涛一般，时起时伏，终究持续不去，偶尔的状态好转，也只是在为接踵而至的恶化做准备

① 于19世纪上半叶由法国画家路易·雅克·曼德·达盖尔发明。他使用厚度为0.65至0.75毫米的镀银铜板，通过生成碘化银－汞蒸气显影－氯化钠溶液定影的过程，完成在铜板上的成像过程。用这种摄影方法拍出的照片能充分并忠实地体现细节，较之当时通过绘画为人物制作肖像的方式，具有无可辩驳的优势。

而已。出于对国家利益的考虑，代理期行将结束时又会被延长，这种情况重复了三次之多。

正因如此，柏林王宫的白色大厅，这一霍亨索伦家族历来用于举办婚礼庆典的所在地，没能在一场典礼时呈现出应有的气氛。威廉亲王的长子腓特烈·威廉与英国维多利亚女王的长女订婚了——这位英国公主虽然也以“维多利亚”的名字受洗，但为了与母亲区别开来，通常被称作“维姬”，订婚仪式已在 1858 年 1 月 25 日于伦敦的圣詹姆斯教堂举行。但一场为德国的王公贵戚们准备的盛典同样必不可少。席间，威廉亲王祝愿“大不列颠与普鲁士结盟愉快”。已失去语言能力的国王没有现身。他只在拜勒维玉宫①中接见了侄子和年轻的新娘，送上了自己的祝福。

随着国王身体状态的每况愈下，将对国家的管理权全盘交付给威廉亲王就显得势在必行了。这次又是伊丽莎白王后，趁着国王清醒时，把一份授权文件交给他签字。在签完字后，国王用双手捂住了脸，涕泪交流。

交接仪式在波茨坦举行，腓特烈·威廉四世成了腓特烈大帝之后第一个使用无忧宫的人，虽然这一幕完全有悖于“大帝精神”。对于威廉来说，这意味着他自此要对国家全权负责，并且这一局面将不会再有更改。于是他也相应地积极起来。他将奉行保守主义的奥托·冯·曼托菲尔从首相位置上撤下，代之以来自自由主义阵营的霍亨索伦－齐格马宁根侯爵。他还将一批分属于各派系的朝臣解职，一个在后世口中著名的“新时代”从此慢慢拉开了帷幕。

这些举措是使普鲁士迈向现代化的第一步。假如有人说威廉缺乏勇气，那显然是无稽之谈，但威廉确实是曾竭力地保持与兄长协调一致。

① 由腓特烈大帝的最小的弟弟、费迪南德亲王于 18 世纪 80 年代兴建，建筑师为米歇尔·菲利普·保曼。坐落于蒂尔加腾区北部，紧邻施普雷河。宫殿由中间的主楼和两侧的翼楼组成，均为两层半结构。一战时曾是同盟国最高指挥部所在地，自 2006 年 1 月起，成为德国总统官邸。

因此，对于他的这一系列强硬手法只能有一个解释：国王不在。事实上，由于身体状况有所好转，在医生的建议下，国王决定在南方消磨掉这个冬天。

就这样，腓特烈·威廉四世同伊丽莎白开始了去往罗马和热那亚的旅程，顺路拜访了在萨克森的亲属，由 19 辆大车组成的随行队伍一路上令人钦羡不已。教皇庇护九世[①]的接见为这次旅行带来了高潮，老教皇起初以为车队来自法国，所以错误地用法语对客人们表示了欢迎。稍晚些时候，教皇在梵蒂冈的花园里亲自向腓特烈·威廉四世表达了感谢之情，感谢他在普鲁士的土地上所给予天主教的自由，据教皇所知，在普鲁士建造的天主教教堂，规模比在任何一个天主教国家的都要宏大。返程的时候，腓特烈·威廉四世为那些在他出行期间去世的故人流下了眼泪，这些人中包括亚历山大·冯·洪堡。但对那个正在进行中的"新时代"，却丝毫没有过问。

对于自己家族的凝聚力，腓特烈·威廉四世完全没有什么可以指摘的地方。当摄政的威廉亲王被医生告知国王的生命正走向终结之后，全部家族成员便开始从四方蜂拥而至，根据《福斯报》的记载，由于大多数人都乘坐专列而来，以至于在柏林造成了火车头的断挡。威廉亲王在最后时刻赶到了波茨坦，而另一位亲王，腓特烈·卡尔，所使用的交通工具甚至是一副雪橇。"死亡"，根据传记作者瓦尔特·布斯曼的记载，于 1861 年新年第一天"几乎是在众目睽睽之下到来"。当威廉亲王于 1 月 2 日早晨将自己的嫂子伊丽莎白王后沉默地拥住时，属于腓特烈·威廉四世的人生业已落幕。

遵照他自己的遗嘱，国王被安葬在波茨坦的和平教堂，教堂坐落于无忧宫周围的园林之内。申克尔的两名学生是教堂的承建者，其中

① 罗马教皇（1792—1878）。在位 31 年零 8 个月，是任职最久的教皇，同时也是最后一位兼任世俗君主的教皇，建立了千余年的教宗国，即所谓"伯多禄的产业"，都在他任内失去了。在位期间，确认"圣母无染原罪"和"教皇无罪"原则，并举办"第一次梵蒂冈大公会议"。2000 年庇护九世被教皇保罗二世尊为"圣者"。

一名是路德维希·佩尔修斯，在其身故后，由腓特烈·奥古斯特·施德于勒接任。国王本人也热情洋溢地参与了该建筑的设计工作，只是正如在其他所有曾展现过天分的领域一样，他在建筑业内也始终不过是一个业余爱好者而已。

他最喜爱的画作，是出自卡斯帕·大卫·腓特烈[①]之手的《海边的僧侣》，画中呈现了在天地的伟力面前，一个人是多么的孤独。在他当年还只是继承人身份时，普鲁士王室应他之请购入了这幅作品。时至今日，《海边的僧侣》仍是最能攫取人心的浪漫主义代表作之一。

七律 腓特烈·威廉四世

亲闻鼙鼓撼天来，郁结觿年后未开。
叔世难堪欲奔毳，人君不合太多才。
与妻白首同心事，有弟黄须费忌猜。
看海痴情谁解得，暮时车驾载愁回。

① 德国画家（1774—1840）。与菲利普·奥托·龙格一起被视为德国早期浪漫主义的代表人物，其作品以描绘自然和田园风光居多。为人性格内向，寄情于山水并笃信宗教，他的画作常常流露着忧伤的气息，“存在、消逝、产生”是他思想的永恒主题。

第七章　不愿为帝的帝君——威廉一世

于 1862 年 1 月 2 日继兄长之位登上普鲁士王座的时候，威廉一世已经是 63 岁的年纪。他仪表堂堂，高达一米八八的身躯散发着饱经世事的男人的魅力。

当普鲁士陷入那场灭顶之灾时，他年方九岁，后来在流亡梅墨尔期间迎来了人生的第十个年头。母亲的心头好是自己的哥哥，那个麻烦不断又总是固执己见的腓特烈·威廉。如威廉自己所言，他在父母面前拥有的不过是“第二小提琴手”的位置，并且这一位置在他们去世后也没有改变过，至少在 1861 年以前一直如此。

母亲过世时，他年方十三。直到他白发苍苍时，人们还是可以在他生日或其他庆典时，以一束矢车菊博得他的欢心。这恬淡平凡的花曾是他母亲的最爱，也是他一生的情之所钟。至于那些被兄长大加颂扬的、充满了浪漫气息的蓝色花朵，则从不曾令他动心过。

这样一个正直朴实、循规蹈矩的人在其年事已高的时候又被推向风口浪尖，恐怕该归结于命运的一时兴起吧！但他终于还是能够有板有眼地完成了属于自己的任务，即便内心深处对此毫不热衷。

年轻时，相对于兄长和其他的竞争者来说，他是一个时髦的舞者，总是在宫廷的舞会上表现得光彩夺目。他的兄长则被认为是一个笨手笨脚的人，不过这也很有可能是一种家族遗传：即便是他，磕磕绊绊的时候也要比普通人多，甚至会很严重地撞到头，以至于不得不因脑震荡接受治疗。他女人缘很好，看起来似乎是个享乐主义者，在发生于柏林或波茨坦宫中的种种钩心斗角的事件中，一些名媛贵妇的名字也与他联系在一起。

26 岁时，他与美丽的爱丽莎·拉齐维乌公主一起参演了《有生命的图画》一剧，在其中饰演了一个配角，该剧根据《拉拉·胡克》[①]一书改编，拉齐维乌公主当时年方二十。同其他霍亨索伦家族成员一样，他也有自己奇怪的爱好，即喜欢乔装打扮后参演哑剧一类只借助手势来表意的节目，这类节目通常在腓特烈·威廉三世的授意下于宫廷舞会中举行，申克尔负责舞台布景，斯旁蒂尼[②]——第一个国际性的作曲家和指挥家——负责音乐，整个组织策划工作则由剧院经理布吕尔伯爵来完成。而在如夜空中闪耀的星星一般的爱丽莎的实际生活中，威廉已经充任主角很长一段时间了。

王子兄弟共同参与了 1824 年 1 月 27 日的活动。爱尔兰作家托马

---

① 托马斯·莫尔所作的以东方为背景的小说，拉拉·胡克是书中女主人公的名字。该书的故事情节是：作为莫卧儿帝国的公主，拉拉·胡克与巴克特里亚国王订婚，在前往该国的途中，却爱上了自己随扈中的诗人，菲拉莫兹。在最终抵达新郎的王宫后，她昏厥了过去，醒来时却万分欣喜地发现，原来菲拉莫兹就是国王本人。整个故事由四部叙事诗组成，以该书的故事为基础，诞生了大量的音乐作品。“拉拉·胡克”一词是波斯语，意为“郁金香花一样的脸庞”，用于情人间表达爱慕。

② 伽斯帕·路支·帕希菲科·斯旁蒂尼（1774—1851），意大利作曲家和指挥家。在世时备受推崇，死后却渐被世人遗忘。在 19 世纪的最初二十年，他是法国歌剧界最为举足轻重的人物。他最著名的作品是《处女》。

斯·莫尔[1]有关东方的记述在过去四年里已成了世界上最畅销的书籍。腓特烈·威廉最属意的诗人德·拉·莫特·富凯，将其译成了德语，据说王储每夜都会枕着该书入睡，以期能够梦见书中的场景。当在柏林王宫的白色大厅上演《拉拉·胡克》时，王子兄弟二人穿着扎脚灯笼裤、包着穆斯林式的缠头巾，出现在众多的普鲁士名流面前。他们饰演印度皇帝的两位皇子，而爱丽莎则扮演仙女佩瑞[2]，光芒四射。

威廉对爱丽莎早已倾心多年。他们年少时便已相识，因为拉齐维乌家族自腓特烈·威廉二世时起便与普鲁士王室交好，在毗邻王宫的地方兴建了自己的宫殿，随着时间推移，甚至与霍亨索伦家族有了姻亲关系。

最近的一段姻亲关系是通过爱丽莎的母亲路易丝公主实现的，她是那位早逝的同名王后的好友，曾陪伴后者一起流亡到东普鲁士，并助其抚养膝下的众多子女。在萨尔菲尔德战役中殒命的路易·费迪南德亲王是她的弟弟，姐弟俩共同的父亲则是腓特烈大帝最小的弟弟，费迪南德。令路易丝公主托付终身的人，是一位倾向于普鲁士的波兰大贵族，拉齐维乌侯爵。由于在波兰和立陶宛的庄园所带来的财富已无法计数，侯爵可以将自己的身心尽情奉献到对文化的兴趣中去。他为歌德的名著《浮士德》作过一次舞台配乐，其后，《浮士德（二）》在他位于柏林的宫殿中举行首演，值得一提的是，当时负责钢琴伴奏的正是多才多艺的卡尔·腓特烈·申克尔。自1815年起，拉齐维乌的主要政治角色变为波兹南地方长官，效命于普鲁士。他试图使在波兰境内的面积广大的东普鲁士地区能同普鲁士本土共同发展，而在当时，来自东部的贵族中只有少数人抱持这种愿望。总而言之，可以用“政

① 爱尔兰诗人、作家、翻译家、民谣歌者（1779—1852）。被视为爱尔兰诗人的代表。由他创作歌词的《爱尔兰的旋律》系列被汇编成册，成为他最著名的作品，迄今仍受爱尔兰和英格兰人民的喜爱。

② 波斯神话中的堕落天使。他们除非苦修，否则将不能进入天堂。在早期神话中，他们被描绘成魔鬼的代言人，后来则代之以优雅、与人为善、长着翅膀的小仙女形象，定位介于天使与魔鬼之间。

绩斐然”一语作为对拉齐维乌侯爵的评价。

可偏偏是这样一个出身于普鲁士发祥地的普鲁士侯爵家族，却被视为与王室不够门当户对，并因此造成了两个相爱的年轻人在通往婚姻道路上的障碍，这样的事实，即便是以当时的概念来衡量也是令人难以理解的。其原因恐怕只能归结于偏见，更何况新娘本人——爱丽莎与威廉已经将彼此视作订婚对象有一段时间了，而且交换了订婚戒指——还拥有一半属于霍亨索伦家族的血统。

尽管威廉还是一如既往地顺从，也没有将爱丽莎送给他的戒指戴在手上，而只是用一根表链挂着，但两人之间的爱情确凿无疑，决不是什么逢场作戏。威廉总是叫着爱丽莎的小名：爱未希。至于这名字从何而来则早已无从追溯，即便是她家族内部的人也无法解释。而在爱未希的口中，她的威廉则被唤作“威普斯”，其来源同样不可索解。

两个人极少有相聚的时光。威普斯在军中一路高升，军衔直至中将，这也意味着许多国内外的重要事务都必须由他打理。而爱未希则奔波于柏林、波兹南和位于立陶宛的家族田庄之间，间或在各处温泉疗养地——那时人们心目中的治病之所——有所停留。婚期被一再拖延，却反而让这份在上层中普遍不被看好的感情更为炽热。在繁星满天的夜晚，爱未希会定定地注视着仙后座，心情则被希望与绝望交替占领着——因为那星座的形状像一个大写的“W”印在天空，代表着威廉，或者说威普斯。

在令人绝望的来回牵扯中，岁月匆匆流逝了。不断有委员会被召集，做出裁决，这些裁决又很快会被新成立的委员会否定。希望被一次次点燃，最终又归于烟消云散。有一次，奈德哈特·冯·格奈泽瑙也被国王召集进入此类委员会，并成了七名委员中唯一认可拉齐维乌家族地位的成员。年轻时曾作为军官在美国逗留过的格奈泽瑙，对“自由”有更为进步的理解，且在归国后也没有忘记。

这不明朗的局势不仅仅是在撕扯着一对恋人的神经。他们间的爱情已经演变为举国瞩目的事件，支持和反对的人都成群结党，互相攻讦。

威廉似乎对一个美满的结局早已不存幻想。在结束了一次与父亲和弟弟卡尔共同在意大利的旅行后，他为爱丽莎带回了一枝常春藤，那是他从位于维罗纳的罗密欧与朱丽叶的墓地上采摘回来的。

父子之间的矛盾——当年曾在腓特烈·威廉一世与腓特烈大帝间引发了悲剧性的结果——在此时看来则显得伤感，或者说有几分令人哭笑不得。腓特烈·威廉三世不是个暴君。时而，当新一轮的委员会再次否认拉齐维乌家族具备与王室联姻的地位后，国王会急不可待地严格禁止儿子再与这个家族有任何往来。时而，他又因感受到儿子的悲伤而动了恻隐之心，从而满怀同情地允许儿子前往波兹南，于是所有事情——希望也好，绝望也好——又都从头来过。儿子所表现出的始终如一的恭顺，反而经常会让父亲感到苦恼，甚至失望。假如这个次子一不做二不休地携未婚妻私奔，腓特烈·威廉三世会做出如何反应呢？想必他对这个由路易丝王后所生的儿子动怒的时间不会超过一年以上。但威廉不仅以严肃的态度对待有关爱情与忠诚的问题，他还以同样的态度对待自己在军中、在国家中所承担的责任，并恪守基督教的教义，即为人子者，不可忤逆。正是在这样的情况下，那飘摇不定的火苗始终也不曾完全熄灭。

最后，也许是被儿子的执着所打动，国王经反复权衡后，决定通过将爱丽莎收养进霍亨索伦家族的方式来解开这个“高迪乌姆结”。普鲁士亲王奥古斯都，被指定为养父候选人。但这次，出面阻挠的却是威廉的兄长、王储殿下本人。他对于爱未希和威普斯之间的婚姻是持支持态度的，但不赞成收养计划，特别是自己的这位堂叔，也即路易丝·拉齐维乌的兄弟，还一向被认为是无可救药的花花公子。

威廉因此有一种被自己哥哥抛弃了的感觉。而最后让这一段普鲁士的爱情故事彻底沦为闹剧的事件，则是国王的第三个儿子卡尔在魏玛向年方十七的玛丽公主的求婚之举。陪伴弟弟前往那里的威廉，觉得自己这位未来的弟妹确实令人喜爱，但更令他感兴趣的是玛丽的妹妹，年仅十四的奥古斯塔。

如同有魔鬼在背后操纵一样，在魏玛的这场求婚，居然也会演变为干扰威廉与爱丽莎之间联系的新障碍。两位小公主的母亲，冯·萨克森－魏玛女大公[①]，出身俄国，性格刚毅果决。对她来说，那个时代里的所有婚姻都与心心相印无关，而是纯粹的朝廷事务。她希望自己的女婿至少是第一或第二顺位的王位继承人。一个排行第三的王子无论如何都不能令她满意，因为这样一来，她的女儿很可能就要排名在二王子妃的后面，更糟糕的是，这个二王子妃的出身门第还不够高贵。所以，只有当威廉与拉齐维乌家的联姻一事尘埃落定后，她才会决定，玛丽是否嫁给卡尔。这已不仅等同于一份暂时的拒绝声明，对威廉来说，更意味着最后通牒。现在，除了又多出一个兄弟反对他与爱未希在一起之外，反对阵营中还加上了整个魏玛门阀。

在波兹南还来得及上演一次浪漫的重逢。两个人彼此都心知肚明，这是此生最后一次了。当时威廉又是在公出途中——他父亲的好友，沙皇亚历山大一世，那个曾击败了拿破仑并拯救了普鲁士的人，去世了。从中午到午夜，仅仅有十二个小时的时间，可以让这对恋人互相依偎。在这之后，旅程便将指向俄国那零下十五摄氏度的深寒。

爱丽莎在一封信中写下这样关于寒冷的字句："我在想，要是这寒冷把死亡的讯息带给我，我该怎么办？威廉的车子正在朝着它前进，将驶过那生死之门。我的心也随之渐远，并默默地大声呼喊着死神：你来带走我的生命吧！"

格外具有讽刺意味的是，这场本是旨在奔丧的俄国之旅，却为威廉燃起了新的希望。他在安慰沙皇的母亲时，这位自他童年时起便认识他的老妇人向他保证道，她将会尽力促成卡尔王子与玛丽的婚事，无论他与爱丽莎的关系如何。这带来新希望的消息在威廉折返柏林的

---

① 玛利亚·帕芙洛芙娜·罗曼诺娃（1786—1859）。父亲为俄国沙皇保罗一世，母亲为符腾堡大公腓特烈·欧根之女，沙皇亚历山大一世则是她的哥哥。1804年8月3日，她嫁给了萨克森－魏玛大公继承人卡尔·腓特烈，这段婚姻使当时弱小的萨克森－魏玛公国得以处于俄国的庇护之下。

途中不胫而走，却导致那位总是行动迟缓的父亲最终下定决心，彻底否决二儿子的这桩被认为不匹配的婚事。虽然腓特烈·威廉三世总是显得犹豫不决，但当他一旦做出决定，结果便不可更改。

1829 年 6 月 3 日，威廉与奥古斯塔·冯·萨克森－魏玛公主在柏林成婚。那一年他 32 岁。

在与奥地利的施瓦岑贝格侯爵进行了另一场无望的恋爱之后，爱丽莎（爱未希）于五年之后故去了，死于肺结核。

所有的白杨都高举向空中
所有的灌木都散发着香气
它们都环顾四周，寻找着你

这几行诗，出自无人可与之比肩的约翰·沃勒夫冈·冯·歌德之手，虽然算不上是他最好的作品，但是献给的对象，正是时年 7 岁的奥古斯塔·冯·萨克森－魏玛－爱森纳赫公主。公主是再纯粹不过的魏玛人，聪明，有艺术才能，同时又性格执拗。在她年仅 2 岁时，席勒的遗孀就曾评价过："公主有极强的自我意志，不可动摇，不会放弃任何抓在手里的东西。"

在普鲁士史和德国史中，奥古斯塔也以个性强烈且顽固的形象出现。弗朗茨·海赫——威廉一世传记的作者，前文中的引语就出自该传记——对她有这样总结性的评价："她的天赋和所受到的教育都超出侪辈，性格鲜明，不，应该说是强烈。在后来听力与日俱减的时候，她讲话的声音却越来越大，表现得也越发独断专横。"

这段话几乎已将她描述殆尽，唯一需要补充的是，天赋和受教育程度都超出侪辈的女人，在普鲁士生活得并不轻松。苏菲·夏洛特所处的那个充满了哲学韵味的华丽时代已经一去不复返了。现在，人们更中意的是那种学问不是很高但却风情万种的女人。而像奥古斯塔这样的类型，则很容易背上"女学究""悍妇"之类的恶名。无须怀疑的是，奥古斯塔本身便不是什么好打交道的人，但她对自己的状态显然很是满意。甚至一向以护花使者而闻名的普于克勒侯爵也对她有如此猜测，因为她的毒舌和发号施令时的做派偶尔会令侯爵都近乎崩溃。

她的名门身份毫无疑问。她的父亲贵为大公，她的祖父是著名的卡尔·奥古斯都，既是歌德、席勒和海尔德的资助人，本身又是普鲁士的将军。由于母亲是俄国女侯爵的关系，她还成了叶卡捷琳娜大帝的外孙女。这样显赫的出身，不是随便哪个公主都能拥有的。

而在她身边的威廉却走上了另一条截然不同的发展道路。她越是想让威廉遵循她的方式，威廉就越会表现出普鲁士式的固执。终其一生，从威廉身上都可以找到中下层军人的特性，他热衷于军队事务，年轻时追逐女人，年长后则喜欢在军官食堂里对此类话题继续高谈阔论，这些言论当然不可以被他的女人们听到。但可以想象，奥古斯塔那种刚愎自用的态度也确实是令人难以忍受的。

他们在柏林和巴别——波茨坦附近的一座沙丘——都拥有居所，在柏林的居所相对简单，在巴别的则规模宏大，外观如同一座城堡，塔楼纷立，巍巍高耸，这也就是保存至今天的巴别斯贝格宫。但尽管如此，夫妻二人彼此间却渐行渐远。位于菩提树下大街九号的居所——出自卡尔·费迪南德·朗汉思之手，其父便是勃兰登堡门的建造者——渐渐成了民众喜欢的聚集之地，因为在那里可以透过房间的一扇角窗看见威廉，观察他如何检视街对面新哨所的士兵的换岗过程。而那座位于沙丘上的宫殿，虽然由申克尔负责建造，但奥古斯塔却不断地对设计发表意见，且一旦前者否决了她的某个主意的话，她便会转而起用他的学生，以至于申克尔最后根本没把这座建筑收入自己的作品清单里来。宫殿的园林部分由雷内[①]和普于克勒完成。普于克勒常常工

① 彼得·约瑟夫·雷内（1789—1866），普鲁士园艺大师、德国古典主义时期景观建筑大师。他的工作范围主要为柏林－波茨坦地区，并在晚年致力于柏林城市规划，以使市民可以在市内绿色空间内得到放松的机会。他的景观设计作品的最大特点便是充分发挥林间通道的作用，以此即使各个园林相连，也可更加增强重要景物在整个布局中的视觉效果。

作到深夜，偏偏奥古斯塔还喜欢在他结束工作后与他一起饮茶，并海阔天空地谈论政治，在此过程中，他只能“尽力睁开双眼”。但根据同时代人的记载，当某次讨论活动对普于克勒以普鲁士为主题的畅销作《水果大餐》做出批评时，奥古斯塔坚定地站在了普于克勒的一边，并“为这样一个杰出的人物不能在政府部门中担任独当一面的职务深感遗憾”。

在威廉34岁、奥古斯塔19岁的时候，他们的第一个孩子出生了，全普鲁士都为此长出了一口气。这个男孩沿用了他祖父的名字：腓特烈·威廉。分娩发生于1831年10月18日，整个过程持续了三十个小时之久，人们将此视作上天的特意安排，意在纪念十八年前的“莱比锡各民族大会战”。现在，王室的血脉总算后继有人了，特别是当王储夫妇还一无所出的时候。

1838年时，另有一位公主出生，名为路易丝。她在长相上更接近母亲，后来嫁给了宽宏豁达的巴登大公，腓特烈一世。奥古斯塔此后又有过两次流产，导致她患上了忧郁症，自那以后，柏林以及与普鲁士有关的一切，都令她觉得分外厌恶。这种情况终于有一天发展到了令她的伴读人、法国诗人儒勒·拉福格[①]惊讶的程度，因为诗人发现当时已经身为德国皇后的她开始完全拒绝讲德语了，转为只用法语与他及宫中的其他随员交流。

而威廉，根据一些报道记载，自从解决了子嗣传承的问题后，又开始与宫廷内的各种桃色事件脱不了干系。

当作为那个臭名昭著的“霰弹亲王”不得不流亡英国时，他51岁。在他61岁时，他的儿子迎娶了英国享有继承权的公主，他的妻子对这桩婚姻大为看好，并全力玉成了此事。此后又两年，已经不再是年轻

① 法国诗人（1860—1887）。其作品通常被归入“象征主义”一派，也有评论家认为应该是“象征主义”和“印象派”兼而有之。受沃尔特·惠特曼影响，他是最早用法语写作“自由体”的诗人之一。据信，艾兹拉·庞德和T.S.艾略特都曾深受他的影响。

人的他，成了一个自己从未想成为过的人物：国王。

威廉曾不止一次地在书信中向自己亲近的人、特别是妹妹夏洛特表露，他没有想到有朝一日会登上王位。他一直认为军队才应是他供职的所在。1857年1月1日，是他庆祝自己军旅生涯五十年的日子。他当时是普鲁士驻莱茵地区部队的最高长官，与他相比，从这一庆祝活动中更感到无上荣耀的是他那野心勃勃又永不妥协的妻子。在两人共同居住的位于科布伦茨的宫中，奥古斯塔在自己周围召集了一个小圈子，颇有些另立朝廷的味道，就连威廉也或多或少地受到了这个小圈子的影响，并在那段日子里与在英国的亲戚们建立了更紧密的联系。

他并不渴望王位，在柏林的各种利益集团也早已习惯将他在有关国家的事务中当作配角来看待。他不会被告知政治方面的发展情况，也不会有人来征求他的什么意见，因为所有人都觉得，奥古斯塔的想法要比他的重要得多。

可作为一个有上进心的军人，他连对自己在军队的前景也变得不很肯定起来。在那场五十周年庆典上，他向一名追随者致以歉意，因为一直都没能给后者安排一个展示能力的机会："战争看起来已经不再是普鲁士需要考虑的问题，长达四十二年的和平，让所有的武器都失去了锋芒。"

随着时间推移，明显发了福的他，不得不正视身体出现的问题。从前易于发生的小磕小碰渐渐愈演愈烈。有一次，他当着毕集于面前的军官们，一头栽倒。除此之外，各种上了年纪的信号也开始在他身上出现，只能寄望于通过温泉疗养的方法加以缓和。

简而言之：这个将接替腓特烈·威廉三世登上王座的人，已经不再处于人生的巅峰时期。至于他上任后立刻解除极端保守的冯·曼托菲尔的首相职务并开启了归于自己名下的"新时代"这样的作为，也常常被认为要实际归功于奥古斯塔。但另一事实是，在他的统治时期，他几乎完全不给妻子干政的机会，虽然奥古斯塔也拥有自己的行宫，甚至驻跸地点还包括极端临近法国的科布伦茨。对于在那一时代流行的保守主义基调，奥古斯塔始终坚定不移地采取对抗态度。但这种态度却无法于日后在她丈夫身上体现出任何直接影响。这种影响或者根本不存在，或者只局限于家庭事务和个别事件的范围内。

会令人感到奇怪但同时也颇具代表意义的是，奥古斯塔将自己的日常官邸选在了古色古香的或者说是仿古的巴别斯贝格宫，而威廉则愿意住在更为现代、简洁的柏林居所，以一种更近乎平民式的方式生活。

威廉从青年时起，便展现出某种在保守派和自由派之间摇摆不定的立场。这或许有他富于同情心的因素，也与他对公正极为敏感、有着极普鲁士式的追求有关。尽管——也可能是恰恰因为——他最推崇的是勇武精神，他还是像他父亲一样，尽力避免不公平现象的出现，并为在各方之间实现均衡局面而努力。

在国王的位置上，他发展出的某些能力出乎所有人的意料。比如他兄长始终力所不能及的一件事，却被他处理的得心应手：他知道在正确的位置上使用正确的人才，而且还能做到用人不疑。他以一种近乎君主立宪的方式进行统治，也即是使君权处于宪法的制约之下。假如像俾斯麦这样的人物在普鲁士宪法起草时便已被设定了的话，那么一切都可以被归纳为这样一种模式：首相将决定包括战争在内的政治事务；国王仍拥有最高权限，但越来越趋向于仅仅成为一种国家象征，而这种变化也自有它的好处在。当塞巴斯蒂安·哈夫纳在他的《普鲁士不相信传说》一书中描述上述状况时，甚至径自将相关章节命名为《国王俾斯麦一世》。

这种情况并不仅适用于俾斯麦——威廉与他之间至少有着与同奥古斯塔之间一样多的分歧——同样也适用于比威廉年轻 6 岁的陆军元

帅，鲁恩[①]，他比威廉本人更胜任战争部长一职；还适用于毛奇[②]，这个作风保守的智者，在扮演军队改革者和战略家的角色时游刃有余；依此类推，在其他许多有所专长的人面前，威廉都懂得谦恭退让，这种品质是每一个想领导他人的人所必须具备的。因此，这位年老的君主能够在民众中日益受到欢迎，便也毫不稀奇。这种现象不是只在威廉一个人身上出现过。奥地利的老将军，哈德茨基，在 82 岁高龄时才打了平生第一场胜仗，便从此成了民众的楷模。

但是，国王与他的全权代表之间的工作分工，并非像对外界所展示出的清晰轮廓那样，全无波澜。俾斯麦与威廉对普鲁士的共同治理，更像是一场一对一的角力，一场旷日持久的争夺。俾斯麦不仅是个强势的演说家，同时，如他在《思想与回忆》一书中所反映出的那样，也是一名令人信服的策划者，但这并不意味着他每次都可以让国王改变主意；而从另一方面来说，每次面对以辞职为谈判条件的俾斯麦，国王几乎会无一例外地做出让步，以使俾斯麦可以按其原有的方向继续前进。这种关系，对双方来说，都是对意志力的巨大考验。

这个来自波美拉尼亚的容克，这个曾短暂攻读过法学但不了了之，曾在法院做过候补官员但同样无功而返的俾斯麦，到底是个什么样的人呢？他年届三十时，在众人眼中还只是个一事无成的存在，于是他返回自己的庄园隐居，在那里过了一段属于年轻人的放荡生活，后来又迁居至都城。很快地，他便跻身于腓特烈·威廉四世的小圈子，虽然

① 阿勒布海希特·西奥多·埃米尔·冯·鲁恩（1803—1879），普鲁士陆军元帅，俾斯麦创建德意志第二帝国时的政治合作者。在任参谋总长期间参与镇压“巴登革命”，由此进入当时还是王储继承人的威廉一世的小圈子。当威廉一世于 1862 年试图对军队改革而面临挫败、几近放弃时，他致电当时身在巴黎的俾斯麦：“犹豫导致危险！抓紧时间！”从而使俾斯麦及时返回柏林。1871 年被授予伯爵爵位；1872 年被任命为上议院终身议员。

② 海尔穆特·卡尔·拜恩哈特·冯·毛奇（1800—1891），普鲁士陆军元帅、总参谋长。在普鲁士击败丹麦、奥地利、法国的战争中，功勋卓著，与俾斯麦一样被视作德意志第二帝国的缔造者。平生谨慎寡言，被称作“伟大的沉默者”，其著名格言为“先权衡，再冒险”。作为战略家，他认为战争只有在刚开始时才是可以按照计划进行的，因此筹备战争时需要借助一切可以借助的力量。在他的时代，他被奉为领导现代集团军作战的榜样。

不是关系极近的亲信顾问，但也颇得国王欣赏，每当国王就某事广泛征求意见时，他的判断通常会被予以重视——算得上是一名宠臣，但也仅此而已。后来威廉在自己的“新时代”中，没有为他安排一席之地，因此他被派去了法兰克福（美茵河畔）的国民议会。在那里，作为普鲁士的代表，他的任务在于与当时正在形成的一股潮流对抗，即他口中的“一场有关德意志民族的骗局”。这个起初被当作喜剧中的丑角一样嘲笑的政客，在法兰克福完成了一次完全出人意料的逆转：他突然提出了“德意志帝国”的概念。这一举动，后来被视作他实践其著名的“现实政治”的开山之作。所谓“现实政治”，即永远追求能在最短时间内带来成功的目标，得手之后，再做下一步谋划。对这一策略，他终生奉行不悖。也恰是凭借类似的手段，他最后登上了威廉的首辅之位。

威廉与他的“新时代”正深陷于一系列麻烦之中。1861 年 12 月进行的大选，其引发的后果有如山崩。迄今为止一直执政的保守派，仅获得了 14 席；而新生的党派，也即以现代标准来衡量的话，第一个有规划明确章程的政党，赢得了 109 席。在选举中失败的还包括战争部长鲁恩。当威廉解散了下议院并进行第二次选举以后，结果更为糟糕：保守党 11 席，新党 133 席。正在进行军事改革——无此则不可能有普鲁士军队日后的辉煌——的威廉，打算因此而退位。他早已过了退休的年纪，并已尽过了最大的努力。所谓的“新时代”不复存在。他手下的各部首脑也都选择了辞职，因为这些人无法归属到自由派阵营。看起来，由极度推崇自由主义的王储腓特烈·威廉继承王位的时机已到。假如王座真的就此易主，按照哈夫纳的说法，则“有可能普鲁士会变成欧洲大陆上一个类似于英格兰的国家”。他还补充道：“更有可能的是，这个国家会一直延续至今日。在这样的国家里，俾斯麦是找不到自己的位置的。”

但实际情况毕竟不同。威廉最亲密的、也有可能是唯一真正的朋友，阿勒布海希特·冯·鲁恩伯爵找到了解决之道。在国王不知情的情况下，伯爵早已与一些持保守派立场的人就威廉的艰难处境进行过反复讨论，而且赞同由众人一致提出的建议，即应该让一个钢铁般的男人来尝试控制局面，这个男人在有些人眼里如同江湖骗子，在另一些人眼里却是天纵奇才，他便是俾斯麦。

其实俾斯麦早已同样进入了国王的视野。在第一次大选溃败之后，国王便曾把俾斯麦作为组阁的候选人，但随后又放弃了这个想法。他告诉鲁恩，不能让一只公羊来充任园丁。而当第二次大选再度以令人失望的结局告终之后，即使是一只公羊，看起来也是受人欢迎的了。

俾斯麦当时正任职普鲁士驻巴黎大使，与鲁恩的私人联系却从未中断过。当国王拟好了日期还未确定的退位诏书并开始将其展示给周围亲信的时候，局势似乎已到了刻不容缓的地步。鲁恩按照约定向巴黎发去了如下的电文："梨子成熟了。"

1862 年 9 月 20 日，俾斯麦抵达柏林，他首先从一名精明的策略家的角度说服了王储，在军事改革尚未完成之前不宜登上王位。9 月 22 日，当他于巴别斯贝格宫出现在国王面前时，后者却对他满心疑虑：一个首先拜访了自己继任者的家伙，会是自己想要寻找的人吗？

威廉将退位诏书夹在腋下，向时年 47 岁的俾斯麦解释了退位的原因。按照当时议会的组成比例，用于军队的预算会毫无悬念地被否决。这意味着迫在眉睫的军事改革将不得不中断，因为在没有议会许可的情况下，拨款行为等同于违宪。

但俾斯麦的看法却有所不同。他是那种不接受任何约束，当劝说没有效果时也不介意通过不正当手段来达成目的的人。谈话到了最后，他向国王毛遂自荐，表示即便是没有拨款也可以将一切按计划推行，只要让他出任首相一职。按当时的情况，由于国王与议会间关于国家财政的谈判破裂，政府必须采取紧急措施，而宪法并没有为这种情形规定出一条解决之道，于是政府便有了自行决断的权力。

"那么，"国王说道，"尝试与您并肩战斗将是我的职责所在，我不会退位。"

自此之后，终俾斯麦一生，他都是那只充任园丁的公羊，并扮演了这个角色二十五年之久。

最初的七年固然成绩斐然，但也艰苦非常。俾斯麦先是成了“国家各部临时总指挥”，这一封号的实际意义等同于首相，使他成了真正治理这个国家的人，同时也减弱了那些来自自由派阵营的、将他的上台称为“国家闹剧”的声音。尽管如此，他还是很快便拥有了真正的“首相”头衔，并从此毫不掩饰地成了保守派的代言人。他在议会上宣称，面对 1848 年，普鲁士当时应该以“铁血”相迎。在将所有的对手都魔鬼化的过程中，他自己则表现得更像个魔鬼。以这样的方式，他在饱受攻击的情况下最终确立了地位，并令人心生畏惧。

就连国王也不例外，且俾斯麦对此心知肚明。国王从巴登－巴登返回并与俾斯麦在于特博格①相会的一幕，广为人知。当还在巴登－巴登时，奥古斯塔庆祝了生日，众人在席间谈论“那个俾斯麦”的时候，语气仿佛在谈论魔鬼一样。而现在就是“那个俾斯麦”，正坐在站台上一辆倒放的手推车上，混在一群底层民众中间等候着火车的到来。在登上一等车厢后，他见到了国王。使国王从心情抑郁转为欢欣鼓舞，并没有花费他太长的时间。两人对话的一部分曾由俾斯麦亲自透露出来。

威廉：“我可以清清楚楚地预见到，一切将会演变成什么样的结局。就在剧院广场前，在我的窗下，民众会砍下您的头颅，而随后便是我的。”

俾斯麦：“那么然后呢，陛下？”

威廉：“然后，我们就死了！”

俾斯麦：“是的，我们会死，但或早或晚，我们终有一死，难道不可以选择更体面些的死法吗？我自己正为了维护我的国王在奋不顾身地战斗。而您，我的陛下，当您与上帝赐予的王者权力以血盟誓并为之付出全部身心后，无论是死在绞

① 德国东部城市，隶属勃兰登堡州，面积 175 平方公里，人口约 1.2 万人。本属萨克森王国，于 1815 年“维也纳会议”后并入普鲁士。

刑架上还是死在战场上，都将无损您的光荣。”

“我越是不断强调这一点”，俾斯麦写道：“国王的情绪便越是高昂。”

两人之间今后的互动也是如此，且持续了四分之一个世纪之久。他们不是朋友，甚至也不是建立在互相尊重基础上的团队，在依赖彼此职守的情况下，他们间存在的更像是一种共生关系。自从与这个男人牵扯上关系，国王便不断地做出让步，并切实感受到了自己声望受损。在下议院里演讲之后，他收获的只有嘘声；在腓特烈大帝纪念像落成典礼上，掌声也只是被送给身属自由派阵营的王子。俾斯麦部分取消言论自由的举措（当新党又取得了一次选举胜利之后，俾斯麦不得不再重新恢复言论自由），也使国王同样身处风口浪尖。除了烦恼之外，俾斯麦带给他的似乎就没什么了，但军事改革得以顺利推行。而且，当国王按照俾斯麦的建议，缺席由奥皇弗朗茨·约瑟夫一世[①]召集的法兰克福王侯大会以后，一切迹象表明，这个因腓特烈大帝而著名的国家仍然或者说重新令人不敢小觑。因为其他的小国在没有普鲁士出席的情况下拒绝达成任何协议，一项意在组建“大德意志”的改革方案，胎死腹中。

俾斯麦对“大德意志”持反对意见。他理想中的德国，应该由普鲁士主导，而不是奥地利。这样的观点和态度起初并不代表威廉国王。但国王随后也对此深表同意，甚至不惜付出与那代表德意志声音的另一国进行战争的代价。然而，普鲁士在其所面对的第一场战争中，却是以奥地利为盟友的。

1863 年，丹麦再一次试图通过立法达到吞并石勒苏益格的目的。但 1852 年时，奥地利和普鲁士曾在一份于伦敦签署的协议中共同表态：

① 奥地利皇帝兼匈牙利国王，奥匈帝国缔造者（1830—1916）。在位期间历经“八国联军侵华”、导致第一次世界大战爆发的“萨拉热窝事件”。著名的“茜茜公主”即为其妻子。据传在获悉妻子遇刺身亡的消息后，他曾自语：“她永远不会知道我是多么的爱她。”

“石勒苏益格与荷尔施泰因将永远连为一体。”

除却对立法行为本身的质疑和各王公之间就此产生的争论之外，还存在着对石勒苏益格－荷尔施泰因历史渊源的考究问题，该渊源可以一直追溯至 1460 年。当时，这两个公国虽然均同意归属于丹麦王国，但也同时规定了彼此间要建立永远不可分割的关系。现在，新任的丹麦国王试图通过立法，至少将石勒苏益格并入版图。与此相关的法律手续是如此复杂，以至于英国女王的丈夫阿尔贝特断言道，世上只可能有一个来自德国的法学教授能够理解这一切，而此人也早已疯掉了。

普鲁士与奥地利联合发出的要求终止吞并计划的最后通牒被拒绝，这也直接导致了——看起来不是那么旗鼓相当的——由两大强国对相对弱小的丹麦的战争。

作战计划由海尔穆特·冯·毛奇起草，他的军事生涯正是从 11 岁时进入哥本哈根军校开始。但他有关丹麦的记忆却并不十分美好，他在那里“得到的没有教育，只有拳脚”。而现在，看起来仿似学者的他已然 64 岁，是克劳塞维茨将他引荐入普鲁士的，然后由对身怀异禀的人士有着超乎寻常敏感的威廉任命为总参谋长。

这一任命在日后被证明是高瞻远瞩性的决定，尽管从这位被称为“伟大的沉默者”的口中想得到一个字都是如此之难。他不喜欢讲话。威廉国王则会将每一个见到毛奇张口的人叫至面前询问：“他都说过些什么？”

此次作战对于毛奇来说，是对其军事理论的第一次实际检验；而对于时年 66 岁的国王、普鲁士全军的最高领导人来说，则是由其亲任最高统帅的第一场真正的战争。但国王只是全程坐镇柏林而已。因为奥皇足不出维也纳，所以他觉得自己也留驻在都城是个不错的选择。率领 4.6 万名普鲁士士兵的是他的一个老相识，弗兰格尔元帅。元帅已年逾八十，有着讲话啰唆这一柏林特质。

丹麦人没让侵入者们轻易得手。他们所建造并后来在其掩护下撤退的杜普勒防御工事[①]，是现代化系列堡垒的典范作品。按照国王的明确指令，普军必须夺取这一工事的全部10座堡垒。为此，普军付出了伤亡1188人的代价，丹麦方面的这一数字则是4846人。这纯粹是为了所谓的军人荣誉而做出的牺牲。事实上，普军完全可以绕过这道壁垒，采取围而不攻的战略以迫使对手因给养断绝而投降。

但是请看！于1864年4月18日早晨刚刚在十字山大营检阅了"弗朗茨皇帝"军团的威廉国王，当天晚间，便在自己位于菩提树下大街的宫殿前受到了民众的欢呼。这样的场面，于他来讲已是久违：在过去的一段日子里，他面对的要么是一片嘘声，要么是在各种庆典活动中保持沉默的民众，对此他也已习以为常。

普鲁士国王作为胜者被欢呼声淹没，这或许昭示着公众意识的根本转变。俾斯麦将此视为自己所奉行的政策的第一次胜利，并决心将此政策继续推行下去。他的下一个目标令人惊诧，因为该目标锁定的是在争夺对德国领导权一事上的竞争对手：奥地利。可在刚刚过去的对丹麦的战争中，奥地利还是并肩战斗的伙伴。

因着应由谁主导德意志诸邦这个问题，两大强国已龃龉多年。此时在共同管理石勒苏益格－荷尔施泰因的过程中又产生的或大或小的分歧，虽并非皆由俾斯麦策划，但双方间的旧恨重燃，则确是由他一手造成的。普鲁士将军港从但泽迁至基尔[②]，这一举动几乎等同于在侵占奥地利的辖区。在当地开凿一条连接北海与波罗的海的运河的工作也就此展开，而且从一开始就已设定，这条运河将由普鲁士管理。这些情况只是小事，鸡毛蒜皮，但当这些小事与其他的问题产生了关联，比如涉及普鲁士的关税和邮政系统后，很快便上升为两国间的矛盾冲突。

① 该防御工事扼守通往属于丹麦的阿尔斯岛与宗德堡的道路。现在，于每年的4月18日，丹麦都会在此地举行国家性的纪念活动，出席的士兵身着1864年时的军服，为亡者敬献花圈。

② 现德国石勒苏益格－荷尔施泰因州首府，面积约120平方公里，人口24万有余，是德国"大城市"中位置最北的一个。作为波罗的海沿岸名城，是世界上最繁忙的运河"北海－波罗的海运河"的终点站，也是德国海军的重要基地。德国最大的造船厂"HDW"即位于此城。

为什么要与在日德兰半岛[①]上并肩战斗的战友产生不睦？其根源在于俾斯麦统一德国的意图。这实际上是一个来自左派的梦想，装饰着黑红金三色，梦想的内容包括建立一个新秩序，并要求成立共和国，或至少是民主政府。如阿恩特、居黑斯[②]、乌兰德这些人，也如与俾斯麦相识并深受其重视的工人领袖费迪南德·德·拉萨尔[③]，都曾有过这个梦想。虽然被后来的诗人和历史学家演绎进各自的歌曲与评注中，但这个梦想毕竟与“屈夫豪伊泽神话[④]”这类的民间传说不同。恰恰相反，它通过革命的方式展现出自己的真实性，正如在1848年所发生的一切那样。现在，俾斯麦秉持其“现实政治”一贯的斩钉截铁的作风，默不作声地将它重新捡起。这不再是一个统一的德国之梦，而是帝国之梦，其立足点从左派转为右派。

很快地，从自由派阵营中分裂出亲俾斯麦的支系：民族自由党人。

“俾斯麦国王”对这所有的一切也许心知肚明，可同时也在承受着

---

① 欧洲北部半岛，位于北海与波罗的海之间，构成丹麦国土大部分，亦可认为包括德国石勒苏益格－荷尔施泰因州。半岛北面为斯卡格拉克海峡，1916年第一次世界大战期间，德国海军与英国海军于此地交手，即为世界海战史上著名的“日德兰海战”。

② 约翰·约瑟夫·居黑斯（1776—1848），德国教育家及新闻工作者。19世纪上半叶影响最广泛的政治评论家之一，其理想是在一个统一的德国之内，建立基于天主教信仰的民主制度。

③ 费迪南德·约翰·高特李卜·拉萨尔（1825—1864），德国作家、社会主义政治家及德国早期工人运动的代言人。作为德语区内第一个社会民主党派、于1863年成立的“全德意志工人联合会”（ADAV）的主要发起者和主席，他被视为今日德国主要大党“社民党”（SPD）的创建者之一。其社会主义理想以服务于普鲁士民族主义国家为目标，与马克思和恩格斯所倡导的革命性的、国际性的理论截然相反。这一分歧直接导致了德国社会民族主义阵营和ADAV在其死后的分裂。

④ 该神话围绕的地点为位于图林根州的屈夫豪伊泽山脉。根据神话，在山脉中的某个洞里，沉睡着神圣罗马帝国皇帝腓特烈一世（世称“巴巴罗萨”）及其亲随，有朝一日他们会醒来，拯救帝国并重新建立盛世。当大帝沉睡时，他的胡子还在绕着一张石桌不停生长，现在胡子的长度已经足够环绕石桌两圈了，如果长到足够环绕第三圈时，就是世界末日的开始。每过一百年，大帝会醒来一次，要是他当时发现还有乌鸦在绕山盘旋，便会继续沉睡一百年。当他彻底醒来时，就会奔赴瓦勒兹菲尔德，在那里参与正义同邪恶的最后一战，并领导正义走向胜利。该神话流传到16世纪时，“沉睡的大帝”易为皇帝腓特烈二世，后来又变成查理大帝。

随之而来的痛苦。尽管他每次在议会出现时都几乎毫无例外地身着军服，但他并非真的如他所营造出的形象那样，是个铁人。偏头疼与失眠症都在折磨着他。虽然他一直以短评的形式向国王汇报着情况的进展，可国王并不知晓自己首相的真正计划。假如威廉能明了俾斯麦的目标的话，想必会惊恐万分。两国间的争执几乎就要演变为兵戎相见，腓特烈·威廉和母亲在发出的警告中将此称为一场"兄弟间的战争"，也不无道理。

如俾斯麦自己谈到的那样，每百年便与奥地利进行一场战争，似乎是必不可免的。那个被一些德国邦国所接受的实现梦想的方案，成立"大德意志"，对俾斯麦来说决无可能。他致力于成立一个将奥地利排除在外的"小德意志"。当奥皇在维也纳对着一个松散、动荡的德意志联盟大肆抱怨普鲁士的所作所为时，普鲁士宣布，退出联盟。

1866 年 6 月 7 日，普鲁士军队占领荷尔施泰因。在此之前，意大利表态会在普奥之争中站在普鲁士一边，但要以取得在威尼托[①]的胜利为条件（事实也确如其所愿）。在 6 月 7 日这一天，意大利和普鲁士同时向奥地利宣战。

威廉国王感到十分为难，不知该如何向国民解释再一次将他们置于战争中的原因。他拿出的理由是，奥地利试图"用脚践踏"普鲁士，所以普鲁士要"用剑还击"。

事实上，奥地利才是被普鲁士用脚践踏的一方，后者所凭借的，除了毛奇这样的军事天才，还有新式的撞针枪——后膛装弹，射速为每分钟 5 发[②]。

---

① 现意大利东北部行政区，面积 1.8 万多平方公里，人口近 500 万，首府为威尼斯。历史上该地区一直属于威尼斯共和国，1797 年后归属于奥地利。拿破仑战争时期，随着奥地利的失败，曾一度被并入附属于法国的意大利王国，但在"维也纳会议"后又重新被奥地利占据，直至 1866 年的普奥战争后，才真正归属于意大利。该地区现为意大利的经济重镇之一，主要经济类型为工业和旅游业。

② 此为后装线膛枪取代前装滑膛枪之始。由于武器先进，普军在同等兵力的情况下，火力强度是奥军的 3 倍以上。

7月2日的柯尼茨格雷茨战役，使胜负立分。

全欧洲对这场战争的普遍看法，可以用一篇社论中的一句话来概括，据枫塔讷讲，这句话被“引用了千次”之多：“普鲁士教官打败了他的奥地利同行。”但枫塔讷不赞成这种说法，他认为：

> 我们没有胜利，因为无论怎样与敌人相比，我们在每一个细节上都做得更好；
>
> 我们更谈不上什么胜利，因为我们无论从团队还是到个人都比敌人更优秀（这显然不是事实）；
>
> 但我们还是取得了辉煌的胜利，因为我们全方位地压制了敌人。

实际情况看来也确实如此。拟订了作战计划的毛奇，除常备军外没有征召任何预备役。尽管汉诺威、萨克森、巴伐利亚、符腾堡、巴登、黑森－达姆施塔甚至罗伊斯家族[①]的长系诸领主和列支敦士登均加入了奥地利阵营，普鲁士的先遣部队还是顺利通过了萨克森和黑森。胜利的消息使柏林人陶醉在欢乐中，而这一切则再一次被归功于威廉国王。在这充满爱国主义感召力的时刻，人们又开始自动聚集于腓特烈大帝的纪念像前。在朗根萨尔察，汉诺威的军队缴械投降；在索尔，王储腓特烈·威廉率军击败了奥地利人和萨克森人。为此，威廉还有些嫉妒自己的儿子，因为这样的一场胜利曾是老国王年轻时的梦想。

其后不久，国王自己也亲自出任了总司令的角色。7月3日那天，在萨多瓦[②]，他骑着那匹棕色的牝马——此马日后被命名为“萨多

① 12世纪起统治福格特兰地区的古老家族，该地区约为现德国图林根州的东部。1329年，神圣罗马帝国皇帝路德维希·冯·巴伐利亚授予该家族贵族称号，1778年后家族加入帝国侯爵行列。家族支系众多，大体可分为长系与幼系两脉。

② 地名为波希米亚文，德文名称即为后文中出现的柯尼茨格雷茨。现今为捷克共和国北部的一座城市，人口不足10万人。

瓦”——与鲁恩、腓特烈·威廉、毛奇还有俾斯麦并辔而行，俾斯麦因为始终都是预备役军官，当时亦是一身戎装。国王下达了发动柯尼茨格雷茨战役的指令，但他的聪明之处在于，他所下达的指令无一不是据毛奇的建议而来。在战役开始阶段，战局如往常一样并不明朗，形势忽好忽坏。俾斯麦想要知道进程到底如何，于是纵马去向毛奇了解情况，但他没有直接向毛奇提出问题，而是拿出自己的雪茄盒，里面放有两支雪茄，品质一优一劣，任毛奇挑选。日后他自己回忆说，当他注意到毛奇是如何以一种认真的态度将那支好的雪茄挑出来时，心下便已雪亮：这场战役是胜定了。

无论这是杜撰也好，抑或事实也好，柯尼茨格雷茨（或萨多瓦）都在七周内见证了一场战争的终结，而为了同样的结果，腓特烈大帝曾用了七年时间。威廉国王周围欢呼一片，甚至从他身边骑行经过的军官们也会暂停下来亲吻他的手。在柏林，自由党人在新的选举中所获席位由原来的 247 席退至 148 席。

在其私密的圈子中，国王曾以玩笑的口吻说过，1866 年这一年最好不要有终结，因为这是他有生以来真正取得成功的一年。事实上，在 1866 年 6 月时，无论是在外交还是在内政方面，他都大获全胜。他想尽情品味着胜利的滋味，并以骑行在队伍的最前端的姿态率军进入维也纳。可是这个想法受到了俾斯麦的阻止。首相认为，一个眼下的敌人，如果明天还有可能成为盟友的话，便不应对其过分羞辱。但国王对这一意见史无前例地完全不予接受。于是，两人之间爆发了一场恶狠狠的争吵，而将此视为原则问题的俾斯麦，甚至不惜以辞职作为要挟。事件的发展导致连腓特烈·威廉王子——国王那个于柯尼茨格雷茨战役中也立下汗马功劳的儿子——也终于参与进来，对双方进行调停，而且王子首次赞同了俾斯麦的立场，认为他的主张非常理性。曾在柯尼茨格雷茨战场上向王子颁发了“功勋勋章”并对俾斯麦授予了中将军衔的国王，对这一局面虽然抱怨不已，但也只好退让。

在某一段时间内，国王与俾斯麦的角色看起来似乎被调换过一样。

对宿敌的速胜，使威廉国王在欢欣鼓舞之余，又萌生了对更多荣誉的渴望。与之相反，俾斯麦则表现得更为谨慎和平和。威廉为停战协议开出的条件颇显苛刻，甚至苛刻到了会妨碍他的首相实现既定政治目标的地步。而俾斯麦则以内阁首脑之尊，亲自当起了外交大臣。

对俾斯麦来说，普鲁士在《尼可洛斯堡停战初议》中开出的条件已属逾矩，而这些条件被威廉在最终的《布拉格和平条约》中规定得甚至更为苛刻：奥地利必须缴付高达2000万塔勒的战争赔偿金；割让威尼斯给意大利；不仅要把石勒苏益格－荷尔施泰因完全留给普鲁士，还要承认德意志联盟就此瓦解。普鲁士则将兼并汉诺威、黑森选侯国[①]、拿骚和法兰克福。除此之外，奥地利还要承认“北德意志联邦”的存在，萨克森也会是联邦成员之一。联邦将由普鲁士主导，这同时也意味着一种统一德国的预想模式。

必须承认，如俾斯麦所认为的那样，这要求实在是太多了些。而一段时间以来，本是在家族中近乎扮演一个受气包角色的威廉，却摇身一变成了“快乐的汉斯[②]”。在他看来，现在甚至连王后奥古斯塔也表现得不错：第一夫人在一家红十字会下的医院里照顾伤员，确实是做到了国家首脑之妻该做的事。诸多的兼并行为使国王不断受到来自下议院的质疑，只是后来下议院也在没有经由立法批准预算的情况下，将驻军视为应急的必要举措予以承认了，正如其对刚刚结束的德国内战所产生的费用采取的态度一样。

普鲁士现在的状态，应该只存在于此前历任国王的梦想中吧。各省之间彼此相连，整块国土结为一体——这在此前是不可想象的事——

① 1803年，原本的黑森－卡塞尔伯爵领被擢升为选侯国。1806年，拿破仑取消了其选侯国地位并将之并入治下的威斯特法伦王国。“维也纳会议”结束后，选侯国地位得以恢复，且加入了德意志联盟，直到1866年被普鲁士兼并。

② 出自《格林童话》中的人物形象。一个名叫汉斯的年轻人，带着作为七年工作酬劳的一大块黄金打算回家探亲，却在一路上通过不断地以物易物的交易，最后变得一无所有，但一身轻松的他，却认为自己是太阳底下最快乐的人。

甚至还有一座大陆桥将奥斯特勒宾[①]与勃兰登堡连接起来，今天的所有局面，正是肇始于勃兰登堡这片土地上。一夜之间，普鲁士的人口数量从 1950 万激增到 2440 万，领土面积也相应地由 27.9 万平方公里变为 35.2 万平方公里，只是这次土地增益显得有些姗姗来迟，因为再用不了多久，便没人能记得普鲁士王国的边境是哪里了。

在接下来的几年里，威廉国王的疑心病日渐严重。汉诺威国王、黑森选帝侯、拿骚公爵，均遭到他的放逐。他的这种做法，与一个左派革命者的所作所为又有什么区别？对于俾斯麦，他再一次表现出了不信任，并开始频繁造访几乎是定居于科布伦茨的奥古斯塔。王后批评他不理朝政、过度依赖俾斯麦，而他有时也认为这种批评不无道理。

但凡此种种的结果，却是让国王与俾斯麦又一起领导了下一场战争，与此同时，国王还在指责后者这位首相兼外交部长，将自己置之不顾，且极少提出过切实可行的建议。

这一传闻的源头来自一场纠纷，据说是经由一出法国的情景喜剧披露出来的，并以“埃姆斯[②]密电”之名被记入史册。

俾斯麦将国王“置之不顾”的真实情况是：国王去往埃姆斯疗养，而亦觉身体欠佳的首相也决定放松一下，只是将疗养地点选择在他自己位于波美拉尼亚的庄园，瓦钦，并且不希望在此期间被人打扰。

在此之前，法国与普鲁士之间的关系已经略显现出不和谐的意味。令人费解的是，“复仇萨多瓦”——柯尼茨格雷茨——这一口号在法国要远比在奥地利更流行，也许是由于人们知道，被俾斯麦套入准星之内的下一个目标，就是法国。而俾斯麦本人对于这种不和谐的局面也负有不可推卸的责任，因为正是他提出了由霍亨索伦－马林宁根一支的继承人接掌西班牙王位的建议。这位名叫利奥波德的亲王信奉天主

① 第二次世界大战以前，泛指普鲁士、梅克伦堡－什未林、梅克伦堡－施特雷里茨等易北河东岸地区，但这一概念所定义的地理范围并不严格，所体现的更多是政治层面上的区域划分。

② 德国西北部河流，发源于北莱茵－威斯特法伦州的施洛斯霍尔特－施图根布罗克市，向北流入北海，全长 371 公里。

教，还娶了一位葡萄牙公主为妻，从条件上看似乎是够格的。但一名霍亨索伦人，即便只是出自支系，也还是霍亨索伦人，天生便会让邻居们感到威胁，特别是对于法国来说。就在不久之前，罗马尼亚的王位刚刚由霍亨索伦家族接掌，现在就连西班牙王座也有落入普鲁士手中的危险了，而此前被从这个位子上赶下台的，正是来自波旁王室①的伊莎贝拉女王。

法国特使为此直接奔赴了埃姆斯，当面向疗养中的普鲁士国王，也即霍亨索伦家族的族长，表达了法国对后者觊觎西班牙王位的不满。这位打搅了正在泡温泉的国王的使者，名叫贝内德蒂，国王本人对其颇有好感。特使受到了礼仪周全的接待，并同样以字斟句酌的礼貌态度陈述了法国的抗议，国王表示，会对此事予以认真考虑。

当贝内德蒂于不久之后第二次现身时，整件事便显得不是那么优雅了，他这次是来敦促疗养中的国王接受法国政府的委托，直接取消家族子弟的竞选权。这样的要求当然会遭到威廉的断然拒绝，尽管如此，国王还是表明了自己的两个基本态度，并随即在一份正式信件中予以重申：第一，这次事件的主体是霍亨索伦家族，而不是普鲁士王国；第二，他本人认为利奥波德亲王应放弃竞选西班牙王位。

至此，国王以为这件事已经彻底得到解决，即便是在完全没有俾斯麦参与的情况下。他实在是对自己的这位首相大为光火，因为他已经习惯了先是由后者告知该做什么、再经由自己的嘴表述出来的程序，但对这次事件，那位首相大人却不闻不问，安心在瓦钦装死。

可是当法国特使在埃姆斯疗养地的林荫道上第三次出现在威廉面前时，谁又能形容出国王彼时的震惊呢？这一次，法国人要求国王表达歉意，并承诺假使以后再出现类似的情况，国王将绝不同意霍亨索伦的王室成员参与角逐。

---

① 法国古老王室之一，历史上共有八位法王出自这一家族，现今欧洲的一些王公贵族也是其旁系传人，如西班牙和卢森堡。王朝为亨利四世于1589年创建，最后一任国王是路易－菲利普一世，于1848年逊位。

这样的要求实属过分，简直与蓄意侮辱无异。身着小礼服，头戴礼帽，作为一名彻头彻尾的绅士的威廉，对此放肆之举反应冷静，只是将拒绝的态度表达得明确无疑。他扶帽略做致意，然后便在贝内德蒂面前转身离去。“有谁见过这样不可理喻的事吗？整个事件不是由我引起的，不是由我主导的，我也没有出谋划策过，现在却要我像只羔羊一样在全世界面前悔过？”当他于晚间到达科布伦茨并向妻子抱怨此事后，即便是一向亲法的奥古斯塔也觉得怒不可遏。

但极有可能仍然是奥古斯塔，在这种情况下还是说服了他，让他派遣一名亲信到贝内德蒂那里去，以求重新让局内双方心平气和。再一次，他开始怀念起俾斯麦的建议来，同时他也担忧是否会对法国人退让得太多。除此之外，他还收到告密，说俾斯麦曾经抱怨有人灌注了“太多墨水在他疗养的温泉里”。国王对此评价道：“是，这就是这帮老爷们。至于在我们埃姆斯这里被灌注了什么，没人关心。”

可是俾斯麦很清楚，何时应该出手、出手的方式是什么。他离开了瓦钦，但没有赶赴埃姆斯，而是去了柏林。在那里他凭借着一台电报机，从国王处得知了事件的全部经过。随着整件事越来越趋向于公之于众，俾斯麦自行篡改了电文，并开始让自己的几位至交密友也参与进来。甚至连毛奇也肯定发表了意见，因为诸如国王的描述听起来如同“一场溃败的信号”这样的批评，正是出自他口。

毛奇从俾斯麦那里得到的电文内容稿件，充满了挑衅的口吻。而这样一段由他转交媒体的、以“埃姆斯密电”命名的文字，不但使法国那些叫嚷着“复仇萨多瓦”的人趋向狂热，更令认为自己善良的老国王受到了侮辱的普鲁士人义愤填膺。国王也从报纸上读到了“自己转述的”密电。本来他承诺过奥古斯塔，要力争和平，如今则拍打着报纸大喊道：“这就是战争！”

如此一来，国王终于又恢复到了常态：不久前他还在抱怨俾斯麦不曾给他任何指导，而现在，俾斯麦又将战争宣言塞给他，由他的口宣读出来。

从埃姆斯温泉返回柏林的旅程，却变成了一场意料之外的凯旋。当掌声、欢呼声和赞美的歌声在每个火车站响起时，原本情绪低落的国王几乎完全无法理解。看起来，进行下一场战争业已变成众望所归。在波茨坦，王储迎接了他，并发表了一场激情四射的演讲作为战前动员。对于国王来说，这一切显得操之过急，但形势已不是他所能掌控的了。

柏林人的情绪已经被彻底点燃。国王认为这种局面完全违背了常识，但又不得不在给居于科布伦茨的王后做描述时接受现实："人山人海，车水马龙，从安哈尔特火车站……一直排到勃兰登堡门。在菩提树下大街的另一侧，每扇窗后都挤满了人。"直至深夜，人群都聚集在王宫前高声叫喊、纵情歌唱，其中有一首歌是国王从未听过的，但被一再重复。王储告诉他，那首歌的名字叫《莱茵河上的守卫》。而当听到歌曲《父母之邦祈望安宁》时，国王不由得泪流满面。喧嚣有渐变为嘶吼的趋势的时候，国王派了一名副官到阳台上，请群众尽量克制，理由是国王正在召开战前会议！菩提树下大街这才开始安静下来，人们也自行散去。

不为世人所知的是，当国王单独见到俾斯麦以后，面对这个给他带来这些欢呼的家伙，会说些什么。要知道，国王此时已被欢呼声搞得神经过敏。他对首相大人满心的不信任——这也是理所当然的。"要是欢呼就能解决问题的话，我们就解脱了，"他告诉奥古斯塔，"但它不能。"

奥古斯塔从科布伦茨返回了柏林，对拿破仑三世[①]赞不绝口的她，认为前景渺茫。尽管如此，她还是号召全普鲁士的妇女们，要从捍卫祖国的角度去思考和面对当前的局势。这场战争使威廉国王至少赢得了家庭内部的和平。王储腓特烈·威廉亲自统领着第三军团，驻扎于

① 路易·拿破仑·波拿巴（1808—1873），拿破仑一世的侄子。曾任法兰西第二共和国总统，于任内发动政变，将共和国改为法兰西第二帝国，并自任皇帝。在任期间推行积极的外交政策，于欧洲范围内重建法国的影响力，于世界范围内则不断扩大法国殖民地，颇有作为。1870年"色当会战"失败后退位，是法国历史上最后一任君主。

左翼。

戈洛·曼为我们勾勒出了于大戏上演前幕后的大致情况："法国的实力要弱于普鲁士。普鲁士的将军们对此心知肚明，但法国人却不了解，尽管拿破仑（三世）是知道的。然而战争爆发三个星期后，所有人便都看清形势了。普鲁士战争机器的精确与力量，颠覆了人们此前在这一领域内的所有认知。多年以来，普鲁士参谋本部的军官们，乔装成偶尔乘兴而来的游客，已经对将来可能的用兵之处进行了实地考察；随军携带的钢铁长桥，其长度与需要跨越的河流宽度正相吻合。史上还从未有过被如此精心准备过的战争。"

与之形成鲜明对比的是，法国一方，几乎事事不顺。部队的行动被一再延迟，以至于占领莱茵河右岸的计划彻底搁浅。而普鲁士军队则按照毛奇的策划，由威廉下令发动了攻势。很快地，胜利的消息便接踵而至。8 月 4 日攻占魏森堡①战役、8 月 6 日的韦尔特战役以及斯皮舍朗②高地战役几乎都可被视为不朽经典，尽管或者说也恰恰是因为这些战役在开始时还是显得不够职业化，在指挥上冒险成分居多，英雄主义色彩太重。战场上血流成河，尸横遍野。在轻率的冯·卡梅科将军的领导下，第一军团仅仅在萨尔布吕肯③旁边的斯皮舍朗高地便损失了 223 名军官和 4648 名士兵。对此痛加指斥的国王于战后走到了士兵们当中去，并从他们那里得知，每位普鲁士士兵"都愿为了陛下奋不顾身"。"也正因如此，才让我备感难过。"威廉国王如是回答道。

于当年 9 月以记者身份奔赴前线的诗人西奥多·枫塔讷，在描述

---

① 现位于德国巴伐利亚州，属于中弗兰肯行政区，面积约 98 平方公里，人口不足 1.8 万。城市兴建于 12 世纪，市内及其周围古迹众多，如被印上德国邮票的爱凌阁城门、有四百多年历史的乌于勒茨堡、被列入世界文化遗产的比瑞西亚纳要塞，等等。

② 位于德法边界上的一座小镇，面积 8 平方公里，人口 3000 有余，现归于法国治下，隶属洛林大区的摩泽尔省。该地名称源自拉丁语"spicarium"一词，意为"粮仓"。

③ 现德国萨尔州首府，面积约 167 平方公里，人口近 18 万。城市在罗马时代之前为凯尔特人定居点。城市今天的德文名字"Saarbrücken"意为"萨尔河上的桥"，实际上最早的名字"Sarabriga"为凯尔特语，意为"流水中的岩石"。

这段历史时则措辞极为严厉。举国上下的热情洋溢，被他在一封写给朋友的信中形容为“无休止的大话连篇”。不久之后，他又这样写给他的妻子：“我心跳加速……而且我无法摆脱那种痛苦的感觉。这一切都是为了什么？完全没有意义！只是为了让拿破仑那个男妓能继续坐在他的位子上，或是让这个法国佬可以继续自高自大，以为他自己是造物的杰作——就为了这么个怪物，死神带走了数千人的生命！”

威廉国王莅临了前线。在他之前，没有过任何一位普鲁士君主在像他这个年纪时还亲身参加战争。已然 73 岁的他，坐在一辆马车里，跟随着前进的队伍，晚间，他则骑马穿行在宿营地的篝火间，以使战士们保持斗志。但下一场他所亲自参与的战役，格拉韦洛特①战役，却几乎以失败告终。普军的一个近卫军团，由于过于骄傲，在没有炮火支援、未经任何准备的情况下，便开始强攻圣普里瓦村，结果战损了 307 名军官和 7923 名士兵。而在这场战争中理智地进行战略规划的人，又是毛奇。他将麦克马洪②统领的 13 万法军连同拿破仑三世一起，赶进了位于比利时和法国边境的色当要塞③里。对要塞的围困并没有持续很久。当初在圣普里瓦村时，普鲁士的霍亨洛尔－因戈尔芬根亲王克拉夫特，没能成功地阻止步兵队伍在自己提供炮火掩护之前发起冲锋。但现在，当他刚刚开始发动齐射后，色当便投降了。战俘包括 39 名将军、1230 名军官、9.3 万名士兵，和那位倒霉的法国皇帝。基于这一局面，在巴黎成立的共和国临时政府随即宣布废除他的帝位。

威廉国王对拿破仑三世毫不吝啬溢美之词，称皇帝本来不想发动

① 位于德法边境上的小镇，面积 5.6 平方公里，人口只有 700 余人。现隶属法国洛林大区摩泽尔省。

② 玛利·埃德米·帕特里斯·莫里斯·德·麦克马洪（1808—1893），法国陆军元帅、政治家、法兰西第三共和国的第二任总统。因战功卓著被授予公爵爵位，曾担任阿尔及利亚总督。普法战争中担任法军第一军团指挥官。在色当获释后任凡尔赛军总司令，于 1871 年率该军镇压了巴黎公社起义。1873 年当选为法国总统，1879 年辞职，任内颁布了法国历史上实施时间最长的（65 年）《1875 年宪法》。

③ 位于法国东北部阿登省的法比边界上，始建于 1424 年，为七层结构，占地面积 3.5 万平方米，是欧洲同类建筑中最大型的作品之一。

战争，只是屈从了国内民众的意愿，而且在治理法国这件事上，没有任何前任比他做得更好；但国王却没有给予这位身受肾绞痛折磨的皇帝体面的待遇：所有的法国军官都在宣誓后被遣返家园，唯独皇帝陛下被送至位于卡塞尔[①]的威廉姆斯胡于尔宫囚禁起来。而9月2日，则如枫塔纳所言那样，伴随着急速跳动的心脏和“无休止的大话连篇”，成为普鲁士乃至后来德意志帝国的国庆日——色当日——直至第一次世界大战结束。

但即使在色当，威廉还是抱持着悲观情绪。“就算是这样一件可写入世界史的大事，”他向俾斯麦坦承道，“恐怕仍不能带给我们和平。”而对他的朗读者路易·施奈德，他这样说道：“等着看吧，真正的战争现在才刚刚开始！”后者是中篇小说集《演员》的作者和杂志《战士之友》的发行人。

国王所谓的“等着看吧”，并非虚言。第一阶段的攻击虽然迅捷有力，但接下来却是进入了在战壕中等待的第二阶段。

巴黎已被完全包围，可这座城市不但拒绝投降，甚至还反其道而行之：由甘必大[②]领导的临时政府看来似乎要将战争继续下去，与发动战争的拿破仑三世相比，态度更为顽强。凭借着环城的诸多堡垒，巴黎城几乎是无法被攻克的。除此之外，活动在被占领区的法国志愿军和游击队也常常充当狙击手，寻机置敌于死地，这些人并不总是在外套上佩戴袖标作为标识，且枪法出色。俾斯麦开始与临时政府进行和谈，条件是要求法国割让阿尔萨斯和洛林两省。

---

① 现德国黑森州第三大城市，人口近20万，面积约107平方公里。城市建于12世纪晚期，自1277年至1866年，作为黑森伯爵领和后来的黑森－卡塞尔选帝侯领的首府。每5年举行一次的“卡塞尔文献展”，是现在世界上最大的当代艺术节。德国的第一个步行区也是诞生于此城。

② 莱昂·甘必大，法国政治家（1838—1882）。普法战争开始前，他作为共和党人反对战争。但在法国战败后，则主张抗争到底，巴黎围城期间，曾乘热气球外出求援。1879年至1882年，先后出任法兰西第三共和国议长和总理职务。1882年死于败血症。1920年11月11日，他的心脏被移入先贤祠，在同一天，凯旋门下的无名战士墓落成。他在年幼时于一次意外中失去了右眼，故其存世的图像中都仅以左脸示人。

威廉国王在原本是拿破仑三世驻跸之处的凡尔赛宫[①]建起了自己的住所，在那里消磨掉了整个秋天和初冬。这座原属于太阳王的宫殿，对他来说显得太过豪华了。看起来他似乎是决心要教育一下这些罗曼人[②]，体面的普鲁士人是如何言谈举止的。他告知法国民众，尽管他的军队在与法国军队交战，而且征收行为有时必不可免，但他无意将普通百姓也牵扯其中。在此之前，当驻扎于属于罗斯柴尔德家族[③]的一处宫殿时，他特意一直使用宫中未加修缮的浴室，只是让人把浴缸修饰成了躺椅的式样。同以前一样，这位老人仍旧睡在一张可折叠的行军床上，只盖一条薄薄的毛毯。此次搬进驻地后，他为自己安排的唯一奢侈享受是将路易十四王宫园林里那座令人惊诧的巨大喷泉开动起来，以便自己从住所的窗子望出去便能看到。

他在论功行赏时也同样表现出克制的态度。在授予梅斯[④]的占领者腓特烈·卡尔和王储"功勋勋章"的时候，他才因为在色当的战绩平生第一次给自己也颁发了一枚一级铁十字勋章。到了这个年龄，他与王后奥古斯塔又开始重新走近，后者敦促他，在拿破仑倒台后应尽快与现在的法兰西共和国缔结和平条约，同时还请求他赦免那些法国游击队员，虽然这些不着制服的俘虏本应按照战争法被处以极刑。威廉对妻子的要求满口答应，但当这两点建议在战争委员会会议上被提出时，

---

① 位于巴黎郊区的凡尔赛，原本为法王路易十三的猎宫，自1661年起，经路易十四时期多位建筑师、园艺师的改建与扩建，该宫成为欧洲最大的宫殿之一，并成为宫室建筑艺术的巅峰之作。这座巴洛克风格的宫殿从17世纪中叶起直到法国大革命爆发，一直是法国王室的驻地，可容纳几千人同时生活。

② 据推测，这一名词可能是早期日耳曼人对罗马人和凯尔特人的称呼。"罗曼国家"则主要指法国和意大利。

③ 德国犹太世家，其谱系可追溯至1500年。自19世纪起在法兰克福从事银行业，并跻身于在那个世纪里全欧洲最有影响力的银行家和最重要的金融家之列。时至今日，该家族仍在国际投行业内拥有举足轻重的地位。刻在该家族徽章上的口号是：和睦、诚实、勤奋。

④ 现法国摩泽尔省首府，面积约42平方公里，人口12万有余。该城有迹可循的人类活动可追溯至公元前3000年。墨洛温王朝时期，是法兰克王国东部——奥斯特拉西亚——的首府；后来则成为卡洛林王朝及查理大帝一脉的发祥地。1552年，法王亨利二世将其纳入法国版图；于1871年被并入德意志第二帝国；两次世界大战期间，又在德法两国之间几易其手。

却均遇到了阻力，而通常来讲，每天都主持该会议的他，总是会遵从会上的多数意见。

这种窘境让国王备感失落，尽管他的朗读者施奈德每天早晨都会向他汇报，又有哪座法国的城市被占领了，以及谁又在哪里赢得了哪一场战斗的胜利。当前的战果已经够辉煌了：图勒、斯特拉斯堡、奥尔良①，均被攻陷，梅斯投降，近在咫尺的巴黎，形势也岌岌可危。现在战争委员会中出现了意见分歧。一部分人主张炮轰巴黎；包括毛奇在内的另一部分人，则认为应采用绝粮手段迫降。从那些被热气球带出城外的消息来看，城里人已经开始以猫狗和其他的宠物为食了。

在应该炮击还是应该困降的问题上，俾斯麦与鲁恩发生了激烈的争执。这一次，俾斯麦转为赞成国王进驻被占领的敌国首都，并希望尽快实现。在他看来，目前陷入停滞状态的军事行动无异于名誉损失，会对国家带来代价高昂的伤害。而站在他对立面的鲁恩，由于过于激动，以至于病倒在床，无法起身。情绪从未如此时这般糟糕过的国王，又被来自前王后、腓特烈·威廉四世的遗孀伊丽莎白的一个愿望所困扰。这位王后为自己即将到来的生日所许下的愿望是希望巴黎可以免于炮火之厄。于是，一个问题深深折磨着国王：该如何或者说到底能不能把这样一个建议向俾斯麦和战争委员会说出口？

冬天来临，寒冷而少雪。人们没想到这个季节会在法国的火炉旁度过，也因此基本没做什么准备工作。前不久还志得意满的胜利者们，从国王以下直到射击手，似乎一夜之间都变得情绪低落、思乡心切。

幸运的是，一件让德国人满怀希望，即使身在敌国仍愿意为之精心布置的事正渐渐走来：圣诞节。于是，法国人惊讶地看到，那些闯进他们生活的德国佬，开始扎起了节日的花环，烘烤着蛋糕和饼干，在

① 法国中央大区首府和卢瓦雷省省会，面积27.5平方公里，人口11.4万人。城市始建于3世纪罗马名帝奥勒良统治时期，历史上曾有多位著名法王在这里登基，如秃头查理、虔敬者罗贝尔、胖子路易。“百年战争”期间，该城是法国抵抗英国的最后堡垒，后被圣女贞德从英国人的包围中解救出来。

森林中砍下冷杉，精心装饰着他们征用来的住所。经营礼品的商贩们对这些入侵者也没什么好抱怨的：营业额在直线上升，因为来自法国的礼品在这帮突然唱起旋律优美的圣歌的德国人中深受欢迎。甚至连国王也在凡尔赛为家乡的亲人挑选了礼物。而送给那些虽战事胶着，仍坚守在前线的同僚的赠品，则是他从柏林订购的。

当交换过礼物、烧掉圣诞树后，这一派祥和的气氛也宣告结束。12 月 27 日，被包围的巴黎遭受了第一轮炮火的洗礼。当日气温零下九摄氏度。

1871 年 1 月 1 日，国王、俾斯麦以及其他德意志诸侯的心思已不在炮火中的巴黎，而是转为关注另一件事：在这一天，由继续留在德意志联盟内的诸国共同拟定的新联邦法问世了。虽然还有一些问题没得到圆满解决，比如巴伐利亚王国还在依然如故地反对新法，但从现在开始，成了“帝国”的德国有了一位首脑。这位首脑的称谓不是“总统”，而是“皇帝”，且根据新法，皇帝一职将永远由普鲁士国王担任。可是威廉对这个新的头衔非常抗拒，因为他认为上帝给予他的任务仅仅是要他坐在普鲁士的王座上。他向策划了这一切的俾斯麦表述道，当皇帝其实不如当国王，作为皇帝，他只是被那些有权投票的诸侯选举出来了而已。

虽然与他以往的风格有悖，但这次他的思想突然变得极为复杂，甚至有些古怪。这可能是韧性十足的寒冬和比寒冬还有韧性的巴黎共和党人造成的结果，也可能是来自那些觊觎皇帝宝座的德国诸侯的异议所引发的，同样也有可能根本就是因为俾斯麦——这位不可或缺但又令人不胜其烦的首相——自己也有着不可胜数的工作亟待解决，因为虽然由出自普鲁士的皇帝来领导德意志联邦已属大势已定，但在许多重要细节问题上的讨价还价还未结束。

这是项辛苦的工作，且必然要求己方做出相当的退让。俾斯麦并不精擅此道，但仍尽力而为，毕竟现在已是关乎德国今后命运的时刻。也正因如此，大多数的谈判对手都得到了自己想要的东西。巴伐利亚的国王路德维希二世[1]，由于总是大兴土木，所以常年面临财政困难。这次为了得到400万马克的捐赠而愿意服从；符腾堡保留了自己的邮政系统；巴伐利亚王国甚至被允许拥有外交自主权和在和平时期对军队的最高领导权。

于是，正如路德维希二世在一封《帝位证书》中所确认的那样，各路诸侯对于皇帝头衔归属和普鲁士国王权力的扩张也都纷纷予以赞同。所有人中最心怀不满的反而是威廉，他渐渐发现，自己最终将不得不接受这个新的称号。《帝位证书》中赠予他的“德意志皇帝”头衔，被他如对待无理要求一般断然拒绝，并且要求俾斯麦将此头衔易为“在德意志的皇帝”，只是此举显然徒劳。

除此之外，他还拒绝接见帝国议会代表团，从而使后者对他进行加冕的计划落空。代表团的团长、时任议长的爱德华·西蒙，在1849年时也曾对腓特烈·威廉四世做出过同样的建议。在日后的帝国中，这位东普鲁士人将会平步青云。他将被纳入贵族的行列，并以首任院长的身份，主管刚刚诞生的帝国法院。

威廉毕竟不会对远道而来的代表团完全置之不理，他最终还是为这些客人准备了丰盛的晚宴。但代表中那些毫不掩饰自己立场的共和派，则不被允许从正门踏着大理石的台阶登堂入室，而是只能取道一扇后门。已然一把年纪的国王，如同水做得一般，当有人恭贺他即将获得更高的地位时，他的反应是涕泪纵横，在他看来，自己的地位是不升反降，但他还是富于心机地为昭告典礼选了个特殊的日子：1月18日。熟悉普鲁士历史的人知道，一百七十年前，腓特烈一世正是在1月18日这天，于柯尼茨贝格将自己加冕为国王。这样一来，至少通过“日期”这个元素，他还是在此事上偷偷留下了普鲁士的印记。

1871年1月18日，来自德国全境的国君、亲王、从诸侯林立的

① 路德维希·奥托·腓特烈·威廉（1845—1886），巴伐利亚国王。因狂热地热爱宫殿而著名，他所兴建的宫殿有新天鹅堡、海伦基姆湖宫、林德霍夫宫。特别是兴建新天鹅堡一事，使他获得了“童话国王”的称号。

年代留存至今的大大小小的公爵们，以及各个自由城市所派出的代表，齐聚于凡尔赛宫的镜厅。对于威廉来说，这是艰难的一天。由于总是止不住泪水，他被讥为傻老头，但这是不公正的。与普鲁士作别，是触及他心魂的大事，他不把自己视作一名统领德国的德国人，而是一名简单的普鲁士人，并愿意终此一生都保持这个身份。令他顾虑重重的是，融合在“帝国”的概念里之后，普鲁士就如一撮盐，人们虽然还能尝出它的味道，但作为独立的个体，它其实已经不复存在了。这一天宣告了普鲁士的终结，即便是还有一些残留仍与这个名字相关，在日后也都将被冠以“德国”这个对威廉来说迄今为止仅是个抽象概念的名头。

实际上，1月18日这一天有如哀悼日。伴随着庆祝活动的昭告仪式——尽管由俾斯麦宣读起来殊少欢愉——由王储腓特烈·威廉一手操办，而这位日后也将执掌帝国的储君，对未来的看法要远比其父乐观。于正午十二点准时踏入凡尔赛宫镜厅的威廉国王，吹毛求疵地表达着两点不满，将他那普鲁士人的特征尽显无疑：首先，宫殿前的士兵们没有摆出夹道欢迎的姿态；其次，并非行伍出身的俾斯麦穿错了制服。

士兵们的原因是，他们马上要被指派执行其他的任务，根据消息，被层层包围的巴黎城里正酝酿着一场突围行动。而俾斯麦身着的那套白色制服，很有可能是他自己选择的，因为与在场众人所穿的制服相较，这一套显然更引人注目。对他来说，结果并无分别，那些军人不管怎样都会对他的装扮嗤之以鼻——实际上也确实如此——即便是他穿对了制服也好。

他的白色制服甚至出现在被从柏林专程请来的安东·冯·维尔纳[①]的画作中，且被置于前排醒目的位置。作为以平民身份参与盛典的少数人之一，维尔纳在他这幅可称最负盛名的作品中借鉴了许多其他画

① 德国画家（1843—1915）。他的画作如照片一样，记载着那个时代里发生的历史事件。这名积极投身政治并在多个艺术领域皆有创建的艺术家，也因对“现代艺术”的排斥而被视为“威廉主义”时期的代表人。

家的笔法。而在帝国时代，这幅画可能也是被翻版最多的范本。

实际上，庆典并不似其表面上看起来那样喜气洋洋。士兵合唱团演唱的不是军乐，而是《圣经》中的诗篇（第66号,《人间所有的国度，在神面前欢呼》)。除此以外，现实的情况也令人感到压抑：57面旗帜及其所代表的主权形态，都将从此消亡。

此前，威廉曾迫切地要求女婿腓特烈·冯·巴登大公爵，在随后的祝颂活动中带头将自己作为“在德意志的皇帝”来欢呼。这一要求让大公爵陷入了进退两难的境地。假如他听从岳父的旨意，则必将得罪其他的贵族。于是在整个仪式的进程中，他都苦苦地思索着对策，最后终于以一句“祝愿皇帝兼国王陛下万岁万岁万万岁”了结了此事。被新选定的德国皇帝则同每一位到场的客人握手，同时嘴里咕哝着一些无法听清的词语，以此来表达自己的感谢之情。

只有一个人，被皇帝故意忽略过去，那就是俾斯麦。但在当天于同一地点举行的晚宴上，皇帝却主动拿着酒杯，走向了那位被新近任命的中将大人，后者此时也终于换上了正确的制服。面对他，威廉还是稍微抱怨了几句，但语气中也并非充满怨愤。

威廉甚至已经开始适应俾斯麦强扣在自己头上的皇帝头衔。“威廉”这个名字，自此将跳出国王的范畴，转而与皇帝相关联，或者更重要的是它将成为民间众口相传的一段传奇。即便是到了希特勒时代，于某一场普鲁士的军事行动后，还会时不时地从酒馆中飘出醉醺醺的旋律，尽管歌词有所改变。“我们还想要我们的老皇帝威廉，”并会跟上一句，“要他满面胡须的样子！”这歌词显然表达着人们对所处时代的不满，或者用今天的话来说，充满了念旧情结。但所显露的却是心声无疑。

十天后，巴黎的要塞终于投降，战争就此结束。双方达成了为期三周的停火协议，以便法国可以在此期间内召开国民大会，重新选举。

接下来，俾斯麦与新当选的法国国家首脑阿道夫·梯也尔[①]在凡尔赛签署了一份临时和平条约。根据条约，法国必须在三年时间内，缴纳总价为 50 亿法郎的战争赔款，同时将阿尔萨斯和洛林割让给帝国，黑白红[②]三色的帝国旗帜，此刻正在凡尔赛宫上方飘扬。帝国军举行了一场盛大的阅兵式以纪念胜利，但皇帝威廉并没有参加。梯也尔不断催促着占领军撤离，只有少数可以留下来，直到赔款被支付的时候。俾斯麦也站到了这位法国首脑一边。他遵循着普鲁士的古老美德，将这位被击败的敌人当作未来的朋友来看待，并极力敦促撤军行动迅速完成。

对皇帝来说，这一切进行得未免太快。在急行军的过程中，他于隆尚镇取消了一次陆军的检阅仪式，并随后在如战前会议般的场合，于众多高级军官面前对此策划痛加抨击。由于遭遇了一场匪夷所思的事故，他在骑马时难免有些不便。根据皇太子的说法，是他在行营中试图“在一把椅子的扶手上做出骑士的姿势”，结果顺势倒了下去，脊背着地。这次不寻常的、在房间中的骑乘尝试，使他落下了腰疼的病根，表现为每每上一轮病症尚未结束时，下一波疼痛便已来袭。最后，威廉皇帝不得不借助轮椅的帮助，才能移动到书桌前处理公务。而这张椅子，很可能就是那场事故中的主要道具，据他自己的说法：“椅脚有轮子。这次跌倒造成的震荡太剧烈，以至于我当时失去了意识。”

在这样的境况下，经过了几天卧床静养，皇帝于 1871 年 2 月 13

---

① 路易·阿道夫·梯也尔（1797—1877），法国政治家和历史学家，法兰西第三共和国首任总统。青年时曾是法国“平民国王”路易·菲利普的重要支持者。法兰西第二帝国时期因拒绝协助拿破仑三世而被流放。重返巴黎后成为国会中反皇派的代表人物，并在普法战争爆发前成为最重要的反战领袖之一。1871 年指挥镇压了“巴黎公社起义”。1877 年，在他的继任者麦克马洪退位后，以 80 岁高龄重新角逐总统之位，但死于竞选期间。卡尔·马克思对他有过极为激烈的批评，认为他是“彻头彻尾、毫无廉耻的机会主义者，永远只考虑自身的利益”。

② 自 1867 年起，成为北德意志联盟旗帜的颜色，后在德意志第二、第三帝国期间沿用。

日那天心情愉快地在拉尼[①]登上了火车，火车将逐一经过南希[②]、梅斯、萨尔布吕肯、法兰克福、美因茨，最后将他带回柏林。路易·施耐德在回忆录中写道："这段从凡尔赛到柏林的旅程，体现了如此巨大的差异！在法国时，到处都是荒芜、仇恨、危险，但一过萨尔布吕肯，感受到的便只有欢呼、平和、安全、胜利所带来的喜悦和团结忠诚的精神！没有亲身走完这段旅程的人，无法理解什么叫作整个民族的狂热！"

而这狂热，在柏林才真正地铺展开来。由于皇后的原因——她在巴登－巴登疗养，且完全不想对击败法国一事进行任何庆祝——胜利大游行活动一直拖延到 6 月 16 日才得以举行。当时整个柏林都处于沸腾的状态，结果使得游行的参与者们因过度兴奋而成批倒下，这其中就包括了卡尔和阿尔贝希特两位亲王。已经 74 岁高龄的皇帝陛下，又重新高高地骑在马上，并在腰不疼的时候，依然摆出令人印象深刻的飒爽英姿。在由军乐家、作曲家皮夫克创作的《巴黎进行曲》的旋律中，他于最前端引领着 4.2 万名士兵，穿过勃兰登堡门，沿着菩提树下大街一路行进。

在此期间，法国早已缴付完毕了第一笔为数 2 亿法郎的赔款。当初，冯·施泰因男爵[③]曾在反法战线同盟者面前公开表达过自己的焦虑，怀疑巴黎是否能够按时筹够战争赔款。而现在，反而是梯也尔在倾尽全力，以求在时限之内完成对征服者应尽的义务。只是普鲁士及其首都从这笔钱中得到的并不仅仅是欢喜。按照诗人恩斯特·冯·威勒登布鲁赫的表述，接下来那段由"罗曼人的黄金"来付账的所谓"繁荣时

---

① 巴黎东郊小镇，隶属于塞纳－马恩省，面积不足 6 平方公里，人口 2 万有余。

② 法国东北部重镇，隶属洛林大区的墨尔特－摩泽尔省，面积为 15 平方公里，人口过 10 万。历史上曾是洛林公国的首府，自 1777 年起，成为天主教主教辖区。

③ 洛伦茨·冯·施泰因（1815—1890），德国经济学家、政治学家。其政治主张曾对日本明治维新时期起草的宪法产生影响。1882 年，日本首相伊藤博文率团到欧洲学习时，曾就教于他，他对日本代表团做出的建议是，避免全民普选和政党政治。

期”，其根基其实相当脆弱。在这一时期里，工业化进程固然得到了加速，但同时也催生了许多容易遭人诟病的工程，这些工程最后均以破产倒闭收场。整体的经济环境导致物价上升。行事规矩的企业很少能从这波建筑热潮中受益，反倒是一些暴发户趁机大得其利。年轻的帝国陷入了围着金牛犊起舞[1]的境地，每个人都想方设法地争取一夜暴富，并且由于总有某些人能达到目的，于是这场舞蹈得以一直持续下去。当连首都都在这其中起到了示范作用时，对帝国而言，就不是什么好兆头了。

年迈的国王，也即现在的帝国皇帝，坐镇在柏林，如同普鲁士最后的纪念碑。他没有入住柏林王宫，也没有搬去无忧宫，而是继续留在他简洁的旧居所，与他所熟悉的房间相伴。奢华，正是这位朴素的老人所厌恶的对象。他从未拥有过自己单独的浴室，而是每星期一次，借用斜对面罗马酒店的浴缸，并让人把它搬到自己房子里来。直到有一次他的仆人在运送过程中摔断了腿，他才建了间浴室以供使用。

对待臣属，他却出手大方：鲁恩和毛奇各从法国赔款中得到 90 万马克。而此时已被升级为侯爵的俾斯麦，则获赐位于萨克森森林中的弗雷德里希斯鲁尔这一封地，亦可谓奖赏丰厚。

满头白发的威廉仍一如既往——他仍然睡在他的铁床上，仍然穿着旧制服，直到制服磨损出破绽——可俾斯麦却做出了令人惊奇、甚至近乎无法想象的转变。1871 年以后，他开始推行和平政策，且不只是——至少从对外政策来说——局限在本国内，而且还扩大到全欧洲范围。这样一个在短期内发动、领导并赢得了三场战争的男人，现在却变成了一个和平主义的追随者。

因他追随和平主义而诞生的杰作，见于 1878 年，彼时俄国人已陈兵于伊斯坦堡城下，而英国人则站在土耳其苏丹一边，随时准备发起

① 源自《圣经》故事：出埃及后，当摩西在西奈山上领受十诫时，以色列人与摩西的兄弟亚伦一起制造了一尊金牛犊，并将其作为偶像崇拜。后成为典故，喻指一心追求财富与权势的罪孽。

攻击。假如这次潜在冲突变为既成事实，其结果必然是世界大战。但俾斯麦阻止了这一结果的发生——人们在不断抨击他行事肆无忌惮的同时，对此事也不应忘怀。

甚至连柏林城也因这一事件而配得上了象征和平的橄榄枝的装饰。因为在“柏林和会”上，帝国首相俾斯麦扮演了各方之间仲裁官的角色，并重新规范了巴尔干的秩序。所有参与其中的国家，俄国、英国、德国、奥匈帝国、希腊、土耳其，除德国之外，都实现了领土扩张。俄国得到了比萨拉比亚①的一部分，英国得到塞浦路斯②，土耳其得到马其顿③，奥地利得到波斯尼亚和黑塞哥维那④，塞尔维亚⑤、黑山⑥及罗马尼亚则实现独立。

而纷纷现身的各国重要政治人物，更是在柏林引起了全面轰动。

① 位处东南欧的历史学地域名称，指由南端黑海、西边普鲁特河、东边德涅斯特河包围而成的三角地带。现其德涅斯特河以西部分属于摩尔多瓦共和国，南部和最北端均属于乌克兰。历史上一直是奥地利、俄国和奥斯曼土耳其帝国角力之地。

② 地中海岛国，总面积 9200 平方公里，人口总数不到 120 万，其中希腊族约占 85%，土耳其族约占 12%。因地处进入西亚的交通要冲，历史上曾被多个种族的多个强国占为己有。现作为共和国，其有效控制范围实际上只有总面积的 63%，剩余的该岛的北部地区由土耳其占领。

③ 位于巴尔干半岛南部希腊北端，4 世纪时曾在亚历山大大帝领导下成为马其顿帝国，征服了小亚细亚、波斯、印度等地。后来先后被罗马帝国、拜占庭帝国占领。5 世纪时，斯拉夫人开始入住，并就此奠定了今天该国由斯拉夫人和希腊人共居的局面。现国土面积 2.57 万平方公里，人口 200 万。

④ 简称波黑，原南斯拉夫联邦成员之一，目前是国际社会的受保护地区，由欧洲议会管理。国家行政上实际分为两个实体，即波黑联邦和塞族共和国。国土面积 5.1 万平方公里，人口总数 384 万。

⑤ 位于巴尔干半岛中部的内陆国家，于 8 世纪时由斯拉夫人建立，国民信仰东正教。历史上曾被土耳其人统治五个世纪之久。一战时被同盟国覆灭，战后复国，并于 1918 年与斯洛文尼亚等国共同组国，即后来南斯拉夫王国的前身。1945 年成立在铁托领导下的南斯拉夫社会主义联邦共和国（南联邦）。20 世纪 90 年代初南联邦解体，2006 年成为独立的塞尔维亚共和国。现面积 7.75 万平方公里，人口 730 余万。首都为贝尔格莱德。

⑥ 东南欧国家，位于亚得里亚海东南岸，与克罗地亚、波黑、塞尔维亚、阿尔巴尼亚和科索沃接壤。历史上曾属于南斯拉夫，于 2006 年独立。面积 1.38 万平方公里，人口 62.5 万，是欧洲最小的国家之一。

属于保守党阵营的英国外交部长，本杰明·迪亚雷利[1]，亲自到访；时年 80 岁的俄国侯爵高察科夫[2]，被人用轿子抬着，代表沙皇前来谈判；代表奥匈帝国的安德拉什[3]伯爵，代表土耳其苏丹的埃及总督穆罕默德·阿里帕夏，俱出席。从土耳其的代表团中流传出这样的说法："整个和会，全在俾斯麦大人的掌控之下。"

这位帝国首相尽力通过缔结两国同盟的方式改善与奥地利的关系。在与法国的关系上，他也做着同样的尝试，但对法国来说，终究无法忘却阿尔萨斯、洛林被割让的事实。《凡尔赛条约》之后，俾斯麦执掌政府二十年，而这段时间，并不足以用来补偿他此前全部的所作所为。

在他从此以后主要关注的内政方面，他甚至经历了一些新情况。用鲁道夫·菲尔绍[4]——著名病理学家，积极的自由党人，是俾斯麦在国会最有影响力的对手之一——的话来说，这关系到的是一场"文化

① 本杰明·迪亚雷利（1804—1881），英国杰出的政治家、作家，第一任比肯斯菲尔德侯爵。深获维多利亚女王赏识，两度出任英国首相，也是英国历史上唯一的一位犹太裔首相。曾在任内果断购买了苏伊士运河，由此确保英国通往印度的交通要道，此举被誉为其"传奇生涯里最为传奇的故事"。他在"柏林和会"上的表现亦属其政治生涯中的杰作，备受俾斯麦肯定。

② 亚历山大·米柴洛维奇·高察科夫（1798—1883），曾任俄国大使、外交部长、首相。所出身的古老家族可追溯至留里克王朝时代。于 1872 年柏林举行的"三帝会首"期间，他与俾斯麦和奥匈帝国的安德拉什伯爵一道，确认了俄、德、奥匈三大帝国的紧密合作关系。但在"柏林和会"上，俄国不得不削减其对巴尔干和小亚细亚地区的领土要求，且成立"大保加利亚"的构想也无法再实现，代表俄国的他本人将这一结果视为自己人生中最大的失败。他与俾斯麦关系不睦，俾斯麦将他称作"俄国的祸害"。

③ 安德拉什·久洛（1823—1890），奥匈帝国政治家。出身匈牙利大贵族家庭。在建立奥地利－匈牙利二元体制过程中于 1867 年被任命为匈牙利政府总理，深受奥皇夫妇信任。普法战争期间严格奉行中立政策，并从此后倾力保持与德国的友好关系。对于俄国向巴尔干渗透的举措一直采取抗拒态度。

④ 鲁道夫·路德维希·卡尔·菲尔绍（1821—1902），德国医学家、人类学家、公共卫生学家、病理学家、古生物学家和政治家。是第一个发现白血病的人，也最早提出了"栓塞"的概念，被称为"细胞病理学之父"。致力于推行柏林公共卫生水平建设，特别是建立现代化供水系统和完善下水道工程。政治上与俾斯麦为敌，据野史传闻，俾斯麦曾要求与他决斗，他选了两根香肠做武器，其中一根上面被接种了霍乱弧菌，于是俾斯麦放弃了决斗。

抗争[①]”。所涉及的冲突其理甚明：当时欧洲出自传统贵族的统治阶层，均已纷纷接受专制主义已成为明日黄花这一现实，教皇庇护九世却在1870年“梵蒂冈大公会议”上，宣布了“教皇永无谬误”的教义。假如不是德国的天主教徒们借此组织了所谓的“中央党”进行政治活动的话，俾斯麦极有可能根本不会关注此事。当他决心对这个党派以及那些“教皇集权主义者”开战时，他发现自己面临这样一个境地：首先，他对对手了解不够；其次，这个题目根本不适合发展成为内部政治斗争的战场。原本在这件事中抱持容忍态度的威廉皇帝，也经常被那些不断被涉及的法令、规定和强制性措施刺激得怒气勃发。但俾斯麦既无法阻止为数1500万人且大部分居于南德的天主教徒的反抗浪潮，也无法将罗马天主教廷与其附属组织隔绝开来。他所取得的唯一成就，简单到不值一提：让全体普鲁士人，无论天主教徒还是新教徒，都得到了民事婚姻自由。

除此之外，他当然还有其他的成就：使被他攻击的人更紧密地团结在一起，而且这些人由于从人数上看始终居于弱势，还赢得了大众的同情。最后，这位帝国首相不得不带着他的少数战友，在颜面扫地的情况下，从这场争斗中退出。

另一场连他也无法取胜的争斗，则从来没有结束过。他所推行的《反社会主义非常法》，虽然与皇帝的心意相合，却得不到皇后的支持，皇后一直在关注着“各得其所”原则在普鲁士长期以来不断扩大的适用范围。针对社会主义者发起的斗争，其结果与“文化抗争”的结果

---

① 指普鲁士王国即后来的德意志帝国与教廷的争执，其各自代表人物为俾斯麦和教皇庇护九世。争执起于1871年，终于1878年。争执的核心内容实际上是对世俗权力的争夺。作为争执的一方，世俗国家希望实现政教分离，推行自由化政策，引入诸如“民事婚姻”等概念；而教廷作为争执的另一方，则希望宗教能保持在民众生活和政治中的影响力，甚至优先于国家和科学。这场争执有助于国家摆脱宗教的影响，但俾斯麦在此期间采取的政治手段颇有过激之嫌，以致引起了包括自由党人在内的反对。为了让他的《社会党人法》能在1878年得以顺利通过，俾斯麦选择了息事宁人的态度；另一方面，庇护九世也于1878年身故。普鲁士与教廷在1886年和1887年签署了《和平法案》，宣告了这场冲突最终以外交形式得以解决。

并无二致，手段也不外是一些有限的警察行动和审查程序，对那些诚实的左派议员进行干预，指控这些人从事诽谤活动并予以惩罚。但人们绝不能将此与日后纳粹对社会民主党的迫害相提并论。在这段时期，法律仍然是凌驾于意识形态之上的存在。

俾斯麦在这场运动中所取得的某些成效，甚至被哈夫纳称作“迫害活动的具有积极意义的反面”。这成效属于俾斯麦为内政作出的杰出贡献，属于他献给国家的礼物，其影响之深远，无法被超越：为所有国民建立的全面保险体系。虽然在今日欧洲各国这已是见惯不怪——其中仍以德国的最为特征显著——但这绝对是个天才的创建，特别是对于那时的社会环境来说：涉及劳动者的医疗、事故、伤残、养老诸项内容全部被纳入保险范围。这一举措的本意是为了让那些社会民主党人在其自己的领域受到最沉重的打击，但最终却发展成为本显得光秃秃的社会政治之树上的丰硕果实。

而所有这一切的进行，都伴随着皇帝与首相之间的争吵，可以想见的是，互相咆哮、互不理睬乃至以辞职相威胁等场面都必不可少。俾斯麦甚至主动从普鲁士王国首相这一岗位上辞职。其实是他把这一职务转给了鲁恩，以便当后者在一年后以七十高龄退休时，他可以再重新接掌此位。

威廉则对这一安排予以配合。不管是出自多年的亲密关系也好，还是出自多年养成的习惯也好，总之威廉会信心满满地在俾斯麦呈送的文件上签下自己的名字，虽然他偶尔也会产生犹疑甚至提出激烈的反对，但最终还是会签字。在这如斗鸡般彼此争斗不休而又互相依赖的两人之间，永远不会出现冗长乏味的局面。他们会变老、变睿智，但激情不会削减。

在 81 岁那年，皇帝像往常一样，坐在敞篷车里沿菩提树下大街而行，以便让民众可以见到他，同时他也可以向民众致意。这时，一个名叫霍德尔的铁皮匠向他开了两枪。两弹皆未中，但这次突发事件使柏林人陷入慌乱。刺客被一名行人和一名皇室随从合力擒住，社会民主党议员贝贝尔[1]和李卜克内西[2]的照片也被从其身上搜出，但随后却发现，此人因行为触犯党纪，已于不久前被开除出劳动者联合会了。

此次事件过去还不到四周，在1878年6月2日，一个星期天，皇帝再次坐在敞篷车内巡游菩提树下大街。由于天气较凉，他戴了一顶头盔，穿了一件厚重的灰色军大衣。正是这样的穿着救了他的命，因为卡尔·爱德华·诺比令医生用猎枪向他开了火，弹药由双份的小铅丸和猎鹿弹——大个儿的铅弹——组成。这一次，皇帝的额头、后背和为在向民众致意时扶住头盔而举起的右臂，均遭重创。他血如泉涌，但这看起来的濒死之人对随从说的唯一一句话却是："无法理解，为什么我总会成为射击目标！"

这位老人的恢复速度令人惊讶。有那么几天的时间里，他卧床不起，故暂由皇储代理朝政，但他清晰无误地表示道，皇储将不会作为摄政王就此接管国事。而他本人之所以痊愈得如此之快，如那些喜欢摇唇鼓舌之人乐于知道的那样，皆因俾斯麦在这段时间内极少探望过他。皇帝的恢复期，恰逢万众瞩目的"柏林和会"的召开期间，俾斯麦正为此事忙得焦头烂额。在过去几年里与俾斯麦渐行渐近的皇储腓特烈·威廉，则不遗余力地支持着这位首相大人。

威廉甚至好像又恢复了开玩笑的心情。他宣称，这次受伤后，长久以来的风湿病反倒是好了很多，而且诺比令医生是曾为他诊治过的医生中最出色的一个。至于为何恰是这名医生做出了刺杀之举，则从未得到过解释。

---

① 费迪南德·奥古斯都·贝贝尔（1840—1913），德国政治家，德国19世纪工人运动的领导人之一。1869年，与李卜克内西共同建立"社会民主工人党"（SPAD），即今日德国政坛大党之一"社会民主党"（SPD）的前身。在俾斯麦推行《社会党人法》期间，他逐渐成了德国社会民主主义的中心人物。他的追随者称他为"贝贝尔大帝"或"劳动者之帝"。

② 威廉·李卜克内西（1826—1900），德国政治家，德国社会民主党创始人之一。著名的卡尔·李卜克内西是其第三个儿子。流亡英国期间，加入"共产主义者联盟"并成为马克思主义者。后成为帝国国会中最杰出的社会主义政治家，也是俾斯麦和俾斯麦之后由威廉二世主导的扩张主义的最有力的反对者。

这位老者，这位柏林人曾将他驱逐出境且连他的宫室也一并捣毁过的老者，现在正处于万众归心的人生巅峰。在每一天的换岗时间，人们又开始聚集在“新哨所”前，只为了等他出现在斜对面居所中那著名的角窗之后时，向他叫好或高呼万岁。这一场景作为首都的重要景观之一，早已为柏林的诸多导游所熟知。而那些为他响起的掌声，甚至会让他觉得不好意思。此前，普鲁士的国王们或是令人钦佩，或是令人畏惧。三星级的魅力，还从未有人拥有过，即便是当年有意避开柏林、居于军事化的波茨坦的腓特烈大帝也不例外。威廉虽然没有继承其父那些令人瞠目的缺点和悲观态度，但他对自己的不足之处心知肚明。可是在今天的我们眼里——也如在许多他同时代人的眼里那样——这些不足也许恰是他的优点所在。

在他这样的年纪无可避免的是：力量逐渐流失，一些如感冒之类的常见病却越来越频繁。平日起居时，他总是大开着窗户，为在他工作室内安装双层窗户的建议也被他顽固地拒绝了。无论是在哪里，他都喜欢被流动的空气所环绕。可他的健康却因此日渐受到影响。

他的另一个伴随一生的弱点，平衡失调，也变得越来越严重，医生们担心他早晚会因此遭受一场严重的事故。为了那计划于明年秋季举行的“帝王军事演习”，他已经兴奋了一年之久，但医生建议他届时只坐在专车中进行指挥。此建议当然遭到了他愤怒的拒绝。

“可是腓特烈大帝当初也是这么做的呀。”反对者以此为由。

“是的，但那只是在他生命快到尽头的时候！”时年 88 岁的老人回敬道。在随后的一年里，皇帝也还曾骑上过马背（只是漫步，并非疾驰！）。

他 90 岁生日时，柏林的学生们为他举行了一场火炬游行以表崇敬。在孙子和四个重孙的陪同下，他立于窗边观看。而此时最令他担心的是他唯一的儿子：皇储殿下长期声音嘶哑的症状已被确诊为癌症，现在已向南驶去了温暖的蔚蓝海岸，在意大利小城圣雷莫休养。此前，俾斯麦已出于对大局的考虑，一如既往地不顾皇室成员的猜疑，做出了在处理所有重要事务时都应让皇孙威廉——后来的威廉二世——参与其中的建议。

仅仅差不多十四天后，聚集于菩提树下大街皇宫前的人群便已怀着别样的心情。一场常见的、在以前甚至属于习惯性的感冒，令皇帝卧床不起。雨点敲打在堆积如山的黑雨伞上，伞下的人群寂然无声。前来宣读公告书的侍卫长官，由于纸上墨迹大多被雨水模糊，只能择取概要："陛下的虚弱状况，还将延续……"人群渐渐散开，不作一声。

在此期间，俾斯麦的申请也被予以通过，于是他立即发电报给皇储，要求其必须立刻返程。皇帝的病房内齐聚了皇室成员。皇后奥古斯塔坐在轮椅上，由路易丝公主照料着父亲，后者则如每次生病时一样，半倚在铁床上，诉说着平生，诉说着对未来的期望，只是言语越来越颠三倒四。当皇帝于1888年3月9日——91岁生日的前十三天，在位的第二十八个年头——撒手人寰之时，俾斯麦和毛奇俱陪侍在侧。宫室外重又聚集了数以百计的民众，撑着雨伞，在狂风中坚守不退。

皇帝的遗体被涂满香料置于打开的棺椁中，于3月12日至16日期间停柩在柏林大教堂内，供大约2万名吊唁者瞻仰。随后在位于夏洛特堡宫的陵寝内，被安葬在其父腓特烈·威廉三世、其母路易丝的脚下，但俾斯麦没有出席下葬仪式——首相大人卧床不起。已无法行走的皇后奥古斯塔，徘徊在生死边缘的下任德国皇帝及普鲁士国王腓特烈三世，也同样没有参加出殡队伍，只是从夏洛特堡宫的一扇窗后注目相送。极少有一位君主，能像威廉一世这样得到世人的衷心哀悼，他自己的总结如下："事情自己演变成了这个样子。上帝应该知道，尽管我这样做了，但并不代表这就是我想追求的。"

七律 威廉一世

进退由人愿每违，壮心不已未为非。
势成王马共天下，力绍箕裘到鼎归。
告庙欣能对三箭，遇椎危过入重围。
难从山鬼知身后，勃忽兴亡各占机。

第八章　在波茨坦与魏玛之间——腓特烈三世

父亲去世之时，身染重病的皇储腓特烈·威廉已经57岁。一手缔造了帝国的首相大人，时年73岁。老皇帝在垂死之际，曾在病床上恳请后者，像当年辅佐自己一样辅佐新君。

这是皇储所继承的遗愿的一部分，也是他自懂事时起就不得不去忍受的意志，因为另一部分与之完全相左的遗愿，所代表的意志曾伴他成长，对他有着同样的影响力，甚至影响更深。

这两条自他少年时起便始终套在他身上的精神绳索，可以形象化为两座非常德国化但又彼此绝不相同的小城市：魏玛与波茨坦。

他的母亲来自魏玛，他的父亲——尽管出生在柏林——则来自波茨坦，因为威廉一世的思想倾向更多的是波茨坦式，而非柏林式。从父亲那里，腓特烈·威廉继承了普鲁士人的身形：高挑、金发、蓝眼、瘦长且笨拙。作为天生的军人，他严厉但公正，并具有奉献精神。来自母亲那一边的传承，则让他体现出更温和及更有教养的魏玛精神：在思想上极尽自由，而且在任何情况下，都会立刻为魏玛最伟大的人物，歌德，献上赞美之词。

两条绳索——波茨坦所代表的节制与秩序，魏玛所代表的开放与个性——并非一定要彼此水火不容。但它们可以纠结混乱，如果其各自的掌控者都为着自己的权威寸步不让的话。腓特烈·威廉受到了两种不同的家庭教育，而且是同时进行：在柏林宫中，受到来自父亲普鲁士军人式的教育；在巴别斯贝格，则接触来自母亲的自由、开放的思想。弗朗茨·黑赫在为他所作的传记中，秉持着对父母双方不偏不倚的态度，只用一句话便清楚道出了他的处境："由于在父亲眼中不够端正严谨，在母亲眼中又不够理智聪明，腓特烈·威廉产生了一种自卑情绪，这种情绪困扰了他整整一生。"

日后名为腓特烈三世的皇帝，于 1831 年 10 月 18 日出生在波茨坦。对母亲奥古斯塔来说，那是一次艰难的生产，来自魏玛的女人经历了整整三十个小时的折磨。这也就不难理解，为什么第二个孩子，腓特烈的妹妹路易丝，也即日后的巴登大公夫人，要等到七年之后才出生。

从降临人世的那一刻起，长子身上就被寄予了过多的希望。因为智慧超群但同时又高傲无比的奥古斯塔，与简单、习惯直线思维的威廉相处得并不融洽。于是整个王室都盼望着，夫妇二人可以为了一个共同的孩子而重新走到一起。但实际上，那个日渐成长的少年并不能在针锋相对的父母之间左右逢源。

还在襁褓中时，父亲便把一顶士兵帽扣在了他的头上；后来从祖父腓特烈·威廉三世那里，他得到了一把童用步枪用于操练——祖父小时候也曾被长辈扮作士兵。在他刚刚会跑时，便成了军中最年轻的少尉，并从此飞速晋升。走上这样一条道路的原因之一，是因为他天性中的一部分对军旅生涯充满了向往，作为一名霍亨索伦人，有此特点简直是理所当然。

而他天性中的另一部分则似乎摇摆不定。在巴别斯贝格，母亲奥古斯塔找来了当时最著名的学者们作为他的启蒙老师，其中包括后来发掘了奥林匹亚[①]遗迹的古代文化研究大师恩斯特·库尔提乌斯。能接受到全方位的、绝不片面的教育，肯定是一件好事，但如果老师们在关键问题上总是意见相左，便会令学生产生犹豫不决的性格缺陷，毕生难改，特别是当这个学生还永远在自己父母大相径庭的兴趣间进退两难时。

在一件事上，奥古斯塔坚定地贯彻了自己的意志：她从最初时便认定，长子要受高等教育。正因如此，他成了霍亨索伦家族中第一个以学生身份进入大学的人，而不是作为王侯或者什么赞助者。对于此事，父亲威廉明智地采取了赞同的态度，尽管奥古斯塔不出所料地为他选择了一所当时最为自由的大学，波恩大学。这所大学由他的祖父所建，也正是从祖父那里，他得到了那把童用步枪。以这样的方式，腓特烈·威廉三世为孙子准备了两条截然不同的人生道路。

对于年轻的腓特烈·威廉来讲，父亲和母亲很有可能均难称榜样。他充满自信，除此之外如果说还有什么人让他信赖的话，则是他的伯父。家族成员中，他同腓特烈·威廉四世的关系最为亲近。刀剑的碰撞声和属于文化艺术范畴的高亢激昂的音乐，在浪漫主义里正可融合无间。

在当时，波恩无疑是自由主义的中心。田园风格的、在日益兴起的工业时代已略显过时的容克地主阶级，依然决定着普鲁士的整体社会面貌，但莱茵地区一直代表着国内最能与这一风格相角力的均衡力量。冯·施泰因男爵便曾效仿过在该地区小商业者联盟中保留的近乎民主形式的自治制度，将其作为范本，运用于自己所领导的改革活动中。由此可见，法国大革命并不是为普鲁士改革家们提供典型的唯一源头。

在波恩落地生根的各种改革模型，大多来自欧洲最为民主的国家，

① 现希腊南部平原的一座城市，位于伯罗奔尼撒西北。其有迹可循的人类居住历史可追溯至希腊青铜时代中期，公元前 10 世纪或公元前 9 世纪时，成为一所圣地，也是祭拜宙斯的宗教中心。赫拉神庙、宙斯神庙的遗址迄今可见。这里还是古代奥林匹克运动会的举办地。

英国。奥古斯塔很有可能强行要求自己的儿子，不得缺席腓特烈·克里斯多夫·达尔曼教授的课。十年前，包括格林兄弟在内的“哥廷根七子”因抗议汉诺威国王取缔宪法而被放逐的时候，教授曾是七子的代言人。现在则作为喉舌，替所有把英国体制奉为圭臬的德国人发声。在达尔曼这里，腓特烈受到了政治经济学方面的教育，还为了体会宪法范本和学习语言致力于法学、英文，除此之外，课程内还包括历史。他与学生们一起住在大学里，而且看起来深受欢迎，因为当他——在没有得到任何毕业证书的情况下——必须离去时，同学们为他举办了一场火炬游行作为送别，尽管他没有为此发出过任何命令或者做出过任何建议。

这段进行于布满了传说的、常使他的伯父热泪盈眶的莱茵河畔的学业，断断续续持续到尾声时，正值他的父亲开始主掌莱茵省及威斯特法伦地区的军事大权并与他的母亲奥古斯塔迁入位于科布伦茨的宫殿定居之时。在这段时间，威廉与妻子和儿子之间的交流突然变得畅通起来，而且在他们的影响下，或者是受到了浪漫的莱茵河的影响，又一次短暂地表现出对自由主义的认同倾向。作为父亲，他甚至想到了一个为未来的王位继承人提供更好教育的主意。因为尽管腓特烈·威廉利用学校的假期时间中规中矩地完成了兵役，但其与军事相关的素养仍亟待提高。于是，这位已被晋升至最高军衔的王子得到了一名副官，后者的责任是向他传授战略艺术。充任这一角色的是当代最好的战略大师：虽沉默寡言但却堪称杰出教育家的毛奇。除此之外，虽然身为职业军人，毛奇还是一名自由主义者。而且由于他表现得并不偏激，腓特烈·威廉很快便开始更多地听取来自这位新副官的政治见解，而不再是来自自己的母亲。

1851 年，在伦敦举行了一场“世纪博览会”，专门为此而兴建的水晶宫[①]，在当时世人惊羡的目光中，不啻一座童话宫殿。维多利亚女王的丈夫、来自萨克森－科堡－哥达公国[②]的阿尔贝特亲王组织了这次活动并主持了开幕式——作为一名德国人，他担负起了将英国的自由主义思想和先锋意识向全世界传播的责任。在这次宏大的博览会上所展出的，实际上是将英国推为欧洲领先（和最富有的）国家的原动力，也即现代工业革命的硕果。政治口号所能带来的利益，终究无法比拟工程师们所创造的成绩。

毛奇将带着他的主人——而不是反过来——去往英国，以便可以让王子亲历这一盛事。对一名未来的君主来说，这次机会不容错过。在当时实际控制着普鲁士并对国王腓特烈·威廉四世拥有影响力的政治集团，对此计划却有不同的看法，所以立刻禁止了这次旅行。但腓特烈知道自己可以从哪里获得帮助。他向伯父诉说了此事，于是后者直接下令放行。

曾与父母来过一次英国的腓特烈，此次借由毛奇及在水晶宫中举行的“世纪博览会”，对这个他正身处其中的历史环境有了更深刻的认识。除此之外，这名年轻的普鲁士小伙子还受到了阿尔贝特亲王与维多利亚女王的拥抱迎接。这夫妇二人相亲相爱，他们的婚姻关系在当时的大贵族圈子中绝不多见——在普鲁士则只有路易丝王后和腓特烈·威廉三世可与其相比拟。从这段德英联姻中共诞生了九个孩子。最大的一个是时年 10 岁的维多利亚，昵称“维姬”。在以后的日子里，为了让自己的母亲开心，腓特烈将会频繁地拜访英国王室。如果有什么人对此指手画脚、试图阻挠，他只要求助于国王，那位伯父大人便

---

① 19 世纪英国建筑伟绩之一，工业革命时代的重要象征物。最初建于伦敦海德公园，世纪博览会后迁往塞登海姆。建筑采用玻璃与钢为主要建材，整个建筑过程耗时约十个月。1936 年毁于大火，丘吉尔曾评价该事件为“这标志着一个时代的终点”。现英超俱乐部“水晶宫队”的队名即来源于该建筑。

② 历史上的领地位于德国现在的图林根州和巴伐利亚州境内。公国源自有近千年历史的德国韦廷家族的恩内斯特分支，实际上是萨克森－科堡和萨克森－哥达两个邦国组成的共主联邦。该公国在欧洲历史上影响深远，其传人曾统治葡萄牙、保加利亚，在比利时和英国建立的王朝则延续至今。

会毫不犹豫地批准他出游。而实际上，英国对他产生的吸引，并不是只源于自由思想，更多的则是来自那名叫维姬的英国小女孩。在当年，那 19 岁的少年就已经深深爱上了这 10 岁的女孩。待到维姬 14 岁时，两人订婚，只是此事被秘而不宣，以免受到可想而知的来自普鲁士和英国两方面利益集团的恶意攻击。

腓特烈保持着一年一次的频率，跨越海峡，去探望自己的未婚妻，日子通常都是选在女方生日的时候。这段订婚状态下的时间特别漫长，看起来几乎像没有尽头一样，因为婚礼一直要等到公主满 17 岁之后才能举行。

两个家族均很满意。本身便与德国丈夫不胜恩爱的维多利亚女王，对这个能让自己时时想起阿尔贝特的普鲁士王子很是欢迎。而且她也永不会忘记《泰晤士报》的所作所为：该报将两名年轻人秘密订婚一事公诸天下，还加上了评语，即一名本来大有希望的英国公主就此被“发送到了一个欧洲小邦”。

这种说法显然是夸大其词了，因为就连当时的英国王室也是出自在地位上毫不逊色的汉诺威家族。而且也没人想到，这名年轻的王子已经命中注定要成为普鲁士的国王，并由此晋升为全德国的皇帝。可见评论家们通常都不是好的预言家。

新郎的母亲，奥古斯塔，也同维多利亚女王一样对这对新人寄予厚望——她看到的是，普鲁士有望从此受到英国自由主义思想的影响，国家将被治理得更加井然有序。与腓特烈·威廉对英国产生偏爱一事不无关系的毛奇，同样相信，一个思想自由的普鲁士正因此渐行渐近，那正是这名梅克伦堡人所期望见到的。

而在普鲁士国内的政敌们也始终在全神戒备。在他们的安排下，年轻的王子被派往了以保守著称的俄国，那里的沙皇一家与霍亨索伦家族同样有亲戚关系。他首先被向东遣往布雷斯劳，依然由毛奇作为他的随行副官。腓特烈·威廉四世国王对这个出自保守派的计划毫无异议。他希望能让下一任的普鲁士国王在外交这一艰难的领域尽快入门。

历史上几乎没有哪一位霍亨索伦的王储曾受过如此精心的栽培。要说有谁为继位做过充分准备的话，那就是腓特烈。

24岁时，他代表普鲁士国王在莫斯科出席了沙皇亚历山大二世[①]的加冕仪式。在那里，他展现出了良好的形象，就如一年前在苏格兰的巴尔莫勒尔宫[②]正式向维多利亚公主求婚时那样。一年之后，他又在法皇拿破仑三世的宫廷内，给美丽的欧也妮皇后留下了深刻的印象。她称他为“美男子”，看起来正像是“塔西陀[③]笔下的”金发日耳曼人。而这个优雅大方、八面玲珑的年轻人周旋于上流社会时所表现出的惊人记忆力，更是令人赞不绝口，就连毛奇也为之钦佩不已。只要是他见过一面的人，即便过了很长时间，他仍然能够认出，并叫得出对方的名字。他处处应对得体，无论是在牛津[④]被授予名誉博士头衔时，还是在伦敦被当地的裁缝行会接纳为荣誉会员时。伦敦市同时还授予了他荣誉市民的称号。

之所以能与裁缝行会扯上关系，是因为腓特烈小时候如所有霍亨索伦成员一样，学习了一门手艺。只不过这门手艺不是跟针线打交道，而是号称“黑色艺术”的印刷术。现在他对英国有了足够的了解，甚至还获得了头衔，也终于等来了维姬步入17岁的时候。1858年1月

---

① 亚历山大二世·尼古拉耶维奇（1818—1881），俄国罗曼诺夫－荷尔施泰因－戈托普王朝的沙皇。因推行农奴解放政策，被称为“解放者”。因实施改革，得以与伊凡四世和彼得一世并列。任内输掉了克里米亚战争。虽然俄国在其后的第十次俄土战争中取得优势，但不得不接受1878年“柏林和会”的调停，无法继续染指巴尔干地区。1867年以720万美元的价格把阿拉斯加卖给了美国。1881年死于来自地下组织“民意党”的炸弹袭击。

② 位于苏格兰东北部的阿伯丁郡，是苏格兰男爵建筑风格的代表作。于1852年被维多利亚女王夫妇购入，成为王室财产，也是现英国女王伊丽莎白二世的夏宫。

③ 普布利乌斯·科尔奈利乌斯·塔西陀（56—117），罗马帝国元老院长老，重要的历史学家。主要著作有《历史》《编年史》，在书中对屋大维之后的各任罗马皇帝大肆批判，这些评论对后世影响深远，西方史学界曾长期将他的记载看作当时罗马帝国的真实面貌，但近代以来随着对罗马史研究的日益深入，他观点中的偏颇之处也不断地被发现。

④ 英国牛津郡首府，位于伦敦西北90公里处，面积不到46平方公里，人口约15.2万人。城市在10世纪时，曾是麦西亚和威克塞斯两个王国军事上的必争之地。世界上最古老的大学之一，牛津大学，自12世纪起坐落于此。

25 日，两人的婚礼在伦敦圣詹姆斯教堂举行。此前不久刚被晋升为普鲁士中将的腓特烈，又在毛奇的见证下，身着制服，与新娘共同走向圣坛。

可是普鲁士国内的极端保守分子们试图阻挠这场婚礼的企图，也差点实现。他们找出了一份古老的、早已被人忘记的文件，根据上面的记载，王子们的婚礼只可以在普鲁士的首都柏林举行。对此，维多利亚女王给出了愤怒的回答：英国的公主也要遵守类似的规定，所以婚礼要么在伦敦举行，要么就不举行。居中调停的阿尔贝特亲王最后找到了一条理由，使那些反对者无法对之抗辩：一名已被确定为储君的公主，位阶要高于一名虽然将继承王位但还不是王储身份的王子。

作为母亲，维多利亚女王在婚礼上情绪几近崩溃，在与长女告别时不能自已，好似预见到了这个孩子今后的命运一样。“我用双臂紧紧拥抱着她，祝福她，”女王在日记中写道，“我不知道还能对她说些什么。我亲吻了弗里茨，用力握他的手，一遍又一遍。他也同样不知该如何表达，只是热泪盈眶。在马车前，我再一次拥抱了他们两个人，阿尔贝特已上了车……我则飞快地跑回了台阶上。”

人们会觉得，女王是在担心自己再也见不到这个将被发配到蛮荒之地的孩子了。这种担忧其实也不是全无道理。把自己看作英国自由思想未来传道者的维姬，并不知道她的在两派阵营夹缝中成长起来的丈夫，将永远不能在普鲁士式军事主义和英式自由思想间做出最终抉择。这个外表高大魁梧、熊一样强壮的男子，实际上缺乏决断力，过于犹豫，因为他相信，如果不能时常对自身保持警惕，就会犯下很多错误。

维姬的性情则全然不同，她反应迅速且灵活，总是表现得热情洋溢。说得更清楚些：她在接受教育及在完成严苛的大学学业——与她丈夫的大学学业完全不可同日而语——时的表现，无论是从智力上还是从实践上，都要比她的丈夫优异得多。有着这样的学识，头脑中又有着各种自由自在的理想，注定了她在普鲁士不会感到快乐。尤其是她还觉得奥古斯塔缺乏修养，虽然后者实际上应属于她的战友之列。由于受到过父亲的训练，她对其他人的评判比当时大多数的普鲁士人还要苛刻和明确。

她在柏林很活跃，写下的日记一本又一本，却早已熄灭了把英国的自由精神带给德国人的心。“这里充满了普鲁士的味道！”是她在一封写给母亲的信中的开头。她经常会回英国看望母亲，但每次行程更主要的目的却是听取父亲的建议。当阿尔贝特亲王于她婚后三年故去时，她失去了榜样和最好的朋友。那位聪明且用自己的理想令她信服的萨克森－科堡－哥达亲王的位置，是腓特烈所无法取代的。

尽管如此，这对夫妇的婚姻生活并不只是充满不快。腓特烈深爱着自己娇小而又活泼的妻子。俾斯麦则是第一个用“肉感”一词来描述维姬的人，这个表达方式在当时颇为失礼，却也就此指出，腓特烈应该是在沉湎于鱼水之欢，而这——无论与这女人是否已结婚也好——当然是个令人皱眉的事情。婚后一年，两人的第一个孩子于 1859 年 1 月 27 日降生，是个男孩——与此同时，婴儿的祖父威廉亲王也开始代班兄长，总摄普鲁士王国事务。以威廉之名受洗的婴儿，出生过程分外艰难。接生的医生和护士中肯定有人犯了错，因为孩子的左臂几乎被从关节处扯落，并从此比右臂短了一截。待第二年女儿出世时，分娩过程就顺利得多了。那个名叫夏洛特的女孩后来嫁给了萨克森－梅宁根[1]的储君，贝恩哈特亲王。

剩下的孩子们基本上按照两年一个的频率来到人世：1862 年，海因里希，祖父威廉已继承王位有一年之久；1864 年，西格斯蒙德，俾斯麦执政已两年，德国与丹麦的战争正进行得如火如荼；1866 年，维多利亚，普奥战争；1868 年，瓦尔德泽（11 岁时夭折），普鲁士领导下的北德意志联盟度过了周岁；1870 年，苏菲，普法战争；1872 年，玛格丽特，此时祖父威廉已成为皇帝了。

---

① 该公国属于韦廷家族的恩内斯特分支，于 1680 年由原来的萨克森－哥达公国分离而来，位于现德国图林根州境内。

在这些年间，于普鲁士乃至全德国境内，如同从威廉一世的传记中可以读到的那样，发生了一些影响时局的大事。民间兴起了一股此前在德国各邦国内绝少出现的潮流，即追求自由思想，关注公民自由。腓特烈则因被视作合乎时代要求，于其中获益良多：同是出席菩提树下大街上腓特烈大帝塑像的奠基仪式，威廉国王被民众冷眼以对，腓特烈却收获欢呼无数。

身处这个时代里，不能说他背叛了自己曾经的理想。恰恰相反，在维姬的建议下，他公开承认法律和法治国家的概念，并由此提前表露了自己以自由思想为主导的施政计划。对于一些保守分子表现出的反犹太人倾向，他大张旗鼓地予以抵制，甚至在参加犹太人的礼拜活动时，全身戎装。在这一点上，这位未来的腓特烈三世完全体现了当年腓特烈大帝的意志，即认为每个人都有按照自己的方式追求幸福的权利。

尽管如此，他在面对属于保守阵营的父亲时，还是表现得十分忠诚。他接受了波美拉尼亚地方长官的职务，并参与策划即将在柯尼茨贝格举行的国王登基典礼。甚至维姬也被他影响，亲自动手设计国王的披风，而且居然还在艺术方面显得天分十足。

1862 年，当时刚由自由派成立不久的新党赢得了国会中的 133 席，保守派只获得了 11 席。这意味着，现在要么继续完善那些为应对紧张时局而采取的改革措施，要么——由于那些措施在很大程度上仍然受限——重新启动改革。像腓特烈这样出身帝王家却又对自由主义时代精神抱持开明态度的统治者，简直就是上苍为了处理这种局面而特意安排的。他既不是革命者，也不是保守论者，经常选择的，是在当时英国被采用的中间道路。

现在他必须有所开创，而甚至他的父亲也愿意为此做出妥协。由于总是需要面对国会中多数派的反对，威廉国王正在认真考虑退位问题。国王将已经起草好的退位声明拿给儿子看，但后者却对这再明显不过的暗示采取忽视的态度，尽管这对于时年 31 岁的自由派王位继承人来说是个大好时机。他很有可能会是王室中唯一一人，能够通过由自己任命的内阁，在国会中占据多数派位置。

可能是出于对父亲的忠诚，也可能是出于对初次登台的怯场，他让这次机会轻易地溜走了。他了解自己的弱点，所以每次在公众面前出现时都有意地表现得一成不变,以此作为遮掩。在朋友圈中,他以“一个知晓自己并非天才的人”而著称。不但父亲得不到他的支持，连他自由派的同伴们也无法等到所急需的他对当前局势的表态。两边阵营都对他的不作为深感失望。他则选择了退缩。

威廉国王——尽管并不情愿——除了托付俾斯麦来拯救危局外，别无选择。他无视了国会的意见，也几乎与所有顾问的意见相左，坚持任命了俾斯麦。而后者，这个政治上的战略大师，上台后第一个拜访的对象却不是国王，而是王储殿下——这一姿态，为他带来了“考虑周全”的名声，甚至可能还让他在因持见温和而正稳步发展的民族自由党人中获得了不少加分。他为此付出的代价则是让国王觉得自己的优先地位没有得到应有的尊重——但他心知肚明，国王虽然暴躁易怒，怒火却不会燃烧很久。

与之相反,腓特烈是以一种近乎逃跑的姿态避去了英国。维姬带着4岁大的威廉已然先行一步，好到母亲面前痛哭一番。对此情景，人们用“流放”一词来加以描述。维姬自己名下的财产，可以让她过上完全不依赖于外界的生活。因此她暂且选择长期避居普鲁士和柏林，转而与威尔士亲王爱德华——也即后来的英王爱德华七世——一同去环游地中海。当年应女王的要求，爱德华亲王曾是将腓特烈引上婚礼圣坛的人。这个比腓特烈年轻10岁的内弟，与普鲁士王子的命运却差不多:他也要等到60岁时，才能从自己长寿的母亲那里接过王权。他的游艇“奥斯本号”是他的玩具，就如百年之后的人所拥有的私人飞机一样。

让王储夫妇重返柏林的原因不是对家园的怀念，而是普鲁士与奥地利联手对丹麦发动的战争。值此之际，身为中将的腓特烈不想也不能袖手旁观。与领兵作战的堂兄腓特烈·卡尔不同，他被安排进入弗兰格尔元帅的最高指挥部，角色是扮演普奥两国军事首领间的联络人。对此任务，乃至与之类似的其他一些工作，他均显得游刃有余。可当腓特烈·卡尔满身荣誉地从杜普勒战役中凯旋时，威廉国王和俾斯麦“国王”看起来似乎都动了让其作为继承人的心思。

腓特烈对这一局面的反应又一次令人惊讶，他展现出了作为战士的一面。已经有权出席战前会议的他，虽然投出了对奥地利开战的唯一反对票，但不久之后，他就可以与堂兄一样，在战场上证明自己是一名什么样的陆军将领。普奥战争中，他平生第一次掌军，统领着12万人的第二军，驻扎在西里西亚，作为主力的第一军则由腓特烈·卡尔指挥。此外，他身边还被委派了一名参谋长，莱昂哈德·冯·布鲁曼塔勒。战争的总指挥依旧是毛奇，他给麾下的三支军队下达的作战方针是：“分头前进，合力进攻。”

如果将军们都能不打折扣地执行这一方针的话，本应一切顺利。但事实上，他们对这一方针贯彻得并不彻底，而敌人又不失时机地插上了一脚。“要是我的军队作战失利，”腓特烈在一次谈话中表露道，“我就决不会活着回到西里西亚。”结果随后他就在特鲁特诺夫战役中遭受了第一场失败。加上由于所谓的捷克族的“背叛”，军队甚至不得不回撤到西里西亚边境线之后。“但撤军是绝无可能的，”身为战地记者的西奥多·枫塔讷写道，“恰恰相反，司令官还要竭尽所能，以巩固……已经取得的成果。”腓特烈本人在一封写给妻子的信中则这样表态：“做一名军事统帅，也许还真不是一件容易的事。”

幸运的是，他在接下来的两场战斗中终得一雪前耻，并在决定性的柯尼茨格雷茨战役中胜出。不管怎么说——当时的情形看起来是这样的——其实之所以能赢得这场战役的胜利，是拜毛奇的卓越战术所赐，但连绵阴雨所造成的地面泥泞，使得毛奇制定的作战时间表无法被顺利执行。第二军团没能按计划时间赶到，但当他们终于出现在战场后，毛奇向国王汇报道：“王储已至，这场战役的胜利是属于您的。”

腓特烈成了那一天的英雄。就在战场上，威廉国王给这位普鲁士王子颁发了“功勋勋章”。

至此他终于展现出了腓特烈大帝曾要求每个军官具备的天赋：好运常在。甚至连维姬也表现出深受震动，并由此想到了自己的父亲，后者与腓特烈至少有一点完全相同：不管发生了什么事，他总是站在普鲁士一边，哪怕是经常会引起维多利亚女王的恼怒也在所不惜。

但无论怎样，腓特烈还是成为不了战场上的领袖。与祖父腓特烈·威廉三世一样，他生下来就是个无可救药的和平主义者。在写给妻子的信中，他称战场令人“毛骨悚然，而实际上触目所及的那一派断肢残骸的景象，又远非文字所能描述。战争真的是一件可怕的事，那些本身并非军人、只是坐在绿色的书桌旁用笔引发了这一切的人，并不知道自己召唤出了什么”。

不久后就会被作为“柯尼茨格雷茨之胜者”在国内国外都受到膜拜的他，仍时时保持着自己理智的一面，即便是已然化身为了战争英雄也好。当他的父亲向战败的奥地利及其盟友大肆索取、而俾斯麦则显得理性克制时，他选择了站在俾斯麦一边，因为首相的立场更容易让他接受。

自由主义阵营中的老派认同他的思想，但他没能获得民族自由党人的支持。时代的精神已悄然发生了转变，这其中也有新近赢得的两场胜利的因素。在柯尼茨格雷茨战役结束当天重新选举出的下议院里，原本的多数党所占有的席位由 247 席锐减到 148 席。

这一转变并不算太令人惊异。对自由党人来说，正如他们在 1848 年革命时一样，所追求的不仅是把公民权利写入宪法，更是一个大一统的德国。这两项追求在同时进行着——今后的国家可以实行开明君主制，可如果从不同的政治视角出发，将其看作一个共和国也无妨。人们并不太关心这一国家的形式到底如何，核心目标其实是实现在当时看来几乎无法完成的民族统一。但与此同时，思想界内部又存在分歧，即奥地利是应该继续留在这一德意志帝国版图内并扮演重要角色，还是应该被摒除在外。所有的讨论都是围绕着一个乌托邦在进行。而乌托邦会时时变化，无一定之规。只有一点是大致确定的：这一“统一的德国”的颜色，将是代表民主派的黑红金三色，而不是代表保守派的黑白红组合。

目前一切都正在朝着既定方向运行。统一议题享有绝对的优先权。威廉又收获了可观的领土，这正是历代普鲁士君主不变的共同目标。新兼并的对象中，还包括从英国得到的汉诺威。有一段时间，为了更好地完成王位过渡，似乎存在着将腓特烈以类似于副国王的角色遣往汉诺威的计划，但这一殊荣最终还是与王储失之交臂。已故丈夫对普鲁士的青睐或偏爱，在维多利亚女王身上则完全没有体现。对于作为英国王室发源地的汉诺威被轻易地割让给普鲁士一事，她永远无法释怀。

没有成为副国王的腓特烈，却成为一名代表普鲁士的尊贵旅者。他先是在莫斯科出席了沙皇太子的婚礼，随后在几艘北德意志联盟——俾斯麦正与其共同筹备德国的统一大业——的汽轮战舰的护送下驶往东方，以备受瞩目的“柯尼茨格雷茨之胜者”的身份出席苏黎世运河的竣工典礼。接下来又拜访了雅典、君士坦丁堡、耶路撒冷，并在科西嘉岛度过了自己的38岁生日。后来一些医生怀疑，就是在这次旅途中，他染上了性病，这恶疾又成了让他日后病入膏肓的诱因。至于真相是否如此，则不得而知。在他弥留之际，医生们在他病床前互相争执，争执内容被形诸文字，一字不差地公之于众，各种医学理论被大肆列举，更多的则是医者间的彼此攻讦。西奥多·枫塔讷在写给自己母亲的女友玛蒂尔德·冯·霍尔的信中坦承道：“我此前几乎从未见过世间如此令人悲哀的景象。”

腓特烈首先是带着妻子和孩子前往戛纳参加了圣诞庆祝活动。接着在1867年的巴黎世纪博览会上，他又出任普鲁士展厅的选委会主席。会上展出的两件展品被认为是精心挑选出来的，因为它们咄咄逼人地揭示了不久的将来：威廉一世的骑士装纪念雕像，主人公的穿着正如日后的德国皇帝；另一件是由克虏伯公司出品的“大贝莎[①]”火炮，其本身的喻义不言自明。

1870 年至 1871 年的普法战争期间，腓特烈指挥第三军，这是第一支超越普鲁士界限、由所谓的“德意志人”组成的军队：符腾堡人、巴登人，甚至巴伐利亚人都参与其中，而他们看向那位属于自由派的统帅的目光中，不免疑虑重重。这些位处南德的邦国也加入了在普鲁士领导下的北德意志联盟阵营，成为战争的一方。

在充当战场统帅时，腓特烈总是运气不错。战争伊始，他便取得了在魏森堡和沃尔特两处战役的胜利，虽然己方的伤亡数字也让他颇觉触目惊心：仅沃尔特一役，便让他付出了超过 1 万人的代价。接下来的一个月里，他又亲自接受了法皇拿破仑三世的投降，并接管了色当要塞——从某种程度上来说，这完全是一次意外，却也从此为他在“柯尼茨格雷茨之胜者”的头衔之上又加诸了“色当征服者”的名号。时年 39 岁时——他在位于凡尔赛宫之内的奥姆布拉日别墅度过了生日——他已被擢升到作为一名普鲁士王子所能达到的最大高度。同他的对手兼堂兄腓特烈·卡尔亲王一样，他也被委任为陆军元帅。此时的他正处于事业和名声的顶峰——他的一个被广为引用的形象，几乎无人不知：帝国成立仪式在凡尔赛宫镜厅举行，由他一手筹备。仪式上，他跪在父亲面前，行吻手礼，在那一时刻，众人在他身上寄予了无数的希望。即便普鲁士的老国王是一个令人敬仰的人物，人们还是相信，迄今为止只有在战场上反复证明了自己能力的王储，才会为国家带来一个自由公正的未来。

但奇怪的是，被自由派寄予厚望的他确实是更适合战争。一旦处在和平时期，属于他的桂冠便迅速凋零。在第一次被选举出的帝国议会中，民族自由党虽然凭借占据 362 席中的 125 席而成为第一

---

① 德军在第一次世界大战中首次广泛使用的各种火炮的统称，从严格意义上来讲，只是指自带轮式活动炮架的 M 型迫击炮。口径为 42cm，主要用于轰击要塞工事。

大党，可他的父亲仍然健在，且令人惊异地充满活力。老国王在接下来的十七年生涯中还将继续执政，俾斯麦从旁辅佐，并始终掌握着最终的决断权。王储的名字则与一座位于波茨坦附近的模范农庄联系在一起，他本人也时常参与由维姬组织的种种慈善活动——类似英国的慈善模式——但这些都无法给他带来那种曾从战场上获得的荣耀。

有近二十年的时间，王储腓特烈都作为永远的二号人物被闲置不用，特别是在他与俾斯麦大吵一架之后。就算父亲因诺比令医生行刺而重伤卧床，由他来代理朝政——但明确表示不是作为摄政王——也不曾改变这一局面。父亲要求他每天到病床前汇报工作，俾斯麦则在这对父子面前始终如一地保有着对大小事宜的最终话语权。案牍烦劳也令腓特烈不胜其扰。比如，长久以来公开表示反对死刑的他，一直不肯在此前试图谋杀父皇的霍德尔的死刑判决书上签字，更何况后者的母亲还不断言辞恳切地请求着他的宽恕。

当这段代理期在几个月后宣告结束时，腓特烈显得很是愉快。他卸任的时间在 1878 年 12 月。这位战争英雄及王位继承人在接下来的十年时间里，都不过是作为一名渐渐老去的男人，接受了自己从前的理想再也无法实现的现实。他不断地旅行，有时独自一人，有时两人，有时会带着已成长起来的孩子。老师库尔提乌斯在奥林匹亚的发掘活动也由他资助。王储妃则开始将自己的内务总管格策·冯·赛肯道夫伯爵视为“密友”和“知己”。对此，柏林的“灰主教”腓特烈·冯·荷尔施泰因立即开始立案调查，此公是俾斯麦的副手，以知识渊博著称。但他的这份声名狼藉的卷宗最后却恰是被俾斯麦本人召回。只要条件允许，首相大人是从不会将对手逼迫到成为真正敌人的地步的。

孩子们在不断成长，但这并不意味着他们带来的问题会少一些。长子威廉最令人操心。此子极端地以自我为中心，甚至达到了独断专横的程度，还是个幼童时便骄傲自大，因自己短了一截的左臂而对每一个成年人都抱有恶意，特别是对亲生母亲。作为一个年轻人，他的所作所为基本上都与父母的行为背道而驰。时间流逝——他与奥古斯塔·维多利亚·冯·奥古斯腾堡的婚姻也像维姬和腓特烈之间那样，如受到赐福般孕育了众多子女。截至 1888 年，共有四个男孩和一个女孩来到人世。

腓特烈与他所处的时代越来越格格不入了。自由党阵营也产生了分化。这一党派延续了其原有的理想主义的色彩，正寻求通过融入民族精神以使自己更具现代面貌。在 1887 年的一次作战会议上，是否要对俄国发起一场旨在先发制人的战争成了讨论题目。作为老派自由党人的王储腓特烈成了主战的一方，而俾斯麦则反对战争，并且理所当然地又获得了大多数的支持。

风向是完全反转了吗？或者至少是发生了偏移？这个时代看起来正在离腓特烈而去。皇帝威廉渐至 90 岁高龄，虽然身手再也谈不上敏捷,却依然硬朗矍铄。“我总不能自杀吧，”他应该向一位亲信这样说过，“就为了让我儿子能掌权。”

在皇帝 90 岁生日的那天，时年 55 岁的腓特烈因为身体不适而无法招待来宾。他嗓音沙哑已经有一段时间了，一直被认为是着凉所致。但当在父亲生日后他去巴登埃姆斯温泉疗养时，他喉痛的症状严重恶化。回柏林后，作为一名外科医生的军医总监冯·贝格曼博士，确诊他的病情为喉头肿瘤，并建议手术治疗，也就是要切开喉结。五人组成的皇家医疗委员会则认为，为保险起见，还是应该再引入一名这方面的专家。于是莫瑞尔·马肯奇博士的名字就此出现在人们的视野里。王储最终的不治身亡，曾引起了医生间的彼此大肆攻讦，这令枫塔讷深感惋惜——如前文提到的那样——而这一切，也是皆因这名医生而起。

从医学素养的角度来说，后来被授予贵族头衔的马肯奇博士无可指摘。这位时年 51 岁的专科医生，曾在伦敦、巴黎和维也纳学习过，他的博士论文《论喉头疾病的病理》更是曾赢得过学术奖项。在全欧洲范围内，他学术权威的地位毋庸置疑，而且可以想见的是，无论是腓特烈还是维姬，都会很乐于接受一名来自伦敦的专家。可唯一发出质疑声音的所在，却恰恰是这英国的首都。维多利亚女王提醒道，马肯奇博士的与众不同之处世所共知，但博士对金钱的狂热追求，也令他在同行间声名不佳。事实上，博士日后确实为治疗那位尊贵的病人而攫取了高达 24 万金马克的酬劳。

这明显超乎常规的要价可能是他唯一可以被指摘的地方。治疗伊始，他只做了个小手术：他采集了患者的一份喉头组织，将其寄给当时欧洲最著名的病理学家菲尔绍检验。难以解释的是，这样的检验工作一直拖到现在才做，而如菲尔绍教授这样的医学专家也直到此时才被引入这件事中来。根据不久后媒体的揣测，政治因素是造成这一局面的原因。建立了细胞病理学的菲尔绍教授，不仅位属那个时代最伟大的医学家之列，同时也是柏林下议院的议员。作为最令俾斯麦头疼的对手之一，他一生中只在“文化抗争”一事上支持过后者。而这个颇有对俾斯麦恭维之意的名词，也是由他所创。

检验时，菲尔绍肯定是出现了什么疏忽。恰恰是在政治上与腓特烈秉持同一立场的他，在检验报告中将患者喉头的疮判断为良性，这一结果无疑又加剧了医生们之间的紧张关系。贝格曼博士依然坚持要进行手术治疗，但马肯奇不同意，他认为病人将无法挺过手术。乱七八糟的局面，又因为宫廷中的反英国派及浑水摸鱼的各种媒体的参与而变得更加混乱。最后，菲尔绍重新承担了鉴定的责任，被请求再检验一次。

尽管如此，岳母维多利亚女王加冕五十周年的庆典，仍由腓特烈代表父亲出席。他身着白色制服，脸色惨白，一言不发地高坐在白色战马上，参加着为庆典举行的阅兵式。在伦敦人眼中，他仿佛是从神话中走出来的英雄。他们向他大喊着："罗恩格林[1]，罗恩格林！"而他则报之以面无表情。能够远离柏林军医们的争吵并得到马肯奇（现在已经是莫瑞尔爵士）的调理，让他觉得自己状态有所回升。在目前来看，他没有想回到柏林的心情。

他对马肯奇可谓言听计从，于是在一次着凉后，接受马肯奇的建议迁往气候温和的地方。但他的第一站，马焦雷湖[2]，显然不是理想的所在。那里很冷，而他持续不断的咳嗽很有可能恶化为肺炎。为此，莫瑞尔爵士先是派了一名代表过来，随后又在他从圣雷莫发出召唤时，亲身前往这座位于意大利蔚蓝海岸的小城。那里温暖的气候并没能让他的病情有所好转。他感到呼吸困难，于是马肯奇通过电报又将两名喉科专家唤来圣雷莫，一名是来自维也纳的教授，另一名是来自柏林的大学编外讲师。

这两人都将王储喉头的病变诊断为癌症。病人自己和维姬则均以极为平静的态度接受了这一判决。根据医生的说法，还有两种方案可以选择：一种是进行一场彻底的大手术，这会让腓特烈永远地失去声音，但有可能就此痊愈；另一种是只进行气管切开术，这样做虽然不会解决病症本身，但至少可以让病人不再呼吸困难。腓特烈选择了后一种方案。因为无法发声的皇帝也就不是皇帝，他这样解释道。

对腓特烈了解最深的传记作者弗朗茨·黑赫据此推论，在马肯奇、维姬与腓特烈三人之间很可能达成了某种默契，即对癌症一事绝口不提。因为腓特烈的实际病况，很有可能会被一些人加以利用，以使储

---

① 欧洲中世纪神话人物，身为圣杯骑士。瓦格纳以此为素材，创作了同名的三幕浪漫歌剧，在剧中，罗恩格林与人间贵族女埃尔萨相爱，并解救了埃尔萨被妖术变成天鹅的弟弟。但这段感情最终以罗恩格林的被迫离去和埃尔萨的悲痛身亡而告终，揭示了男女之间因各自本质差异而难以获得圆满结局的悲剧命运。值得一提的是，巴伐利亚国王路德维希二世在看过歌剧后，对罗恩格林天鹅武士的形象极为倾倒，就此将自己的新城堡命名为新天鹅堡，并资助瓦格纳完成了今后的大作，如《尼伯龙根的戒指》。

② 位于意大利西北部，面积约 210 平方公里，为意大利第二大湖，仅次于加尔达湖。

君威廉直接成为老皇帝的接班人，假如成功的话，将使所有对于自由派德国政府的希望毁于一旦。而这种默契很可能也存在于与菲尔绍之间，这就很好地解释了为什么教授迄今没有改正此前的错误判断。阴谋家们已经开始行动了：储君威廉于此时突然出现，试图劝说父亲指定自己为摄政王。如果人们认真考虑一下当时柏林宫廷的氛围，就会觉得黑赫的猜想很有道理。

应王储副官们的要求，普鲁士医生贝格曼博士被从柏林传唤过来，他将是唯一一个被允许为未来的普鲁士国王和德国皇帝动手术的人，只是这位将级军医来得太晚了。由于病人因紧急窒息而面临生命危险，而马肯奇作为英国人又不被允许亲自操刀，手术便只能由贝格曼的助手、当时正逗留在圣雷莫的布拉曼博士独自完成。贝格曼到达后，对助手的工作大加赞赏，但马肯奇却认为手术切口没能准确地位于咽喉中线上。可无论如何，对于王储来说，病情都得到了缓解。当王储从麻醉中苏醒过来时，发现一根插管被植入喉部，自己已然不能说话，这一天是1888年2月8日。3月9日的时候，皇帝威廉一世于柏林去世，当时许多人都将这位老皇帝称为"最后的普鲁士人"。

随后的第二天，腓特烈登上专列，离开了圣雷莫。帝国的各部大臣，以俾斯麦为首，于3月11日下午齐聚莱比锡火车站，迎候他的到来。这位新任的皇帝兼国王，不希望以自己的名字"腓特烈·威廉"作为名号，而只是想被称为"腓特烈三世"。他身着军服，领口打开，佩戴着铁十字勋章和功勋勋章，勋章的绶带被他略微发白的胡须所遮挡。俾斯麦对新任皇帝行了吻手礼，后者则抓过来写字本——这将是他今后与人交流的工具——在第一页写道："您有什么特别要说的吗？"

所有的都与人们预想的不一样。皇帝夫妇既没有选择柏林，也没有选择富丽堂皇的波茨坦，而是将夏洛特堡宫作为自己的宫廷所在。那里有一个很大的巴洛克式花厅，供暖充分，可供人在其中散步，如同在圣雷莫那样。皇帝需要一个温暖的环境，以便让喉部的伤口尽快痊愈。俾斯麦则不会立刻被弃置不用——虽然维姬肯定曾这样希望过——而是依然执掌政府，这一角色他已扮演了四分之一个世纪之久。新皇帝没有什么大的动作，没有着手准备一部更宽松的宪法，也没有为自由主义提供更多的支持。他的民族自由党的部长名单已传达出明确的信息，即“民族的”才是首要的。而他在宣告中“致我的人民”的说法，更是让人看不到现实会产生任何改变的可能。

实际上这位人生仅剩九十九天的普鲁士国王及德意志皇帝，也不可能再做出任何改变。这疲惫且被病痛折磨的男人，每天会乘坐着小马车在夏洛特堡宫的花园巡行一遭；在阅兵式时，至多可以坚持到敬礼结束；只从夏洛特堡回了柏林一次，为了向菩提树下大街和他及家人曾经住过的旧居做一次告别。在这样的情况下，还能指望他做什么呢？

当听说自己女婿的严重病情和外孙威廉的种种不佳表现之后，维多利亚女王决定亲赴柏林视察。4 月 24 日，女王驾临夏洛特堡宫。“弗里茨”已然是卧床不起，但仍为女王的到来感到兴奋，并非常喜欢她带来的礼物：一件画作的复制品，收藏于白金汉宫的原作曾让他赞叹不已。马肯奇博士接待了女王，医生本人还同从前一样深受腓特烈信任，可病人的插管仍然每次都要由一名帝国军医引入才行，尽管其手法粗糙且笨拙。据莫瑞尔爵士的说法，皇帝陛下还有两个月的时间，最多不过三个月。

女王在病榻前逗留了数个小时之久，对病人用英语在写字本上提出的问题一一作答。另外的数个小时她则同维姬在一起，后者看起来心碎不已——宫中之人认为这是出于她对丈夫的爱恋，另有一些幸灾乐祸的人则宣称，这是因为她很快便要失去皇后的头衔。事实上，两件事都可能是她悲伤的原因。

威廉，女王的外孙，曾经最喜欢逗留在位于怀特岛[①]上的奥斯本庄

① 英国最大岛屿，位于英吉利海峡之内，与英国本土间隔着索伦特海峡。岛屿面积 384 平方公里，岛上人口 13.8 万有余。

园[①]，这次却难以让女王见上一面。倒是俾斯麦以一名绅士应有的姿态主动拜会了女王，虽然这位首相大人并不是维姬的朋友，而女王也一直怀疑他倾向俄国，与英国为敌。在另一场为了表示对女王的尊崇而于夏洛特堡宫举办的晚宴上，他们两人又再度碰面。

但这周遭冰冷的氛围，并不会从本质上有所改变。人们对待女王的态度不能说是敌视，可也称不上有多友好。目击者们应该曾经看到过，这年老的女士如何独自一人在夏洛特堡宫中游走，迷惘且不知所措，那宫殿更像是一间医院，而非居所。在这里找不到一丝与她的阿尔贝特有关的气息，对她来说，那曾代表着她对德国的认知，且时至今日仍是她对德国的印象。甚至连原属于普鲁士的气息，属于曾主宰这里的第一任腓特烈的、有教养的苏菲·夏洛特的，还有学如大海的莱布尼茨的气息，也均都无从寻觅。6月时，皇室一家乘坐汽船搬去了波茨坦。在那里，腓特烈三世于6月15日离开了人世。媒体称他的死亡是："由肺部停止工作造成，并无痛苦。"

他也许不是一个天才，而他自己可能也深知这一点。他曾是众人的希望所在，无论是对旧普鲁士还是对新普鲁士来说，也包括最后统一了的德意志帝国。但他终于还是无力实现这些希望——这未尝不是普鲁士乃至德国的命运。

七律 腓特烈三世

小时了了受恩奢，似见太原裘马过。
秦晋山河劳梦想，君臣父子对消磨。
百无一逞岂命也，九十九天如国何。
戎事声名转缄默，思量终是负人多。

① 位于怀特岛北部，维多利亚女王于1845年买下此处作为私人宅邸，并将其按照意大利风格改建。女王在1901年1月病逝于此，继任者爱德华七世在1903年将庄园赠予国家，作为公共财产。

第九章　满天烟火掩盖下的脆弱——威廉二世

在第二帝国的三位皇帝中，他是最德意志化的一位。严格来说，他是否还可以被称作普鲁士人，也是个疑问。虽然他继续保留着“普鲁士国王”的头衔，甚至还将这个头衔放在皇帝称号之前，但实际上，作为一个战无不胜的、统一的德意志帝国的君主，才是他倾力为自己塑造的形象。在祖父统治了二十七年、父亲统治了九十九天之后，他在今后有将近三十年的时间去展示这一君主形象。或者说，如他某些时候所表现出的那样：去扮演。

他的努力是成功的，至少在初期面对自己的民众的时候。他每次精心设计后豪华浮夸的出场方式，与处在蒸蒸日上状态中的强大德国相配合，正符合当时人们对君主形象的设想。他的同时代人拉特瑙——在一战时曾为他打理国内和军队的供应——对此笃信不疑：“处在这一时期的这一民族，不管是有意还是无意，所有人都希望能有他这样的人出现，而不是其他人……克莱奥[①]参与到这幕由历史造就的难以言述的剧情里，将当时所有德意志人的日常行为、自我个性、所崇拜的偶像和所经历的骤变，都连接到共同的命运中来。在此之前，从未出现过这样一个具有象征意义的人物，可以如此完全地与其所处的时代彼此印证。”

而其他的同时代人则有不同的看法。比如作家史蒂芬·拉克讷：“直到我 8 岁时，我们在柏林的所有人都是仆人而已。当威廉二世坐在他的敞篷车里从菩提树下大街呼啸而过，汽车的喇叭声仿佛在宣布‘皇帝驾到’，大家便都会在人行道上站得笔直。人们甚至觉得，能成为仆人是一种莫大的荣幸。在学校里，皇帝陛下被如此歌颂着：‘感受这巨大的荣光吧，享受这纯粹的喜悦吧，你是全民族的宠儿！’”

但在通往成功的路上，他那近乎滑稽的奢华排场成为一块绊脚石。除此之外，还有他夸夸其谈的做派，那种纯粹的自高自大，也被视为完全不符合普鲁士的风格。“威廉二世对于歌剧的异乎寻常的癖好，”来自巴伐利亚的路德维希·托马证实道，“使我们这些忠诚的平民得以看清，他是如何在刻意让自己显得完美……不会再有什么能表现得更清晰无误，或更能在潜移默化中发生了。即便是最小的事情，也会被他大张旗鼓地置于满天烟火的映照下。”而普鲁士人史蒂芬·拉克讷的表达则更为直接：“我爸爸对 1871 年以来德国皇帝的历史做过总结，从威廉一世，到腓特烈三世，再到威廉二世：‘老迈的皇帝—贤明的皇帝—屎一样的皇帝。’”

从崇拜、爱戴，到污言秽语的羞辱，这样的演变在民众口中只是个简短的过程。民众现在更喜欢一个明确干脆的判断，并将其固化为众口流传的定论，尽管抱持这种态度的并不仅是普通民众而已。另一个广为流传的类似定论是，威廉二世身上的那种过分自大，其根源在于他那与生俱来的畸形左臂，只不过这次的结论是由学者和历史学家

① 希腊神话中缪斯九女神之一，司历史与史诗。

做出的。这听起来很是合乎逻辑，以至于长期以来都没有人对此产生过怀疑：雄心勃勃甚或可被称为天资聪颖的王子，由于身体残疾，所以故意对外表现得花枝招展、盛气凌人。埃米尔·路德维希在他于1926年为威廉二世所作的传记中最早提出了这一解释，这本传记一版再版，直至今日。

腓特烈·哈陶在自己所写的另一本篇幅较短的传记中则首次指出，上述的对于皇帝自卑感的解释，有重新修订的必要。其实皇帝还有其他的生理缺陷，也在影响着他的健康："他的左腿不太灵活，他的左耳经常感到疼痛，而且他还遭受着眩晕的困扰。"这些症状其实都在指向一项"从未被确认的中枢神经系统紊乱"。在1886年的拜豪伊特音乐节上，他的朋友们不得不保护他备受折磨的耳朵，因为管弦乐队过于嘹亮的长号声对他来说实在是不堪忍受。所有的这些都可能引发他神经方面的问题，而他在努力成为伟大人物的过程中，一直都在试图解决这类问题。更具体地来讲，从他在10岁时遵照霍亨索伦的惯例，戴上黑鹰勋章、获得少尉军衔从而步入军事生涯时起，便开始了。

由于他自己又或者是他的父母很清楚地意识到了他的人生障碍，他在6岁时就接受了有针对性的训练。在父母的帮助下，他能做到与同龄人在各方面保持同步。很显然，对于这心气极高的年轻人来说，这并非易事。

但他的家庭很可能也犯下了一个错误，即出于激励的目的，对这个孩子乃至今后日渐成长的青年人给予了太多的赞美。而孩子们又总是很容易被错误的恭维所引导。他的祖父威廉一世就曾赞叹过他的大嗓门："可与歌剧演员相媲美！"在涉及那条畸形手臂时，人们似乎也过分刻意回避问题了。他们一遍又一遍地向这个孩子讲述着一个从莱宁修道院[①]流传出的古老预言。预言提到，根据一份手抄本的记载，德国将在一位独臂皇帝的领导下迎来有史以来最辉煌的时代。

换言之，人们在粉饰畸形这个事实，转而将其定义为一种身体上的瑕疵，这一瑕疵却是无论用怎样的童话般的安慰也无法抹去的。但是所有这些并不能真正地帮到那个孩子。身体上和精神上的障碍，他都必须独立克服。他无法攀爬也无法骑马，甚至不能快跑，因为他很容易就会失去平衡感。这样的体验让他颇为受伤，尽管在身边副官们的努力下，他没有因此陷入自卑的情绪中去。虽然有着种种不利条件，可他最后仍然做到了履行自己的职责。是的，在强大意志力的驱使下，他从学习骑乘小马入手，进而能够正常地驾驭普通战马，当他坐在马鞍中时，人们完全感觉不到他有什么特殊困难。这一成就无疑是对他的勇气和自律精神的直接反映。

而像格奥格·辛茨彼得博士这样古板的、加尔文教派的教育者被选作王子的老师，恐怕不见得是个正确的决定。两位王子——威廉，和他的有些智力低下的兄弟海因里希——每天的课程在早六时开始，准时于晚六时结束。这样的教学计划无疑是过分严格了。除此之外，老师还力图将宫廷外的真实生活以一种毫不掩饰的方法呈现在王子们的面前。

这种做法的初衷可能是正确的，但在实际操作中却被证明是个错误。有一次，他带着两个学生坐着敞篷的皇家马车前往莫阿比特，因为他听说在柏林的这个城区中，霍亨索伦家族的人是不被欢迎的。结果是他们果不其然地受到了该区人的恐吓，甚至还被用石头攻击。好在车夫反应敏捷，飞快地驶离了这个社会底层人的聚居区。

王子的父母也不能成为王子的实际依靠。夫妇两人越是致力于那

① 位于现勃兰登堡州，波茨坦西南。出于经济、政治乃至宗教方面的考虑，在勃兰登堡第二任边疆总督奥托一世的命令下，于1180年开始兴建。该修道院的落成，为阿斯卡尼亚家族稳固在刚从斯拉夫人手中夺取的勃兰登堡地区的统治起到了重要的作用。该修道院也是勃兰登堡地区最重要的罗马－哥特式砖结构建筑。

些重要的、关乎未来的政治思想，就越是无暇顾及长子所面临的各种问题。他们似乎是生活在不同的世界里，这种复杂的关系在王室圈子中本就颇为常见。但在这件个案里，似乎亲子间的关系早在威廉的青春期到来前便已被破坏殆尽了。刚出生的威廉乃至后来金发蓝眼的小王子，很早就被全部亲族传看遍了。英国那边，他去了巴尔莫勒尔宫和奥斯本庄园，在庄园里，维多利亚女王和阿尔贝特亲王给他穿上了苏格兰套装，拍照留念；德国这边，则是到了祖母家族的科堡。只有与祖母奥古斯塔之间，威廉才有着真挚的亲情。祖母是近亲之中唯一向他展现过什么是爱的人。

与他同时代的人曾指出，由于很少被关爱，他同样也无法去爱别人。还是个年轻人时，威廉对待亲属的态度便好像是对待敌人一样——事实上这种态度也经常让他的亲属最后变成了敌人。出于同样的原因，他也无法长期地维持友谊。随着这位王子也即日后的皇帝为自己树敌越来越多，留在他身边的朋友也就越来越少。而那些他仅有的朋友，他也会稍有不如意——经常仅是因为他自己觉得厌烦了——便轻易将其弃置不顾，就像扔掉一个烫手的土豆一样。在处理人际关系方面，他毫无天分可言，尽管他喜欢以心理学大师自诩。辛茨彼得曾这样评价过自己当年的学生："他其实应该去成为一个钳工！"让威廉穿着连体工装、手拿螺帽扳手，当然只能是个荒诞的想象。（然而，这位德国末代皇帝的某位孙子，日后曾在美国通用公司工作过，工作岗位便是钳工。）

对于威廉来说，辛茨彼得所扮演的角色很有几分类似于当年的腓特烈·威廉一世之于年轻的腓特烈大帝。当 14 岁的威廉于 1873 年通过了约阿希姆斯塔勒高中的五年级入学考试后，这段师生关系宣告结束。在学校里，威廉没能取得什么成绩，而且很快地，他在同学中的名声就如他在自己姑表兄妹间的名声一样，以反复无常而著称，今天还是友好可亲，明天就变得令人无法忍受。用柏林人的话来讲，他是一个"不诚恳的人"。

与之相较，他为期两年的大学生活则显得愉快很多。和父亲当年一样，他也进入了波恩大学，经常与当地最有影响力的贵族社团“普鲁士人”在一起开怀畅饮。至于关于他的一桩有涉儿女私情的传闻，则应属无稽之谈，虽然威廉·迈耶尔－福斯特曾以此为模本创作出了自己最成功的作品，《旧海德堡》（英文翻译是《学生王子》）。作品中的人物，卡尔－海因茨，一位未来的小国君主，爱上了房东的女儿。只是这样的故事绝不可能发生在性格变化无常的威廉身上，何况这位王子还时刻处在两名随身副官的保护下。

在波恩他了解到了许多现实情况，比如信奉天主教的莱茵河流域并不很欢迎普鲁士人，却都认为眼下全德国最了不起的人是俾斯麦。这一状况倒是符合他的心理，因为他的父母痛恨俾斯麦，而他则与父母大为不和。确切地讲，是比以前更不和。他的母亲甚至对这个有着严重保守主义倾向的儿子采取了完全放弃的态度。与之相对应，俾斯麦渐渐引起了他的重视，虽然在此之前他并未对其有什么特殊的好感。而他的动向也毫无疑问地被传至了当事人耳中。于是，日渐衰老的首相、老迈的皇帝，还有永远等待着自己的机会但实际上已濒临绝望的王储，都突然开始关注起这王位继承人的继承人来。

继承人阁下此时已离开了波恩和“普鲁士人”，被编入了轻骑兵队伍并晋升为了少校，身着笔挺的制服，自信满满。他与首相打交道时，表现得好像自己已经是王储一样；以在祖父面前的进退行止方式来看，则是在当他的父亲也即真正的王储完全不存在。为此，他的父亲大发雷霆地找他谈话，他则回答道，他需要某种可以独断的权力，因为迄今为止，只要他一提出自己的政治观点，父亲便完全不能容忍，而母亲则会报以愤怒的斥责。

但在一件事上，这个固执的儿子还是让父母满意的。他对新娘的选择获得了所有人的赞同。1881 年 2 月 27 日，他迎娶了奥古斯特·维多利亚·冯·奥古斯腾堡。新娘是父亲腓特烈在波恩时期的一位朋友之女，而且这位朋友还是个自由主义者。在维姬和腓特烈看来，这桩婚事也是对朋友的某种形式的补偿。新娘之父是出自石勒苏益格－荷尔施泰因的腓特烈公爵，当这一地区被从丹麦人手中重新夺回后，公爵曾被视为该地区的主人。根据王朝律法，这本是符合规矩甚至理所当然的事，可是却因为俾斯麦而没能实现。俾斯麦希望将这块土地和基尔港一同划在普鲁士的名下。只是“黑彼得[①]”最终还是被抽回了霍亨索伦人手里：正是威廉一世的签名同意，决定了公爵的命运。而公爵本人则在婚礼前不久满腔郁闷地死在了流亡之地，位于格尔利茨[②]的普利姆克瑙宫。

由于公爵葬礼的原因，一对新人在订婚时对外秘而不宣。也正因如此，真正的婚礼便举办得格外隆重，场面豪华。从贝尔维尤宫出发的庞大车队一路驶向柏林大教堂。新郎新娘的专车被做成了一顶巨大皇冠的形状，其他客人的座驾则被饰满花环彩旗。而让柏林人格外感到开心的是，一辆来自胜家缝纫机厂[③]的广告车，居然成功地混进了婚礼车队中。

实际上，通常被叫作“多娜”的奥古斯特并不是一个多么引人注目的结婚对象。她没有什么财富，也没有显赫的贵族圈子，严格来讲，她甚至不符合极为被人看重的门当户对的原则。但毕竟她的家族历史还是满足了有十六代可考的必要条件，前辈中还包括英国的维多利亚女王，只是这后来被证明了是个误会。

多娜很难被称为美丽，她看起来像是个笨手笨脚的乡下姑娘，且事实也是如此。荷兰籍的威廉二世传记作者 J.A. 德容格这样描述过她：“温顺、安静、谦让而且特别虔诚，最喜欢的是可以做一件手工活

① 即“抽乌龟”游戏中代表乌龟的那张牌。

② 现德国最东端城市，位于德国与波兰的界河尼萨河上，属萨克森州。面积约 67 平方公里，人口 5.4 万有余。因为在二战中几乎完全没有遭战火波及，所以城市得以保存了欧洲中世纪以来每一阶段发展所留下的见证，在老城区，哥特晚期、文艺复兴时期、巴洛克时期的建筑均一一可见。

③ 于 1851 年由美国人伊撒克·梅瑞特·胜家和爱德华·克拉克成立，在短时间内发展成为世界上最大的缝纫机制造商。20 世纪 70 年代初，公司在全世界拥有 12 万名员工，年营业额达到 25 亿美元。公司现属于 SVP 集团。

儿，不要受任何政治影响。尽管有谣言说，威廉与身为同性恋的菲利普·冯·奥伦堡伯爵有着过于亲密的关系，且喜欢轻拍漂亮军官的屁股，夫妇二人毕竟还是生下了六个儿子和一个女儿。总而言之，在俾斯麦眼里，她是个非常理想的妻子，在威廉眼里也未尝不是。威廉曾因为母亲干预自己的婚事而大为光火，很有可能也正是如此，他最后选择了顺从并富有献身精神的多娜作为新娘。”

我们还可以引用俾斯麦的名言之一作为补充："三个以 K 为开头的单词描述了德国妇女：教堂、孩子和厨房"，而多娜就是一名模范的德国妇女，与威廉差不多同岁，只是稍微年长。她从不过问政事，也绝不会以任何一种形式成为威廉前进路上的障碍。不过从德容格那里我们也得知，只有在一件事上，她非常坚持：夫妻二人一定要一起睡在一张双人床上。只要涉及家庭，她就会毫无恻隐之心地强迫威廉不许睡觉，整晚在卧室里听她诉说，经常是连续几个小时地抱怨关于孩子的问题。"这让威廉很是恼火。"德容格补充道。

在生儿育女方面，威廉明显是在朝自己父母看齐，甚至要超越父母。他的孩子们接二连三地来到这个世界上。最开始是 1882 年降生的长子，受洗名字也是威廉。随后是 1883 年的艾特勒·腓特烈王子，1884 年的阿达勒伯特王子，1887 年的奥古斯都·威廉王子（奥威），1888 年的奥斯卡王子，1890 年的约阿希姆王子和 1892 年的第七个孩子维多利亚·路易丝公主。他对儿子们没什么兴趣，也几乎没帮助过他们什么。与他关系密切的，只有那唯一的女儿。

1888 年，这个德国的命运之年，以威廉晋升为少将开始，以他达成了那个长久以来的目标结束。先后有三位皇帝，在这一年中坐在了那刚刚树立不久的帝座上。威廉是第三任，他在帝座上时的感觉，可以从他的签名中一窥究竟。直到他签署自己的退位诏书时，他都会在名字后充满骄傲地写下 I.R. 两个字母，即拉丁文"大君"之意。他的祖父和父亲都等了半生之久，才能够入主政府，相比之下，他则幸运得多。在下一年，他才年满 30 岁，仍是个矫健的年轻人，特别是对女人们来说。她们着迷于他身着各式帅气军服的样子，身上挂满着从世界各地获得的耀眼的勋章。他那时的髭须还是遵照当时流行的样式，须尾下垂。但不久以后，一位皇室的理发师就通过使用发胶改变了他胡须的造型，让须尾高高向上翘起。“成功了！”他的这句赞叹后来就变成了这个胡须式样的名字。而这个新式的造型，也体现着这位年轻的皇帝在诸多方面打算大干一场的勃勃雄心。

在对所有先祖的纪念活动中，威廉二世——他对这个称号并无不喜——对祖父的敬献最多。如果实在是一时想不出什么好主意——这种情况也很少发生——他就会让人随便在一个偏远的地方再立一座纪念碑或是塔楼，献给“威廉大帝”。他想方设法，要让第二帝国的首位皇帝被铭记史册。但尽管他成功地劝说了他的犹太人朋友阿尔贝特·巴林[①]——哈帕克轮船公司的总经理——将一艘先进的远洋蒸汽船用“威廉大帝”来命名，他自己却从不曾变成威廉一世时期的那种德国人。他对祖父的敬仰确乎发自内心，但这不代表他会在进行统治时，也将祖父作为楷模。

祖父表现得节俭和谦虚的地方，他都代之以铺张与高调。很难想象，一代威廉会像二代威廉那样，每天早晨让阿谀奉承的佞臣们拿着自行印刷的报纸觐见，报纸上全都是选出来的各路媒体对他谄媚拍马的文章，且整份报纸都用金字印刷。一代威廉会集中注意力处理需要仔细对待的工作，二代威廉却只会呼啸着——按字面意思理解就好——在世界史上留下痕迹：坐在装饰豪华的四节特列里，坐在首辆舒适的汽车里，坐在由发动机驱动的游艇“霍亨索伦”号里，每年春天前往挪威的峡湾，并在初夏时去参加于英国怀特岛上举行的考斯赛舟会[②]。

① 德国海运企业家（1857—1918）。德国第二帝国时期最具影响力的犹太人，哈帕克公司在他手中成了当时世界上最大的海运公司。他与威廉二世私交极好，本身则是一名狂热的爱国主义者，当他于1918年11月9日得到了皇帝退位的消息后，当即选择了自杀。

② 世界上最大的赛舟会之一，于1826年开始举办，时间为每年8月。目前规模为参赛船只约1000条，参赛人员约8500名。

他也没有遵从祖父的愿望，尽可能地延长时年已 75 岁的帝国奠基人俾斯麦的主政时间。首相自己觉得仍然可以胜任这份工作，却于 1890 年 3 月 20 日收到了皇帝的免职通知。而同时颁发的任命首相为劳恩堡公爵的封赏，看起来则更像是一份廉价的分手礼物。这一头衔，俾斯麦从来没有使用过。整个事件的戏剧性在俾斯麦收到皇帝的一封私人电报后达到了顶峰："我对此感到心痛如绞，好像再一次地失去了我的祖父一样。"

事实上，一手完成了统一德国伟业的俾斯麦，早已成了年轻皇帝的拦路石。因为后者的登基，更像是一个攫取权力的过程。威廉二世并不是希特勒，但他那种尝试在最短时间内将一切所需揽至自己名下的做法，确实也不啻是为后世做出了表率，比如在 1933 年 1 月 30 日①出现的那种灾难性的局面。短期之内，威廉便将此前较小的皇室马厩扩展至可容纳 200 匹马的规模，而这些马匹的任务不过是供皇室的女士和老爷们在城内乘车出游之用。在宫廷内部，他指定了一套极为复杂的等级制度，从最高的司库大臣到最末的尉官，等级至少有六十二阶之多。

接替俾斯麦成为帝国首相的是利奥·冯·卡普里维将军。他基本上可以算作由俾斯麦自己推荐的后任，因为俾斯麦认为他是个不会被收买的人，而他也确实如此。身为伯爵，他正直勇敢，为人循规蹈矩，且极有骨气。当海军方面第一次提出要把战舰都改为装甲巡洋舰时，他予以了否决，在他看来，德国作为一个陆上大国，只需拥有轻型舰只便足够完成国防任务了。在这里提前解释一下：在卡普里维并没有失势的情况下，海军还是得以贯彻了建造提尔皮茨战列舰②的计划，而且

① 在当天希特勒当选为德国总理，随之组建了由纳粹和右翼资产阶级政党组成的联合政府。

② 提尔皮茨战列舰是德国"俾斯麦"级战列舰的第二艘同级舰，名字出自德国第一位海军元帅阿尔弗雷德·冯·提尔皮茨，标准排水量 4.29 万吨，在海军史上仅次于大和级和依阿华级。二战期间不停转战于挪威的各个港口，用于牵制盟军的海空力量。于 1944 年 11 月 2 日遭轰炸而沉没。

威廉本人也支持打造一支强大的舰队。这也许是一战最终爆发的原因之一。

卡普里维不是一个无能的人，他对于指导战争和国防都有相当的见解。但他毫无外交方面的经验。因此他没有与俄国更新《德俄中立条约》以使其继续生效，该文件对于德国来讲本是一份保障性的协议，由俾斯麦于 1887 年签署，迄今为止都为德国所执行的政策起到了保驾护航的作用。

可这正是威廉打算通过人事重组所实现的效果。在专业方面一知半解的人更容易听从他那些异想天开的想法，而专业的人士则会在第一时间提出反对。越来越多的军官开始充任驻外大使和外交使节的角色，这些人在本职工作方面的建树乏善可陈，但忠诚度却是无懈可击。

对于威廉的大多数决定，卡普里维都予以不折不扣地执行，这一行为堪称罕见，特别是将他与俾斯麦的其他后继者相比较时。作为一名地道的普鲁士人，他认为自己的责任就是无条件地服从。但是“对于德意志－普鲁士这一结构的当时处境，对于由扭曲的民主与日益增长的拜占庭主义[①]所构成的错综复杂的局势，对于容克阶层的力量，对于工业化所带来的影响，对于军队的势力，对于党派的作用，他统统没有概念。”戈洛·曼这样评价道。

卡普里维也不是一个热爱大自然的人。首相官邸位于威廉大街，花园中本有很多古老的树木，却被他叫人全部伐倒，只为了能让他的办公室多一点阳光进来，此举令他饱受恶评。但导致他下台的却是另外的原因：威廉希望国会能够通过一项决议，以禁止任何可能针对皇权的叛乱行为。这一要求，他无法满足。1894 年，霍亨罗尔－希灵斯菲尔斯特侯爵接替了卡普里维的位置。对于那份威廉口中的《颠覆草案》，

① 指在拜占庭帝国时期为向皇帝表达敬意所执行的繁文缛节，如太监们要全身素白、所有人面对皇帝时要五体投地进行跪拜，等等。这些礼节后来在欧洲的一些君权专制国家有死灰复燃之势，拿破仑一世、威廉二世都是经常为此遭人诟病的对象。

侯爵同样无法予以贯彻，尽管如此，他还是执政到了 1900 年。在此期间，对于威廉的独断专行，卸任时已年满 81 岁的侯爵一直竭力反抗。

仅仅是那些威廉以口头方式提出的过分要求，便让侯爵不得不经常大摇其头。有一次，当霍亨罗尔告知威廉《颠覆草案》再度被国会以大多数票否决之后，收到了皇帝的电报作答："非常感谢发来的消息。这样的话，我们还有消防水枪来应对普通的情况，还有霰弹枪作为最后一招！威廉大君"而侯爵今后还会听到更为激烈的措辞。那是当欧洲诸强联合出兵中国去镇压义和团起义时，威廉用于送别德国军队的发言甚至使同盟者们都大为吃惊，其中也包括皇帝的那些英国亲属。在当时，驻北京的各国使馆受到了排外的中国秘密组织的威胁，德国公使冯·克林德①甚至被当街击毙。

人们可以理解，德国的最高领导人会为此大动肝火。但威廉皇帝的反应简直就是歇斯底里。他咆哮到口吐白沫。"北京必须遭受真正的打击并被夷为平地，"他要求道，而且，"北京必须被彻底清理！"在德国远征军于 1900 年 7 月 27 日在威廉港登船前，他愤怒地发表着这番宣言②："不要同情他们！不要接受战俘！谁落入了你们手里，就要任你们处置！正如千年之前匈人在他们的国王阿提拉③的率领下所闯下的名声一样……你们也要确保德国人在今后的千年里在中国的声威，让

① 克莱门斯·冯·克林德男爵（1853—1900），义和团事变期间德国驻华公使。于 1900 年 6 月 20 日被正在巡逻的清军神机营章京恩海打死。这一事件成为八国联军侵华的导火线之一。1901 年清朝战败后，在东单北大街修建了名为"克林德碑"的牌坊作为向德皇的道歉，该牌坊后被迁往中山公园，又先后更名为"公理战胜坊"和"和平保卫坊"。恩海于 1900 年 12 月 31 日被斩首。又"克林德"之名德语为"Ketteler"，中文音译应为"克特勒"。只是"克林德"的译法早已被广为接受，故在此沿用。

② 此即著名的《匈人宣言》。

③ 古代欧亚大陆上最著名的匈人领袖（406—453），被称为"上帝之鞭"。多次率军入侵东、西罗马帝国，入侵巴尔干半岛，远征高卢，"沙隆战役"失败后停止向西进军，转而进攻意大利，于 452 年攻陷西罗马帝国首都拉文纳，使西罗马帝国从此名存实亡。他治下的匈人帝国全盛期达到东起咸海，西至大西洋海岸，南起多瑙河，北至波罗的海。这一庞大帝国在他死后迅速消解。453 年，他在一个为自己举办的婚宴之后，由于在睡梦中鼻血管破裂而亡。但在另一版本中，如《尼伯龙根之歌》中，则称他是被自己的妻子谋杀。

那些中国人连对德国人侧目斜视都不敢！”

在付诸报端的正式文字中，以上的这一段理所当然地被有教养的霍亨罗尔侯爵提前删去了。可这仅限于对德国媒体，并且皇帝陛下很快公开表达了自己的失望，认为演讲中“最精彩的部分”没能见诸于世。由于当时在场的一名外国记者已经将这段话速记下来，所以这篇激情演讲还是得以在法国、俄国、英国和其他地方出现，毫无删减。对此的评价，可以想见，决不会为德国的名声带来光彩。而对于随后被比作匈人这件事，德国人只能好好地感谢自己的皇帝了。

不应隐瞒的是，威廉皇帝其实并不总是表现得如此冲动和失控。他通常会先尽情宣泄他的愤怒，在经过一番斟酌后，又会做出妥协。作为一国之君，这显然不是什么好的习惯。在一些与他走得较近的同时代人眼中，他更像是一个缺乏骨气之人，只不过给外界留下了一个错误的印象。但最终承担后果的，却是他的人民。

当时对他批评最激烈的是英国的媒体，而他实际上算是半个英国人。直到一年之后，当他的外祖母维多利亚女王去世时，他才有机会修正自己的形象。他将悲痛表达得如此的情真意切，以至于在公众甚至在记者们的心目中都留下了一个令人难以忘怀的印象。

同年 8 月，他的母亲也去世了，死前要求只被冠以“腓特烈皇后”的称号。令人惊讶的是，他对母亲也表现得充满爱意，在病床前盘桓了数个小时之久，直到癌症最后将母亲带走。此前的旧怨似乎都已被遗忘，连同他在“权力交接”时的不佳表现：同当年腓特烈·威廉三世对利希特瑙女伯爵所做的一样，他也曾下令在波茨坦新宫之前安置哨兵，以防在父亲去世后，母亲会将德国的国库券偷偷送到英国去。实际上，这些国库券早已很明智地被送往英国加以妥善保管了，但维姬以极配合的态度对儿子表现出了宽宏大量。她让人将这些债券送回，上缴至德国国库。

可母亲的最后一个愿望，威廉还是没能满足。维姬希望自己能够仅裹着一面英国国旗赤身下葬。由于她德国皇后的身份，威廉无法允许这样的事情发生。这位英国皇室公主的尸体最终被盛装打扮后装在黑白红三色的棺椁中送往墓地。但根据威廉的主意,套棺之内的小棺上,还是用了象征英国的颜色。

在自己的国民当中，威廉已经很久没有尝试过去留下这类好印象了。他虽然还是名义上的普鲁士国王,但普鲁士人开始越来越怀念过去。1910年时，仅在普鲁士境内，就有多达1.65万个由士兵组成的社团。他们时常沉醉在洛伊腾战役[1]的赞美诗里并唱着关于威廉皇帝的歌——那个他们想重新找回的、留着标志性胡子的皇帝。

这首歌的发源地应该是在柏林。而反普鲁士或者更确切地说是反威廉主义的大本营则是在慕尼黑，最具代表性的就是当地的讽刺性期刊《幼稚》。这份期刊不知疲倦地对威廉的野心加以嘲讽，当然也不会遗漏掉他那名为“成功了”的胡须式样。

另一方面，他的功劳簿上也并非乏善可陈。比如在他的治下，言论自由得到了保障。自1848年以来，这一自由已被视为人权之一，从其对国家的影响来看,也被认为是利大于弊。腓特烈大帝当年的那句“把它挂低些！[2]”中所包含的意味曾被大帝的继任者们不断稀释，至“神圣同盟[3]”时期，已彻底不见。但作为一份普鲁士的古老遗产，“自由表达权”现在又重获新生，甚至被列入了帝国的宪法之内。

真正把皇帝置于被指摘的境地的，不是《幼稚》，而是一本更为严肃的杂志《未来》。它的发行者是一个名叫马克西米利安·哈登的柏林人，原名维特考夫斯基。哈登致力于鞭挞皇帝所推行的政策，并撰写了一篇关于威廉二世的谋士群的详细报道。按照哈登的说法，这个群体里的所有人，都是同性恋者。其中的带头人是皇帝最好的朋友，被

---

① 腓特烈大帝于1757年指挥的战役，于斯役中大败奥地利军队。见本书第三章。

② 腓特烈大帝见到一幅悬挂于街头的、讽刺自己的漫画后的反应。见本书第三章。

③ 在彻底战胜拿破仑后，由俄国、奥地利、普鲁士三国于1815年9月26日在巴黎缔结的同盟，旨在“永保和平”。法国于1818年加入该同盟。

擢升为侯爵的菲利普·冯·奥伦堡。这样一个小集团的存在可能确实应受到弹劾，因为正是在奥伦堡的建议下，班哈德·冯·比洛伯爵代替霍亨罗尔成了下一任帝国首相。至于这个小集团的同性恋性取向，本身也许无可厚非，但在当时却与被严格执行的《帝国刑法法典》第一百七十五条相抵触。

由此产生的争执在当时被大肆报道，耗费纸张无数，后来又以涉及个人诽谤的理由而闹上了法庭。直至今日，人们对这桩桃色丑闻的背后原因、特别是丑闻的信息源头也只是猜测而已。俾斯麦是最受怀疑的对象，因为他所推行的政策深受哈登拥护。另一个可能的幕后操纵者是枢密大臣荷尔施泰因，此公性格古怪，不喜交际，实际上掌握着威廉二世所有的机密。而威廉二世的某次语焉不详的表态，则使比洛伯爵也不能避免嫌疑。更有甚者，尼古拉斯·索姆巴特在他于1997年出版的一部检讨威廉二世的书中，将此事归咎于一场被拒绝的爱情："到底发生了什么呢？"他问道，"这个哈登对皇帝不只是崇拜而已，他其实已经爱上了皇帝，无法自拔。像其他人一样，他想变成皇帝的样子：金发，高贵……所发生的一切其实都源于对情色对象的深深执着。"

以上各种说法姑且都算作聊备一格吧。最终，荷尔施泰因被从他的位置上赶了下来，其中各种手段，自不待言；比洛失宠于威廉，贝特曼·霍尔维格很快取代他成了新的首相；真正下场凄惨的只有一个人：奥伦堡侯爵。如同对此前的诸多朋友一样，威廉也对奥伦堡采取了置之不理的态度，转而与菲尔斯腾贝格侯爵亲近起来——这位大人是以能讲笑话而著称的。后来由于一项针对违反誓约的指控，奥伦堡还不得不带病听从法庭传召。但鉴于他的病情，法庭审讯延期，最终不了了之。

对于来自英国的不满，威廉尝试着去平息，结果却使局势更加走向负面。在一次接受《每日电讯报》的访谈时，他几乎在当时能涉及的所有政治议题上都发表了令人大跌眼镜的言论。比如，对接替母亲维多利亚女王统治英国的爱德华七世[①]来说，就完全没想到五年前打赢了“英布战争[②]”的原来不是自己，而是这个外甥。因为威廉断言，正是由于他的影响，俄国和法国才没有出手支持布尔人[③]。现在，根据威廉的说法，则是到了两个共属日耳曼血统的兄弟民族联手对付日本人的时候了。这将等同于一份同时针对俄国、法国和日本的挑战，却找不到任何一个有说服力的理由。此种行为很可能极大地促使了作为舅舅的英国国王，继续参与对自己那危险的外甥及由其所领导的国家的包围封锁。其实在几年之前，爱德华七世就已经开始在《英法协约》的名义下，与法国这个隔着英吉利海峡的所谓历史友好邻国共同编织旨在扼制德国的天罗地网了。

号召对日本进行远征，实际上是威廉长久以来的强迫症的表现。还是在义和团运动时期，尽管当事国是中国而非日本，他便已经让画家克纳克福斯教授按照他的构思完成了一幅画作，并打算将其多次复制，以送往世界各国，至少是送往各个白种人的国家。他将这幅作品命名为《欧洲人，保护你们神圣的财产》。在画中，六个代表欧洲各族的女人站在悬崖边上，一名带翅膀的守护天使，身披甲胄，手持长剑，立于她们身前。天使的手指向远方的敌人，那是在地平线尽头的一个佛陀形象。在亚洲文化里最具和平象征意义的佛陀，偏偏被置于此处，

---

① 英国与爱尔兰国王、印度皇帝（1841—1910）。直至1901年，一直是威尔士亲王身份，为期四十年，是英国历史上作为威尔士亲王时间最长的国王。他也是英国首位萨克森－科堡－哥达王朝的统治者，这一王朝后来被他的儿子乔治五世改名为温莎王朝。在他执政的九年时间里，致力于外交政策并卓有成效，最为显著的成绩是与法国于1904年缔结了《英法协约》，由此结束了两国之间的世仇关系，并改变了英国一直以来游离于欧洲大陆之外的孤立政策。由于欧洲王室之间长期奉行联姻政策，爱德华七世成了当时欧洲许多君主的长辈，被称为“欧洲的叔父、舅父”。

② 指1899—1902的“第二次英布战争”。英国在这场战争中动员了45万军队，死亡2.1万多人，花费2.2亿英镑，成果是将南部非洲的殖民地连成了一片，使好望角地区成了英国海外帝国最重要的基地之一。在经济上把持了世界上最大的兰德金矿，从而使伦敦迅速成了世界金融中心。但这次战争也使英国认识到保卫海外领地代价巨大，从此结束海外扩张，将战略重点转回欧洲。

③ 自18世纪末叶，指那些居住在南非和纳米比亚，讲南非语的欧裔居民。他们中大多数是荷兰移民的后代，也包括部分德国裔和法国裔。

这种手法却只是威廉用来辱人的诸多恶趣味之一。

无论是在库克旅行社[①]的安排下携带大批随员盛大其事地参观耶路撒冷[②]，还是在船过丹吉尔[③]时引起轰动的上岸拜访[④]——他既未事先通知，也未受欢迎，但幸运地受到了英国特工的保护——他都永远在做着虚张声势却下场可笑的表演。他最喜爱的业余活动是打猎，在此事上，他的妄想症更是体现得淋漓尽致。实际上他并没有猎取什么，他只是在放空枪——但即便是后来流亡，他仍乐于吹嘘自己在当皇帝时，每年都有四五万的猎物死在他的枪下。

对于那场世界大战的凄凉结局，他至少也要负起部分责任。丧生在战争中的人，数以百万计。

导致欧洲大小诸国间突然开战的原因，正是各欧洲大国针对彼此所推行的强权政策。不论是谁，如果总是全副武装，而且到处签订用于对付竞争对手的条约，那么早晚都会惊讶地发现，自己也被卷入了由自己参与策划的战争中。威廉二世那些尚武的言论，很有可能在相当程度上促成了战乱局面的产生。因为就连那些与他交好的君主，也因他而感到惊恐不安。

但什么叫作“与他交好”呢？至少在主导战争的三大强国之间，便存在着极为紧密的联系。俄国、英国和德国，其实是被同一家族的成员们分别统治着。三国君主彼此间是舅舅、外甥和表兄弟的关系[⑤]。那场令他们的臣民全部深陷其中的灾难，从某种意义上说只是他们的

---

① 全名“托马斯·库克父子旅行社”，成立于1871年，于1928年被卖掉之前一直是家族企业。托马斯·库克之名在那个年代就是旅行质量的保障。

② 指威廉二世在1898年的巴勒斯坦之旅，这次旅行的高潮部分是皇帝为在耶路撒冷建立的路德会救赎主堂主持的落成典礼。

③ 摩洛哥北部城市，位于北非海岸，直布罗陀海峡以西，面积250平方公里，人口约85万。

④ 其背景是1904—1906年的“第一次摩洛哥危机”，此次危机的起因是德、法两国争夺对摩洛哥的主导权。危机最后通过“阿尔赫西拉斯国际会议”解决，德国遭到与会的其他欧洲大国的孤立，虽然得到了经济利益，但确保了自身在北非的政治影响力的法国才是最大的受益者。

⑤ 爱德华七世既是沙皇尼古拉斯二世的姨丈，也是他的舅舅。尼古拉斯二世的妻子是威廉二世的表妹，所以尼古拉斯二世是威廉二世的表妹夫。

家庭纷争罢了。

这家庭纷争持续了四年，为整个世界带来了不幸。在此期间工业的发展，也为新武器的诞生和传统武器的完善提供了支撑。战争早已不再意味着人与人或是军队与军队的肉搏了。水中、陆上，甚至有史以来第一次连天空也成了战场。那些一到冬天便要从战场转入舞厅的日子已经一去不复返了。“总体战”的出现，使士兵与普通百姓之间也不复存在本质差异。战争变得比从前更加血腥，对自动武器的使用加剧了所有参战方的伤亡。

对于这种局面，大多数的德军统帅其实是没有准备的。就连威廉，对自己的军事力量也不过是一直在大肆吹嘘而已。如果不是 AEG 公司[①]的拉特瑙迅速出手解决了军队的供给问题，而且当时已经退役的兴登堡[②]将军又重新复职，皇帝陛下可能在战争初期就难以为继了。被重新调出的“施里芬计划[③]”也已显得过时，不足以用作战略指导。这份计划制订于 1905 年，它的草创者，参谋总长施里芬，已经不在人世。总而言之，极少会有人这样，趾高气扬但实际上毫无准备地一头扎进

---

① 曾是世界上最大的电器康采恩之一。1883 年成立于柏林，一战期间仅次于克虏伯公司为帝国第二大武器供应商，并为德国军队制造飞机。1918 年开始致力于造船业。20 世纪 30 年代时开发出录音磁带。二战后总部迁往美茵河畔法兰克福。1985 年被戴姆勒 – 奔驰公司兼并。公司现在的品牌所有者为瑞典公司 Electrolux。

② 保罗·冯·兴登堡（1847—1934），德国陆军元帅。他的声名建立于 1914 年的“坦能堡战役”，在该役中，他作为德国第八军统帅，在参谋长鲁登道夫的协助下，对俄军进行了毁灭性的打击。由于这场战役被视为对 1410 年的同名战役（当时德国条顿骑士团败于波兰 – 立陶宛联军之手）的雪耻之战，他从此被神化。1916—1918 年期间，由他统领的最高陆军指挥部几乎接管了政府的全部职能，皇帝威廉被架空。1925 年他成为魏玛共和国第二任总统，1933 年通过他的任命，希特勒成为德国总理。

③ 该计划为一战初期德国的军事行动提供了基本方案，最初见于阿尔弗雷德·冯·施里芬伯爵的备忘录，又经过了小毛奇（毛奇的侄子）的仔细完善。根据该计划，德国如果在战争中处于西线和东线都有敌人的情况下，应先集中力量取道法国北部，绕过法军诸多针对德国的防御工事，从背后对法军发起攻击。在击溃法国后，再在接下来的几周内将军队调往东线同俄国作战。但由于战争开始时整个欧洲的政治和军事环境已有了较大改变，该计划无法取得预期的效果。为贯彻取道法国北部的战略部署，德军不得不攻击因身为中立国不肯开放通道的比利时，这一攻击最终导致了英国参战。

战争里。

恰恰是在最无关紧要的领域，德意志帝国做了最充足的准备：海军。作为爱德华——战争开始前已经亡故——贯彻其包围德国政策的理由之一的德国海军，虽然在整个战争时期最大型的海战“日德兰海战[①]”中成功地与强大的英国海军平分秋色，只是这一结果并不足以左右战争的局势。英国国王此时已换作了威廉的表弟，乔治五世[②]。但对于已故父亲的战争政策，新国王也只得继续执行下去。

残酷的战局令人进退维谷。西线在死气沉沉的阵地战中陷入胶着状态，只有偶尔的突发性冲突会暂时打破僵局，但付出的无不是惨痛的代价；在东线，兴登堡与他果敢的参谋长鲁登道夫[③]却是战绩辉煌。

可这要命的战争竟然还在继续蔓延。初期的形式是四大强国（奥匈帝国、德国、土耳其、保加利亚）对抗七国联盟（塞尔维亚、俄国、法国、比利时、英国、黑山、日本），最后则发展成为共有二十三国参战，包括美国在内。这早已不是属于普鲁士的战争了。战争的根源在于英国、法国、俄国还有德国的强权政策，而并非如人们有时读到的那样，源

---

① 德、英海军在1916年5月31日至6月1日期间的战役。仅从双方战时力量对比和伤亡角度来看，德国舰队以少击众，使英军付出了更大的舰只损失和人员伤亡，是这场战役的获胜者；但是该战役之后，双方的力量差距并没有显著变小，英国海军仍保持着绝对优势，可以继续对德国进行海上封锁，因此英国是战略层面上的获胜者。

② 英国与爱尔兰国王，印度皇帝（1865—1936）。现英国女王伊丽莎白二世的祖父。一战时期，放弃有德国背景的“哥达王朝”的称谓，改为带有典型英国色彩的“温莎王朝”，此举为他带来了崇高声誉，也加大了英国国民的凝聚力。在他任内，爱尔兰实现了除北部以外的独立。他的儿子就是后来以“不爱江山爱美人”著称于世的温莎公爵（爱德华八世），尽管他本人对儿子的恋爱关系全力反对，但也正确预见道：“我死之后，那小子十二个月内就会把一切都毁了。”

③ 埃里希·鲁登道夫（1865—1937），德国将军、政治家。在第八军任参谋长时，与兴登堡配合无间，“坦能堡战役”中的德军战略布局几乎出于他一人之手，兴登堡称自己在该战役期间一直“睡得很好”。他也是德军最高陆军指挥部的实际领导人，兴登堡只是充任公众形象。一战后，为转移德国民众的怨气，创造“刀刺在背传说”，使外国人和非民族主义者成为战争失败的替罪羊。魏玛共和国时期，他曾参与1920年的“卡普政变”和1923年的“啤酒馆政变”。曾发表诸多军事著作，其中最著名的有《总体战》。

自普鲁士的军国主义。威廉与他两位表亲——乔治五世与沙皇尼古拉斯[①]——之间的话题已经不再涉及普鲁士了。谁还会关心德国的皇帝是不是还头顶着普鲁士国王的头衔呢？普鲁士，已经变成一个单纯的历史名词。由于连它的国王在战争中也几乎没能扮演什么重要的角色——威廉既无战略方面的天赋，也不是一个优秀的组织者——我们便姑且对它不予置评吧。在人类所经历过的全部战争中，第一次世界大战属于最不必要发生的那一类，尽管它最终改变了世界，却被人挖苦道，它带来的正面效应可能只有一项：1918 年夏天，"德国十字戏[②]"在战壕中成了德国人有史以来最喜爱的棋类游戏。

时至今日仍不可考的是，到底是谁设计了另一场魔鬼游戏，从而给欧洲带来了深远的影响。丘吉尔将其称为人类能动用的"最残忍的武器"：1917 年 4 月，德国人用密封的火车将一群俄国流亡者从瑞士运往斯德哥尔摩，又从那里运往俄国。在这群人中，包括后来苏联的缔造者列宁。他被"像病菌一样"输送出去，并导致了德国对俄国的——暂时的——胜利。从威廉的手记中，找不到有关这一阴谋的蛛丝马迹，尽管在日后经历了自己国内的革命后皇帝确实曾幻想过，是不是能与已经改头换面的俄国结为同盟，以抗衡西面的协约诸国。

俄国，这一欧洲君主制的重要堡垒被摧毁了，表妹夫尼古拉斯的一家成了被表兄送过来的红色力量的牺牲品。要不了多久，德意志帝国也将会被一个共和国所取代。

而当初德意志帝国成立所带来的影响很早以前便已体现出来。根据塞巴斯蒂安·哈夫纳的说法："普鲁士的历史（突然之间）不再续写下去了。普鲁士所经历的过去，以及在俾斯麦时期仍有别于德国历史

---

① 尼古拉斯二世（1868—1918），俄国最后一任沙皇。在任期间由于专制独裁及缺乏改革精神，于 1917 年"二月革命"后被迫退位，从而也宣告了俄国罗曼诺夫王朝的结束。退位后，英国拒绝其避难，最终全家于 1918 年 7 月 17 日在西伯利亚遭布尔什维克枪杀。俄国东正教现已将他追认为殉道者和圣徒。

② 一种供二至六人同时玩的棋类游戏，脱胎于"印度十字戏"。由德国人约瑟夫·腓特烈·施密特于 1908 年发明，迄今为止销售量已超过 7000 万套。

的独立存在，于 1890 年至 1914 年这段时间全变成了一部无足轻重的地方志。”

普鲁士历史上的最后一位国王，在 1918 年年初又为德意志帝国任命了一位新的首相：马克斯·冯·巴登亲王。亲王殿下虽然也留着一部缩小版的“成功了”胡子，但在已有二百一十七年历史的普鲁士王国的最后一段时间里，展现出了一个非常理性的形象。在他治下的政府，前所未有地第一次由社会主义者主导，其中包括古斯塔夫·鲍尔和菲利普·谢德曼①，后者在不久的将来就会站在柏林皇宫的阳台上，宣布共和国的成立。

经过与马克斯亲王漫长的讨论——于马恩河一带交战双方伤亡人数持续上升②，在德国国内人民开始食不果腹——兴登堡和鲁登道夫终于争取到了停火申请，该申请将被递交给美国总统威尔逊③。在当时那种紧迫的形式下，威尔逊对此的反应不免让人觉得有些迟缓，他用了十五天的时间逐步提出了三项条件，其中两项非常明确理性，第三项则话中有话：德国首先要从已占领的领土撤军，其次要立即终止潜艇战，最后要“铲除一切专治力量，以避免其以特殊的、变体的和任意的形式影响世界和平”。

马克斯·冯·巴登亲王为皇帝解释道，威尔逊的第三点所针对的正是皇帝本人。其全部含义，就是要求皇帝退位。首相建议皇帝，现在拯救帝国最好的办法是尽快逊位给孙子威廉。虽然这孩子才 12 岁，但

---

① 德国社会民主党政治家、时事评论家（1865—1939）。在 20 世纪的前二十五年里，是他所属的政党和魏玛共和国最重要的人物之一。1918 年德国“十一月革命”期间，他宣布了“德国共和国”的成立，并于 1919 年当选为共和国总理。纳粹上台后他被迫流亡，直至 1939 年于哥本哈根去世。

② 此处指“第二次马恩河战役”，从 1918 年 7 月 15 日至 8 月 6 日。本由德军发起，但由于伤亡惨重，被法军逼退，战局又回到了同年“春季攻势”之前的状态。

③ 托马斯·伍罗德·威尔逊（1856—1924），美国第二十八任总统，民主党政治家。他领导美国在第一次世界大战中取胜。在他的推动下，“国际联盟”于 1919 年在巴黎成立，他则于同年被授予诺贝尔和平奖。但由于无法取得由共和党控制的参议院的支持，他没能使美国加入国际联盟，这也被认为是他政治上的最大失误。

是他的父亲，也就是皇储威廉，已经不可能再继承皇位。在敌对方和威尔逊本人那里，皇储的名声还不如皇帝，因为人们认为是他主持发动了德军在凡尔登的攻势[①]，数千名几乎还是孩子的新兵在此次战役中丧生。

在那段时间里，皇帝本人正一刻不停地坐着专列，往返于柏林和位于比利时城市斯帕的德军军事总部之间。当首相的以上建议被送交到皇帝手中后，皇帝怒发如狂，并马上从柏林返回斯帕。接下来他又重新表现得像个普鲁士人一样，给各部部长发去了一封措辞严厉的电报并质问，依据他们当初所许下的效忠誓言，如今应该采取什么样的态度面对这样的建议。

但在斯帕，由于兴登堡和鲁登道夫抱持与马克斯·冯·巴登同样的想法，他又陷入了与这两名军人的争执中。鲁登道夫以辞职作为要挟，得到的答案是："很好，那么您走吧！"兴登堡也表示，在这种情况下，自己也无法久留，故请求离去。对于这一请求，威廉以一句粗鲁的"胡扯！"作答并下令："您留下！"兴登堡则微微鞠躬，沉默以对。于是在协约国方面同样声名不佳的鲁登道夫就此离开，凭借一份伪造的护照，潜逃到了保持中立的瑞典。

德国海军的哗变，为这场内部纷争画上了句号，而威廉本来是还指望着海军去攻击英国舰队的。虽然满腔不情愿地同意了放弃皇位，威廉仍将保留普鲁士国王的称号。但极有可能是由于马克斯·冯·巴登的故意疏忽，这一点无人关注。亲王迫不及待地向媒体通告了皇帝退位的决定。当这一消息被公之于世并引起巨大轰动时，皇帝还仍然坐在宝座上呢。

可接下来皇帝的遭遇便与其长子的经历并无二致：在结束了一次与马克斯·冯·巴登的谈话后，皇储威廉愤怒地前往自己的部队，却被

① 此处指"凡尔登战役"，从 1916 年 2 月 21 日至 12 月 9 日，是一战中持续时间最长的战役。德军于该役中伤亡人数约为 33.7 万人，法军约为 37.7 万人，该役也被称为"凡尔登绞肉机"。

部队拒之门外。

斯帕处于一片混乱之中。城里流传着关于“布尔什维克”的谣言，据说这些人潜伏在各处，寻找时机抓捕甚或击毙皇帝和他的随从们。所以皇帝也很快就接受了建议，前往荷兰避难。

带着一个上自将军下至仆人，为数五十人的随员队伍，威廉在一个大雾的早晨登上专列，准备开启旅程。可由于火车司机无法得到放行文件，而各个火车站又都挤满了愤怒的人群，等着朝专列扔石头，一行人等不得不改换交通工具，乘坐着10辆车牌被污泥涂掩了的汽车，完成了大部分的旅程。在位于比、荷边境的艾斯登，专列等靠在一个偏远的站台，以供流亡者们重新登车。可就连这个站台也被铁丝网围了起来，这使得那个迄今为止世界上最有权势的人之一如同被送进了监狱一样。现在所有人只能坐等来自海牙①的决定，到底威廉是会被作为难民接纳，还是会被引渡给协约国。

决定到来得很快，且态度明确。无视社会主义者们的示威抗议，荷兰将按照古老传统接受皇帝一行的避难。人们揣测，荷兰女王威廉明娜②的这个决定出自她因“布尔战争”而对英国产生的恶感；威廉则曾在一次布尔人对英作战取得胜利后，向布尔人的总统“保罗大叔③”发去了贺电，此举在当时引起了轰动。但在现如今整个欧洲都以和平为主题的环境下，这些事都变成了应避而不谈的敏感话题。

旅程在阿默龙恩告一段落。皇帝住在当地的宫殿里，随员们被安排在两家旅馆中，按计划本应只暂住三天，可实际上却是滞留了差不

---

① 荷兰议会及政府所在地，南荷兰省首府。自1831年起，荷兰皇室居于此地。目前面积约98平方公里，人口50余万，是仅次于阿姆斯特丹和鹿特丹的荷兰第三大城市。

② 荷兰女王（1880—1962）。出身奥尔良－拿骚王朝，统治荷兰五十年之久。任内经历两次世界大战、荷兰殖民地印度尼西亚的独立。1944年创立“铜狮勋章”，主要用以表彰战争中的军人。

③ 史蒂芬努斯·约翰内斯·保卢斯·克鲁格（1825—1904），南非共和国政治家。参与并领导了两次“布尔战争”，带领布尔人摆脱英国统治实现独立，曾任南非共和国总司令、副总统、总统，被南非人称为“保罗大叔”。生命的最后几年因英国入侵而流亡欧洲，寻求列强对布尔人的支持，最后客死于瑞士。

多一年半之久。没过多久，又一列专列抵达了这里——到底威廉是忘记了皇后，还是说已经秘密为她安排了潜逃计划？无论如何，皇后奥古斯特·维多利亚在经历了两个惊险刺激的星期后，现在终于可以松一口气了。

威廉却还不到松一口气的时候，就连他的随员们也在担心，皇帝仍是有被引渡的风险。一到晚间，一群人便围坐在一起，讨论皇帝的种种逃亡路线，最终却都被威廉拒绝。就算他刮去了那标志性的胡须，人们也能从他的左臂一眼认出他来。但化装潜逃仍不失为一种方案——只是还能逃到哪里去呢？无论是在当时还是事过之后，这位前任皇帝的做法都招来了不少非议。假如他能阵亡在前线，难道不是一种更体面的选择吗？在经过了统治期间的种种戏剧化表演之后，一个“众神黄昏[①]”式的谢幕对他来说才是有尊严的，总好过扮演一个满怀畏惧的淘气小子——他在当时一幅著名漫画中的形象——躲藏在荷兰女王的裙底。另外一个听起来也非常合理的问题是，威廉也许应该直面英国的法庭审判，因为任何人也没可能将这次世界大战的罪责都扣到他头上。而且就算是德军在无预警的情况下用鱼雷攻击商船的行为称得上是犯罪，可难道协约国对德国进行的连妇女和儿童也牵连在内的食品封锁就无可指摘吗？与此类似，英王爱德华在战前所推行的包围计划与威廉的攻击性政策相较，也是半斤八两。

但这种关于责任的互相推诿终究只是空谈而已。用现在的说法来表示的话：事实上，那位德国皇帝及普鲁士国王是绝不会冒任何个人风险的。此前的各种英雄形象，他都只是在扮演而已。在位于多伦的一处田庄——实际上已被他改建成了一座宫殿——他换上了一副楚楚可怜的样子。只是始终不改他夸夸其谈的本色。

他的经济状况依然不错，因为那些正执掌着他的国家的人，那些

① 出自北欧神话故事，描述世界末日时，北欧诸神如主神奥丁、雷神托尔、战神索尔等与魔狼、尘世大蛇、死亡女神、巨人混战并逐一陨落。瓦格纳曾创作同名歌剧，但内容并不一致。

他所憎恨的社会主义者、被他咒骂的布尔什维克，对他表现得慷慨大度。许多在我们今天会被认为是国家财产的东西，都被划至他私人名下。仅从柏林各处宫殿中集中起来并运往多伦的名画、古老家具乃至珠宝，就装满了 50 车皮。按照德国人的讽刺说法，他在多伦建立起了一个“皇帝场”，接待着来自世界各地的客人，同时对鲁登道夫大肆鞭挞，称其为“暴君”，且将自己的所有不幸都归咎于此人。

这些“不幸”他还要忍耐很久。像过去用打猎来消磨时间一样，他又找到了一个新的爱好，一个对于退位的皇帝来说不大常见的爱好：劈木头。每天一大早，他便带着他的近侍，开始挥舞斧头。根据专业人士的估算，他前前后后应该总共劈了 1 万根左右的树干，另一些专业人士则保证，这个数字几乎相当于当时荷兰树木的总量了。在此必须补充的是，他也让人种了很多树，可见他还是很关心当地生态平衡的。

最让那些在德国的保皇党不满的是，他后来又结了一次婚。1919 年 4 月，皇后奥古斯特·维多利亚去世。按照皇帝的意愿，皇后的遗体被送往波茨坦安葬。在葬礼上，人们最后一次向皇后致以哀悼。也许这个女人生前并没有多么受人爱戴，可出席葬礼的人数却达到了 20 万之巨。民众会这样寄托自己的思旧之情，令人事先没有想到。

按照当时的说法，由于正盘算着第二次婚姻，皇帝不想在多伦修建一座陵墓，以供自己将来与皇后合穴之用。所以皇后的遗体才被送走安葬。这位退位的皇帝一直都是只狡猾的狐狸。大多数历史学家对他的嘲讽还犹有过之。

转过年来，63 岁的皇帝果然迎娶了一名 36 岁的寡妇，赫明妮·冯·舍恩奈希－卡罗拉特公主。绝大多数的保皇党人则拒绝承认这位新“皇后”。与常驻多伦相比，她更喜欢逗留在德国，接受右派妇女组织的膜拜。自 1933 年起，她开始成了那时人们口中的“女纳粹”。

前皇储比她走得更远，在“波茨坦日[①]”亲自站在了希特勒的身边。而另一个皇子甚至公开穿上了棕色制服[②]。这些举措，也许可以帮助他们重新获得一部分失去的权力。

皇帝本人则与这所谓的国家社会主义完全无法共处。针对这一政治党派，他已经尽可能地展现了疾言厉色。他宣称，纳粹党人比那些社会主义者更可恶。尽管如此，赫尔曼·格林[③]还是两次赴多伦拜访了他：作为第一次世界大战时的战斗机飞行员和现在的普鲁士王国总理，格林觉得自己有责任这样做。当第二次世界大战爆发后，皇帝被建议同荷兰王室一起到英国避难。但这个建议没有被采纳，因为他——如果不考虑希特勒的话——不想从德国士兵，也就是他的士兵面前逃走。虽然官方禁止对他探视，但国防军的军官们还是网开一面，允许人们与这位老人握手，即使是在身着制服的情况下。他劈木头时的场景，尤其为人喜闻乐见。

而在一次从事这项他最喜爱的活动时，时年 82 岁的皇帝突然昏倒在地，且再也没能从事故中恢复过来。一名多伦本地的医生照料着他，直到德国的医疗团队赶到。病情在经历了短暂的好转后，剧痛随之而来。皇帝病逝于 1941 年 6 月 4 日。生前的最后一句话是：“叫我的妻子来。现在是告别的时候了！”

直到去世前，他都没放弃过有朝一日重返帝座的希望。但考虑到帝制不能恢复的情况，他也做好了葬于多伦的准备，因此希特勒打算

---

① 指 1933 年 3 月 21 日。在这一天，纳粹党于位于波茨坦的卫戍教堂召开希特勒当选为德国总理后的第一次国会。经过纳粹宣传部长戈培尔的精心安排，此次国会被用来取悦总统兴登堡及其所代表的右翼军人势力，后来被认为是纳粹党与军国主义相结合的标志。

② 指纳粹党服。

③ 纳粹党主要领导人之一（1893—1946）。一战时期作为德国王牌飞行员，战绩卓著。自 1935 年起，担任德国空军总司令。曾参与建立“盖世太保”和首批集中营。1940 年被希特勒任命为帝国大元帅，后又被指定为继承人。但实际上，他在与党内对手希姆莱和戈培尔的竞争中逐渐失势，到了 1942—1943 年间时已基本不再负责实际工作。1946 年于“纽伦堡审判”中被判处绞刑，但他于行刑前晚服毒自尽。

为他在波茨坦安排的国葬也就完全派不上用场。而且他也坚决反对诸如德国吊唁代表团、纳粹"卐"字勋章乃至花圈等物出现在葬礼上。

德国官方的吊唁代表只有一人，即德占荷兰的地方长官，阿图尔·赛斯－因夸特[①]。他站在皇储与92岁的轻骑兵元帅马肯森[②]中间，代表"元首"献上了一个纪念花圈。即使是与皇帝的意愿不符，人们也不敢拒绝这份献礼。

除了他自己那一身丧服的寡妇之外，威廉二世并没有被多少人哀悼。因为对于当时的德国人来说，更大的忧患正迫在眉睫。

最后，让我们请出两名与威廉二世同时代的人，这两人分别来自德国和英国。

德国人是诗人阿诺·霍尔茨，出生于东普鲁士，后来迁居柏林。在其作品《铁皮匠》中，他塑造了一个叫作尼佩皮普的人物，以达到对皇帝的讽刺效果。对威廉二世的行为举止进行讽刺的作品数不胜数，但以这一部影响最为深远。霍尔茨在作品中引用了大量皇家公告的原文，以便让读者对被讽刺的对象一目了然，哪怕是把背景舞台从柏林改成了廷巴克图[③]也不影响效果。如此大费周章并非是为了掩人耳目，而是因为通过这种手段，可以更好地揭露出皇帝所竭力展示的那种童话般的拜占庭式浮夸之风的可笑本质。

霍尔茨写这首诗的时候，威廉二世刚刚结束东方之行，来自宫廷的报道充斥报端。值得一提的是，皮佩尔出版社[④]当年所发行的第一本

---

① 奥地利纳粹党代表人物（1892—1946）。曾任奥地利总理，任内完成德奥合并。其后历任德占波兰总督代理、德占荷兰总督。1946年10月1日，作为二十四名纳粹主要战犯之一，在纽伦堡被国际军事法庭判处死刑。

② 奥古斯都·冯·马肯森（1849—1945），普鲁士陆军元帅。曾任威廉二世副官，并被威廉二世擢升为贵族。在第一次世界大战中战功卓著，并因此被纳粹党人打造为希特勒追随者中的代表人物之一。

③ 西非马里共和国城市，位于撒哈拉沙漠南缘，尼罗河以北20公里。面积148平方公里，人口约5.4万人。由于位处交通要道，成了多种文明的交汇点，历史悠久，是伊斯兰教名城之一。

④ 于1904年成立于慕尼黑，当时旗下拥有众多著名的作者。自1995年起归属于瑞典的波尼尔集团。本书德文版即是该出版社作品。

书，正是阿诺·霍尔茨的作品。

借此愉快地重返廷巴克图之机，
我要授予大祭司穆勒
蓝象大十字勋章。
勋章上有棕榈叶和宝剑的图案装饰，
还配有一个金环以供悬挂。（a）
我在此特别仁慈地允许他，把这金环穿在鼻子上。
他的夫人，
本来的姓氏是冯·布洛克提什，跟随已故前夫的姓氏克
瑞奇梅尔，
将获得我赠送的一条响尾蛇，
三公斤鱼肝油，
和一枚银质的功勋胸针。（b）
我命令！
华丽的亚马孙军团不着寸缕，骑着铜色的鳄鱼，
在尼罗河上期待牛奶。
穿越沙漠的道路将再被铺上一层沙子。
……
子午线将被删除，其他的经线将被涂上油彩。
所有信仰的钟声都要响起来。（c）
菖蒲，明信片，全麦面包，
号外，灌满蚊子酒的鸵鸟蛋，还有
我的画像
穿着雄壮的、有刺绣的海军上将制服，
上面用链条挂满我所有的勋章，（d）
胡须被罩起来的，胡须露出来的，
这些都由我的芭蕾舞团到处派发。

在诗中，最重要的一条命令当然不会被遗忘："庆典活动要体现爱国主义。"

来自英国的同时代者是温斯顿·丘吉尔爵士。作为不久后希特勒最头疼的对手，他于 1937 年在著作《伟大的同时代者》中写道："每个打算对威廉二世的人生历程加以评判的人，都应先问自己一个问题：如果我是他，又会怎么做？……如果说当初年轻的皇帝所上的第一课是意识到他自己的重要性，那么第二课就是认知他所肩负的责任，即维护德意志帝国的重要性。在数以百计的渠道中，水流持续不断，虽然在玻璃表面下涌动的是敬畏之意，威廉二世还是被不断地灌输，只有永远充任民族斗士，他才会获得民众的爱戴与崇拜……在这一点上，威廉二世并不具备现代独裁者的素质。他作为一名层次丰富的人物，站在世界舞台的中央，扮演了一个绝大多数人都会演砸的角色。"

普鲁士则再也没有被提及过。

七律 威廉二世

炀帝初时漫享名，未知国亦未知兵。

那堪举鼎绝社稷，竟至亡秦多弟兄。

缔造老臣归地福，钤韬上将赴舟横。

柳生左肘终非吉，濡首狐狸或有情。

年代表

1657年	7月11日："大选帝侯"之子腓特烈在柯尼茨贝格出生
1688年	"大选帝侯"在波茨坦逝世。腓特烈继位，成为勃兰登堡选帝侯腓特烈三世
1698年	绰号为"德绍老头"的利奥波德·冯·安哈尔特-德绍，在勃兰登堡-普鲁士军队中引入了"齐步走"制度
1700年	莱布尼茨成立了科学社团，即"柏林科学协会"的前身
1701年	1月18日：腓特烈三世自行加冕为"在普鲁士的王"，改号为腓特烈一世，并设立"黑鹰勋章"
1713年	2月25日：腓特烈一世亡故。继任者为腓特烈·威廉一世（生于1688年8月15日，柏林）。下一任王储为腓特烈（生于1712年1月24日，柏林）
1714年	在普鲁士禁止"猎杀女巫"行为
1715年	普鲁士参与"大北方战争"，与瑞典为敌。征服了西波美拉尼亚和施特拉尔松
1730年	王储试图逃亡。王储的朋友，卡特少尉，于1730年11月6日在屈斯特林被处决
1732年	王储被解除堡垒监禁，成了诺伊鲁平地区的军事长官
1733年	王储与伊丽莎白·克里斯汀娜·冯·布伦瑞克-贝文成婚

1736年	莱茵斯贝格成为“缪斯之家”。在伏尔泰的帮助下，《反马基雅维利》一书面世
1740年	5月31日：腓特烈·威廉一世在波茨坦逝世。王储继位，成为腓特烈二世，后来被称为“大帝”（生于1712年1月24日）。同年，神圣罗马帝国皇帝查理六世身故，其女玛丽亚·特蕾西亚继承奥地利王位。“第一次西里西亚战争”开始
1742年	签订《柏林和平协议》。确认了普鲁士对西里西亚的世袭权力
1744年	东弗里斯兰归属于普鲁士。“第二次西里西亚战争”开始
1745年	6月4日：霍亨弗里德贝格战役（胜方为普鲁士） 9月30日：索尔战役，交战双方均战损严重 12月15日：凯瑟勒斯多夫战役（胜方为普鲁士） 12月25日：签订《德莱斯顿和平协议》。西里西亚继续归普鲁士所有。此后开始了一段持续十一年的和平时期
1756年	“七年战争”开始，对手是由奥地利、法国、俄国、瑞典、萨克森组成的同盟，站在普鲁士一边的仅有英国和几个德国小邦
1756年	10月1日：罗布西茨战役（击败了奥地利人）
1757年	5月6日：布拉格战役。占领波希米亚 6月18日：科林之败 8月30日：大耶格斯多夫战役，败于俄军 11月5日：罗斯巴赫战役，战胜了法国人 11月22日：布雷斯劳之败 12月5日：洛伊腾大捷，重新夺回西里西亚
1758年	8月25日：曹恩多夫大捷，战胜了俄国人 10月14日：在豪赫克希遭奥地利军队突袭
1759年	8月12日：库讷斯多夫惨败 11月20日：芬克将军所部普军在马克森投降（“芬克之擒”）
1760年	柏林遭俄军短暂占领 8月15日：李格尼茨大捷 11月3日：托高大捷
1762年	10月29日：海因里希亲王在弗莱贝格取得了决定性的胜利 新的俄国沙皇改变了兵锋所向——女沙皇伊丽莎白去世后，继位的沙皇彼得三世与普鲁士结盟
1763年	2月15日：签订《胡伯图斯堡和平协议》。确认普鲁士拥有西里西亚。普鲁士跻身欧洲强国之列
1772年	第一次瓜分波兰。西普鲁士地区归属普鲁士王国。腓特烈从此自称为“普鲁士之王”
1786年	腓特烈大帝于8月17日在无忧宫逝世。继任者腓特烈·威廉二世（生于1744年9月25日）是大帝的侄子，父亲为大帝的弟弟奥古斯都·威廉，母亲为伊丽莎白·冯·布伦瑞克-沃尔芬比特尔
1787年	引入高中学制
1789年	卡尔·戈特哈德·朗汉斯建造了勃兰登堡门；建筑总监为威廉明妮·恩克，日后的利希特瑙女伯爵，国王的情妇。巴黎：法国大革命

1792年	安斯巴赫和拜豪伊特归属普鲁士。“第一次反法同盟战争”。“瓦尔密炮战”不分胜负
1793年	第二次瓜分波兰。普鲁士得到了波兹南、卡利什、但泽和托恩
1794年	卡尔·戈特利卜·斯瓦雷茨编撰的《普鲁士国家通用法典》付诸实施
1795年	第三次瓜分波兰。普鲁士得到了华沙及其周边地区，达到其领土扩张的极限 4月5日：哈登贝格替普鲁士与法国共和国政府签订了《巴塞尔特别和平协议》
1797年	11月16日：腓特烈·威廉二世亡故。继任者为其子腓特烈·威廉三世（生于1770年8月3日）。新君自1793年起与梅克伦堡-施特雷利茨公主路易丝结为夫妻
1803年	根据《雷根斯堡帝国特派代表团决议》得到明斯特、希尔德斯海姆、帕德博恩
1806年	拿破仑组建“莱茵同盟”，同盟包括了除奥地利、普鲁士、黑森选侯国和布伦瑞克之外的所有德意志邦国 “德意志民族神圣罗马帝国”解体 法国与普鲁士和俄国之间的战争爆发 霍亨罗尔侯爵率领下的普鲁士军团在10月14日于耶拿被拿破仑击败。在同一天，卡尔·冯·布伦瑞克公爵所部普军主力于奥尔施泰特被歼灭。拿破仑进驻波茨坦和柏林。腓特烈·威廉三世国王和路易丝王后向东普鲁士逃亡。最初的一系列改革尝试将在那里进行（由施泰因和哈登贝格主持）
1807年	签订《提尔西特和平协议》。普鲁士失去了半数的土地和人口，其中包括易北河以西的全部领土 由施泰因男爵主持的自由派改革，涉及农奴解放、城市法规建设及国家机构重组
1808年	引入新的城市法规。军队改革在格奈泽瑙和沙恩霍斯特的主持下进行（“总参谋部”已经建立）
1809年	被迫将施泰因解职
1810年	哈登贝格成为王国首相。在柏林和布雷斯劳成立大学。路易丝王后身故
1812年	法军在俄国失利后，由约克·冯·瓦腾堡签订《陶罗根停战协定》
1813年	国王发出名为《致我的民族》的呼吁 10月16日至19日：“莱比锡民族大会战”，拿破仑遭到毁灭性打击
1814年	反法同盟占领巴黎。拿破仑被流放至厄尔巴岛。“维也纳和会”召开
1815年	拿破仑出人意料地卷土重来。里格尼战役和贝拉联盟（滑铁卢）战役最终裁定了他的命运。被流放圣赫勒那岛 “维也纳和会”继续进行。十五个诸侯国与四个自由市共同组成了“德意志联盟”，联盟议会设在法兰克福（美茵河畔） 与此同时成立了“神圣同盟”，由极端保守的奥地利首相梅特涅主导。最早期的“黑红金”三色社团在耶拿出现，反对“梅特涅体系”
1819年	通过《卡尔斯巴德决议》禁止社团活动，监控媒体，逮捕“煽动者”
1839年	连接柏林与波茨坦的普鲁士首条铁路通车

1840年	6月7日：腓特烈·威廉三世亡故。他与路易丝王后的长子，腓特烈·威廉四世（生于1795年10月15日），在柏林继位。新君自1823年起与伊丽莎白·冯·巴伐利亚结为夫妻
1847年	将普鲁士八个省的地区议会代表召集至柏林，成立“州联合议会”
1848年	3月13日：在维也纳爆发革命。梅特涅下台，逃亡至英国 “柏林三月革命”。腓特烈·威廉四世向3月里的230名死者致哀。国王的弟弟威廉（“霰弹亲王”）逃亡至伦敦
1849年	腓特烈·威廉四世拒绝被法兰克福国民议会推举成德国皇帝。普鲁士得到了霍亨索伦家族领地
1850年	宪法“由上层”颁布
1857年	国王放弃了纳沙泰尔
1858年	由于国王精神上的疾病，国王的弟弟威廉开始摄政。普鲁士政治上的“新时代”就此开启
1861年	1月2日：腓特烈·威廉四世亡故。继任者是他的弟弟威廉（生于1797年3月22日）。新君自1829年起与奥古斯特·冯·萨克森-魏玛结为夫妻
1862年	因为否决了战争部长阿尔贝希特·冯·鲁恩用于军事改革的经费预算，普鲁士众议院被解散。在鲁恩的建议下，俾斯麦被任命为首相
1864年	普鲁士与奥地利联合发动对丹麦的战争 4月18日：攻克杜普勒防御工事。石勒苏益格和荷尔施泰因由普鲁士和奥地利共治
1866年	“普奥战争” 8月3日：柯尼茨格雷茨（萨多瓦）战役，该地即今天捷克的赫拉德茨-克拉洛韦。普鲁士在毛奇的领导下击败了贝内德克所统领的奥地利-萨克森联军 8月23日：《布拉格和平协议》（协议前的谈判工作在尼克勒斯堡完成）。汉诺威、黑森选侯国、拿骚、法兰克福（美茵河畔）归属于普鲁士。“德意志联盟”解散，奥地利不再被视为德国的一部分
1870年	7月11日：卡尔·安东·冯·霍亨索伦-齐格马林根放弃了自己儿子利奥波德对西班牙王位的竞选权。尽管如此，法皇拿破仑三世仍然要求霍亨索伦族长威廉一世对这一弃权做出保证。俾斯麦篡改了后者的答复，并将其（“埃姆斯密电”）于7月13日公之于众 7月19日：法国向普鲁士及与普鲁士联盟的德意志诸邦国宣战 8月16日：维翁维尔战役和马拉图战役，在威廉一世国王和毛奇领导下的德军取胜 9月1日：色当战役开始，随即在9月2日以拿破仑投降而告终
1871年	1月18日：在凡尔赛宫的镜厅举行皇帝登基仪式，德意志帝国建立，与此同时，巴黎城和所属要塞还处于包围中，城内成立了共和国 5月10日：签订《法兰克福和平协议》。法国被迫割让阿尔萨斯、洛林 “文化抗争”运动开始，斗争对象为天主教会和“天主教中央党”
1886/87年	在签订了两份《和平法案》后，“文化抗争”运动结束

1888年	“三皇之年”：3月9日，皇帝威廉一世身故。继任者腓特烈三世（生于1831年10月18日）自1858年起与英国伊丽莎白女王的长女维多利亚（“维姬”）结为夫妻。九十九天后，腓特烈于6月15日在其出生地波茨坦去世。继任者为长子威廉二世（生于1859年1月27日），自1881年起与奥古斯特·维多利亚·冯·石勒苏益格–荷尔施泰因–宗德堡–奥古斯腾堡结为夫妻
1890年	3月18日：俾斯麦被皇帝强迫退职
1897年	在海军上将提尔皮茨主持下，海军开始按战争标准提升装备
1906年	由于威廉二世不认可法国在北非的要求，“第一次摩洛哥危机”爆发
1908年	威廉二世接受英国《每日电讯报》访谈时发表的言论引起了国际恐慌
1911年	派遣“豹号”（“豹跃号”）炮舰到阿加迪尔，引发了“第二次摩洛哥危机”
1912年	社会民主党在帝国议会中成为多数派
1914年	6月28日：在萨拉热窝对奥地利王储的刺杀事件点燃“第一次世界大战” 德国于8月1日向俄国宣战，于8月3日向法国宣战，当德军侵入比利时后，英国于8月4日向德国宣战
1916年	凡尔登战役。战壕战 兴登堡执掌总参谋部。鲁登道夫任职副总参谋长，作为兴登堡的副手
1917年	威廉二世许诺取消“三级选举权”制度
1918年	马克斯·冯·巴登亲王成为帝国首相。他在“基尔港水兵起义”之后，擅自于11月9日公布了皇帝退位的消息。11月10日，威廉二世逃往荷兰 11月28日：当皇后到达后，威廉二世在阿默龙恩宫签署了《退位诏书》
1919年	在多伦购入房产 4月11日：皇后奥古斯特·维多利亚去世
1920年	前皇帝再婚，新娘是赫明妮·冯·舍恩奈希–卡罗拉特公主
1941年	前皇帝威廉二世在多伦去世

参考文献

历史文献

詹姆斯・本前	《在红鹰与黑鹰之下》	柏林 1997
奥托・布世，保罗・诺伊格保尔（发行人）	普鲁士现代史 1648—1947	纽约 1981
瓦尔特・布斯曼	历史与政治的改变及延续	博帕德 1973
F.J.富埃希特万格	普鲁士——神话与现实	法兰克福（美茵河畔） 1972
腓特烈・威廉・冯・普鲁士亲王（发行人）	普鲁士国王	居特斯洛 1971
塞巴斯蒂安・哈夫纳	不带传奇色彩的普鲁士	汉堡 1979
塞巴斯蒂安・哈夫纳，沃夫冈・维诺	普鲁士的剪影	法兰克福（美茵河畔），柏林 1986
奥托・兴茨尔	霍亨索伦人及其作品——五百年来祖国史	柏林 1986
乔治・昆策尔	霍亨索伦的政治遗嘱	莱比锡，柏林 1911
戈洛・曼	19与20世纪德国史	法兰克福（美茵河畔） 1958
英格丽・米腾茨威，爱瑞卡・海尔茨费勒德	勃兰登堡-普鲁士 1648—1789	柏林 1988
利奥波德・冯・兰克	普鲁士史	埃森 无出版年份
汉斯-约阿希姆・里希瑙	追忆普鲁士	柏林 1978
安东・里特哈勒	霍亨索伦人	莫尔斯 1979

曼弗雷德·施兰克（发行人）	普鲁士词典—— 一份依据数据及注解的历史性回顾	弗莱堡，沃尔茨堡 1983
汉斯·约阿希姆·舍普斯	普鲁士——一个国家的历史	法兰克福（美茵河畔），柏林 1966，1967，1997
乔治·舒斯特	霍亨索伦家族史	柏林–利希特菲尔德 1915。于莱比锡再版 无出版年份
玛格丽特·舍南	勃兰登堡普鲁士的崛起	伦敦，纽约 1995
腓特烈·C.赛尔	德国自由主义的悲剧	斯图加特 1953
迪特尔·辛恩，蕾娜特·辛恩	普鲁士的日常生活	法兰克福（美茵河畔） 1991
托马斯·施达姆–库勒曼	霍亨索伦人	柏林 1995
汉斯–乌尔里希·魏勒	德意志帝国 1871—1918	哥廷根 1973
汉斯–乌尔里希·魏勒	德国社会史 1700—1815	慕尼黑 1987

备忘录

威廉明妮·冯·拜伊豪特	备忘录	莱比锡 1923
温斯顿·丘吉尔	伟大的同时代者	伦敦 1937
卡尔·A.法恩哈根·恩瑟	革命日志	讷德林根 1986
儒勒曼·腓特烈·埃勒特	普鲁士国王腓特烈·威廉三世的性格特点及其人生中的历史片段	马格德堡 1842
腓特烈大帝	思想与回忆	埃森 无出版年份
乔治·寇托夫斯基，沃纳·普于勒茨，格哈德·里特尔（发行人）	威廉主义下的德国—— 同时代者的声音	法兰克福（美茵河畔）1965
史蒂芬·拉克讷	钢笔自画像——回忆	柏林 1988
罗伯特·施普林格	柏林的街道——1848年时的酒馆与俱乐部	柏林 1850。于莱比锡再版 1985
苏菲·玛丽·冯·福斯女伯爵	普鲁士宫中的六十九年	莱比锡 1887

传记

保罗·拜律	路易丝王后——生平事略	莱比锡 1908
腓特烈·本宁霍温，海尔穆特·布尔施-祖潘，伊泽林·古恩德曼	腓特烈大帝	国家秘密档案展览目录，西柏林 1986

格哈德·贝特格（发行人）	腓特烈大帝——居于传统与进步间的君主	居特斯洛 1985
W.H.M.冯·比斯兴	腓特烈·威廉二世——普鲁士国王	柏林 1967
奥托·布于施（发行人）	腓特烈·威廉四世	某次学术讨论会上的讲稿，柏林 1989
瓦尔特·布斯曼	在普鲁士与德国之间——腓特烈·威廉四世	柏林 1990
君特·道恩，约阿希姆·恩格勒曼	腓特烈大帝领导的战役	奥格斯堡 1996
约翰·古斯塔夫·德豪尔森	腓特烈·威廉一世（上下）	莱比锡 1869
I.弗雷，M.弗雷	腓特烈一世——普鲁士的第一任国王	格拉茨，维也纳，科隆 1984
达格马·冯·格斯多夫	路易丝王后与腓特烈·威廉三世	柏林 1996
维希哈德·格拉夫·哈拉赫	奥古斯特·冯·李格尼茨女侯爵	柏林 1987
腓特烈·哈陶	威廉二世	赖因贝克（位于汉堡附近）1978
弗里茨·哈通	腓特烈·威廉一世——普鲁士王国的创建者	柏林 1942
弗朗茨·黑赫	皇帝威廉一世——最后的普鲁士人	科隆 1980
弗朗茨·黑赫	皇帝腓特烈三世——德国自由主义的希望	慕尼黑 1987
J.A.德·容格	威廉二世	科隆，维也纳 1988
埃卡特·克雷斯曼	普鲁士亲王路易·费迪南德	慕尼黑 1995
克里斯蒂安·冯·克罗可夫	腓特烈大帝——生平事略	慕尼黑 1993
弗兰克-洛塔·克罗尔	腓特烈·威廉四世及德国关于浪漫主义的国家思维	柏林 1990
弗朗茨·库格勒	腓特烈大帝史	施台廷 1840
尼古拉斯·索姆巴特	威廉二世——替罪羊及中央之主	柏林 1990
托马斯·施塔姆-库勒曼	普鲁士大时代中的国王——腓特烈·威廉三世，王座上多愁善感的人	柏林 1994
瓦尔特·施泰因（发行人）	俾斯麦	锡根，莱比锡 1915
玛格丽特·冯·塔克（发行人）	沙皇亚历山大一世	图林根 1983
沃勒夫冈·维瑙	弗里茨国王	贝尔吉施格拉德巴赫1981

沃勒夫冈·维瑙	腓特烈国王——腓特烈大帝，双面人的肖像	贝尔吉施格拉德巴赫1990
保罗·魏格勒	威廉一世	海勒豪（位于德莱斯顿）1927
M.W	腓特烈·威廉三世的性格特点及其宫廷中最重要的人物	1807

柏林

理查德·迪特里希（发行人）	柏林——关于它的十章历史	柏林，纽约 1981
乔治·霍尔姆斯腾	柏林——编年史	杜塞尔多夫 1984
马丁·胡于里曼	柏林，王宫所在-帝国首都-新的开始	苏黎世，弗莱堡（布莱斯高）1961
瓦尔特·基奥雷恩	柏林	柏林 1958
海尔穆特·屈恩（发行人）	普鲁士——施普雷河边的雅典	柏林及赖因贝克（位于汉堡附近）“普鲁士——追求平衡的尝试”展览目录第四册 1981
儒勒·拉福格	柏林——宫廷与城市 1887	再版于柏林，法兰克福（美茵河畔）1970
保罗·奥特温·拉夫	从建筑中体现的柏林史	发行人：冯·扬·拉夫。慕尼黑 1988

宫廷史

埃瑞克·布莱希	腓特烈·威廉二世和腓特烈·威廉三世的宫廷	柏林 1814
卡尔·爱德华·维泽	普鲁士宫廷（三卷本）	莱比锡 1993

其他

西奥多·枫塔讷	勃兰登堡边境省带来的改变（五卷本）	慕尼黑 1968
西奥多·枫塔讷	战争见闻录	发行人：冯·克里斯蒂安·安德烈。法兰克福（美茵河畔），维也纳，柏林 1973

西奥多·枫塔讷	军事占领的日子	发行人：冯·安德烈亚斯·卡驰，海尔穆特·努恩贝格尔。慕尼黑 1973
西奥多·枫塔讷	1866年德国战争（两卷本）	杜塞尔多夫，科隆 1979
西奥多·枫塔讷	1862年“石勒苏益格-荷尔施泰因战争”	发行人：海尔穆特·努恩贝格尔。法兰克福（美茵河畔），维也纳 1984
哈特曼·格茨	普鲁士的荣光 —— 在同时代者的讽刺文学与漫画中表现的1848—1914六十六年间德国政治	慕尼黑 1988
布里吉特·哈曼（发行人）	哈布斯堡人—— 一部传记词典	维也纳，慕尼黑 1988
阿诺·霍尔茨	铁皮匠	莱比锡 1902。增补部分连同原版，德莱斯顿 1921。全本，德莱斯顿 1924/25 1961/64
克劳斯·M.拉里施	关于阿诺·霍尔茨	摘自罗伯特·沃雷本的互联网主页 1998.08
沃勒夫·雅布斯特·锡德勒	孔雀岛上——漫步于普鲁士的拱廊中	柏林 1987

致　谢

我要特别感谢乌尔里希·万克，是他最早使我有了写这本书的主意。在做准备工作时，我再次得到了埃卡德·哈克博士的帮助，他从他那几乎取之不竭的图书室中给我提供了大量的书籍，而我本来根本没可能知道这些书籍的存在。我的荷兰朋友盖尔特鲁德和扬·施塔辛克使我注意到发生在荷兰边境的一段插曲，这段插曲被我写进了腓特烈·威廉二世那一章。克劳斯·M.拉里施和他的出版商罗伯特·沃雷本，二人作为对阿诺·霍尔茨有着精深了解的专家，为我发掘出了后者关于威廉二世的讽刺滑稽作品，有的材料甚至来自互联网。蕾娜特·莱佛沙伊德以极为严谨的态度负责了编辑工作。感谢你们所有人！

海因茨·奥夫

Title of the original edition:
Author: Heinz Ohff
Title: Preußens Könige

吉林省版权局著作权合同登记　图字：07-2019-0001

图书在版编目（CIP）数据

普鲁士国王 / (德) 海因茨·奥夫著；王小卓译
.— 长春：吉林出版集团股份有限公司，2019.1
ISBN 978-7-5581-6260-2

Ⅰ. ①普… Ⅱ. ①海… ②王… Ⅲ. ①普鲁士 - 国王
- 生平事迹 Ⅳ. ①K835.167=3

中国版本图书馆CIP数据核字（2018）第294135号

普鲁士国王

著　　者　[德]海因茨·奥夫
译　　者　王小卓
创　　意　吉林出版集团·北京汉阅传播
总 策 划　崔文辉
策划编辑　史俊南
责任编辑　王　平　史俊南
特约编辑　徐艳梅
封面设计　观止堂_未　氓　王　纯
开　　本　710mm×1000mm　1/16
字　　数　295千字
印　　张　22
版　　次　2019年9月第1版
印　　次　2021年6月第2次印刷

出　　版　吉林出版集团股份有限公司
发　　行　北京吉版图书有限责任公司
地　　址　北京市西城区椿树园15-18号底商A222
　　　　　邮编：100052
电　　话　总编办：010-63109269
　　　　　发行部：010-63104979
官方微信　Han-read
邮　　箱　beijingjiban@126.com
印　　刷　北京欣睿虹彩印刷有限公司

ISBN 978-7-5581-6260-2　　　　定价：88.00元